法学译丛

司法伦理

〔日〕森际康友 编

于晓琪 沈军 译

商务印书馆
2010年·北京

森际康友　编
法曹伦理
HOSO NO RINRI © Yasutomo Morigiwa 2005
Original Japanese edition published in 2005 by The University of Nagoya Press. Simplified Chinese Character rights arranged with The University of Nagoya Press, through Owls Agency Inc. and Bardon-Chinese Media Agency.

本书根据名古屋大学出版社2005版译出。

《法学译丛》编委会

主编　徐显明

编委　（按姓氏笔画排列）

方流芳　王利明　孙宪忠　米　健　许传玺
许章润　吴志攀　宋英辉　张千帆　张文显
张明楷　郑永流　姜明安　袁曙宏　黄　进

《法学译丛》出版理念

戊戌变法以来,中国的法治化进程伴随着频繁的政治更迭和意识形态之争,终于走完了命运多舛的百年。21世纪的中国把依法治国,建设社会主义法治国家作为根本的治国方略,对于法学界来说,历史已经进入了前所未有的大好时期。然而利益价值多元且求和谐的世界中,中国法治社会的建设能否立足于本土资源而又有效地回应域外的种种经验与教训?这是法律学人以全球为视界所首先要思考的问题。

一方面,世界上从来没有一种整齐划一的法治模式,各国地域性知识和经验的差异性构成了法学资源的多样性。中华民族具有悠久的历史和丰厚的人文资源,因此,我们有充足的理由首先立足于中华民族的生活世界,既要对中国的传统怀着真切的关怀,又要对中国的现实和未来满怀真诚的信任,既要有入乎其内的悲天悯人,又要有出乎其外的超然冷静,让思想听命于存在的声音而为存在寻求智慧,以将存在的真理形成语言,"为天地立心,为生民立命,为往圣继绝学,为万世开太平。"

但是另一方面,世界各国法治的多样性是以某种一致性的共识为文化表现的,否则就失去了学术交往的意义。由于初始条件的不同,人类自身智识的局限性和客观环境的复杂性等因素决定了法治进程必然是一个长期的、不断试错的过程。西方国家的法治经历了漫长的演化过程,在此期间,许多制度理念和制度模式经历的试错和检验,能够保留下来的法学思想资源具有可资借鉴的合理性和科学性。他们所经历的种种曲折,可以作为我们的前车之鉴。同时全球化的步伐日益加快,整个世界已经到了几乎是牵一发而动全身的境地,任何国家,任何民族,再也不能固执于自身的理念,盲目地摸索前行。我们确信,只有用人类创造的全部有益知识财富来丰富我们的头脑,才能够建成现代化的社会主义法治社会。因此法学基础理论的译介和传播,对于转型期的中国法治建设具有基础性的理论价值。

商务印书馆素有重视法学译介、传播人文精神的传统。据不完全统计,民国时期,商务印行了全国60%左右的法律译作和著作,汇聚了150多位杰出的法律专家的优秀成果,留洋法学博士和法学教授的成名之作以及法律名著译介几乎都出自商务。这些译作和著作至今仍然有强大的学术生命力,许多作品仍然为学术界频繁引用。可以说,在半个世纪以前,商务印书馆一直是中国了解西方法学思想的窗口,是中国法学思想和现代人文精神的摇篮和重要的基地。

改革开放以后,商务印书馆秉承引进新知,开启民智的传统,翻译出版了许多经过时间检验,具有定评的西方经典法学著作,得到了学术界的好评。然而也留下了一些遗憾。许多思想活力并不亚于经典著作,对法治建设的影响甚至超过了经典著作的作品,因为不具有经典性而没有译介。故此,我们组织翻译这套《法学译丛》,希望将那些具有极大的思想影响力和活力的著作译介过来,以期为促进中国法学基础理论建设略尽微力。

曹丕云:"盖文章,经国之大业,不朽之盛事。年寿有时而尽,荣乐止乎其身,二者必至之常期,未若文章之无穷。是以,古之作者,寄身于翰墨,见意于篇籍,不假良史之名,不托飞驰之势,而声名自传于后。"尽管这套丛书不以"名著"命名,但是在选题和组织评介方面,我们一定会以对待名著的态度和标准而虔诚持之。学术成于新知,学理臻于共识,文化存于比较,哲思在于超越。中国法学正在鉴人知己中渐达成熟,组织好本译丛的工作,当是法学界共举之事。

徐显明
2004年12月

序

　　这本《司法伦理》的日文原著，是我 2004 年在日本参加第五次东亚法哲学会年会时，一位日本朋友、也就是本书的主编森际康友教授送给我的。他是日本著名的法哲学家，名古屋大学教授，曾经先后担任过日本法哲学会的秘书长和主席，现在是世界法哲学社会哲学协会（IVR）的执委。我和他相识是在 1996 年应日本法哲学会和 IVR 日本分会的邀请，参加在东京和京都举行的第一次东亚法哲学大会。那时森际教授作为该会的秘书长，事先专程来北京邀请我和李步云教授、梁治平教授、张文显教授参加那次创始的盛会，共同商讨会议主题发言等事宜。他的热情、认真和严谨的治学和办事的态度，给我留下了深刻印象。以后在 1997 年世界法哲学大会和历次东亚法哲学会上我们都相遇，相互交流学术成果，成了朋友。

　　当我接过森际教授这本沉甸甸的大著，看到这个书名时，我十分欣喜，又感慨系之。"法曹伦理"四个大字赫然入目，也是沉甸甸的。它虽然主要是针对日本法律界和大学教育自身需要而编订的一部教科书，却也好像是向我们亮出的一个黄牌：因为它也正是我国法律界、法学界所遗缺的、急需警示和追补的课题。就司法实践而言，中国司法改革的进步是伴随着司法腐败的干扰趔趄前行的。司法界道德沦丧、贪赃枉法的案例并不鲜见，作为主持公平正义的"最后一道防线"，也存在可能导致溃堤的漏洞，确实不容小觑。虽然这不全归责于司法界，而与政治体制的大环境有关，但司法伦理规范缺失，职业道德教育不兴，难辞其咎。而法学教育上对未来的法官、检察官、警官、律师也很少进行"法德教育"，大学里极少开司法伦理的课，理论界也很少研讨司法伦理的理论和规范问题。而这却是刻不容缓的要事。于是，我当即萌生了要物色合适的人选将这本书译为中文出版的念头，并向森际教授表达了我这个心愿，他立即表示首肯和欢迎。回国后,我打听到原来苏州大学一位法理学教授、也是我熟识的朋友于晓琪女士,近年早已开讲司法伦理课程,而且还翻译过美国、加拿大相关著作。她曾对我描述这门课程授课的感受时说:"每次讲课都感受着彼此浸润于人性真善美的情境中,彼此心里充满对善的向往和追求,其实这是大家对司法伦理性的理想和向往啊!"她带着强烈的社会责任感,表示要把司法伦理的理想和规范的实现,作为她的一项事业,努力去"传道",期望尽可能影响更多的人追求这份"司法之善"。——请她来主持翻译这本书,我想真是适得其人。当我同她商洽时,她立即欣然同意,并联合其法学院一位曾在日本留学多年的沈军博士来共襄是举。

答应容易,动手起来就遇到不少难处:有语言上的差别,理顺译文颇费周折;由于我国尚没有司法伦理这样的专著,也缺少某些现成的司法伦理的概念、理论和规范可沿用,有些学术词汇如何确切选译,更需仔细推敲斟酌;再加上繁重的教学任务和驳杂的事务,挤出时间译书,真是难为了他们。但他们还是不辞辛劳,努力完成了我额外加出的这个负担。毕竟,这对我国的法律事业是一个有出息的负担和贡献,对提供样本,促进我国司法伦理的理论研究和法德教育,是大有助益的。在此,我愿代表中国的读者向译者晓琪和她的合作者沈军表示衷心的谢意!

当然,更要感谢森际康友教授给我们送来这份厚重的法文化营养品。正如他在本书的序言中所指出的,法曹(法律工作者)伦理这门学问是法律理论和公共道德理论的试金石。它与道德、政治、法律哲学密切相关。从事法律实务的人员在实务中会遭遇很大压力和诱惑,稍有不慎,就可能失足泥坑。因而司法改革也应该包括给法曹伦理加以规范,使法律实务的人员知所遵循,而不致误蹈覆辙。亦如森际所说的,大学教育不只是要培养更多数量的专业人才,更重要的是培养出能够提供真正值得信赖的为司法服务的法律人才。本书作为法科研究生院的教材,贯彻了实务和理论相结合原则,辅以许多案例,作者们或以自己当法官、当律师的切身体验,现身说法;或在英国、美国、德国、法国进行了实地调查,搜集了各种内外资料,有着比较研究和实务性基础科目的特征,对法律工作者和法学学生是一本很有教益的教科书。

我们中国自古以来也十分重视对各级官员的"政德"训诫。儒家主张"德治"，其锋芒主要是针对统治者和官员的。孔子要求"为政以德"(《论语·为政》)，"修己以安百姓"(《宪问》)，上好礼、义、信，则民莫敢不敬服、不用情，如是则四方之民来归(《子路》)，以及"政者正也"(《颜渊》)，"苟其身正矣，于从政乎何有?"(《子路》)。孟子强调"以德行仁者王"(《孟子·公孙丑上》)。他把孔子的德治思想发展为讲"王道"、行"仁政"，极力主张"以德服人"(《公孙丑上》)，反对暴政。严厉批评"苛政猛如虎"。对那些不仁不义，残民以逞的国君，孟子声言"独夫"可诛，暴君当伐。以后历代的"官箴"也是用来告诫官吏"为吏之道"，如《百官箴》《臣轨》《政训》《为政九要》《御制官箴》等等，主要是讲为官应恪守的政治道德准则，以忠信仁爱、清正廉明、勤政敬业等等道德规范来约束各级官吏权力的专横。中国古代基层的行政官员同时也是兼任审判工作。所以上述政德规范也是官员的司法伦理守则。

当然，现代治国基本方略是民主的法治，"为政以德"只能处于辅助地位。但对于法律工作者自身而言，养成高尚的"政德"，遵循司法伦理规范，则是"为官"、"从政"的首要素质要求。培养像鲁迅所赞赏的那样"舍身为法"的"中国的脊梁"，应是我们追求的目标。愿我国法律界法学界也能总结自己的经验教训，撰著有中国特色的司法伦理专著，并得到法律实务的有关主管部门的重视和推行，则我国的司法改革有望提升一个新的台阶。

祝中日两国在法学教育和法律实务上继续加强交流合作，切磋共进！

郭道晖

2008 年 11 月于北京清华大学荷清苑

目　　录

序　言 …………………………………………………………………… 1

第一部　民事案件

序言——律师的专门职责 ………………………………………………… 3
第一章　利益相悖 ………………………………………………………… 5
　　前言 …………………………………………………………………… 5
　　第一节　特殊关系的告知及应采取的措施 ………………………… 7
　　第二节　咨询人、委托人成为对方当事人的案件 ………………… 10
　　第三节　咨询者的对方当事人委托的其他案件 …………………… 15
　　第四节　多名当事人之间的利害协调 ……………………………… 16
　　第五节　接受多名当事人委托的案件 ……………………………… 17
第二章　守密义务 ………………………………………………………… 22
　　前言 …………………………………………………………………… 22
　　第一节　律师守密义务的本质及律师法等法律相关规定 ………… 22
　　第二节　职业基本规则关于守密义务的相关规定 ………………… 24
　　第三节　允许秘密公开的情形 ……………………………………… 32
　　第四节　守密义务与"公共利益" …………………………………… 38
第三章　其他义务——以诚实义务、真实义务为中心 ………………… 44
　　前言 …………………………………………………………………… 44
　　第一节　诚实义务 …………………………………………………… 45
　　第二节　真实义务 …………………………………………………… 48
　　第三节　其他 ………………………………………………………… 51

2 司法伦理

第四章　委托人和律师关系（1）——咨询和接受委托 ……… 58
　　前言 …………………………………………………………… 58
　　第一节　和委托人会面 ……………………………………… 58
　　第二节　委托劝诱 …………………………………………… 61
　　第三节　接受委托伦理（1）——决定是否接受委托时 …… 62
　　第四节　接受委托伦理（2）——决定接受委托后 ………… 66
　　短评　律师实务的实践感觉①　顾客和抱怨者 …………… 71

第五章　委托人和律师的关系（2）——调查和案件处理 …… 73
　　前言 …………………………………………………………… 73
　　第一节　调查 ………………………………………………… 74
　　第二节　方针的决定 ………………………………………… 76
　　第三节　处理 ………………………………………………… 78
　　第四节　任务终了 …………………………………………… 83
　　短评　律师实务的实践感觉②　怎样处理繁忙的业务 …… 87

第六章　委托人和律师的关系（3）——辞去委托和相关讨论 …… 89
　　前言 …………………………………………………………… 89
　　第一节　委托关系终了事由的分类 ………………………… 90
　　第二节　律师辞去委托是否被允许 ………………………… 91
　　第三节　律师辞去委托的具体理由 ………………………… 94
　　第四节　伴随辞去委托的诸类问题 ………………………… 99
　　短评　律师实务的实践感觉③　不陷入职务懈怠的恶习 … 103

第七章　律师和对方当事人及第三人的关系 ………………… 105
　　前言 …………………………………………………………… 105
　　第一节　和对方当事人本人的交涉 ………………………… 107
　　第二节　和第三人的交涉 …………………………………… 112
　　第三节　对方当事人给予的利益 …………………………… 113
　　第四节　给予对方当事人和代理人的利益 ………………… 116
　　第五节　律师对对方当事人和第三人的责任 ……………… 117

第八章　和其他律师的关系以及审判关系中的规则 …………… 126
　　前言 …………………………………………………………… 126
　　第一节　和其他律师的关系 ………………………………… 127
　　第二节　审判关系中的规则 ………………………………… 130

第二部　刑事案件

序言　刑事辩护人以及检察官的专业职务责任 ………………… 137
第九章　委托人与律师的关系 …………………………………… 139
　　前言　刑事诉讼中律师的作用 ……………………………… 139
　　第一节　诚实义务与守密义务 ……………………………… 140
　　第二节　真实义务 …………………………………………… 142
　　第三节　私选律师与国选律师 ……………………………… 145
第十章　律师与被害人、第三人的关系 ………………………… 147
　　前言 …………………………………………………………… 147
　　第一节　律师与被害人的关系 ……………………………… 148
　　第二节　律师与第三人的关系 ……………………………… 151
第十一章　律师与法官、检察官的关系 ………………………… 156
　　前言 …………………………………………………………… 156
　　第一节　律师与法官的关系 ………………………………… 157
　　第二节　律师与检察官的关系 ……………………………… 159
第十二章　检察官的专业职务责任 ……………………………… 165
　　前言　检察官制度的沿革及其发展 ………………………… 165
　　第一节　检察官的职务 ……………………………………… 168
　　第二节　检察官的独立性与身份保障——检察官的司法官性 … 170
　　第三节　检察官的组织与服务——检察官的行政官性 …… 171
　　第四节　关于检察官作用的理论状况 ……………………… 173
　　第五节　检察官的专业职务责任 …………………………… 178

第三部　法曹的社会责任

序言——法曹的社会责任 …………………………………… 191

第十三章　律师的公共责任 ………………………………… 194
　　前言 ……………………………………………………… 194
　　第一节　联系的保障 …………………………………… 194
　　第二节　公益活动 ……………………………………… 200
　　第三节　对政策形成的贡献 …………………………… 205

第十四章　律师的业务形态和律师伦理 …………………… 211
　　前言 ……………………………………………………… 211
　　第一节　共同事务所、律师法人的规则 ……………… 213
　　第二节　律师组织内的规则 …………………………… 217
　　第三节　不同行业的共同事业 ………………………… 222
　　第四节　从事营利业务等的律师规则 ………………… 226
　　第五节　和外国法事务律师的关系 …………………… 228

第十五章　作为经营者的律师的伦理 ……………………… 230
　　前言 ……………………………………………………… 230
　　第一节　律师的经营环境 ……………………………… 230
　　第二节　律师助理 ……………………………………… 235
　　第三节　律师广告 ……………………………………… 240
　　第四节　律师事务所的"经营"和律师伦理 ………… 244

第十六章　律师自治 ………………………………………… 250
　　前言 ……………………………………………………… 250
　　第一节　律师自治制度确立之前 ……………………… 251
　　第二节　律师自治的意义 ……………………………… 256
　　第三节　纲纪及惩戒程序 ……………………………… 258
　　第四节　律师自治的理念 ……………………………… 263

第十七章　法官的专业职务责任 …………………………… 271

前言 ……………………………………………………… 271
　　第一节　现行制度确立之前的历史考察 ………………… 272
　　第二节　实定法解释论 …………………………………… 276
　　第三节　围绕法官伦理的具体争论 ……………………… 280
　　第四节　关于法官伦理 …………………………………… 284

终章　21世纪法曹的社会责任 ……………………………… 293
　　前言 ……………………………………………………… 293
　　第一节　学习法曹专业职务责任的意义 ………………… 293
　　第二节　21世纪日本社会的课题 ………………………… 294
　　第三节　值得信赖的司法 ………………………………… 296
　　第四节　公共性的革新 …………………………………… 299
　　第五节　担任司法专业职务的责任 ……………………… 301

参考文献 ……………………………………………………… 307
　　资料（一）：律师职业基本规则（旧） ………………… 313
　　资料（二）：律师伦理 …………………………………… 328
事项索引 ……………………………………………………… 336
法令等索引 …………………………………………………… 342
判例索引 ……………………………………………………… 349
执笔人及执笔分担 …………………………………………… 352
后记 …………………………………………………………… 354

序　言

本书的目的

迎来新世纪之际，日本正在推进司法改革。这次司法改革不同于以往的多次改革，其核心目的不是为了协调法律界三个重要参与方的关系，而是以政府为主导，站在有利于国民的角度上推进为国民服务的司法体系的重构。作为此次改革的一环，本国引进了法科研究生院制度，以提高国内法律人员的质量和数量。法科研究生院的目的是培养比过去更具公共服务精神的法律界人才。本书所提及的法曹[①]伦理教育也是基于这个目的提出的。这样就可以培养出对国民有益、能够深刻理解和应用所应遵守的行为规范体系的法律界人才。在此所说的培养对国民有益的法律界人才并不是单纯指培养更多的专业人才让国民更便捷地获得司法服务，而是指培养出能够提供真正值得信赖的司法服务的法律人才。

本书要思考的是，为了在自由民主的日本，站在国民的立场上推进服务于国民的司法改革，应该如何考虑法曹伦理的规范。对这个问题的回答，有可能会因为执笔者各自的立场和考虑方式而不同。另外还可能有人会批评这本书所要考虑的问题太宽泛。在本书中，我们不强求意见的统一，而是让每个执笔者各自负责地在自己的领域中朝着培养对国民有益的法律人才这个目标提出自己的论点，并对此进行公平的论述，鲜明地表明自己的立场。

教材这个工具

但是，这样的写作方针并非意味着把所有的内容都完全让各个执笔者负

[①] 日文中的法曹指法官、检察官和律师。为了便于行文，本书仍沿用"法曹"一词。——译者

2　司法伦理

责。在后面提到的2002年9月17日的第一次共同研究会以来,我们平均三个星期开一次研究会,就法曹伦理教材的编写方式在研究会内部形成了统一意见。在决定开编教材以后,我们定下了编辑方针、执笔者阵容和各人的题目,在草稿形成之后又对其进行了集体讨论。所以被出版的这些文章的内容不仅是各位执笔者的想法,也是参考了整个研究会成员的意见形成的。而且,在讨论草稿的时候,大家还讨论了如何进行授课、如何运用这些教材和如何设计教育科目。因此,本书也考虑到了如何在教育现场运用的问题。在此我们希望这本教材能和法曹伦理的案例书一起使用。幸运的是,法曹伦理的案例书从2004年初以来,可以买到冢原、宫川、宫泽等编写的优秀著作——《专业手册——法曹伦理和责任》(现代人文社)。特别是,我曾在《专业手册——法曹伦理和责任》出版之前,因为编者的厚意而有机会拜读原稿。之所以决定出版这本教材也是因为在日本有这些为了提高法曹伦理教育水平而努力的同仁们的厚意。

在写作法曹伦理教材的时候,我们搜集了各种内外部的资料,虽然不是很充分;我们还在英国、美国、德国、法国进行了实地调查,在此基础上讨论了什么样的教育内容和方法是最好的。最后我们决定不编写那种由练习提问、判例和论文等各种资料构成的案例书,而编写理论指导教科书,在理论上指导读者更好地利用这些案例书。在决定这个方针之前,我们参考了在法曹伦理教育方法和教材上有一定经验累积的美国教育方法,美国人是把教材、案例书和自编的教材组合起来进行教学的。另一方面,回望日本,日本也正在形成一种优良的教育体系,在这过程中产生了一定数量的案例书,所以我们认为现阶段并不需要更多的案例书。但是日本学生对于如何运用一种系统的理论指导方针来分析这些案例书及其他资料却并不了解,因此我们编写了这本教材。

很多人认为教材应该指示读者一种正确答案,或者灌输给读者一种思想。但是,本书的目的正好与此相反。本书是为了让读者通过对这本教材中的想法进行批判性的阅读之后,具有客观地参与各方讨论形成妥协性共同结论的过程的能力,并且还能不泯失自己的想法、观点和反对意见。也就是说提供一个随意读解的对象。因此,本书不单是为了那些没有讨论对象、不知道如何形成自己想法的初学者,也是为了那些在从事法曹伦理教育和司法实务的人们,让他们能够以本书为镜,理清并重新审视自己的观点。在这个意义上说,我们当然希望尽可能提供最好的教材,但是我们并不认为一开始就能够编写出令人满意的教材。我们期待着各位读者贤士的鞭挞,先以这种处于探索中且并不完善的形式出版这本书。

本书的结构

接着我们讲述一下本书的结构。

完善法曹伦理教材的结构并非易事,因为完善法曹伦理教育的先决条件是不容易实现的。这不光是因为在日本的大学没有多少开设法曹伦理这门教学科目的尝试(其实任何新的教学科目都会碰到同样的困难吧),而且,还因为法曹伦理和律师辩护等科目一样,具有实务性基础科目的特征。这种必须要实务和理论相结合的科目,在研究生院层次上的教学内容和方法还不够成熟,探讨还刚刚起步,以后应该快速发展。更进一步说,法曹伦理还与道德、政治、法律哲学密切相关。为了能与这些相关问题在统一的理论基础上进行考察,就必须对政治道德规范和公共价值问题以及其根据等制度性问题进行周密的讨论。恐怕无论在哪个大陆法系的国家开始进行实务性的、以培养法律人才为目的的研究生院法曹伦理教育,都会涉及实践经验的培养和对理论的基础性考察。

为了进行这种教育,需要什么样的教材呢?到现在为止,各个基层律师协会进行的律师伦理研修资料也可以作为参考,但是作为法科研究生院的教材,为了能够满足上述的实践性和理论性两个要求,有必要进一步提高其质量。也就是说,教员必须以身示范:从事法律实务的人员在实务中会遭遇多大压力和诱惑,在这样的情况下需要多大的胆量和逻辑能力才能够冷静处理。另一方面,理论上支持这些法律人员作出的判断正确性的根据何在?业界对这些理论根据有何批评意见?怎样可以反驳这些批评呢?有必要对这些道德哲学、政治哲学进行彻底审视。这两方面的问题,对于每个教员本人来说,都是反复出现且很不容易解决的问题。

像这样确立法曹伦理这个科目并且进行教学,即自然形成了法曹伦理学这门学问,接下来还需要形成成文的教育项目计划。这既是很大的挑战也是良好的机遇。为什么这么说呢？因为法曹伦理学要求理论和实践紧密相连。也就是说,从理论家的角度来看,与法律和伦理相关的道德考察与探讨在现实中有多大程度的作用、解决法律实境中棘手的道德问题有多大能力这两个问题,可以由法曹伦理学来检验。正如法曹伦理学的字面意思所示,这门学问是法律理论和公共道德理论的试金石。另一方面,对实务人员来说,这门学问有了到现在为止由经验和感觉构筑的感性实务准则,并且也能够用语言和理论体系加以说明了,有些情况下还能够成为一面镜子,弥补自己在某些场合下的不足并且加以修正。为了把这些学术成果体系化,除了案例书以外,还需要具体构筑理论作品。在这个意义上说教材是很有效用的。

能够发挥作用满足作为试金石和镜子这样高难度要求的教材的编写绝不是简单的事情。虽说真理总是体现在细节中,但是在法曹伦理学看来,困难还体现在章节配置这些宏观的技术性问题上。排列各章节主题的顺序我们认为有四种。首先是对律师、检察官和法官等这些不同职责的角色分门别类地进行探讨;其次就是对民事案件和刑事案件的问题分别探讨;再次就是按照案件处理的程序——法律咨询、案件委托、实际诉讼以及诉讼结束后的跟踪服务这样的时间顺序来进行探讨;最后就是不按照分类和时间顺序,而是按照守密义务、利益相悖原则、诚实义务等各个具体原则进行整理和讨论。这些方法都各有优劣之处。

本书的大框架是按照案件的性质分类,又以律师的视角为中心进行了角色分类。并且在各个章节中采用了主要原理分类的说明顺序和各原理产生作用的时间顺序,总而言之,是把这四种顺序有机地结合起来了。根据案例的性质不同,有什么原理原则适用？这些原理原则又是按照什么顺序起作用？为了法曹伦理以至法律问题的解决,事态会怎样发展？什么因素妨碍这种事态的发展？我们会对这些问题逐一解明。

具体而言,在第一部分民事案件中,我们讨论了律师的专业性职责问题。前三章我们概观了利益相悖原则、守密义务和其他的义务这些法曹伦理领域的基本原理。接下来我们在第四、五、六章中，按照时间顺序考察了委托人和律师的关系。因为在第一线工作所获得的实际感触非常重要，我们在此还登载了拜托爱知县律师协会村桥泰志律师根据亲身感受撰写的文章。接着在第七、八章中，我们考察了律师和诉讼对方、第三方、其他律师、法院的关系。在第二部刑事案件中，我们在第九章考察了委托人和律师的关系、可能产生的各种问题，在第十、十一章中考察了律师和被害人、第三方、法官、检察官的关系，在第十二章中对以上关于律师的专业职责加以论述，讨论了检察官的专业职责并从制度性、历史性的角度考察了其特质。

在第三部法律人士的社会责任中，第十三、十四、十五章中把律师的公共责任问题和作为经营者、企业家的责任分离开来，考察了这两种社会职责所不可或缺的素质。在第十六章中考察了律师自治的问题，在第十七章中对比了律师的专业性职责、法官的社会职责、伦理道德问题。在最后一章，我们概观了21世纪发展起来的司法公共性的具体内容以及这些内容在实际过程中表现出来的司法人员的职责。本书整体上由18章组成，但是因为有的地方前后两章（七、八章，十、十一章，十四、十五章）可以被总结成一个部分来学习，所以也可以把本书分成15个部分来学习。当然授课者也可以按照自己的顺序来安排上课内容，但是如果按照本书的顺序设计课程进度，学生就非常容易弄懂刑事辩护中律师和检察官所应遵循伦理的异同、社会中律师和法官的职业伦理的异同等。学生们按照这15个部分顺次熟读本书每章内容，然后通过每章节后附的练习题（由基本问题和应用问题两个部分组成）来明确自己对本章节提到的问题持有什么样的立场观点，之后就可以在阅读案例书的判例和其他论文时，正确把握其包含的基本观点并且加深对相关问题的理解。学生们还可以综合利用教员准备的其他资料和习题，更进一步地加深理解并提高课堂学习效果。在如何利用本书复习这一点上，我们认为只要教员没有特别的指示，学生们可以在反复阅读本书过程中找到以往没有注意到的知识点、问题点，以此来补足案例书和教员提供资料的不足，或者以此来找到自己想更进一步深入调查探讨的问题。我们也想请各位有识之士对这种学习方法妥当与否提出自己的高见。

6 司法伦理

本书编写出版过程和将来不断完善的构想

最后想提及一下本书的编写出版过程和对将来不断完善的构想。本书的编写出版得到了各方的支援和帮助。在中京地区,应该完善法曹伦理研究教育工作的想法萌芽较早,2001年春,相关的小型私人研究会就诞生了。同年,这个组织得到了财团法人日本律师联合会法务研究财团的支持,变身为法曹伦理研究会(代表人是森际康友),这个组织的成员包括了中京地区的法律研究者、实务人员和兼有两者身份的人员共6人。该研究会后来又和名古屋律师协会法科研究生院论证特别委员会下属的法曹伦理部(部长是松本笃周)共同合作,成员也以律师为主且人数增加到了23名,自2002年9月以来开展了3年的共同研究。名古屋律师协会(现在的爱知县律师协会)是在2002年春成立的,上述的法曹伦理部由律师和有志于在中京地区成立法科研究生院的法学教师组成。虽然这次编写的只是教材而且执笔者都很忙,各位还是抽出时间聚会对主要的法曹伦理问题进行了意见交流,经常会有意见不统一而不得不换时间继续讨论的情况。这些讨论的成果都在各位参与教员各自学校教学的讲义和课程设置中体现出来了,并且最后以这本成书的形式提供给了全国同仁。

2004年4月,法科研究生院制度终于开始确立,同时以筹备创建此制度为目的的名古屋律师协会法科研究生院论证特别委员会也就完成任务解散,其下属的法曹伦理部独立出来于2004年12月1日在名古屋大学和法务研究财团、名古屋大学研究生院法学研究部共同主办了"法曹伦理教育的理念和课题"研讨会,把在法科研究生院中得到的关于法曹伦理教育的内容和方法的研究成果进行了报告发表(NBL802号[2005年2月],JLF新闻25号[2005年])。现在,以参加这次研讨会的法科研究生院的相关人员为中心,以互联网为主要联系手段,一个松散的交流网络正在形成。其目的在于,让法科研究生院的法曹伦理研究和教育方法的开发不单单由各位相关负责人个人的努力来达成,而是让他们能够互相利用彼此的知识和能力,以构筑更好的法曹伦理教育体制。我们也想把在地区研究会上得到的成果与全国同仁分享。有兴趣的人士可以浏览我们的网页(http://www.ilel.org)。我们还会通过这个网页不断提供这个教材的补遗材料、更新材料和相关新闻。

本书付梓的过程中，我们得到各方人士的支持，难以列数。但是，我们在此想特别对从事促进实务人员和理论研究者互相交流工作的爱知县律师协会的历代理事和同仁、为了完善日本法曹伦理教育而日夜尽力并且在本书编写过程中默默给予多方支持的全国同仁，以及爱知县法曹伦理研究会的伙伴们表示感谢。另外，日本律师联合会法务研究财团为这个研究会能够不断举行活动提供了经费，财团法人村田学术振兴财团给予了资料收集和实地调查所需的经费，这些资料收集和实地调查对于法官伦理中关于外国情况介绍部分的写作非常有帮助，我们在此一并表示感谢。另外编者还因为得到科研费([法曹伦理学的历史和课题]课题号码 14520006)的支持，得以进行了英美法德的现地调查，在此过程中还得以和海外的法律实务人员、研究者进行了交流，提高了自己的学术水平并且增添了自信，构筑了世界性的研究伙伴关系。

其中尤其是美国天主教大学的利亚·沃瑟姆教授(Leah Wortham, Catholic Univ. of America)、华盛顿大学的汤姆·安德鲁斯教授(Tom Andrews, Univ. of Washington)和埃里克·赫希霍恩(Eric Hirschhorn)、维基·赖特(Vicki Wright)律师总是不辞辛苦迅速地回复我的邮件咨询。在法国的法官伦理调研得到了巴黎第十大学的米歇尔·特罗珀(Michel Troper, Univ. Paris 10)和哈罗德·埃皮纽斯(Harold Epineuse, IHEJ)的协助。德国伊策霍(Itzehoe)地方法院副院长芭芭拉·克里克斯(Barbara Krix)给了编者一个机会去实际体验德国基层法院在当地社会多么受到信赖、基层法院为主的法院系统在市民生活中起到多大的作用，以及与此相当的法官的精神气质。另外，编者在德国法官学术会(Richter akademie)演讲时不仅和很多法官们进行了现场讨论，还在晚餐后的小聚会中和他们对于包括司法官员的战争责任这样的重要法曹伦理问题进行了开诚布公的讨论。汤姆·安德鲁斯和利亚·沃瑟姆两位教授提供了法律实务模拟训练的素材，英国律师公会法学院高级讲师奈杰尔·邓肯(Nigel Duncan, Inns of Court College of Law)、威斯康星大学的拉尔夫·卡格尔教授(Ralf Cagle, Univ. of Wisconsin)、拥有司法资格授予权的香港大学陈弘毅教授（Albert Chen）为各个部分的写作提供了详细的资料。本书中编者灵活运用了这些经验和信息。

名古屋大学法科研究生院的蜂须贺太郎教授把自己的法官经验和作为律师的工作体会，都灵活运用在了研究会激烈的讨论和教材的写作修改中，作为同事和朋友给予编者极大支持，为本书的完成做出了和编者同等的努力。特任讲师铃木慎太郎从本书的企划初期开始就能够正确坚持法曹伦理的法哲学意义，对本书的编纂、日常研究会的召开和研讨会的企划做出了很大贡献。特别是他在索引部分的编写中，站在学生的立场不厌其烦地把这个部分编写成了易于使用的形式。特此表示感谢。

最后，我们还要对给予这本书公开出版机会的名古屋大学出版社表示感谢，他们热忱地帮助编写者们达成想为社会贡献一部法曹伦理教材的构想。特别是担任编辑的三木信吾先生，他在繁忙的工作之中频繁造访研究会给执笔人员打气，严格而又热情地鞭策编者按时完成工作，让这本书能尽快出版与读者见面，对此，我们的心中充满了感激。

森际康友

2005年6月

第一部

民事案件

序言——律师的专门职责

现代司法的三类主体承担着各自不同的职责。也就是说,法官站在公平对待当事人的立场上,担负着"从良心出发"、"仅仅以宪法和法律为准绳"来做判断的基本责任(《宪法》第76条第3项)。而检察官是"公共利益的代表者",担负着"对刑事案件进行公诉,请求法院正当适用法律"的责任(《检察厅法》第4条),同时作为全面承担公诉的公诉官(《刑事诉讼法》第247条),还有通过行使国家刑罚权以实现社会正义的基本责任。

为了履行以上的基本责任,法官和检察官同一般职务的公务员不同,法律明文规定了他们严格的身份保障。法官依据《宪法》第78条和《法院法》第48条,检察官依据《检察院法》第25条等受到保护。而且,在身份保障的同时,法律和社会对法官和检察官的"职业伦理"要求比一般公务员要高。[1]

然而与法官、检察官等专门国家公务员身份不同的律师,也是司法职业的重要组成者,他们应该遵守什么样的"职业伦理(作为律师应该承担的专门职责)",又依据什么对他们作出如此要求?

一般来说,日本"律师伦理"制定的根据和美国司法伦理的基础相比,会给人以比较脆弱的印象。但结果真的是这样吗?的确,在美国不仅有美国律师协会(ABA)制定的严谨的示范守则制约着包括律师在内的司法工作者,以各州情况来看,州最高法院通过依据州的法律以及依法院规则设置的委员会和律师协会来规范律师[2]。而我国的律师伦理也是依据律师法、律师职业基本规则[3]、日本律师联合会会则[4]、律师业务广告规程[5] 等来规范律师行为的。因而从这点来看也没有必要一定认为我国比美国逊色。

但是律师专门职责的内容到底有哪些?本书第一部分将讨论关于律师伦理的三个主要部分,也就是说,对利益相悖的禁止、守密义务以及包含信用诚实、界限及真实义务在内的其他义务将在第一至三章中依次进行讨论。第四章以后主要围绕律师和委托人的关系，介绍这些义务在具体场合如何发挥作用，从咨询到接受委托的场景依次展开讨论。第七章主要介绍律师和其他关系者也就是和对方当事人、第三方的关系。第八章主要讨论律师和法院的关系。

（泽登文治）

注

1 比如对法官的惩戒方面，《法院法》第 49 条列举了"违反职务上的义务"、"怠于履行职务"、"有损法官形象的行为"等方面，其中包括私人活动扩大化的解释，表明对法官的强烈职业伦理观的要求。
2 浅香[1999]第 172 页以后。
3 由日本律师协会 2004 年制定、2005 年施行，其中全面性地修改了 1955 年制定、1990 年修订的律师伦理，全文由 13 章 82 条构成。
4 1949 年制定以后又修改了 40 余次，全文由 15 章和附则共 107 条构成。
5 废止 1987 年旧规程的同时，2000 年制定新规程，全文共 13 条。

第一章　利益相悖

本章构成

第一节　特殊关系的告知及应采取的措施
第二节　咨询人、委托人成为对方当事人的案件
第三节　咨询者的对方当事人委托的其他案件
第四节　多名当事人之间的利害协调
第五节　接受多名当事人委托的案件

前　　言

到律师事务所进行市民法律咨询的咨询者多种多样。

咨询案件中有请求协助其违法行为的咨询者,有律师会遇到案件的对方当事人是现在别的案件的委托人或者过去的委托人的情况,也有对方当事人是律师的亲戚、熟人等和律师有特别关系的人。在主办法律咨询时,有时难以做适当的审查筛选,因此,往往在与对方谈话中,才发现该咨询者的对方当事人原来是该律师的委托人。还有,在多名律师所属的事务所内,由于审查体制不完善,在咨询中有时会发现咨询者是同所律师的委托人。这种场合作为律师是否应该继续接受咨询,很多律师为此感到苦恼。

对来咨询的市民,律师应保证与之谈话的内容绝不外泄,并且要尽最大努力帮助咨询者。在此前提下,如果从咨询者那里没有了解到事实的真相,也就不可能给予最好的意见。正因为如此,对律师的职业伦理要求必须达到能满足市民信任的高度。为此不仅要求律师有自己信奉的伦理观,也要接受律师法和律师伦理规程的约束,适当履行职务。但是由于各项规定的抽象性和概

6　司法伦理

括性,此外还受到适用案例和注释的限制,结合到自己的职务中,对这些规程的实际适用和意义的理解也是令人头疼的。

本章以律师和委托人及对方当事人的关系为中心,讨论律师法及律师职业基本规则的规定,思考律师应在什么场合进行职务回避。

这里首先把律师法及律师职业基本规则中关于利益相悖的规定整理出来。

《律师法》第 25 条,第 1 款到第 9 款列举了律师不得履行职务的案件。而关于律师法人的相同意图的规定在《律师法》第 30 条第 17 款作了规定[1]。据此,《律师职业基本规则》(以下,简称《职业基本规则》)第 27 条(不得代理的案件),是对同法第 25 条第 1 款到第 5 款相同意图的规定;同规则第 63 条(不得代理的案件),是对同法第 25 条第 6 款到第 9 款相同意图的规定;同规则第 65 条(不得行代理业务的案件),是对同法第 25 条第 6 款到第 9 款相同意图的规定,诸如此类有着各种规定(参照第十四章)。

更进一步,《职业基本规则》第 28 条(同前)中,虽然不违反律师法第 25 条,但是它却把它作为利益相悖加以规定[2];关于共同事务所的规定,共同事务所的所属律师依据《职业基本规则》第 57 条(不得代理的案件),其他所属律师依据同规则第 27 条及第 28 条规定,关于不得履行职务的案件,除了有保持职务公正的事由时,不得履行职务[3];作为律师法人的规定,职业基本规则第 63 条(不得代理的案件),同规则第 64 条(因与其他成员的关系而不能代理的案件)及同规则第 66 条(同前)是和共同事务所相同意图的规定。

还有,共同事务所的所属律师或者律师法人的成员等,着手履行职务后,得知有不得履行职务的事由时,共同事务所应依据《职业基本规则》第 58 条(不得代理的案件代理后),律师法人应依据同规则第 58 条(不得代理的案件代理后),迅速地对委托人告知情况,采取辞去委托及其他应对案件的适当措施[4]。

接下来,《职业基本规则》第 32 条(不利事项的说明)规定,同一案件有多名委托人,他们之间有可能产生利害对立的时候,在接受案件委托时,就必须一一对委托人说明有辞去委托的可能性和可能产生的其他不利。同规则第

42条(接受委托后的利害冲突)规定,在现实存在着利害对立的情况下,迅速向全体委托人告知情况,采取辞去委托及其他应对案件的适当措施[5]。

另外,为以下研究方便,这里先介绍一下"案件"及"职务"的定义。"案件"是否同一,"同一案件"还是"别的案件",在决定利益相悖问题上是重要的指标。案件的同一性,应根据相反利益的范围来判断,而不问诉讼标的物是否同一、手续是否同质[6]。同一案件,不仅仅局限于民事案件之间,刑事案件之间也可能出现,而且有时一方是刑事手续,另一方是民事手续的情况也有。

而关于"职务",和《律师法》第3条规定的"职务"同义,指有关履行法律事务的全部。即使不是律师直接履行,而是作为辅助事务的职员的履行行为,也称为"职务"[7]。

接下来,就一面介绍关于这些规定的判例,一面具体学习上面各条的精神。

第一节 特殊关系的告知及应采取的措施

律师最初必须注意和咨询人的关系,通过对咨询内容的了解,确认对方当事人是否和律师有特殊关系。

当律师和对方当事人有特殊关系,会损害其与委托人之间的信赖关系时,除了后面章节述及的不能履行职务的情况之外,即使在职务可以履行的情况下,律师也必须把自己和对方当事人之间的这种特殊关系告知咨询人。因为委托者把案件告诉律师、拜托律师都是基于对律师的全面信赖,就律师顺利履行职责而言,与委托人之间建立信赖关系是必不可少的。然而,当律师和对方当事人之间有特殊关系的时候会损害律师和委托人之间的信赖关系,所以有告知的必要。

旧的《律师伦理》第25条就有"当律师和对方当事人有特殊关系,会损害其与委托人之间的信赖关系时,必须将事实告知委托人"的规定。必须告知的"特殊关系"是指该律师和对方当事人在身份上、社会上其他一切关系中,可能对诉讼的处理产生直接或间接影响的因素,委托人认为这些因素会影响他选择律师,且不论这种关系是存在于现在还是过去。这样的典型有:①和对方当事人本人、其他关系人或者他的代理律师之间有亲子关系、其他身份关系或者借贷等债权债务关系;②将要接受的委托,必须得到已经接受委托案件的委托人同意才能接受的情况;③有希望将某公司作为顾问单位,但是已经和该公司的竞争公司有委托关系的情况;④对方当事人是过去的委托人;等等,诸如此类。[8]

但是同条规定并没有明确"和对方当事人有特殊关系"的具体内容,而且当特殊关系存在时也不是简单告知就可以的,也有因此不能接受委托的。所以职业基本规则就删除了这条规定,代之以《职业基本规则》第28条各款,具体规定了哪些情况不可以接受委托,哪些例外情况可以接受委托。

对方当事人是现在或过去的咨询者或委托人的情况在后面叙述,这里先讨论以下情况。

首先,对方当事人是律师的配偶、直系血亲,兄弟姐妹,或者同居一处的亲族时,原则上不得接受委托,而委托人知道以上情况却同意委托的情况例外(《职业基本规则》第28条第1款)。这款规定似乎意味着除了与对方当事人是以上亲属关系的情况之外,其他亲属关系可以接受委托。但实际从以前的旧《律师伦理》第25条规定的意旨来看,这种情况下,应当把和对方当事人的亲属关系告知委托人,是否进行委托由委托人进行判断。

其次,和别的委托人有利益相悖的情况,原则上不得接受委托,而委托人和另一个委托人双方都知道以上情况却都同意的情况例外(《职业基本规则》第28条第3款)。这种情况下必须对另一个委托人遵守保密等其他职务上的法定义务,在主张、举证及履行其他职务行为时要受到限制。比如,以前由于代理委托人A的案件而获知的信息对这次咨询人B的案件的主张举证有利,但却不得不考虑这是由于和A的职务关系而获知的秘密,因而不能利用。然而和过去的委托人之间有利益相悖的情况原则上并不禁止。因为如果把过去的委托人也包含在内的话,就会把利益相悖的范围过分扩大,会过分限制职务活动。由于必须对过去的委托人负有保密义务,制约了对现在的委托人的辩护活动,因而事实上因此回避的情况也有。

委托人和律师自身的经济利益相悖的情况下,原则上不得接受委托,而委托人知道以上情况却同意委托的情况例外(《职业基本规则》第28条第4款)。比如委托人甲想委托律师收回对方当事人乙的贷款,而该律师对乙也拥有债权。然而也有不少人批评关于律师不得和委托人有"经济利益"冲突的规定。批评认为不应仅限定"经济利益"问题,应规定为禁止所有利益相悖的情况。另外还有批评置疑是否不管多么细小的"经济利益"都要限制?比如代理一件追究汽车制造商产品责任案件的律师拥有该汽车制造公司极少数的股票,难道也要适用本款规定吗?

制定职业基本规则过程中曾争论过关于规定禁止"经济利益"冲突的问题。律师协会对第28条第3款的提案——"前2款以外,对其他委托人(包括过去的委托人)必须履行保守秘密及其他职务上的法定义务,而且在与自己有利害关系冲突时,主张、举证等其他职务行为要受到明确制约"——提出强烈质疑,认为惩戒规定要件过于抽象化,会严重萎缩律师的活动。因此,定稿时分成了第3款和第4款两部分,把和律师的"利害关系"限定为"经济利益"。

禁止代理利益相悖案件的理由是为了保护当事人的利益并保证律师公正履行职务,特别是保证律师为委托人诚实且忠诚的履行职务,因此把利益相悖仅仅限定为经济利益是没有合理理由的。本款的依据是,"担心律师在和自身利益相悖的情况下会牺牲委托人的利益,优先考虑自己的利益,从而损害代理案件中委托人的利益",这种担心并不仅仅限于经济利益的冲突。律师不仅受到经济关系制约,还要受到与他人关系及对他人义务等的制约。这样考虑的话,构成要件应当不只是经济利益是否有冲突,而是以利益相悖的重大性,也就是说是否对律师诚实且忠实的履行职务产生重大制约为实质的基准(参照美国律师协会(ABA)《职业行为示范规则》第1.7条。该条没有仅限于经济利益)。

因此,在解释及适用职业基本规则时,必须带着以上问题,对于形式上不符合第28条规定的情形,但是有利益相悖情况的实质进行慎重考虑。首先,让我们思考两个案例:

(1) 比如,在对方当事人或对方代理人是律师事实婚姻关系的妻子,或者虽然不是血缘关系的亲属但却是有事实赡养或抚养关系的亲人等情况下,比起长年关系疏远的户籍上的妻子和父母(第28条第1款所指)来说,恐怕律师更不能对委托人诚实且忠实地履行义务。这种情况下虽然不符合《职业基本规则》第28条第1款规定的情形,因为没有经济利益也不符合第4款,但是为了督促律师履行维护委托人权利及正当利益的义务(第21条),至少应当把这种关系的存在告知委托人。而且如果利益相悖情况明显,有可能会因损害品格而违反《律师法》第56条。

(2)再例如,曾经担任A公司法务并负责该公司劳务管理的律师L,退休后,在A公司被告发对员工存在性骚扰时,因为L律师对A公司负有守密义务,主张举证活动就受到显著制约,多数情况下应回避做原告代理。虽然这种情况下A公司并不是现在的委托人,因而不适用第28条第3款,也谈不上和律师的经济利益相悖,但却和上一案例一样,会妨碍律师努力实现委托人的权利及正当利益的义务(第21条)。

其次,也有这样的"特殊关系":在咨询或接受代理委托之初并不知情,之后才判明事实。这种情况必须立即告知咨询人或委托人,让他们选择是中断咨询或取消委托还是继续履行职务,继续履行职务必须重新取得原权利人的同意。

再次,在仅仅和对方当事人是熟人但还够不上"特殊关系"的情况下,因为律师和咨询人及委托人的信赖关系极为重要,所以最好也不要隐瞒这种关系。

第二节　咨询人、委托人成为对方当事人的案件

以下各项将分别讨论是否应当回避代理:(1)是否可以代理现在的咨询人或委托人是对方当事人的案件;(2)是否可以代理过去的咨询人或委托人是对方当事人的案件。

1)现在的咨询人或委托人是对方当事人的案件

ⓐ同一案件的情况

第一,同一案件中已经接受一方当事人委托(承诺接受委托),则不得接受

另一方当事人委托。(《律师法》第 25 条第 1 款,《职业基本规则》第 27 条第 1 款)。如果接受另一方当事人的委托,则会损害先前接受委托的当事人的利益,玷污律师的信用和品格。

同一案件中的双方代理,在《民法》第 108 条中有禁止性规定,规定如果进行双方代理则代理行为无效。虽然也有获得双方同意而不适用《民法》第 108 条的情况,但是由于这种双方代理的行为会损害律师的信用和品格,因此不能进行。

关于违反《律师法》第 25 条第 1 款的律师诉讼行为,最大判昭和 38・10・30 民集第 17 卷第 9 号第 1266 页写道:"违反同款的诉讼行为,对方当事人向法院提出排除该行为的请求应得到支持。但是无论对方当事人是否知道律师有以上违反禁止规定的情形,只要其没有提出异议而让诉讼继续进行的,则在第二审口头辩论结束时该诉讼行为发生完全效力,不得以违反律师法禁止性规定为理由主张无效……"

但是,所谓"对方当事人"究竟指谁。《律师法》第 25 条规定,所谓"对方当事人"是指不论民事或者刑事案件,同一案件的事实关系处于利害对立状态的当事人,必须是实质上的利益相悖关系。形式上看似利害对立却没有实质冲突的话,由于不损害当事人的利益也不损害律师的信用和品格,这种当事人则不可以理解为"对方当事人"[9]。

是否可以称为"对方当事人"的问题分两种情况:①根据《民事诉讼法》第 47 条、第 49 条参加诉讼的情况;②权利继承的情况。

第①种情况的判例,以提起诉讼的参加人和诉讼的原告、被告之间是否有实质的利害关系来决定他是否是"对方当事人"[10]。

第②种情况即权利继承时不被认为是"对方当事人"的判例。如 A 和 B 的调解案件(已经达成和解的案件)中 A 的代理律师,随后又代理了 B,向调解协议中的债权受让人 C 提出请求异议及停止强制执行。这种行为却被认为没有违反《律师法》第 25 条第 1 款、第 2 款的规定(最大判昭和 40・4・2 民集第 19 卷第 3 号第 539 页,大阪高决昭和 36・9・4 下民集第 17 卷第 9 号第 2192 页)。然而也有被认为是"对方当事人"的案例,例如某律师正在接受买卖合同中买方甲的委托处理法律事务,而卖方又把该债权转让给了请求支付报酬债权的乙,该律师又成为受让卖方债权的乙的代理人,以买方为被告提起请求支付报酬的诉讼,则该行为违反《律师法》第 25 条第 1 款(大阪地判昭和 30·9·2 判时第 70 号第 22 页)。之所以这两个判例的结论相反,是由于前一种情况中律师无论是现在还是过去都没有承诺接受 C 的委托,而后一种情况中的律师正在接受甲的委托处理案件。

然而所谓"承诺接受委托",应该是指对接受案件委托作出了承诺,如果仅仅是承诺接受咨询则不能适用,不过一旦承诺接受案件的委托,即使没有对案件内容进行咨询,也被认为是"承诺接受委托"。

第二,在同一案件中,如果律师有从"对方当事人"那里"接受咨询"、"提供帮助"的情况,则不能再就同一案件履行职务(《律师法》第 25 条第 1 款)。

该条的意图在于,律师如果就这一案件履行职务,则会背叛了之前找律师商议或者委托的咨询者的信赖。因而这条规定的目的在于防止这种丧失律师品格行为的发生(最大判昭和 38·10·30 民集第 17 卷第 9 号第 1266 页)。

然而,"接受咨询"是指接受关于具体案件的法律解释或寻求法律解决途径的法律咨询,"接受"主要是指接受咨询的主体部分[11]。比如,诉讼的对象虽然是和土地相关联的,但是咨询的内容却不是诉讼的内容及对策,而是关于土地购买的手续方法之类,则不能称之为该案件已经接受了对方的咨询[12];还有,比如在公共汽车上闲谈的话语也不能认为是为了解决案件而接受了咨询[13]。

所谓"协助"就是指已经接受了咨询,并针对该具体案件为了维护咨询者希望得到的一定结论(或者利益)而提出具体的见解,告知法律手段,或者提供一定劝告。之所以称"协助",是因为必须要为维护咨询者的利益提供一些意见,如果法律咨询的结果是得出了与咨询者希望得到的相反的结论(比如法律上的不成立、违法、不当等)的话,则不能解释为协助(但是,虽然不能认为是协助,如果咨询的程度和方法是基于信赖关系,则也可以认定为符合《律师法》第 25 条第 2 款和《职业基本规则》第 27 条第 2 款规定的情形)[14]。

第三,在同一案件中,接受"对方当事人"咨询,且被认为该咨询的程度和

第一章　利益相悖　13

方法是基于信赖关系,则不得就该案件履行职务(《律师法》第 25 条第 2 款和《职业基本规则》第 27 条第 2 款)。

所谓"(咨询的)程度"是指咨询的内容,着眼于深层次的东西;所谓"(咨询的)方法"是着眼于次数、时间、场所、资料的有无等一些咨询类样态的东西[15]。

所谓"基于信赖关系",是与《律师法》第 25 条第 1 款和《职业基本规则》第 27 条第 1 款不同的要件,指的是委托合同缔结前的信赖关系问题。本款所规定的信赖关系是指比第 1 款规定更强的信赖关系[16]。

以下是违反本款的案例。在单个当事人的案件中,律师尽管以前接受过委托方的对方当事人的咨询,但是该律师仍然以委托人的代理人的身份提出参加申请。所以会因下述理由——即:"由于提出参加申请一个月以前已经接受过相对方的咨询,因此到现在为止应被认为是对方当事人的代理人,提出参加申请当日以可能被认为是对方当事人的代理人而辞去代理人一职"——而被认为违反了《律师法》第 25 条第 1 款(东京高判昭和 33·12·24 东高民时报第 9 卷第 13 号第 255 页)。共同继承人的遗产分割调解案件中,某律师接受一部分共同继承人的委托参与调解案件,其间获知共同继承财产中的土地,在被继承人活着的时候已经卖给了第三人,之后又接受该第三人委托向共同继承人提出请求办理所有权转移登记手续的诉讼。该律师被认为违反了《律师法》第 25 条第 1 款(东京高判昭和 41·7·12 东高民时报第 17 卷第 5 号第 147 页)。

然而,恶意当事人也会有为了防止该律师成为对方的代理人,先进行咨询的情况。也就是通常所说的"先下手为强"、"套牢情况"。这个问题在过去律师比较少的地方较容易发生,现在在并购(M&A)和知识产权等专业领域仍有这样的问题。此情形中,恶意当事人会以律师的行为违反《律师法》第 25 条第 1 款和《职业基本规则》第 27 条第 1 款相威胁,以此打消律师作为对方代理人的念头。所以作为律师也不得不认真对待所作咨询的程度。关于这一问题将在第四章中详细论述。

ⓑ **不同案件的情况**　律师原则上不能代理以正在进行中的案件的委托人为对方当事人的案件。但是委托人及对方当事人(另一案件的委托人)都同

意的情况则不受此限（《职业基本规则》第 28 条第 2 款）。以正在进行中的案件委托人为对方当事人的案件，是指同一个人，在这个案件中是委托人在另一个案件中却是对方当事人。如果代理这样的案件，则会使委托人对律师的诚实性产生怀疑，损害委托人对律师的信赖感，进而损害社会对律师的信赖感，因此原则上律师不得代理这样的案件。但是也有例外，那就是以维护委托人和对方当事人的利益为出发点的代理，即便如此，为了确保律师公正执行职务和保持品格，对于维持律师职务信用的要求仍不可轻视。因此，即使在取得双方委托人同意的情况下，也不应当把代理以委托人为对方当事人的案件作为通行的原则。就算取得委托人的同意，根据情况的不同，也可能因为损害了律师的品格而被追究是否违反了《律师法》第 56 条。

而且依据同样的理由，《职业基本规则》第 28 条第 2 款规定，律师不得代理以长期提供法律服务的对象为对方当事人的案件，但是已取得委托人及对方当事人双方同意不受此限。所谓"提供长期法律服务"，不仅指顾问关系，也包括作为委托律师处理某些持续案件、作为促进守法委员会会长长期提供法律意见的情况。

2）以过去的法律咨询人或委托人为对方当事人的案件

ⓐ同一案件的情况

第一，就同一案件，过去接受过咨询及提供过协助或者承诺接受委托（接受该案件委托），即使先行案件已经终结，该律师也不能代理以该委托人为对方当事人的后续的案件（《律师法》第 25 条第 1 款和《职业基本规则》第 27 条第 1 款）。根据就同一案件不得进行双方代理的精神以及如果失去先接受咨询和协助的当事人的信赖就会使律师的信用丧失的精神，委托的对象实质上是同一案件时，则不论过去和现在一律适用该规则。

第二，就同一案件，对于过去接受当事人的咨询，其程度和方法被认为是基于信赖关系的情况，现在即使先行案件已经终结，该律师也不能代理以该委托人为对方当事人的后续案件（《职业基本规则》第 27 条第 2 款）[17]。

ⓑ不同案件的情况
如果是不同的案件，代理曾经的委托人为对方当事人的已经完结的案件,可以不受《律师法》第 25 条和《职业基本规则》第 27 条的限制。但即使那样,如果可能发生违反保密义务(《律师法》第 23 条,《职业基本规则》第 23 条)的问题,仍应当回避代理。

第三节　咨询者的对方当事人委托的其他案件

在从事实务时,常会遇到从委托人的对方当事人那里接受其他案件委托的情况。对方当事人的本意有可能是出于对现行案件有利的恶意考虑,也有可能是真的欣赏该律师的办案能力,希望就另一案件委托一位有能力的律师。作为律师,有时根据该案件的内容和对方当事人的人品,也希望接受该委托。那么,我们讨论一下律师是否可以接受目前咨询人或委托人的对方当事人的委托而代理其他案件的问题。

首先,对于律师是否可以接受目前咨询人或委托人的对方当事人的委托来代理其他案件的问题,原则上是不允许的。但是,如果取得委托人同意则不在此限(《律师法》第 25 条第 3 款和《职业基本规则》第 27 条第 3 款)。

如果接受现在代理案件的对方当事人的委托代理其他案件,现在的委托人就会猜想对方当事人会不会采用支付更多报酬等手段,从而对律师能否忠实主张自己的利益产生怀疑。即使律师对于目前代理的案件公正处理,但从可能损害律师的信用和品格的角度出发,一般也应作为一项原则禁止律师代理该案件。这里即使有例外情况,也要以保护目前委托人的利益为第一考虑要素。

其次,律师是否可以接受过去咨询人或委托人的对方当事人的委托代理其他案件？如果对于保护委托人的信赖关系及律师的信用品格都没有问题,代理已经完结案件的对方当事人委托的其他案件则不受《律师法》第 25 条和《职业基本规则》第 27 条的限制。但要注意案件是否真正完结。比如代理的请求返还借款的诉讼本身已经确定胜诉,但是没有执行就不能认为纷争已获终局解决,这时就不能说案件已经完结。同样的案件已经达成和解,在分期偿还的情况下,原则上也禁止接受对方当事人的委托,代理其他案件。

第四节　多名当事人之间的利害协调

律师在诉讼以外,也会被委托协调多名当事人之间的纷争[18]。

比如就遗产分割为例,多名继承人一起就被继承人的遗产分割如何协调向律师进行咨询,夫妇一起就离婚问题进行咨询,律师受委托为顾问单位之间的买卖制作合同书等情况。这些情况中,从法律上看,各当事人之间肯定有利害对立关系。那么律师此时是否应当以可能存在利害对立为由拒绝协调的委托呢。

作为不是法律专家的一般市民,有请求并依赖专业律师运用法律知识为其协调利害的需要,一般认为作为律师应该应诺。如果利害协调成功,则可以避免多名当事人之间发生纷争和诉讼,价值可谓不小。但是如果利害协调失败,当事人也可能因此对律师失去信任。

作为律师是出于多名当事人一致对律师有很强的信赖感,协调好利害关系的可能性很高才接受协调者一职。此情形下,作为利害协调者,该律师必须明确自己是作为多名当事人全体的代理人身份。如果这点不明确,有的当事人会期待律师仅仅以自己代理人的身份进行交涉,因而想法纷纭,很容易造成协调不能善终。此外,还必须保持公正、公平的立场。一个律师要协调多名当事人的利益,始终保持公平、公正的立场并不像嘴上说得那么容易,而是要时刻牢记在心。

然而,协调中途预见到问题而不能圆满解决的,应当把情况告知全体当事人并终止职务,以后关于这个纷争,不得再接受任何当事人的委托[19]。

总之,协调者实际上很难满足全体当事人的要求,一方满意却招致他方不满的情况很多(正如前述律师作为协调者一职履行职务容易招致混乱,美国律师协会《职业行为示范规则》,2002年修改之际,删除了关于调整者的规定[第2.2条],取之以关于多名代理的第1.7条和关于非讼纠纷解决程序(ADR)的仲裁人等中立第三者的第2.4条)。

第五节　接受多名当事人委托的案件

律师接受多名当事人委托的情况并不少见。基于这点,《职业基本规则》第 32 条规定:"律师在同一案件中有多个委托人且他们有产生利益冲突可能性的,受理案件时,必须向各个委托人说明有辞去委托的可能及产生其他不利情形的可能。"第 42 条还规定:"律师受理有多个委托人且其相互间可能产生利害冲突的案件后,委托人相互间确实产生利害冲突时,必须及时将情况通知各委托人,并基于案件采取辞去委托等适当措施。"

下面主要讨论一下,什么样的情况适用《职业基本规则》第 32 条和第 42 条,并且作为律师应该用什么样的态度来对待这种情况[20]。

然而我们这里所说的是否适用"利益相悖",是法律层面上的,由案件的客观性质和内容所决定,这和产生隔阂的感情上的冲突,人际关系上的反感和不和等是无关的。而且,所谓利益相悖,典型的是指律师同时或者不同时地接受同一案件对立的双方当事人的委托。但是并不仅限于此,也有委托人不是对立的当事人,而是有共同的对立当事人。比如,同分一个面包(保全竞合案件)和"多米诺骨牌"案件(如果连带保证人败诉的情况下,必定会对主债务人行使求偿权,所以连带保证人和主债务人作为被告共同委托律师的案件)等情况。

下面就举例探讨。

1) 代理多名委托人就同一个物件申请保全和代理多名债权人向同一债务人申请偿还金钱债务的情况

这种情况下,由于债务人可用于偿还的财产过少,大家是共同分食一个面包的关系,因而产生利益相悖。即使在这种情况下,多名委托人之间在某一阶段(争取确认被告赔偿责任判决的阶段,查找被告隐匿资产的阶段,完成保全的阶段)仍然是方向相同、步调一致的,不能说是利益相悖。而且多名债权人共同行使权利更便利,有利于争取更大利益(如果每个债权人单独聘请律师则自然须考虑成本、律师的调查能力等一系列问题)。比如消费者被害案件的集团诉讼的债权人代理就是这样。但是在接受委托的时候必须要意识到会有出现利益相悖情况的可能性。比如与债务人达成和解案，对债权人的和解金并非个别告知而是告知总额时，债权人之间就分配方法很可能产生具体纷争。在接受委托的时候，必须向全体委托人充分说明产生这些利益相悖情况的可能性，取得全体委托人的同意(《职业基本规则》第32条)。在现实利益相悖显著和被允许撤回的时候可以辞去委托，这点应当作为接受委托的条件。在现实利益相悖显著和被允许撤回的时候，应迅速——对委托人说明情况，采取辞去委托或其他适当的应对措施(《职业基本规则》第42条)。

2）代理主债务人和连带保证人应对债权人的金钱请求

对债权人已经确实败诉，连带保证人向债权人支付欠款之后，则必然会对主债务人追偿，这时主债务人和连带保证人的内部关系由于存在负担分割的问题，利益相悖显著化的可能性很高，因此认为不能代理主债务人和连带保证人。

但是，如果主债务人和连带保证人双方都主张没有借款事实，或者都主张已经还清，并有共同利益，这种情况可以和上述1)一样，在充分说明将来可能出现利益相悖的情况下接受委托。

3）代理建筑物所有人和租赁人对土地所有人要求返还收走的建筑物土地的请求

在土地所有人的请求明显不当的情况下，建筑物所有人和租赁人有着共同利益，在这种情况下可以做双方代理。

4）当场和解案件

当场和解案件中，作为一方当事人代理人的律师不得成为另一方代理人(《民法》第108条)，接受对方当事人的委托成为其代理人的行为，被认为违反《律师法》第25条第1款，在名古屋高判昭和30·7·19下民集第6卷第7号第1526页，大阪高判昭和36·1·28下民集第12卷第1号第128页的案例上得到验证。一般最多做到给对方当事人介绍律师的程度,不得参与候选代理人的活动[21]。

5) 遗产分割的情况

在上一节也接触到这个问题,就是律师参与达成遗产分割合意的协议。判例中认为,继承人之间即使利害对立没有现实化,但当该行为从外部看有符合《民法》第 826 条第 2 项所说的利益相悖行为的情况时,如果遗产分割协议没有得到当事人的追认则无效(最判昭和 48·4·24 判时第 704 号第 50 页,最判昭和 49·7·22 判时第 750 号第 51 页)。

依据这种解释,只有协议当事人关系良好,也就是说律师必须取得关系当事人的同意,才能无障碍地代理多名继承人。但是必须注意在达成协议、总结调解条款阶段只限于个别代理。实务中,许多法院都毋庸置疑地要求他方当事人本人或者代理人亲自出面。

从上述可以看出,律师当初并不是接受多名继承人的委托,而是仅仅接受继承人当中一人的委托,必须明确这一立场才能更好地履行职务[22]。

6) 遗嘱执行者和破产财产管理人的情况

在遗嘱执行人和继承人之间、在破产财产管理人和提出破产债权的公司委托人之间容易发生利益相悖的问题。很有必要在担任遗嘱执行者时认清每个遗产继承人之间、担任破产财产管理人时认清破产债权人之间有无利害冲突的情况发生。

一般认为接受委托后,由于存在利益相悖就不得再接受继承人的委托或者不得代理申请破产债权。

从以上可以看出,在接受多名当事人委托的时候,必须要意识到存在利益相悖的风险而谨慎应对。而且当利益相悖现实发生的时候,必须有向全体委托人辞去委托的准备。因为当对立产生时再进行利害调整是十分困难的,律师很难不失去委托人的信任继续开展业务。

20 司法伦理

注
───────────────

1 本条规定的意图：①当事人利益的保护；②确保律师执行职务的公正；③保持律师的品格。列举了律师违反以维护基本人权和实现社会正义为使命的基本职责的典型行为，禁止这些行为，通过①和③这样的律师担负的使命确保国民对律师的信赖感。(《律师法解释》第3版,以下简称《律师法解释》第202页。)

2 旧《律师伦理》第25条规定"如果和对方当事人有特别关系,有可能损害与委托人的信赖关系,必须把这一情况及时告知委托人（特别关系告知）",而根据职业基本规则,在有特别关系存在的时候,原则上禁止履行职务。

3 旧《律师伦理》第27条规定"如果有和自己在同一律师事务所执业的其他律师,或者同一场所执业的涉外律师,或者和任何委托人的关系中有不能公正履行职务的案件,不得代理"。

4 作为为防止共同事务所或者律师法人等代理禁止代理的案件的规定,正在努力采取记录各个律师的案件信息的措施(《职业基本规则》第59条,第68条)。

5 依据《职业基本规则》第69条,准用律师法人。

6 判断判例是否是同一案件,不应该仅仅看诉讼标的物是否相同,而是以纷争的本质基础是否相同来决定(青森地判昭和40·11·9判时第187号185页)。

7 《律师法解释》第234页。

8 《律师伦理注释[修订版]》(以下简称《律师伦理注释》)第105页。

9 《律师法解释》第220页。

10 消极论判例有,最判昭和37·4·20民集第16卷第4号913页,京都地判昭和31·10·24下民集第7卷第10号第2992页,东京高判昭和29·1·12下民集第5卷第1号第49页；作为积极论的判例有,大判昭和7·6·18民集第11卷第1176页,名古屋高判昭和30·7·19民集第6卷第7号第1526页,福冈高判昭和32·7·18高民集第10卷第5号299页。

11 《律师法解释》第211页。

12 日本律师联合会惩戒委员会昭和43·7·27议决——议决例集II,第75页。

13 日本律师联合会惩戒委员会昭和45·5·23议决——议决例集II,第132页。

14 《律师法解释》第212页。

15 《律师法解释》第223页。

16 《律师法解释》第223页。

17 《律师伦理注释》第109页。

18 关于律师的利害调整参照了远藤[1993],住吉[2000]。

19 职业基本规则(委员会第2次案)中有这样的条款"律师在调整或者确认法的利害关系时,接受多名当事人、政府机关或者公私团体的委托,中立且公平的立场处理案件,不可再接受其中一部分当事人的委托执行职务。但是取得其余当事人同意的情况不在此限"。但在实际采用的职业基本规则中删除了该条款。
20 以下,本节记述的内容有引用的部分,参照了《律师伦理注释》的相关内容。
21 关于当场和解的注意点,在律师责任研究会[1996a]中有详细叙述。
22 关于遗产分割的注意点,在律师责任研究会[1996b]中有详细叙述。

设问

1. 律师 L 在担任市民法律咨询的时候,接受过咨询者 A 关于继承亡父遗产的咨询,并给予了一般性法律意见。数个月后,A 的弟弟 B 去律师事务所,希望委托 L 解决他与哥哥 A 关于遗产继承的纠纷。

律师 L 可否接受 B 的委托?

律师 L 在接受了 B 的委托之后,才发现以前就该遗产分割案件接受过 A 的法律咨询,那么 L 应该采取什么措施?

2. 律师 L 是 A 公司的法律顾问,A 公司和 B 公司都和盛传有经营危机的 X 公司有生意往来,A 公司和 B 公司的法人代表都想委托律师 L 代为追收欠款,一起前来咨询。

律师 L 接受 A 公司和 B 公司的委托有没有什么问题?

假设已经接受了委托,有什么要注意的事项?

(蜂须贺太郎)

第二章　守密义务

本章构成
　第一节　律师守密义务的本质及律师法等法律相关规定
　第二节　职业基本规则关于守密义务的相关规定
　第三节　允许秘密公开的情形
　第四节　守密义务与"公共利益"

前　　言

关于律师伦理的两大标题是"利益相悖"和"守密义务",为什么?

本章在概观律师守密义务的本质后,先讨论一下可以解除守密义务的情况,然后探讨一下和"公共利益"的关系(也就是所谓"看门人"问题),从而学习律师伦理中"守密义务"的重要性。

第一节　律师守密义务的本质及
律师法等法律相关规定

1)《律师法》第 23 条

咨询人和委托人在咨询委托的时候,都会把自己所遇到问题的信息提供给律师。而作为律师,为了妥当解决纠纷,对案件有全局了解以选择适当的方针,正确把握信息是不可缺少的。应当接受的所提供之信息,不仅包括和案件直接相关的、影响案件发展趋势的信息,也包括深层次的与隐私相关的信息及纠纷对方当事人、其他人的信息，甚至有些不想让家庭知道的信息也包含其中。特别是对于咨询人和委托人来说，不仅要客观地来看待对己有利的事实，很多情况下也需要客观的把不利的事实提供给律师。在此基础上律师才能选择合适的解决方针。面对作为外人的律师，咨询人和委托人在刚开始的咨询阶段就要把所有的话和盘托出，对许多人而言都是勉为其难的。但是如果不能安心地提供信息或委托律师取证，案件则不能得到很好的处理。

因此，为了让咨询人和委托人信赖律师，安心地提供信息和委托律师取证，对于律师由于职务上需要获知的信息，建立起业务在无论执行中还是执行终了后都不得向外泄露信息的保障制度则很有必要。这种制度保障正是守密义务。正是由于这一制度的存在并被人所知，咨询人和委托人才能感到"无论说什么都没有关系"，安心地把信息提供给律师。律师也因为有了这一制度才得以履行职责。守密义务从这种意义上来说是律师制度的基石，是极其重要的制度。

在进行具体法律咨询的时候，很多律师被咨询人问到"你能帮我保守秘密吗？"。律师当然会回答"我一定帮你保守秘密，有什么话尽管说"。然而，也有律师本来是打算保守秘密，但会出现诸如国家机关要求律师公开与当事人相关的秘密，致使律师最终不能保住秘密的情况。因此，守密义务，对咨询人和委托人来说是律师的义务，对国家机关和第三人来说是律师的权利（不公开委托人秘密的权利）。律师保守咨询人和委托人的秘密既是义务，同时也是律师取得咨询人和委托人的信任，顺利履行职务、保障律师职业的职务权利。基于此认识，在《律师法》第23条有如下规定："律师有保守职务上获得的秘密的权利，同时负担守密义务，但是法律有特别规定的时候不在此限。"

2）律师法以外的相关法律规定

除律师法以外，《刑法》第134条第1项（泄露秘密罪）规定："……律师……或者曾经从事这些职业的人员，没有正当理由向他人泄露因业务获取的他人秘密，处六个月以下的拘役或者十万日元以下的罚金。"律师公开秘密也为刑法上所禁止。

还有，在《刑事诉讼法》第 149 条规定："……律师……或者曾经从事这些职业的人员，由于接受业务上的委托而知悉的事实，如涉及他人的秘密，有拒绝作证的权利"（证言拒绝权）。同法第 105 条还规定："……律师……或者曾经从事这些职业的人员，由于接受业务上的委托而保管、所持的物品，如涉及他人的秘密，有拒绝扣押的权利"（扣押拒绝权）。同样的规定在民事诉讼法也有。即《民事诉讼法》第 197 条第 1 项第 2 号规定："……律师……或者曾经从事这些职业的人员，在被询问到有关职务上获得的应保守秘密的事项时"，有拒绝作证的权利（证言拒绝权），同法第 220 条第 4 号规定："有第 197 条第 1 项第 2 号中规定的情况，在文书上没有记载解除保密义务的情况下"可以拒绝提出，是为了证据秘密的保护。除此之外，在《关于议会中证人的宣誓及证言的法律》第 4 条第 2 项也规定："……律师……或者曾经从事这些职业的人员，由于接受业务上的委托而知悉的事实涉及他人的秘密，可以拒绝宣誓、提供证言或证物"。

这些规定，对保证律师守密义务的实现，并对律师制度的存立、保障有着巨大作用。但是这些规定最初是以律师以外的专门职业者为主体设定的，与其说是以保障守密义务为直接目的，不如说是以保护隐私为立法初衷。详细内容在第二节 2)④"关于秘密的主体"中说明。这里主要关注《律师法》第 23 条中关于律师固有的守密义务的规定。

第二节 职业基本规则关于守密义务的相关规定

1)《职业基本规则》第 23 条，第 56 条，第 62 条

《职业基本规则》第 23 条，秉承《律师法》第 23 条的意图，规定"律师没有正当理由，不得泄露和利用因自身职务而获得的关于委托人的秘密"。同规则第 56 条，关于共同律师事务所规定"所属律师无正当理由不得泄露和利用因执务而获得的其他所属律师的委托人的秘密。离开此共同事务所之后亦同"。同规则第 62 条，关于律师法人，规定"成员等无正当理由不得泄露和利用因执

务而获得的律师法人、其他成员及作为雇员的外国法事务律师的委托人的秘密。离开该律师法人后亦同"。

这些规定继承了旧《律师法》第20条并加以详细展开,但是《职业基本规则》第56条中写明,因为"所属律师无正当理由不得泄露和利用因职务而获得的其他所属律师的委托人的秘密。离开此共同事务所之后亦同",因此,为了"确保对共同律师事务所的律师职务上的信赖"才有此规定(《自由与正义》第56卷临时增刊号,2005年,第95页)。这一点,同规则第62条也规定了律师法人的情况"与第56条相同意图的规定"。这种情况下,主要注意"同一律师法人范围内,即使事务所不同也同样适用"的情况(《自由与正义》,同上,第103页)。关于共同律师事务所,拥有多个律师的事务所,各律师之间的秘密信息的共有、公开的问题,在第三节虽然有所涉及,但详细情况请参照第十四章"律师业务形态和律师伦理"第248页。

其他的,如《职业基本规则》第19条规定:"对事务职员、司法实习生以及其他与自己职务相关的人员,律师必须指导和监督他们不得从事与其职务相关的违法或不正当的行为,不得泄露或利用因其处理法律事务所的业务而获得的秘密。"这是修改了旧《律师伦理》第17条的说法,明确了律师有指导监督律师以外参与职务的从业人员不得向第三人泄露因职务获知的秘密的义务。这里所说的"其他与自己职务相关的人员","包含法务临床讲义、在各类法务部门研修等法务实践制度的基础上接受指导的法科大学生"。关于勤务律师,受《职业基本规则》第55条中享有的监督权限的律师的监督(以上,《自由与正义》,同上,第29页)。

而且,置于此前的同规则第18条规定:"律师在保管和废弃案件记录之时,必须要注意不得泄露与秘密及个人隐私相关的信息资料。"从这款条文的位置可以看出,与其说是关于对委托人守密义务的问题,不如理解成广义上的秘密、隐私信息的保护(《自由与正义》,同上,第25页)。而且必须注意在和个人信息保护法的关系上,律师也是涉及处理个人信息的职业者。

2)"职务上获知的秘密"

《律师法》第 23 条及《职业基本规则》第 23 条所说的"因自身职务而获得的关于委托人的秘密"(同第 56 条、第 62 条"因职务而获得的其他所属律师的委托人的秘密")究竟是指怎样的情况?

ⓐ **"秘密"是指什么?** 首先秘密不仅指主观意义上的秘密也指客观意义上的秘密(《律师法解释》第 171 页),如"委托人过去的犯罪行为,反伦理行为,疾病,身份,亲属关系,财产关系,是否留有遗言,住所及其他对委托人不利的事项等,还有委托人不想让第三人(有不同利害的人)知道的事项及一般社会观念中不想让别人知道的事项全部包含在内"。(《律师伦理注释》第 87 页。引用旧律师伦理规程释义,是认为旧《律师伦理》第 20 条和《职业基本规则》第 23 条的解释基本上没有差异)守密义务,不仅是保护个人秘密,也是保障委托人和律师的信赖关系及律师制度,从这样的角度理解似乎更为妥当[1]。

另一方面,如果曾经是秘密,但已众所周知,本人已经作了一般公开表示则不再视为秘密。与之相关联,如判决的公开发表等,如果没有特别事项则不能说侵害了当事人的名誉或信用(长野地饭田支判平成元 30·2·8 判时第 704 号第 240 页)。在本人没有公开表示意思,而是知道该秘密的第三人已公开了该秘密的情况下,要特别慎重地判断是否已丧失了秘密性。而且在这种情况下,假设它已经丧失了秘密性,虽然可以说已经不再负担法律上的义务,但律师仍然"负有协助不使之更加公开扩散的义务"(《律师伦理注释》第 89 页)。

ⓑ **"由职务上获知"是指什么?** 下面"由职务上获知"是指律师由《律师法》第 3 条规定的,在履行"一般法律事务"过程中得知的,不包括因非职务行为获得的秘密(《律师法解释》第 171 页)。比如与没有法律咨询委托关系的友人私下谈话中获知的秘密,则不能称之为"由职务上获知的秘密"。

但是从设立守密义务制度的目的来看,只要是从咨询人或者委托人那里获知的,即使是和接受委托的事项没有关系的秘密,或者和纠纷问题没有关系的秘密,甚至是通过职务外的私人关系获知的秘密也要广义地理解为"由职务上获知的秘密"。咨询人和委托人向律师告知的秘密,有的是认为和委托事项有一定关系,有的是为以后咨询做准备的(《律师伦理注释》第 88 页),正是为保护这样的信赖才对律师课以守密义务。而且从保护这种信赖感的观点来看,律师不仅不得泄露咨询人和委托人的秘密,对于可能被认为有泄露嫌疑的言论也要特别谨慎(《律师伦理注释》第 88 页)。

另外,律师协会的委员会活动等会务不是"一般的法律事务",该场合获知的秘密并不是守密义务的对象(《律师法解释》第 171 页,《律师伦理注释》第 82 页等特别参照后述ⓓ关于秘密的主体)。

ⓒ **"由执务上获知"是指什么?** 《职业基本规则》第 56 条,同第 62 条使用了"因执务而获得"的词语。不用说,这里所指的秘密信息是以其他律师职务上的事项,而不是自己职务上的事项为前提的。反过来说,如果和所属律师事务所及同所律师完全没有关系,完全因非"职务行为"所获知的,其他律师所负责案件的相关的秘密信息,并不是这里所指的对象。

ⓓ **关于秘密的主体** 《职业基本规则》第 23 条(同第 56 条,第 62 条),秘密的主体在文字上限定为"委托人"。另一方面,由于《律师法》第 23 条并没有作此限定,就产生了关于委托人以外的第三人的秘密是否适用的问题(《律师伦理注释》第 88 页)。这一点,在金子要人《修订律师法精义》第 229 页,关于《律师法》第 23 条的前身旧《律师法》第 21 条写明,"职务上获知的秘密是指基于信赖关系从委托人告知的事实、记录或者文书、物件等方面获知的秘密事项;这里所说的秘密事项不仅指和委托人相关的,也包含和其他关系人相关的秘密事项"。

该法的观点要求对于第三人的秘密也遵守保密义务,其立法意图是以"律师的活动特别是其收集证据时,必须保证不随意公开从委托人以外的第三人处获取的信息,其活动才得以实行。也正是有这样的担保才确保律师制度最初得以存立"这样的论断为前提的,否则无法成立。但是这样的规定难免会招致秘密范围是否过于宽泛的疑问。守密义务即使一般理解为"本法第 1 条第 2 项规定的诚实义务中的一项内容"(《律师法解释》第 168 页),它本来的立法目的也是着眼于律师和委托人的信赖关系,因为保护这种信赖关系是律师制度得以存立的保障。因而,假设把第三人的秘密信息也作为守密义务的对象,那么第三人的范围到底是什么？抑或是完全没有限定,这应该不是本条文的本意。作为规定道德和伦理最低限度的法律,反而比堪称是伦理规范的职业规则更加重了义务的内容和程度,确实让人觉得奇怪。

为此,可以和部分外国法作一比较。比如美国律师协会的《职业行为示范规则》第1.6条(a)规定,"律师如果没有委托人的书面同意,不得将和代理的业务相关的委托人的信息公开",明确限定为委托人的信息。但是另一方面,德国联邦律师协会《律师职务规则》第2条(2)规定"守密的权利和义务是指履行职务时获得的所有信息";法国律师协会2004年统一内部规则第2.2条第3款也指出,"律师在履行职务中获得的所有信息及秘密"。另外,欧洲律师协会评议会(CCBE)《欧盟律师业务规范》2.3.2也规定,"律师必须保守由履行职务所获知的所有信息的秘密",没有特别限定秘密的主体。

基于上述情况,这里先提一些问题。

也就是说,对于委托人以外的第三人的信息也适用《职业基本规则》第23条,并非守密义务的规定存在问题,而是以保护秘密信息及隐私为目的,这和刑法上的秘密泄露罪,以及民事诉讼法和刑事诉讼法上的证言拒绝权的规定有着相同的立法意图。更进一步说,《职业基本规则》第23条的规定是因为律师由于职业上的原因接触他人秘密信息的机会较多,要求保护因这种机会得知的他人的秘密信息,应当和对委托人的守密义务严格区别开来。

根据刑法上的秘密泄露罪,"(律师等)从事这里列举的职业的人,本来在职业伦理上就要求保守秘密,此处在刑罚意义上加以保证;另一方面,可以实现它职业保护机能的反射效果"[2],另外,民事诉讼法上的证言拒绝权是"为了保障委托人享有的'自己私生活内容不被不当暴露的权利',专门职业的人负有守密义务",这是为了保护那些"基于信赖专门职业者而向他们公开秘密的人的信赖感",而不是"以保护专门职业本身为目的"[3],再者,刑事诉讼法的证言拒绝权的保护对象是,"涉及他人秘密的业务本身,也就是说,委托人基于对专门职业者的个人信赖关系才和盘托出秘密,这种专门职业是社会生活中不可缺少的职业,必须保护对这种职业的社会信赖"[4]。但是这些解释都是规定保护专门职业者获得秘密、隐私,是斟酌《律师法》第 23 条的前身——旧《律师法》第 21 条的制定过程得出的结论,它的意图也扩大到守密义务,所以才会得出这样的结论。这样说来,证言拒绝权行使的主体就被限定为法律上负担守密义务的主体[5],但是守密义务是证言拒绝权之后制定的,围绕守密义务的旧《律师法》第 21 条规定的讨论,论者以其作为前提来考虑没有什么不自然,相反是合理的。

在旧《律师法》第 21 条制定的过程中,司法省的草案中"删除了"当初修订纲领同条的"根据民事诉讼法、刑事诉讼法、刑法、陆海军军法会议法等的规定,应当充分保障委托人的秘密及律师委托人的信赖关系的见解"(重点引用),之后"律师法案特别委员会"又提出"应当恢复的修正意见"。但那时又依据"旧法从新法等原则"有人认为"民事诉讼法……的规定其效力应当丧失",最后同条"视为附但书",这是该条款的复杂经过[6]。也就是说,在旧《律师法》第 21 条的制定过程中,司法省的草案本来是认为作为保护秘密和隐私的规定,秘密泄露罪和证言拒绝权中已经包含了所追求的守密义务的意图了,所以无须再制定。然而,在旧《律师法》第 21 条制定之后反而给证言拒绝权的规定带来影响,本来是以保护秘密和隐私为核心的,结果此意图却扩张为对委托人的信赖保护甚至对某些职业社会信赖的保护。是不是可以这样认为呢?

另一方面,旧《律师法》第 21 条的否定论和必要论的"折中论",实际上是本条和秘密泄露罪及证据拒绝权的规定的"折中"产物。即之后产生的旧《律师法》第 21 条,是把刑法和意图已被扩张了(或者正在被扩张)的证言拒绝权的规定中和起来的,本来应该仅仅规定守密义务,却变成了把保护隐私的要求和守密义务一并中和作出规定。于是,有关于旧《律师法》第 21 条就变成了关于第三人秘密也加以保护的规定的说明[7]。

更进一步说,职业基本规则大部分是接受了美国的影响而制定的。旧《律师法》第 21 条是 1933 年制定的,而 1949 年制定的现行《律师法》第 23 条继续引用该条。从那时的时代背景考虑,很难认为旧《律师法》第 21 条的制定在当时是受了美国的影响[8]。然而,1955 年制定的旧《律师伦理》第 26 条及 1990

年制定的旧《律师伦理》第 20 条,大部分接受了美国律师协会的《职业道德守则》(ABA Canons of Professional Ethics——1908 年制定)和《职业责任示范守则》(ABA Model Code of Professional Responsibility——1969 年制定)或者《职业行为示范规则》(ABA Model Rules of Professional Conduct——1983 年制定)等的影响,而现行的《职业基本规则》第 23 条(2004 年制定)又是继续引用上述内容。美国是把守密义务同一般的隐私保护区别开来的,并把守密义务作为律师业务中的基本义务在法律上给以深度保护。职业基本规则正是引用了美国这样的传统特质,因而才导致了律师法和作为行为规范的职业基本规则(会规)的两重构造,进而带来所规定义务有轻有重的"扭曲"结果。

这样的"扭曲"到目前为止没有成为大问题,是由于解释统一很难产生实际利害,这也表明我国律师秩序构造的特殊性。因此,虽然产生了这样的"扭曲现象",但是法曹伦理仍然是学府的必修科目,与之对应的配套理论还在探索中,但到目前为止仍然没有引起大范围的讨论。

以上为保障律师制度,委托人以外的第三人的秘密信息既然不是守密义务,我国为什么没有将这一点明确化,笔者就此提出了问题。

然而,当委托人确实要求不公开委托人以外的特定第三人信息的时候,这个第三人的信息便被纳入守密义务的对象。但是也应该作为与委托人关系上之守密义务的扩张理解。

进一步说,律师协会作为积极承担法律服务的团体,它的活动领域正在逐渐扩大,律师通过在律师协会的委员会活动等会议中,获知第三人秘密信息的机会正在逐渐增大。比如,人权侵犯救济活动和非讼纠纷解决程序,还有在纲纪、惩戒手续等过程中,律师实际接触的秘密信息量相当大。如上所述,由会务得知的信息不是守密义务的问题。但是第三人的秘密信息也不可随意轻视,应由个人信息保护法和各委员会的规则等进行保护,使这些秘密的保护和守密义务一样得到坚决地遵守。

此处,职业基本规则所说的"委托人","不仅仅是顾问单位,争诉案件的委托人等关系存续期间或之后的委托关系,没有留下姓名仅仅咨询过一次的咨询人也应当被包括在内"。而且"有可能成为委托人但是最终没有委托的情况,如果基于信赖关系达成协议,仍应保守关于协议内容的秘密"(《律师伦理注释》第87页)。

如果这样说来,也有在酒席等场合,不是委托人,却以信任为前提向律师告知了非常隐私的信息的情况。这种情况下如果接受了那个人的正式委托以后自然适用本条(《律师伦理注释》第88页)。即使没有,根据对话的具体状况,如果能认定信息的告知和咨询是以信赖关系为前提的,那么也应当认为由此而得到的秘密是守密义务的对象。

ⓔ **关于守密义务的主体**　守密义务的主体,《律师法》第23条指出,是"律师或者曾经担任律师的人";但另一方面,《职业基本规则》第23条中却认为守密主体是"律师"。因而,取消律师注册的人,虽然已经不是职业基本规则的适用对象,但仍是律师法所规定的权利义务主体(平成16年11月10日《日本律师联合会临时总会议案集》第47页,第23条的解释)。

即使有《职业基本规则》第23条等这样的规定,如果作为律师,在委托案件结束以后,仍然继续负有守密义务。应当注意这种义务的负担是没有时间限制的。关于这点,依据同规则第56条,即使共同律师事务所的律师转职到其他律师事务所或者独立出去,对于在该共同律师事务所任职时所获知的秘密,仍不能解除守密义务。另外,关于律师法人,依据同规则第62条,即使不是成员,但以后仍然要遵守守密义务,和前面所述一样。

ⓕ **"泄露"、"利用"**　《律师法》第23条所要求或保障的是"保守"秘密的权利和义务。而另一方面,《职业基本规则》第23条等所禁止的是秘密的"泄露"或者"利用"。

也就是说即使没有泄露秘密,"如果实施了为取得一定效果的行为"就称之为"利用"(《律师伦理注释》第86页)。这里不仅指利用对委托人的不利情况,也包括利用对自己或者第三人有利的情况(参照美国律师协会《职业责任示范守则》DR4-101(B))。比如,担任并购法律顾问的时候,根据获知的股票要上涨的信息,购入该股票,其行为就符合上述"利用"(《自由与正义》第56卷临时增刊号,2005年,第26页同旨)。

第三节 允许秘密公开的情形

1) 律师法及职业基本规则关于允许公开的要件

即便前面已经论及守密义务的重要性，但也不可以把它绝对化。有时，这一义务的解除和遵守一样具有很大的价值。

《职业基本规则》第 23 条（同第 56 条，第 62 条）规定：如果有"正当的理由"允许秘密公开[9]。另外，《律师法》第 23 条但书也规定："法律有特别规定的情况不受此限"；《民事诉讼法》第 197 条第 2 款，《刑事诉讼法》第 105 条但书，同法的 149 条但书等也都有相同规定，然而这里却没有规定"正当理由"的具体要件。《律师法》第 23 条即使有此规定，也是在规定守密义务的时候，提到如果有解除义务的"正当理由"，即使公开秘密也不违反该规定。

这一点，在仙台高判昭和 46·2·4 判时第 630 号第 69 页中写道，"律师违反保守秘密的义务，必须满足两个要件，一个是由职务上获知的秘密，另一个是没有正当事由让不知道该秘密的第三人知道该秘密。这些要件的有无不能做一般的、抽象的判断，而要做个别具体的判断"。这里秘密的范围比委托人的秘密的范围更为广泛，因为在这一点上，不是仅从守密义务而是从保护隐私的一般角度去理解的。这里包含着既然守密义务已经解除，那么保守隐私的义务自然也解除了的解释，笔者赞同这种结论。另外，作为条文解释，律师法第 23 条的但书所说的"法律有特别规定的情况"，刑法第 134 条第 1 项也被包含其中，同条规定如果有"正当理由"即使公开秘密也不受惩罚，律师法第 23 条也应该理解为如果有"正当理由"也可以解除守密义务。

因此，在"法律有特别规定的情况"和有"正当理由"的情况下，即使这么重要的守密义务也是允许解除的。但不要说法律，即使是职业基本规则也没有具体说明到底什么样的情况可以称之为有"正当理由"。以下，就这一点进行讨论。

2）正当理由

ⓐ **委托人的承诺** 关于公开秘密获得委托人的同意，或者本来就已经丧失了秘密性的情况下不产生违反守密义务的问题。紧急情况下，联络不上委托人，为了保护委托人的名誉和信用，即使没有委托人明示承诺也推定委托人承诺公开秘密，这种情况视同为获得承诺（《律师伦理注释》第91页）。

ⓑ **证言拒绝权和公开的可否** 依据刑事诉讼法和民事诉讼法，在可以拒绝作证和扣押的情况下，律师应当拒绝。律师在判断有代替作证和扣押的其他方法的时候当然应该拒绝，但是在没有替代方法的情况下，如果没有委托人的承诺，也应当拒绝（《律师伦理注释》第91页）。

这一点在《自由与正义》（第43卷第8号第163页）上刊载了以下的惩戒案例（1992年6月17日大阪律师协会处分、戒告）。即"……接受被逮捕遭惩戒人的请求"之后又"辞职"的律师，在"受惩戒的请求者被起诉，而他否认罪行，主张无罪，于是引发该刑事被告代理案件中，侦查阶段的供述产生了是任意性还是具有可信性的争议时，律师作为证人出庭，表示他作为律师会见时，受惩戒的请求者曾经承认犯有某些罪行"。律师的这一行为被认为"违反了《律师法》第23条"。这确实是应当拒绝提供证言的情况，而且是缺乏"正当理由"的典型案例。诚然，这个案件的判决（大阪高判平成4·3·12判夕第802号第233页）写道，虽然是因违反守密义务而违反《律师法》第23条的证言，但由于律师是检察官和辩护人双方共同申请的证人，且辩护人未对该会见内容作为证言提出异议等原因，"没有理由排除供述具有可信性的判断"。但是根据非法证据排除规则，特别是不放纵违反守密义务行为的观点来看，这样做是否妥当还要作慎重的探讨。

ⓒ **委托人犯罪企图明确，实行行为逼近，犯罪结果重大的情况**[10] 关于这一点，以前一直是依据避免、防止对生命和身体产生的紧急危险的观点出发，一般允许公开委托人的秘密。但是财产犯的情况是否包括其中，包括到何种程度，留待下一节与"公共利益"的关系中，作进一步探讨。

ⓓ **与"真实义务"的关系** 与上述相关联，是关于刑事辩护的守密义务

和真实义务的讨论。例如,下面的案件是否允许秘密公开?

因杀人罪被起诉的被告,当初供述称看见面前的被害人从怀中拿出像手枪一样的东西,但之后向律师自述时又称事实不是那样的,那么律师是否应将这一情况告知法院?[11]

还有一个虽然是发生在较早的,但也是关于诚实义务和真实义务的案例。

律师 L 明知道被告 A 是代人顶罪的替身,真犯人是雇佣 A 的 B,但是在公审的时候却没有指明该事实,而是以 A 有罪为前提继续辩护。其中,雇主 B 对律师 L 表明自己是真凶的事实并且想自首,就是这样一个案例。

大判昭和 5·2·7 刑集第 9 卷第 51 页,关于上述案件写道,虽然律师有守密义务,但是在刑事诉讼中有为被告人尽到最大防御的职责,为了主张被告人无罪,即使说出 B 是真凶的事实,也阻却了秘密泄露罪的违法性。然而律师 L 的行为却触犯了包庇罪。

这种情况下,不仅被告犯了包庇罪,律师本身也犯了该罪,因此这和下面论述的律师自身权利的保护有关,此时也作为解除守密的情况考虑。这个案件是在旧刑事诉讼法的职权主义、纠问主义的审判模式下进行的。如果是在现行法下的当事人主义、对抗主义的审判模式下进行,那律师的包庇罪是否还成立?如果说出委托人是顶罪的替身,那么也就暴露了另一个罪行,作为一个律师这样的行为究竟是否被允许?

实际上,在接受这种委托的时候,律师究竟有怎样的选择呢?这是一个很棘手的问题。首先能想到的,第一个是拒绝接受委托,第二个是接受委托以后,说出 B 是真凶,为委托人争取无罪辩护。也就是说,A 替人顶罪做假的有罪供述,这不能说是正当利益,以此为由可以拒绝接受委托。但在接受委托的情况下,如果受托之初就能说服 A 作无罪辩护则另当别论,如果不行,A 固执地坚持做替身那该怎么办?那样的情况下,律师违背 A 的意思做无罪辩护真的是被允许的吗?如果律师是在接受委托后中途才知道 A 是替身犯人的情况下也是一样的吗?这样的情况下能辞去委托吗?特别是在国家指定律师的情况下,辞去委托必须得到法院的许可,为得到许可必须要说明理由,可如果说明理由就是违背了 A 明示的意思表示,于是就不能说明理由,辞去委托就得不到批准,于是又回到了究竟能违背 A 的意志到什么程度的问题。这又是和究竟什么是被告人的利益的价值观相联系的疑难问题。

以上,是应该隐瞒替罪的事实尽量做无罪辩护,还是同样隐瞒替罪的事实,只做必要的最小限度的情况举证,还是只有说出替罪的事实呢?

ⓔ**律师自身权利的保护等** 律师如果涉嫌强制执行免脱罪、证据隐灭罪,当不得不为自己洗刷嫌疑或者正面临惩戒及纷争调解的情况下,为了申辩举证,为保护自己的权利,可以优先于守密义务,允许在必要限度内公开委托人的秘密[12]。但是,必须不得不恰当损害委托人的利益,需慎重地采取行动。

ⓕ**法律文书中提出的限令等** 当律师就自己所接受委托的案件遇到法律文书中提出的限令(《民事诉讼法》第 223 条)、文件送付的要求(《民事诉讼法》第 226 条)或者与侦查有关事项的照会(《刑事诉讼法》第 197 条第 2 项)时,原则上应该考虑守密义务优先,如果没有委托人的承诺,应答应该有所节制。律师应接受检察官关于委托人刑事案件的情况调查,以及关于委托人税务情况的反向调查等。但是,原则上必须优先考虑守密义务。如上所述,《刑事诉讼法》的第 105 条规定,在业务上接受委托保管的物品中,有关系到委托人秘密的,有扣押拒绝权;《民事诉讼法》第 220 条第 4 款中,也承认了法律文书限令的拒绝权。

ⓖ**律师向雇佣的辅助人员说明有关委托人咨询的内容** 以辅助律师业务开展为目的,只要在必要的限度范围内进行说明,就被认为是履行职务的必要的"正当理由",并不违反守密义务。对于律师的辅助人员涉及相关的秘密,可以认为委托人默示或者推定被允诺吗?这一点,《职业基本规则》第 19 条是以此为当然前提的,认为正因为委托人期待律师对辅助人员有指导监督的责任,所以可以推定向其告知秘密已经被默示允诺。

ⓗ**向非接受案件委托的共同律师事务所、律师法人的所属律师、社员等告知自己代理的案件名和委托人姓名等信息** 共同律师事务所的所属律师(律师法人的成员等),不得代理与其他所属律师的委托人有利益相悖的案件或接受咨询。因而为了避免代理有利益相悖的案件或接受咨询,作为其前提,就要知道其他所属律师有哪些委托人,代理有哪些案件,以及对方当事人是谁都要

事先掌握。所以至少共同事务所的所属律师同事之间会互相告知自己委托人的姓名（及对方当事人的姓名）及案件名，这一般被当作"正当理由"。现行的《职业基本规则》第59条关于共同事务所、第68条关于律师法人写道"为防止接受不得履行职务的委托"，关于案件的信息，"应努力做好正在处理案件的委托人、对方当事人及案件名的记录以及其他相应措施"。

另外，《职业基本规则》第56条等的规定，就是以同一事务所等执业的律师和其他所属律师等的委托人的信息共有，并不被当然禁止为前提，所以要求不仅对自己的委托人，对其他所属律师委托人的信息也要遵守保密义务。

话虽如此，现实中是否共同事务所的所属律师经常当然且无条件地知道同一事务所其他执业律师的委托人的秘密？还有在咨询人和委托人的意识中，是否认为自己案件的信息应当告知自己直接委托的律师以外的律师呢？这些都是值得我们思考的问题。

这个问题需要与共同事务所及律师法人"不得履行职务（业务）的案件"的问题平行考虑，两者是相互对应的。

虽说都是共同事务所，但是形态各种各样，在我国，所属律师当然且无条件地知道其他所属律师正在咨询或者代理案件的信息并不是普遍情况。追求信息的共有机制未必是现实的。

但是另一方面，鉴于许多共同事务所把其所属律师的姓名在看板、信封及其他咨询人、委托人可以看到的媒介上列举出来，显示了所属律师的一体性，也就符合了《职业基本规则》第55条所说的"共同事务所"，通常，在多数咨询人和委托人看来就是信息相互传达、共有的、一体的事务所。这点从委托合同的侧面来看（和律师法人之间的合同自不必说），在和共同事务所的全体所属律师之间订立委托合同的情况下，即使仅仅形式上在委托书上连带签有全体所属律师的姓名，委托人也会认定案件的信息会向全体律师转达。如此，基于对事务所一体性的信赖，即使委托合同是和共同律师事务所（所谓的经费共同事务所就是这样）的个别所属律师单独签订的，其结果是，咨询人、委托人还是抱着同样的信赖（或者危机）来考虑。正是在这样的背景下，《职业基本规则》第57条，鉴于共同事务所的一体性，如果出现关于所属律师个人的符合规则第27条、第28条的事由，那么也应以其他律师接受委托也将受到限制为原则,规定共同事务所的利益相悖规则(参照第十四章第246页①)。

具体案件中,也许也有这样的委托人,他认为自己仅委托特定的律师,这个案件(范围、程度等)的信息也希望只有自己的代理律师知道,并且认为实际上也只有自己的代理律师知道。这种情况下可能会禁止把这个案件信息告知其他律师,这样做的话就难以做到防止利益相悖。如果中途判明有利益相悖的情况就不得不辞去委托,本来这是可以避免的,无论对律师还是委托人来说都是不利的,应当预先予以避免。

这样说来,完善各所属律师之间案件信息的共有机制并予以实行,推定在必要的限度内咨询人和委托人的默示允诺构成"正当理由"从而解除守密义务,果然应当作为一项原则。这样的案件信息共有及为此而解除守密义务,是为了尽量防止利益相悖而设定的,所以应当进行筛选,不能无限定地无论什么信息都予以公开。基本上仅限于委托人的姓名和案件名,多数情况下这些已经足够了。

但是也有咨询人和委托人事先并未认为存在这样的信息共享,也许他们希望共同事务所和律师法人事先就以信息共享为前提及在上述限度下解除守密义务的问题作一个说明。但若在此基础上,委托人无论如何也不同意,律师就要采取诸如书面写明如果中途出现利益相悖的情况要解除合同等个别应对措施。但实际问题是对所有咨询人和委托人全部做这样的说明并取得同意是很困难的。所以,以推定有默示的允诺来处理才是现实的。

另外,还存在着事务所和律师这方面的问题。比如,为防止利益相悖,勤务律师②应当把自己的个人案件(不是雇佣律师③安排的案件,也就是事务所案件以外自己接受委托的案件)的信息也告知雇佣律师。另外,从雇佣律师的角度来说,如果不这样要求,就不能很好地防止利益相悖。但到目前为止,雇佣律师也好,勤务律师也好,都很注重勤务律师个人案件的独立性并不加以干涉,这是一项默认的规则。即使如此,今后也应当加以改正。

---

① 本书正文中出现的参照页码指原书页码,即本书边码。下同。——译者
② 工资制的律师。——译者
③ 提成制的律师。——译者

此外，对于代理案件以外的咨询案件（包括自治体的免费法律咨询）的数据库管理应当怎样进行，所属律师的数量越多这就越是个深刻的问题。如此看来，共同事务所的案件信息共有化问题，在今后的实务中会越来越重要，必须认真地进行探讨。

以上的问题，说的是各个律师不能接触到其他律师所处理的案件的信息，这种机制普遍施行于各事务所中，而如果像形成了"Chinese Wall"[13]这样超大型的律师事务所的话，情况就不是这样了。（参照第十四章第 248 页）但是，依照我国目前的现状来看，在大多数的事务所中还没达到能建立这样机制的阶段。

另外，与此不同，如果不是同一家事务所，比如同行或前辈律师之间等探讨自己代理的案件的情况也不少见。不用说，关于秘密信息的告知自然是不允许的，同样也要先取得委托人的事前同意才行。

第四节　守密义务与"公共利益"

1) 以"公共利益"为由解除守密义务

本章的开头写道，守密义务"既是义务同时也是律师取得咨询人和委托人的信任顺利履行职务、保障律师职业的职务权利"。但是与之相对立的思想认为，在以保护"公共利益"为目的的情况下应当解除守密义务，允许秘密公开，更有甚者认为必须解除守密义务。关于这一讨论，以美国律师协会为中心很久以前就有了。

比如，听到打算去杀人自述的律师是否应当把这一情况向治安当局报告？这种情况下不做任何防止案件发生的行为，是长期以来美国律师间的规范。但由此也遭到了守密义务绝对化的非难。法律界一般认为，像这样情况，在委托人的犯罪行为可能造成生命和身体上的紧急危险，而且仅限于重大且不能挽回的危险时，为避免、防止这一危险的发生可以解除守密义务。当然这也是逐渐形成的妥协观点。

另一方面，美国律师协会的传统立场也是全国标准，即不承认对财产犯解除守密义务。但是一般各州标准是在重大财产犯和欺诈的情况下解除守密义务的倾向。于是，美国律师协会在 2003 年对《职业行为示范规则》第 1.6 条也作了如下修正、扩充。即列举了允许公开委托人信息的情况,限定为"为防止发生死亡或重大身体伤害的紧急情况",及"不仅仅为了防止对生命身体的危害,为了防止委托人利用律师的工作进行重大的财产犯罪或者欺诈的情况下,也允许公开信息(不是义务)";而且,修正了关于以团体为委托人的律师的第1.13条,"即使是关于企业不良之事,律师可以合理相信最高决策机关不改正明显的违法行为会给企业带来重大损害结果的时候,即使第1.6条不允许公开……为防止损害发生在必要范围内律师可以公开关于代理的信息"(参照第十四章第255页)。关于详细情况在第十四章阐明,以安然案和世通公司案为契机,为了把对联邦证券交易委员会(SEC)的内部通报义务作为律师义务立法的各种意见中和,美国律师协会把在2001年议员会议上已被否决的削减守密义务提案在仅仅两年后又重新提出来。

如上所述,美国律师协会并不允许在重大财产犯的情况下解除守密义务,而是以"(不正当)利用律师的作用"为前提,在这个意义上加以限定,难免带有保护律师自身权益的色彩。但是不管怎样,在我国没有允许信息公开的相关具体规定,作为一般的解释是否应该得到此种程度的认可,老实说不得不进行思考。毋庸置疑并不是完全不允许在财产犯的情况下有信息公开的可能,但是现阶段必须慎重地判断"结果的重大性,犯罪行为的规模、恶性,被害的量、质等"(《律师伦理注释》第90页),这样的说法是得到认同的。

下面来思考一个具体的案例。比如,经营食肉加工业的公司内部律师,从公司职员那里了解到,公司加工的原料几乎都是得传染病死亡的动物,人体食用后会带来巨大危害,该律师得知此情况后应该采取怎样的措施呢?如果不仅仅停留在采取内部行动上(《职业基本规则》第51条),而作为内部告发人把情况向公众公开可以吗?另外,第十四章的设问1(第263页)的案件,即顾问律师从公司职员那里得知即将发售的新车的传动轴有缺陷,行驶中可能折损引起人身事故,这种情况下他应该怎么做?

另一方面,如果联邦证券交易委员会要求企业的法律顾问(假设是在美国取得法律资格的日本律师)就内部发行股票的选择权提交报告,而该律师在确认企业是没有履行适当登记手续的非法发行之后,应该采取什么样的对应措施?另外像类似的案例,企业内律师得知给予股票选择权的违法内部交易的信息,因为是在给予之前得知的,所以转告经营层要求重新考虑,但是他们完全没有改正的行动,那么应当把这些事实向外界公布吗？

前者在对生命身体有重大危害时,并经律师的努力有可能预防的情况下,根据具体情况可以允许放宽守密义务。另一方面,像后者关于内部交易(企业内部律师对于被命令的违法行为应如何处置的问题也是(《职业基本规则》第51条。参照第十四章第253页),向外界公开,认为是消极不得已的做法。

美国各州的律师协会,伴随着美国律师协会对《职业行为示范规则》第1.6条进行修订之后,也开始修订各州的律师职业基本规则。问题是,对于下面指出的看门人(gatekeeper)问题,如果课以律师告发义务,这些事项就难以得到企业经营层目前的这种信任,恐怕会给职务的实际履行带来障碍。各州正在进行的规则修订工作,就这样的问题应该如何处理,正在进行慎重的讨论。被讨论的具体个案以及背后理论的整理,对我国的讨论都有参考价值,希望能够引起关注。

2) 关于违法行为的外部通告义务,也就是所谓"看门人"问题

以上是以是否允许秘密公开为中心进行的讨论。而且即使美国律师协会也没有认可把解除守密义务作为一项义务。但现在正在探讨引进课以律师就违法行为向外部通报义务的制度,也就是说,在那样一个范围内把解除守密义务作为一项义务的制度。这就是所谓的"看门人"的问题。这是为防止洗黑钱和规制恐怖组织资金的行政目的,对所谓的"看门人"律师就委托人的可疑行为被课以通报义务的制度。

1998年接受七国首脑会议宣言,为研究洗黑钱活动的对策和立法而成立的国际组织FATF(反洗钱金融行动特别工作组),2003年6月,劝告各加盟国,把律师等专门职业定位为"门卫(看门人)",对他们课以关于洗黑钱[14]和提供恐怖组织资金的"可疑交易"向金融当局通报的义务。FATF的劝告并不是条约,但是如果不遵守,也会采取以OECD诸国的经济实力为背景的经济制裁活动。

原来,对律师课以就顾客的可疑交易予以通报的义务的法律制度,侵害了作为律师职业基础的律师守密义务和证言拒绝权,从根本上破坏了律师和委托人之间的信赖关系。所以,如果一旦对此立法,就会动摇委托人对律师的信赖,进而必

定损害律师制度的基础。交易可能存在问题的有关委托人,如果向律师和盘托出实情就有被通报的可能性,所以他们就不敢把事实毫无隐瞒地告诉律师。诚然,律师只有从委托人那里得到完全公开的信息才能有效地从事法律事务,况且,咨询人和委托人在很多情况下是需要请律师判断自己的行为是合法还是非法的,而委托人存有疑虑,则那些信息在事前就会缩减。继而,咨询人和委托人最终只会向律师以外的人寻求意见。也就是说,作为法律专家的律师将会丧失指出、纠正、指导问题的机会。这样的状态,不仅会妨碍正当司法制度的运营,就连本来防止洗黑钱的课题本身也很难实现[15]。

以上引入"看门人"制度问题,因其与《律师法》第 23 条的目的,更进一步和律师制度、司法制度的目的是完全相反的,因而不应予以认可。今后很有必要对立法化的动向予以最大限度的关注,并且经常展开予以迅速回应的讨论。

注

1 此外,美国律师协会《职业责任示范守则》DR4-101(A)规定,与委托人通讯得到的信息是有律师—客户守密特权(attorney-client privilege)的秘密信息(confidence),这与其他律师由职务上得到的、因公开会给委托人带来不利或困扰而委托人不希望公开的信息不同,虽然两者原则上都禁止公开。但前者并不是伦理上的要求,而是诉讼法和证据法上的要求。

2 大塚编[2000]第 340 页。

3 谷口等编[1995]第 314 页(但是是 1996 年的改正前的记述)。另外,门口等编[2003]第 69 页也写道,关于那个立法意图"具有专门职业的人,鉴于职务上接受包含他人秘密的咨询的机会很多,赋予那些人证言拒绝权和保护那些告知秘密的人的信赖是一致的",而"没有特别的争论"。

4 藤永等编[1994]第 594 页。

5 参照谷口等编[1995]第 315 页。

6 金子他编[1934]第 225 页。

7 这一点,关于大正 15 年的修改前的旧民事诉讼法,松岗[1925]第 305 页写道:"默然义务应由法律规定或事物的性质决定","对当事人成立,对第三人是否成立"。比如门口等[2003]第 70 页写道"本项的拒绝权,是为了保护秘密所有者和从事专门职业者之间的信赖关系……"写明以秘密主体限于委托人为前提。另外上述藤永他编[1994]第 596 页写道:不得行使拒绝权的情况下,"本人承诺"中的"'本人'是指秘密利益主体,并不限于业务委托人,这是通说"。而上述大冢编[2000]第 344 页写道:"这里所说的人限于委托本条主体业务的人"。这些秘密主体解释的分歧,与其说是否定"折中论"不如说是更加提供了根据。

8 依据上述金子[1934]第226页,旧律师法制定当时,德国并没有关于守密义务的直接规定,只有明文关于证言拒绝权和秘密泄露罪的规定。而在规定诚实义务等的《律师法》第28条中似乎包含了关于保守秘密的解释。另一方面,法国有"律师保守职务上的秘密是律师绝对的义务,因而没有陈述其关于业务上得到的秘密的义务"的规定。旧《律师法》第21条大概是以比较法、沿革的方式受了法国规定的影响吧。

9 《刑法》第134条第1项中,没有"正当理由"是犯罪成立的要件。

10 参照《律师伦理注释》第90页。

11 美国律师协会指导意见287(June 27, 1953), 39 美国律师协会 983, 参照霜岛[1986]第123页。

12 参照美国律师协会《职业行为示范规则》第1.6条(b)(5)。

13 语源"万里长城",指"对于有利害冲突的案件,双方代理律师与对方的信息截然分离,禁止他与对立案件关系人进行正式或非正式的讨论的组织"形式(日本律师联合会调查室[1997]第145页)。

14 "洗钱"是指为了避免犯罪收益被没收,利用金融机关存款、汇款、不动产交易、投资活动等投入犯罪收入以隐瞒资金出处。

15 律师协会"对'看门人'FATF商议稿的意见"也有相同意思。

设问

1. 某家银行的顾问律师L,在一家常去的酒屋碰巧与邻座的A投缘,说到亲密处,A说出自己作为B公司的董事长资金运作困难,有倒闭的危机。第二天,银行的负责人前来咨询,碰巧律师发现B公司是这家银行的客户。

律师L是否应当把昨晚听到的话告诉银行的负责人?

昨晚,在律师L对A作或不作自己是律师的自我介绍这两种情况下,结论会不会有什么不同?

2. 就本文中记载下列案例,请回答如果你是该案件的辩护人或律师,你会如何应对?

(1) 以杀人罪被起诉的被告,当初供述称看见面前的被害人从怀中拿出像手枪一样的东西,但之后向律师自白的时候又称事实不是那样的,这种情况下律师应该怎么做?

(2) 经营肉食加工业的公司的顾问律师,从公司职员那里得知公司加工的原料几乎都是得传染病死亡的动物,人体食用后会带来巨大危害的情况,他应该采取怎样的措施呢?

（3）顾问律师从公司职员那里得知即将发售的新车的传动轴有缺陷,行驶中可能折损引起人身事故,这种情况下他应该怎么做?

（4）联邦证券交易委员会要求企业的法律顾问就内部发行的股票的选择权提交报告,而该律师在确认企业是没有履行适当的登记手续的非法发行之后,应该采取什么样的对应措施?

（5）像类似的案例,企业的顾问律师得知给予股票选择权的违法内部交易的情报,因为是在给予之前得知的,所以转告经营层要求重新考虑,但是他们完全没有改正的行动,这种情况下他应该怎么做?

（6）以上案例(2)至案例(5)中这个律师是顾问律师和企业内部律师的情况下有什么不同吗?

（松本笃周、尾关荣作）

第三章　其他义务——以诚实义务、真实义务为中心

本章构成
第一节　诚实义务
第二节　真实义务
第三节　其他

前　　言

本章以民事案件中律师的诚实义务和真实义务为中心进行探讨，并且会接触到一些其他派生的律师伦理。

诚实义务，是律师和委托人关系中最重要的义务之一，但遗憾的是所谓的律师不良行为很多从广义上来讲都是违反诚实义务的行为。律师应当经常自省是否诚实地完成业务。而且，思考诚实义务的时候，必须要认识到不仅是对委托人，对包括对方当事人在内的第三人和法院也有诚实义务。这就是对律师提出对司法和社会负责的要求。

说到真实义务，我们脑海中可能会浮现出刑事案件中关于律师真实义务的讨论。但是在民事诉讼中，作为代理人的律师会经常面对真实义务与对委托人的诚实义务及守密义务冲突的情况。这个答案又必须返回到民事诉讼制度的理念及和它相关的律师的作用上来思考。

第一节　诚实义务

1) 目的

《律师法》第1条第2项规定"律师基于前项使命,必须诚实地履行职务,努力维持社会秩序及改善法律制度",另外《职业基本规则》第5条规定"律师要尊重事实,遵守信义,公正诚实地履行自己的职责",以上规定了律师的诚实义务。律师为达到"维护基本人权和实现社会正义"的使命(《律师法》第1条;《职业基本规则》前文,第1条),必须保障律师自治,而保障律师自治和律师职务的履行,国民对律师的信赖又是不可缺少的,所以律师被课以诚实义务。

2) 性质

关于诚实义务的法律性质,是传统的纯粹伦理规范,还是超越了伦理规范会对律师产生法律责任的法律规范,对此展开了讨论。

关于律师和委托人的关系,判例[1]的观点一般理解成民法上的委托合同(《民法》第643条)及准委托合同(《民法》第656条),因此律师应当基于委托合同尽到善意管理者的注意义务,负有完成委托事项的义务(《民法》第644条)。把诚实义务作为法律规范理解的观点认为,根据法律专门职业的地位和公共性,这种善意注意义务应当加重为诚实义务[2]。根据这种观点,违反诚实义务就是违反委托合同,即债务不履行,就要追究律师的民事责任。

相反,认为诚实义务不过是伦理规范的观点认为,律师的善意注意义务仅仅依据案件的种类和状况,所要求的注意程度轻重不同,没有必要加重或扩大为诚实义务,否定了诚实义务的法律规范性[3]。为此,即使违反诚实义务,也不能对律师追究民事上的责任。

鉴于律师所从事的法律专业职责的重大性和公共性,这里把它作为加重善意注意义务的法律义务来理解是妥当的[4]。东京地判昭和62·10·15判时第658号第149页,关于和第三者的关系,判例把诚实义务作为法律规范。

3) 内容

ⓐ 和委托人的关系 首先,诚实义务的核心即和委托人的关系,是以法律专家基于委托合同以高度注意义务的履行、处理委托事物为中心内容(《民法》第 644 条)。

具体内容在业务的各过程中有大量体现。比如,接受案件委托后必须迅速不拖延地着手处理(《职业基本规则》第 35 条),必要的时候对案件经过等要报告、商议(《民法》第 645 条,《职业基本规则》第 36 条),尽量查阅法律法规等(《职业基本规则》第 37 条),必须为委托人权益的实现而努力(《职业基本规则》第 21 条)。任务结束时,就案件的处理状况予以说明(《职业基本规则》第 44 条),必须返还委托保管的金钱(《民法》第 646 条,《职业基本规则》第 45 条)。

律师必须诚实履行业务的受委托事务的范围,一般由与委托人的合意决定。但是由于法律事务是一项高度专业的东西,比如,接受委托处理一审案件,如果已经败诉,由于总结原因、预测结果、程序说明等原因使上诉期间错过,则对委托人产生不利。因此,为避免这种情况,应对委托事务的范围作具有灵活性的解释。

律师怠于履行这些义务的时候,应对委托人负民事上的责任。比如由于失误使上诉期间等法定期间错过,侵害了委托人权利的时候;案件处理中怠于向委托人报告和商议;不知道法律法规和判例的存在或者解释错误造成对委托人的损害等情况[5]。

为履行职务须进行高度专业判断的律师必须在一定范围内进行自由裁量,但是超出这个裁量的时候就要承担责任(参照第五章第三节第 94 页以下)。

ⓑ 和第三人、法院的关系 在和包括对方当事人的第三人及法院的关系中,也有诚实义务的要求。其根据即是:律师的公共使命(作用)就是实现社会正义(《律师法》第 1 条,《职业基本规则》第 1 条)。也就是说,由于律师承担着公共使命就要对社会遵从信义,诚实地履行职责。《职业基本规则》中,规定尊

重事实的第 5 条,规定禁止接受不当案件委托的第 31 条,关于和案件对方当事人关系的第 52 条(与对方当事人的直接交涉),第 53 条(对方当事人利益的提供),第 54 条(向对方当事人提供利益),关于和其他律师关系的第 71 条(对律师的不利行为),第 72 条(对其他案件的不当介入),关于和法院关系的第 74 条(审判公正和合法程序),第 75 条(伪证的唆使),第 76 条(审判程序的延迟),第 77 条(与审判人员等私人关系的不当利用)等都有相同意图的规定。

与这点相关,前面提过的东京地判昭和 62·10·15 写道:"基于律师有实现社会正义等使命,必须诚实履行职务,努力维持社会秩序(《律师法》第 1 条)。因而,在得知有可能发生与自己接受委托的法律事务相关的违法行为的时候,应当最大限度地努力阻止,不允许对此视而不见。而且这不是单纯的律师伦理问题,也是法定义务",这表明把对第三人的诚实义务作为法律义务。

ⓒ **委托人的正当利益** 上述的诚实义务不仅是和委托人的关系,也是和第三人及法院的关系。有时律师会面对履行委托人的诚实义务和对第三人及法院的诚实义务之间发生冲突的情况。对此,如果把律师对委托人的诚实义务绝对地视为不受制约,那么就不会有这种冲突。但是,实际上一般认为律师会受到其公共使命及由此而生的诚实义务的制约。也就是说,律师基于诚实信义,为委托人实现的利益必须是符合社会正义的"正当利益"。基于这种解释,《职业基本规则》第 21 条明确写道:"律师要遵从良心,努力实现委托人的权利和正当的利益。"(重点引用)。这里所说的"正当利益"是指"律师遵从职务上的良心,依据独立且专业的裁量判断法律再构成的利益(法的利益),而不是满足纷争当事人(非)法律上的欲求、愿望的利益"[6]。

其结果就是不允许律师擅自以不当的目的和手段履行职务,不得接受委托人目的或手段不当的业务委托(《职业基本规则》第 31 条规定:"律师不得受理委托目的和案件处理方法明显不正当的案件")。继而,从律师被期待应发挥的作用来看,还应该说服委托人停止实现。

违反这一义务,律师涉及所谓不当诉讼(不当起诉、不当应诉),不当保全、执行的情况下,对方当事人及对方代理人就会追究其责任。最判昭和 63·1·26 民集第 42 卷第 1 号第 1 页,基于对当事人的诉讼,应尽可能地给予尊重的立场,采用"起诉者主张的权利或者法律关系缺乏事实的法律根据,起诉者在明知或应当知道的情况下依然提起诉讼,这种起诉与审判制度的意图相对照显著不符的时候",被认为具有违法性。关于代理起诉的律师责任,东京高判昭和54·7·16判时第945号第51页的判例表明,"仅仅因为是本人的起诉是违法的就认为侵权行为成立是不够的,知道起诉违法还积极参与,或者对对方当事人有特别恶意而利用本人起诉之机加以支持袒护,轻易可知起诉违法但是视而不见仍然参与诉讼活动等情况,这些代理人的行为区别于其本人的行为应被评价为另一个侵权行为",这时就被判定为侵权行为(相同意图的判例还有京都地判平成3·4·23判夕第760号第284页,东京地判平成8·2·23判时第1578号第90页)。

另外,即使在其他诉讼活动和诉讼外活动中也有基于律师对对方当事人或者法院的诚实义务而追究其责任的。比如,诉讼拖延[7]、告诉告发以及对律师的惩戒请求等行为中的名誉毁损。这一点,关于名誉毁损前面已经提过的东京地判平成8·2·23就代理人进行的主张举证等诉讼活动写道:"判断可否说对方当事人是违法行为","民事诉讼的辩论主义、当事人主义中,本来是为了让双方当事人站在各自的立场上没有顾忌地主张和充分地举证,并且必须要考虑到不让这些活动萎缩。代理人的行为作为民事诉讼行为,为使对方当事人作为违法行为的侵权行为成立,明知道虚假还主张虚假的事实,进行虚假的举证活动,或者其主张和举证活动的内容、方式、形态有显著的不适当、违背常识,进而显著损害了对方当事人的名誉和法的利益等,这样的诉讼行为明显和社会性相偏离"。

第二节 真实义务

1) 目的

《职业基本规则》第5条规定:"律师要尊重事实,遵守信义,公正诚实地履行自己的职责。"旧《律师伦理》第7条规定:"律师不能忽视决定胜败的事实的发现。"但是近年有这样的倾向,刑事辩护中检察官以真实发现义务为根据制约律师建议嫌疑人、被告人行使沉默权的辩护活动。

关于民事诉讼制度的理念有许多学说,本章主要采用民事诉讼制度是以解决民事纠纷和维持社会秩序为主要目的的观点,由此可以推论出,民事诉讼也必须为维护国民的信赖和实现公正审判而发现事实的结论。因此,民事诉讼法规定,对制作假文书的人要被罚款(《民事诉讼法》第230条),对作虚假陈述也要处以罚款(《民事诉讼法》第209条)的制裁,这就把诉讼当事人的真实义务作为法律义务规定下来。

另一方面,并没有对律师课以真实义务的规定。但是,律师作为当事人的代理人,必须对当事人实际履行真实义务,而且从实现社会正义(《职业基本规则》第1条)的职责而言,尽量做到发现事实也是民事诉讼的目的之一。由此认为律师的真实义务,就是不允许当事人有违反真实义务的诉讼行为的观点同样得到肯定。《职业基本规则》中,除了第5条,第75条规定:"律师不得唆使作伪证及虚假陈述,不得明知是虚假证据仍然提出。"

另外,在诉讼外的交涉过程中律师是否有真实义务也是一个问题。律师负有实现社会正义的公共使命,从对第三人及社会负有诚实义务的角度来说,就不能否定律师必须尊重事实的观点。

2) 性质

当事人违反真实义务将给予民事诉讼法上罚款的制裁(《民事诉讼法》第230条、第209条),由此可见,真实义务不是伦理上的义务而是法律义务。

另一方面,关于律师的真实义务,就支持袒护当事人违反真实义务,教唆作伪证提出虚假证据的行为规定了伪证(《刑法》第169条)教唆、文书伪造罪(《刑法》第154条)等视为犯罪行为的罚则,因而从这个意义上说也应该作为法律义务来理解。

3) 内容

ⓐ真实的意义 当事人真实义务中所说的"真实",并不是指客观真实,而

应该理解为当事人认为是真实的主观真实[8]。同样,律师应当尊重的真实,也不是客观真实,而是主观的真实即律师作为法律专家,从理性和良知出发相信是真实的东西。所以,律师在诉讼中主张他认为的真实,即使判决并不认为该主张是事实,也不能因此直接追究律师违反真实义务。

ⓑ和诚实义务、守密义务的关系 律师在民事诉讼中,一方面负有真实义务(这和对第三人和法院的诚实义务的意思吻合);另一方面,对委托人又负有诚实义务和守密义务。为了保证对委托人的诚实义务和守密义务,律师要经常面对与真实义务的冲突问题。

比如,民事诉讼中,当事人主张和自己认识不同的虚假事实,是违反对对方当事人和法院的诚实义务的不当诉讼行为,不允许律师袒护当事人违反真实义务的行为。这种情况下,律师应尽量说服委托人停止不当行为。

再者,如果律师是基于委托人提供的资料进行诉讼,但之后的过程或审判中对方当事人又提出新的证据等,律师开始怀疑自己到目前为止所确信的事实的真实性,如果和委托人的主张产生对立应该怎么做?律师认为委托人的主张不真实的时候,一般应该和委托人重新协商,试着说服委托人撤回主张。而在不能消除与委托人之间的不同认识的情况下,如果律师违反委托人的意见而按照自己的意见撤回主张,就违反了委托本身的意图,根据情况还可能违反了守密义务(《职业基本规则》第23条),也不被允许。而另一方面,如果不撤回主张,继续诉讼,很可能成为袒护当事人违反真实义务的行为,所以律师应采取包括辞去委托在内的慎重对策。

当律师有对委托人不利的证据时,是否允许在诉讼中把证据隐藏起来?采取当事人主义、辩论主义的民事诉讼中,当事人除了负有提交文书义务(《民事诉讼法》第220条以下)并不负有积极举证的义务。仅仅是持有证据但不予出示的消极不作为,并不能直接说成违反真实义务。反而是在没有委托人许可的情况下提出该证据的话,可能会被追究违反诚实义务和守密义务。但是如果律师采用持有并隐藏此类证据的方法,对与证据相反的事实进行举证并要求判决,这样的诉讼被认为是不当诉讼;还有,在诉讼中如果被对方问到是否有这样的证据存在或掌握这样的证据,作出不存在的虚假回答,则很可能违反了对对方当事人和法院的诚实义务和真实义务。

第三节 其他

1）信用和品格的保持

《律师法》第 2 条规定："律师必须经常为保持深厚的教养和陶冶优秀品性……而努力"；《职业基本规则》第 6 条规定："律师要注重名誉，维持信用，保持廉洁，还要经常为完善品格而努力"；《职业基本规则》第 16 条，对从事营利业务的律师还特别规定："……不得因追求营利而做出有损律师职业形象的行为"。律师工作是一项肩负国民的信赖为完成维护基本人权和实现社会正义使命的职业，所以作为专家仅仅具备知识技能还不够，还要保持清廉洁白的崇高品格并且注重名誉。《律师法》第 30 条修改的目的就是预想到今后律师从事营利业务的频率会大幅增加，而唤起律师特别注意不要有损害品格的行为发生。

最近，产生了关于"品格"的广告问题，详细介绍参见本书第十五章第三节。2000 年 3 月作为原则对广告作了解禁，产生了广告的内容、方法、形态会不会损害律师的品格，广告是否能向国民提供正确信息等一系列疑问。

而且，《律师法》第 56 条规定："如果有损害所属律师协会的秩序或者信用，有失品格的不良行为，不问职务内外，都要受到惩戒"，把①违反律师法，②违反所属律师协会或者日本律师联合会会则的其他行为，③侵害所属律师协会的秩序或者信用，④丧失品格的不良行为等作为惩戒事由加以规定。这里面④丧失品格的不良行为，规定"不问职务内外"，也就表明不仅职务上的行为，律师私生活上有失品格的行为也符合该条规定。

2）钻研

《律师法》第 2 条规定："律师……必须精通法令及法律事务"；《职业基本规则》第 7 条规定："律师为了提高学识、精通法令和事务，要致力于钻研学习。"同法第 37 条规定:"律师处理案件时不得怠于调查必要的法令。"说起来作为法律专家的律师,精通法令(这里所说的法令是指我国现行的法律、政令、条例等,也包括已经失效的旧规定和国外的法令)[9]和法律实务是理所当然的事,但是实际上,律师每天业务缠身,对于和所接受委托的具体案件没有关系的法令逐条精通似乎是不可能的,而且也没有现实性。所以,本条不是强制律师而为,而是希望平时为了更好掌握法律而多切磋琢磨。但是,一旦接受了案件的委托,作为接受委托者就负有精通处理该案件必要法令的义务,接受委托后,对法律条款和判例等错误解释及发生疏漏等情况,或者明显地对法律构成或其他处理有误时,就会被追究违反善意注意义务。

由此产生的问题是,是否允许以不精通法令为由拒绝接受委托。不精通法令本身并不是值得赞扬的事情,但是如果不精通所接受咨询的案件领域的法令仍然接受委托,恐怕结果会损害委托人的利益,因此应劝说委托人去找该领域比较有经验的其他律师,采取这样的对应措施往往是很必要的。

3)和非律师之间的勾结(非辩提携)

《律师法》第 27 条规定:"律师不得从违反第 72 条乃至第 74 条规定的人那里接受案件斡旋的委托或者让他们利用自己的名义";《职业基本规则》第 11 条规定:"违反《律师法》第 72 条至第 74 条规定的人以及有足够理由相信存在违反这些规定情况的人介绍委托人的,律师不得接受。同时不得利用这些人,也不得让这些人利用自己的名义。"《职业基本规则》第 12 条规定,除正当的理由,"律师不得将与职务有关的收益在非律师和非律师法人间分配"。《律师法》第 72 条乃至第 74 条,鉴于非律师介入法律事务会使国民的权利义务和法律秩序混乱,规定禁止非律师或非律师法人者以处理法律事务为业或者做关于处理法律事务的虚假表示。但是因为律师中有人和违反这些规定处理法律事务的非律师勾结以分得收入[10],《律师法》第 27 条和《职业基本规则》第 11 条、第 12 条规定,这种勾结行为,作为律师本身直接或间接助长了非律师的违法行为应该予以禁止,以此彻底禁止非律师处理法律事务。而且,职业基本规则为彻底禁止非律师处理法律事务,修改了旧律师伦理"接受介绍案件"的规定,不仅仅是案件而是扩大到禁止"接受介绍委托人",报酬分配也作了新的限制。

关于违反本条的法律行为的效力,因是否重视本条的意图及行为的相对方是否重视法律的稳定性而见解有所不同。依据前者,认为诉讼行为是私法上的行为,违反本条的法律行为应该全部无效;与之相对,依据后者,如果法律行为一律无效,在相对方不知道违反本条的情况下,会危害相对方及诉讼手续的法律稳定性,所以应当有效。

4) 介绍委托人的对价

《职业基本规则》第13条第1项规定:"介绍委托人的,律师不得向其支付谢礼等对价",第2项规定"向其他人介绍委托人的,律师不得接受谢礼等对价"。支付介绍委托人的对价即介绍费,常和委托的不当劝诱和接受案件的斡旋相联系,会损害律师的品格和信用以及公共性,同样因介绍而接受对价的律师也会损害品格,所以也同样被禁止。

从这个意图来看,被禁止的"对价",是指依照社会的一般理解介绍的对价,并不限定支付金钱的名目和支付的方法,对价也不仅限于金钱。

5) 违法行为的助长

《职业基本规则》第14条规定:"律师不得助长欺诈交易[11]、暴力等违法行为或者不正当行为,同时不得利用这些行为。"以维护基本人权和实现社会正义为使命的律师助长或利用违法及不当行为,会损害律师的职责、信用、品格,是不允许的[12]。而且旧《律师伦理》规定:"欺诈交易、暴力及其他类似的违法或者不正当行为",为了不限定违法或者不正当行为的种类,删除了"及其他类似"这样的用语。

接受进行欺诈交易的团体和暴力团体的委托是否违反本条的规定呢?本条禁止助长违法或者不正当行为,因此凡助长违法行为、不正当行为或者会导致成为助长违法行为、不正当行为的业务不得接受。为相关团体的违法行为或不正当行为作事后处理的业务,有利于救济被害人和预防新的被害行为的发生,不能被否定。

6) 参加有损品格的事业

《职业基本规则》第 15 条规定:"律师不得经营违反公序良俗的业务以及其他有损律师职业形象的业务。同时不得参与这些业务活动,也不得让其利用自己的名义。"此条规定,是以维护律师的品格和信用为目的的。

本条不仅指自己经营的情况,而是作宽泛的解释,不问直接还是间接参与该事业,只要有实质的参与就符合本条。比如,出资和资金援助该事业,即使参与的名义是第三人,而该第三人被认为和律师有关系的话,也会被认为违反本条规定。

7) 争诉标的物的受让

《律师法》第 28 条规定:"律师不得受让有争议的权利";《职业基本规则》第 17 条规定:"律师不得接受争讼标的物。"如果允许律师受让争讼标的物,可能会带来律师介入案件,为了自己的利益利用自己地位的情况,所以予以禁止。

律师法上所说的"有争议的权利"及职业基本规则上所说的"争讼标的物",是仅限于正在审理中的案件权利或标的物,还是不仅是正在审理中的案件,也包括存在争议的纠纷中的案件[13]。此种判例表明,关于物件拍卖受让(大判大正 2 · 6 · 4 民录第 19 辑第 401 页)和诉讼对象外债权的受让(大判昭和 17 · 11 · 19 评论第 32 卷诸法第 152 页),支持前者见解的判例很多,但支持后者的判例也有(东京地判昭和 28 · 8 · 22 下民集第 4 卷第 8 号 1188 页),因此要求根据案件慎重地应对。

所谓被禁止的"受让",不问是否有偿,也不问名义和形式如何。律师作为他人的代理人为他人谋划而受让有争议的权利不违反本规定(大判昭和 13 · 7 · 15 新闻第 4348 号第 7 页)。实务中有一个问题,债务整理过程中等因为信托而受让,这通常是接受债务整理的委托,以确保对债权人的财产分配为目的,为防止财产的流失而适当的保存。律师作为受托人,遵从信托的目的有管理处分财产的义务,因而不认为违反本条。而如果约定以有争议的标的物为报酬而受让,从法的根本意图来看,则违反了本条。

律师违反本条规定,受让有争议的权利的行为在私法上应被认定为无效。从本条的意图和违反本条被科以刑事处罚来看,本条应理解为强制法规(东京高判昭和32·8·24东高民时报第8卷第9号第197页,前东京地判昭和28·8·22)。那么,接受诉讼委托的律师在诉讼审理中从委托人那里受让了诉讼标的物时,诉讼行为的效力应该怎么看待? 这样,如果连诉讼行为也认定无效的话,会带给诉讼相对方不能预测的损害,会损害相对方的利益和法律的稳定性,所以有判例对此判决有效(最判昭和35·3·22民集第14卷第4号第525页)。

8) 对辅助人员等的指导监督

《职业基本规则》第19条规定:"对事务职员、司法实习生以及其他与自己职务相关的人员,律师必须指导和监督他们不得从事与其职务相关的违法或不正当的行为,不得泄露或利用因其处理法律事务所的业务而获得的秘密。"律师通常很难单独完成全部业务,因此雇用辅助人员让他们做一些事务性工作,为使辅助人员适当地履行法律业务,律师必须指导监督辅助人员以维持律师及法律事务所的信用,为此作了上述规定。最近发现有和整理屋[①]等合作的事务所,其行为存在问题,也就是说,把从事案件屋[②]等非辩活动和斡旋案件的人聘为辅助人员的结果,违反本条的可能性很高,应该予以避免。要求律师指导监督的辅助人员,不仅指正规雇用的职员,临时雇用的职员和仅为特定事项使用的职员也包括在内。另外,不仅是职员,司法实习生和来事务所实践的学生、律师让其参与职务的人等,都和职员一样,应当对其指导监督。

被要求接受指导监督的"行为",除了辅助人员纯粹的私人行为外,那些虽然和该事务所的事务无关,但属于辅助人员利用其身份的行为,也应理解为本

[①] 进入正在财务整理的公司,帮人收取债权以取得高额手续费的人。——译者
[②] 帮人摆平案件的人。——译者

条适用的对象。

注

1 大判昭和 5・3・4 报纸第 3126 号第 10 页等。
2 伊藤[1984]第 123 页解释为"接受委托的律师,因为是法律专家,所以被加重了通常的善意注意义务",加藤[2000]第 367 页,第一,作为为委托人最大利益而诚心诚意履行职务的义务(忠实义务)出现;第二,因为律师的能力比一般人水准高,所以以该律师为基准衡量是加重了善意注意义务。
3 铃木[1989]第 256 页。
4 《律师法解释》第 18 页也是采用肯定法的规范性的观点。
5 关于律师对委托人的责任问题,小林[1994]第 80 页有以下几种分类①期日、期间怠慢型,②独断处理型,③说明不充分型。加藤[2000]第 79 页就判例分为以下几类①就保护接受审判的机会、期待义务的判例,②就防止委托人受损害的义务的判例,③就提供适当意见、主张举证义务的判例,④就说明报告义务的判例,⑤就保护委托人上诉机会的判例,并做了分别分析。
6 《律师伦理注释》第 78 页。
7 参照东京高判平成 14・10・31 判时第 1823 号第 109 页。
8 《律师伦理注释》第 38 页。
9 《律师法解释》第 26 页。
10 实施了《律师法》第 72 条的不良行为,如让"无抵押消费者小额信贷"整理业者使用自己名义的情况(停业 4 个月)和从非律师的"无抵押消费者小额信贷"整理业者那里接受了多件案件的斡旋工作(停业 4 个月)等惩戒案例并不少见。
11 比如,银会(又称老鼠会,日本民间以通融钱款为目的的组织)、现货欺诈交易、传销等。这样的不正当商业行为已经成为社会化问题,便有了"关于防止银会的法律","关于特定商品寄存等交易合同的法律","关于特定商交易的法律(旧上门推销法)"这些法律整合的契机。
12 律师成为反社会的暴力团体的顾问,定期接受顾问费,还以该团体顾问律师的名义接受杂志、电视等的征稿,把有关暴力团体内幕的手稿寄去登载之类的行为,被认为是有失品位的不当行为,又受到惩戒(戒告)的案例;从实施欺诈商业行为的公司那里接受高额顾问费担任律师的行为,由于是损害律师协会的信用,有失律师品格的不正当行为而受到惩戒(被停止业务)的案例等和本条相关的惩戒案例屡见不鲜。
13 《律师法解释》第 264 页中认为,以下的几种情况下,需要做限制性的解释。争讼的范围不明确;本条通过惩戒等可以对律师有失品格的行为进行处理的情况;被确认在审判前没有预定权利让渡的情况。

设问

1. 律师 L,从委托人 A 那里得知被诉讼的对方当事人申请的证人候补者 B 很快就要到海外就职,委托人希望他尽量把作证日期推迟。L 律师认为 B 的证言是败诉的决定性因素,因为这是一个除了 B 的证言以外缺乏其他证据的案件,如果不能对 B 进行证人询问,他胜诉的可能性就很高,所以就照着委托人的意思做了。L 的行为有没有问题? 还有,如果上述关于 B 的信息是从诉讼对方代理律师 L 的旧友律师 C 那里得知的,应该怎样处理?

2. 律师 L 代为委托人 A 保管一些对委托人 A 来说对案件处理不利且很重要的文书。L 在同对方代理律师 B 的交涉中,B 问到该文书是否存在的时候,以下 L 的回答有什么问题吗? 这个如果是在诉讼中接受 B 或者法院询问的时候应怎样?

①回答:不存在那样的文书。

②回答:那文书由他自己保管着。

(北川弘美)

第四章　委托人和律师关系(1)
——咨询和接受委托

本章构成

第一节　和委托人会面

第二节　委托劝诱

第三节　接受委托伦理(1)——决定是否接受委托时

第四节　接受委托伦理(2)——决定接受委托后

前　言

前三章中,概要论述了律师必须遵守的伦理的基本内容。本章以下的三章将根据案件处理流程讨论这样的伦理具体在何场合、何情况下会遇到何问题。本章,将论述有关案件的咨询和接受委托的过程。

第一节　和委托人会面

律师接受案件的机会或律师的客户历来多来自于旧友、熟人介绍。对律师来说,"无介绍客户"(非友人介绍,自己找上门的),因为不了解其背景、经历等,很难建构信赖关系,而介绍案件,因律师和介绍人之间有充分的信赖关系,可以比较安心地接下案件。可以说不把"无介绍客户"作为客户,经营仍十分成功的例子也不少。但是,这样会让一般的市民认为律师的门槛过高,结果将导致市民失去从一般律师那里接受法律服务的机会,同样也将导致律师失去很多商机。因此目前,为了让市民和律师有更多相遇和接触的机会,律师协会和一些公共机构积极实施法律咨询,律师协会也会举办法律咨询会;另外,对律师的广告规制也放宽了许多。这些措施增加了使律师遇到和接受"无介绍客户"的机会。

以下将指出在律师与委托人初次会面时,律师必须注意的一些伦理问题。

首先,介绍案件时,虽然笼统地称为介绍案件,其实存在各种复杂的情况。在此我们通过以下几方面,来思考一下容易犯的错误。

很多律师的工作是通过和司法书士[①]、税务师、会计师等其他行业的专家协作、协调进行的,目的是为了维护客户的利益,减少遗漏。例如在不动产的取得价问题上,为了确立最终解决的处理方针,必须在一些问题上和其他行业专家一起确认。例如协议书与和解条款能够顺利登记,此协议内容达成一致时的税额是多少?有没有其他具有节税优势的协议内容?这些问题都必须取得司法书士、税务师、会计师等专家确认,以确保客户的利益。在这样的相互协作中,律师和其他行业的专家们会发生相互介绍客户的关系。一般来说,各个行业的专家能形成知识、能力的互补,这对于委托人来说只有好处,没有坏处。但是,如果更深一步,这种情况有时不仅仅停留在知识和能力的互补上面,而会考虑作为介绍了很多客户的谢礼,有想要支付对价的诱惑危险[1]。这样的行为损害了律师的品格,违反了《职业基本规则》第13条(委托人介绍的对价)和第11条(和非律师的合作)。另外将介绍顾客的对价作为报酬进行分配的形式,其实际情况比介绍对价这种形式更为严重,并且也同样违反了上述几条(另外详细见第三章第三节)[2]。

其次,通过顾问公司遇到委托人的情况。很多律师担当公司的法律顾问,在顾问公司的员工前来咨询时,需要注意哪些方面呢?根据顾问协议,作为公司的一项福利,有些公司会让顾问律师免费为公司员工进行法律咨询。另外在日常公司法律咨询案件中,一些和律师接触的人员,可能也会得到律师的法律咨询。在这些情况下,应该如何做才能避免发生和公司间利益相悖的问题,

---

[①] 指司法代书人。——译者

不违反和公司之间的保密义务呢？这些问题均应予以注意（详细参照第一章、第二章）。

另外，在以上介绍案件的情况下，经常发生这样的事，即向案件本人确认意思、意向不够充分，盲目听信介绍人的话，并就此进行案件处理。在法律咨询时，很多情况是介绍人和案件本人一起来，不是案件本人而是由介绍人说明案件的概要，以及希望处理的结果，坐在旁边的案件本人只是附和点头。此时律师会把介绍人的说明和希望轻信为案件本人的说明和希望。另外，也有将必须要报告给案件本人的情况只报告给介绍人，须和案件本人协议的问题只和介绍人进行协议；在任务终了时的说明也不是向案件本人，而仅仅向介绍人说明情况。这样的案件处理方式，违反了《职业基本规则》第21条（正当利益的实现），第22条（尊重委托人意思），第36条（案件处理的报告和协议），及第44条（处理结果的说明）。作为律师不应盲信介绍人的话，而应努力探求案件本人的真实意思。

下面，我们思考一下非介绍案件的情况。

在非介绍案件的情况下，特别要注意的是有无利益相悖的情况。最初见面时，律师对案件本人完全没有认识，在咨询案件方面预先了解的信息仅为咨询人的姓名、住所等。在这种情况下，随着咨询的进展，有时律师会发现该案件和自身有关，或者案件的对方是律师的好友或关系亲密的人。此时，可能发生因利益相悖而不能履行职务的情况。（有关利益方面注意事项，请参照第一章）

另外，最近为了使消费者受害、民暴受害①、家庭暴力（DV）受害得以救济，积极开展了110②活动。此类活动，也可成为律师和顾客相遇的契机。这样的活动应该予以正面的评价，但是如果借用110活动的名义专门猎取案件，那就违反了《职业基本规则》第10条（委托劝诱等）。这一点，将在下节进行论述。

---

① 指黑社会以当事人、代理人身份介入的民事纠纷的暴力案件的受害情形。——译者
② 指警察机关为加强地区治安而在民间进行的安防宣教活动。——译者

第二节 委托劝诱

《职业基本规则》第 10 条规定:"律师不得为了不正当的目的而用有损律师职业形象的方法劝诱当事人委托案件以及诱发案件诉讼。"此项规定的宗旨在于禁止律师为了猎取案件,鼓动没有诉讼意向的人进行诉讼,以及禁止有损律师品格和信用的其他行为。

但是,另一方面扩大市民和律师相遇、接触的途径成为了一个极为重要的课题。市民通过和律师的相遇,能第一时间享受到法律服务,如果这样的机会被不当限制,不管是有多么良好、优异的法律,都不能产生充分运用它的律师。对于市民来说,那就成了画饼充饥。另外,为了提供适当的法律服务,律师之间开展竞争也是必要的。因此,对市民来说,开放与众多律师接触的途径是非常必要的。

然而,这在某方面就存在一定的矛盾。市民通向律师途径的保障和律师品格的保持义务之间关系究竟该如何协调呢?接下来,我们将举几个例子讨论。

某铁路公司因脱轨事故,造成了多名人员伤亡。律师 L 向自己所了解到的受害人和其家属发送了委托自己担任损害赔偿案件律师的请求文件。律师 L 的行为是否有问题?此行为原则上即是所谓的猎取案件,它违反了《职业基本规则》第 10 条的"有损品格的方法"即劝诱[3],以及第 9 条第 2 项的"有损品格的广告",因此我们认为此行为应当被禁止。但在加害方是大企业,受害人为多个个人的情况下,受害人团结起来进行集团交涉对于受害救济确实是有利的。因此《关于律师业务广告规则》的第 6 条作了如下规定:"律师对于特定案件中不认识的当事人以及特定利害关系人,不得以邮送以及其他将当事人或利害关系人作为收件人的方式进行该案件的委托劝诱广告。"但另一方面同时又规定了"如确为公益之必要,经过所属律师协会的批准认可后不在此限"。此规定的意图是想在内容上根据公益之必要性,手续上通过所属律师协会的批准认可,来调整和保障市民与律师之间的接触途径和律师的品格保持义务之间的平衡。

另外，近年积极开展的 110 活动，是否存在委托劝诱方面的伦理问题呢？对于消费者受害、高利贷受害、过劳死、家庭暴力、儿童人权等社会问题，为使民众知道一些社会一般的法律救济途径以及如何得到受害救济，经常举办以律师协会为主体的集团 110 活动。这些为疏通市民与律师接触的途径，并使律师使命具体化的活动，可以说没有什么特别问题。但如果举办主体不是律师协会，而是一部分律师个人集结起来进行的 110 活动，其目的、方法有所不同，则有可能违反《职业基本规则》第 10 条。

另外，近年随着律师广告规制趋缓，一些杂志、报纸上的律师广告随处可见了。但是，也要根据其内容才能判断其是否违反《职业基本规则》第 9 条和第 10 条[4]。

第三节　接受委托伦理（1）——决定是否接受委托时

商谈人、委托人、纠纷当事人往往不能冷静地认识客观正义并对事物作出判断。他们不能超脱于纠纷之外。作为当事人，他们会最优先考虑自己的愿望，要求律师把打赢官司作为案件处理的最优方式，这是理所当然的。另一方面，接受委托人的要求，从咨询人、委托人那里取得咨询费和委托费也是律师得以生存和经营的源泉。所以律师常常面临根据委托人的不当要求处理案件的危险。但是，律师的职业在满足委托人要求的同时，原本就负有实现社会正义的使命，律师不能进行与他的使命相矛盾的职务行为。另外，律师有时为了维持经营，在委托人或商谈人的要求明显难以实现的情况下，仍然误导委托人向其委托案件，给委托人造成损失，即律师把委托人当作利用的对象。

我们在此讨论接受委托应注意的一些伦理问题时，将按顺序进行分节说明，本节先说明律师在考虑是否接受委托时应该注意的问题，下节再说明决定接受委托后应注意的问题。

在决定是否接受委托时，最初必须要做的是正确听取咨询者、委托人说明的事实关系。因为，如果不能正确把握事实关系，那么在接受这起案件时，对是否会引起利益相悖问题,是否会违反保密义务,作为律师将会无从确认必须遵守的伦理问题。

但是,关于只要正确听取事实关系就能确认伦理问题的主张,须具备必要的前提条件,即律师必须在平常就能对过去的委托人、咨询人及对方当事人有所把握。如果律师不能把握现在和过去的咨询人、委托人中有什么样的人,现在和以前的对方当事人中有一些什么样的人,那么不管多么正确地听取了事实关系,也不能正确地认识利益相悖问题及有意识地保密。为了将问题清晰化,前提是能掌握过去和现在的商谈人、委托人及其对方当事人。

在委托人的选择方面,律师法人和共同事务所是一样的,但由于在同一事务所中有多名律师,问题就更为复杂,单个律师不管听得多么真切,如果此律师对同一事务所的其他律师有什么样的客户,什么样的对方当事人,接受了什么案件等不能把握的话,结果还是会发生利益相悖这样的问题。为了避免此类情况发生,在事务所内部必须整理出过去、现在所接受的所有委托人、咨询人、对方当事人、案件名这样的信息,并且能够随时调出查看。《职业基本规则》第59条、第68条在关于律师法人和共同事务所方面,都规定要"采取记录所受理案件的委托人、对方当事人及案件名等的措施"。

另外,再来探讨一下所谓的"先下手为强"、"套牢"等问题。在第一章中所述的所谓"先下手为强"和"套牢"是为了防止律师成为对方的代理人,而主动和律师签订协议。此类问题在以前律师数量过少的地区有可能发生,现在此类问题只有在M&A和知识产权等需要非常高度专业知识的案件处理中,以及仅限于能接受此类案件的非常专业化的律师领域内,才可能发生。这样如果恶意当事人先与律师签署了协议,之后该案件中另一当事人非常真诚地想委托律师时,作为律师已经先和恶意当事人签订了协议,是否就不能接受后来当事人的委托了呢?

这是一个非常微妙的问题。如果律师回避了后来当事人的咨询和委托,那么结果将是恶意当事人的"先下手为强"的意图得以实现。这可是如果律师接受后来当事人的咨询和委托时不得不考虑到的风险。也就是说,如果律师接受后来当事人的咨询和委托,恶意当事人可能会以律师违反了《律师法》第

25条第2款,以及《职业基本规则》第27条第2款(在接受对方当事人委托的案件中,根据和前当事人协议的程度和方法,认为信赖关系已建立时,不得接受对方当事人的委托)为由申诉对律师进行惩罚。在受到惩罚申诉时,作为律师必须要找出不符合被惩罚申诉的理由,那么律师肯定要证明:根据和前当事人协议的程度和方法,信赖关系尚未建立。但是要证明这一点并不容易,因为至少存在这样的事实:已经接受了前当事人的委托,签订了协议。

我们把问题整理一下再考量。实际上作为"先下手为强"和"套牢"对象的律师只是有限的一部分。也就是说,如果不是在律师过少的地方,一般市民寻找到律师的途径的保障没有必要被如此重视。因此作为律师,没有必要担心这种不存在的事情,为了避免疑问,律师只要不接受后来的咨询人、委托人的委托即可。另外只要不是在某专门领域非常有名的律师,不会成为恶意当事人的目标,所以一般的律师都不必担心、在意。

与此相对,那些可能成为恶意当事人目标的律师、律师过少地区的律师和专门领域的律师应该怎么处理呢?

首先应该注意,在日常业务中"先下手为强"和"套牢"的恶意当事人有可能会混入一般业务咨询者中。作为具体的对应办法,最初咨询时,就应该确认案件的对方当事人的姓名等,判断自己是否也有可能受到对方当事人的委托和咨询,如果有就应该询问当事人有没有向其他律师咨询过,并且注意在初始阶段,咨询内容应仅限于一般性的内容。如果有了这些考虑和防范,那么如果咨询人说了和之前确认的事实相悖的话,律师和此当事人之间的"信赖关系"则不能成立。如果不能做以上对应的时候,就根据咨询的形态、咨询内容的具体性、公开的信息内容的程度等作出综合的判断,慎重地思考是否可以接受咨询和委托。并且在判断能接受委托后,如得知特别的秘密,即使信赖关系不能成立,也必须注意从保守秘密的角度有限度地接受案件。

以上律师在判断是否应该接受委托时,基于利益相悖、守密义务问题,正确的听取陈述是非常重要的。但是正确听取陈述的重要性不止这些。正确地听取,是判断采用什么样的法律手段可以使咨询人和委托人得到救济,以及使最佳法律手段的选择成为可能的方法。据此才能实现委托人的正当利益(《职业基本规则》第 21 条),也使律师的本职工作得以实现[5]。

另外,咨询人、委托人对律师所提出的要求是正当的还是不正当的,也只有通过准确地倾听才可能搞清楚。律师虽然必须为实现委托人的正当利益不懈努力,但是不可以帮助实现违法或不合理的利益。《职业基本规则》第 31 条明确规定"律师不得受理委托目的和案件处理方法明显不正当的案件"。同规则第 14 条规定"律师不得助长欺诈交易、暴力等违法行为或者不正当行为,同时不得利用这些行为"。例如乘机逼迫对方,要求给付超过利息限定法的利息("委托目的明显不当的案件")。再如,明明知道对方的处所,却在公示送达时陈述住所不明;在多个管辖案件中,仅仅出于为难被告的目的,向对自己也没有益处的远方法院提起诉讼("案件处理方法明显不当的案件")[6](《自由与正义》第 56 卷临时增刊号,2005 年,第 60 页)。

虽然如此,还是有很多律师接受委托人的不当要求,并且加以袒护和参与,致使资格被剥夺的案例很多。还有律师给委托人传授妨碍强制执行的方法。为什么有这样的律师存在呢?一般认为是因为该律师经济困难,想得到案件报酬。除此以外也有很多是因为和委托人的人际关系很好,情面难却。但是,作为律师,必须铭记不管有什么样的理由,都不应该接受不当的案件委托。《职业基本规则》第 20 条规定:"律师在受理和处理案件时,要竭力保持自由和独立的立场。"作为专业人士的律师如果失去独立性,被当事人同化并从属于当事人,就会站在准当事人的立场,不能冷静地作出专业性判断。

另外,律师必须在听取案件后,迅速作出判断并着手处理案件。《职业基本规则》第 35 条规定:"律师接受委托案件之后,必须及时着手处理。"根据案件的内容,有时律师不能作出"快速"、"适当"的处理,例如该案件极其复杂,和自己正在处理的案件有关联,或者是属于自己专业以外的案件;有时,律师因为手头的案件太多,对案件有所懈怠而不能作出迅速、适当的处理,因此和委托人发生纠纷的例子也有很多。对此律师必须谨慎对待。

此外,根据事实听取的结果,明知委托的希望结果没有可能实现时,不可佯装可能实现来接受案件(不得把委托人当成是"盘中餐")(《职业基本规则》第 29 条第 3 项)。不能因为想得到案件而把案件一味地向有利的方面和结果劝说(《职业基本规则》第29条第2项)。这是理所当然的。

如果咨询人、委托人为多人时,判断是否接受委托,存在需特别考虑之处。例如,接受遗产分割案件和共有物分割案件的多名当事人、请求偿还借款案件中的主债务人和保证人、租赁土地上的建筑物拆除案件中的建筑物所有人和租房人等的咨询和委托的情况。这些人在咨询时看上去利害关系一致,或者即使目前实际上利害关系一致,但是将来相互间也可能产生对立关系。在这种情况下,有必要让他们知道,决定接受多名当事人委托时,对于每个人必须说明在将来利害关系可能对立时,有可能辞去委托或者可能对他们产生其他不利情况(《职业基本规则》第32条)。

在拒绝接受委托时,律师必须迅速地把此决定通知咨询人(《职业基本规则》第34条)。如果不接受委托,也不把自己的决定通知委托人,就这样把咨询人搁置在一边,这等于剥夺了咨询人寻找其他律师咨询的权利。最坏的情况甚至是,咨询人如果不早一点找其他律师咨询、委托的话,会把能胜诉的状态变为不能胜诉的状态。在医疗手术中会把原本能救助的状态拖延成无法救助的状态。

第四节 接受委托伦理(2)——决定接受委托后

本节中将讨论,律师在决定接受委托后,应该在伦理上注意些什么样的问题。

在决定接受委托后,律师应该传达给委托人什么信息? 如果站在委托人的立场上思考这一问题,那么答案不言而喻。

首先,委托人对于案件胜负的可能,以及解决问题所需花费的时间等一些预测和处理方针会非常感兴趣,也会对包括律师费在内的案件总花费额等问题存有担心和不安。

根据《职业基本规则》第29条第1项规定:"律师在接受委托后,根据从委托人处得知的信息,应向委托人就案件预测、处理方法以及律师报酬和其他费用做适当的说明。"[7] 这里所说的"案件预测"不仅仅指诉讼的胜负,还包括预

第四章 委托人和律师关系(1)——咨询和接受委托

测对方当事人的主张和纠纷解决所需要的时间等。"处理方法"指的是选择进行调解还是提起诉讼,以及是否要提起保全处分。在破产案件中是选择破产还是选择民事再生(《自由与正义》,同上,第57页)。

在说明"案件预测"和"处理方法"时,不能忘记案件的主体始终是委托人,所以必须要尊重委托人自己的最终决定权。不要因为自己是专家,就以"全权交给我处理"这样的态度来把自己的处理方针一味地强加给委托人。《职业基本规则》第22条第1项规定"律师必须在尊重委托人意思的基础上进行职务行为"就体现了这一宗旨。为了保障委托人的实质决定权,作为专业的律师,必须要在听取案件后,运用自己的专业知识,从专业人士的角度陈述案件的处理方法,以此来保障委托人基于这些说明作出最终判断的机会。并且,对于委托人,律师应该从专业人士的角度,指出经过调查和思考的事实和法律上的问题,关于胜诉可能性的预测和最适当的手段和方法,应该将自己的意见真实地告诉委托人。例如法律上虽然有胜诉的可能,但是没有回收的可能。这样的时候必须将目的达成的可能性进行充分的说明。另外在法律手段的选择上,也要说明费用与效果的关系。最后,由委托人作出自己最终的判断,即使律师认为有其他更好的方法,但是基于每个人自己的价值观和社会立场、人际关系等复杂的因素,必须尊重案件当事人即委托人本人的判断。

另外,"适当说明"是指基于"从委托人处获得的信息"在可能的范围内进行说明,但是如果律师作为专业人士却懈怠从委托人处听取信息,因信息获取不足而导致未能进行适当说明,这也违反了本条款。

关于律师的报酬方面[8],不是简单地进行说明即可。律师应当参照该案件中委托人能获取的经济利益、案件难易程度、需花费时间及劳力等事项进行正确、合理的收费(《职业基本规则》第24条)。日本律师联合会的收费标准虽然已经被废止,律师可以独自决定自己的收费,但是应该考虑上述的各种因素,收取合理的费用[9]。

律师还必须向委托人说明自己可接受委托的范围大小,究竟是到案件的调解交涉还是到调解完毕,还是到第一审判决为止或者是到终局结论作出时。如若受委托范围不明确,律师和委托人在以后就有可能发生纠纷。福冈地判平成2·11·9判时第751号第143页记载有这样的案例。在请求偿还借款案件中,关于接受委托的律师其责任范围是否直至借款的收回这一问题,案例中写道:"委托律师进行诉讼,并不能理解为连保全处分及强制措施也理所当然地一并委托了,"但同时也写道:"律师接受委托对于完全不可能收回的案件提起、进行诉讼,只要没有税务或会计处理等方面的特别理由就不必考虑,既然以可能收回为前提接受委托,就应理解为律师有义务作为法律方面的专家,向委托人说明诉讼业务以外采取强制措施等谋求实际收回的对策,提供委托人需负担的费用及报酬的数额、借款收回的几率及采取相应手段的难易程度等情报,并向委托人就收回借款具体采取何种手段提出建议。"律师接受委托时,必须向委托人明确说明其接受委托的范围。

为了防止因报酬、委托范围不明而产生纠纷,《职业基本规则》第30条规定:律师在接受案件委托时必须制作包含律师报酬在内的相关事项的委托合同书。有关委托的宗旨、范围及报酬,仅凭口头说明,未必能马上理解,而且也可能遗漏说明事项。通过书面形式,律师本人也能检查说明项目,同时把握对内容的理解及确认。此外,日后如产生疑问,有明确的资料也可防止发生不必要的纠纷。

最后,考虑一下这种情况:委托人经济困难,即使接受委托,也可以预见对方无力支付报酬。

不能因为经济困难,就对其关闭法律保护的大门。但是,即使律师是以保障基本人权和实现社会正义为使命,以健全发展司法制度(《职业基本规则》第4条)为应尽的职责,也不能强迫他们进行无报酬的辩护活动。因此,《职业基本规则》第33条规定:"……应就法律扶助制度、诉讼救助制度等基于保障资金贫乏者的权利保护制度向委托人作出说明,努力保障其行使诉讼的权利,"并采取积极措施实质性地保障经济困难者行使诉讼的权利。虽然通过法律扶助制度参与案件的报酬要比一般案件的低,但是从律师这一职业所具有的公共性、社会性特征来说,我们还是期望每一位律师能够自愿积极地接受这些案件的委托。

注

1 此种危险不仅存在于律师与其他行业的专家之间,同时也存在于介绍了大量顾客的以前的委托人、朋友及熟人之间。

2 在与司法代书人、税务师、会计师等其他行业的专家共同协作提供"一站步服务"时,实际情况不是由委托人介绍,而是承认各专家处于职务分担的关系中,那么此种情况符合《职业基本规则》第12条(报酬分配的限制)的"……有其他正当理由的……"

3 《职业基本规则》第10条规定:"律师不得为了不正当的目的而用有损律师职业形象的方法劝诱当事人委托案件以及诱发案件诉讼。"所谓"不当目的",如,为获得一己私利,而损害委托人或准委托人的利益。所谓"有损律师职业形象的方法",如,向不认识的不特定多数人以及交通事故的受害人等一律发送委托自己来担任案件的请求文件等,对于律师来说就是损害社会性评价及信用的方法。所谓"劝诱当事人委托案件",就是向无意起诉、应诉者,或无委托者进行案件委托的劝诱行为。所谓"诱发案件诉讼",就是对于置之不管也不会成为法律纠纷突显出来的事情,故意制造纠纷使其成为案件,可以说就是制造案件(《律师伦理注释》第52—53页;《自由与正义》第56卷临时增刊号,2005年,第17页)。

4 《有关律师业务广告规则》,分别规定:第3条,广告禁止的内容,第4条,广告不能表明的事项,第5条,广告有关访问等的规制,第6条,对特定案件广告劝诱的原则禁止。

5 所谓正当利益,是不违背律师的职务良心,依据独立且专业的裁判,做出的法律性重构利益(法律上的利益),正当利益并不意味着满足纠纷当事者的非法律欲求与愿望等,而是必须使所实现的利益额依照实际情况,符合双方相互平衡的精神。因此,律师不应参与实现委托人的无理、不当要求及不正当利益。此外,为实现委托人的正当利益,律师还需进行适当的建议、指导(《律师伦理注释》第70、80页)。

6 关于不当诉讼,诉讼的提起违法,依据判例"在民事诉讼起诉方接受败诉的确定判决的场合,前诉的提起对对方当事人来说构成违法行为的情形,应理解为只限于在该诉讼中起诉者所主张的权利或法律关系欠缺事实的、法律的依据,而起诉者在明知或作为一般人应知的情况下,仍强行起诉等,即诉讼的提起参照裁判制度的宗旨目的,欠缺显著的妥当性这一情况"(最判昭和63·1·26民集第42卷第1号第1页)。

7 实际上与围绕医疗问题所产生的医生伦理"知情同意"是相同的,换言之,就是在医生与患者的关系中,医生作为专家,要从尊重患者自己的决定权出发,就病情、治疗意义以及进行治疗后恢复的可能性和风险,在向患者提供充分的情报、进行详尽说明的基础上,在得到患者的理解和同意的前提下,方能进行医疗行为。

8 关于律师的报酬,《关于律师报酬的规程》第5条第1项规定:律师在接受法律事务委托之际,必须说明律师的报酬及其他费用。

9 关于律师的报酬,《关于律师报酬的规程》第3条规定:"律师必须制作律师报酬的收费标准,备置于事务所,"同法第6条规定:"律师在报酬方面,要尽量公开提供本人的情况。"

设问

1. 被继承人 A 的继承人有配偶者 B 及 C、D、E、F 四个子女。A 把所有财产均遗赠与 B 和 C。律师 L 受 D、E、F 的委托，以 B 和 C 为被告，成为该遗产分割请求诉讼的代理人。律师 L 应如何应对？

2.（1）A 铁道股份公司与 B 公司间达成了一项协议，将其名下一营业部门（集娱乐、住宿一体的设施）转让给 B 公司，A 和 B 公司一起委托 B 公司推荐的律师 L 制作合同书，并签订了基本意向书。律师 L 同时接受 A 和 B 双方委托，制作基本意向书，是否存在问题？

（2）上述基本意向书中，营业部门的转让金（10 亿日元）用于 A 公司的债务清偿，充当 A 公司债权人的分配金。A 公司的清偿事务也委托 A 和 B 双方共同委托制作基本意向书的 B 公司的顾问律师 L，并就其律师费用（首付款及报酬）达成协议。

依据该基本意向书，L 接受 A 公司的委托进行清偿事务，并从 A 公司领受首付款，是否存在问题？此外，这种情况下，L 从 B 公司领受首付款，是否存在问题？

（松本笃周、蜂须贺太郎）

短评　　律师实务的实践感觉①
顾客和抱怨者

《职业基本规则》第20条:"律师在处理接受委托案件时,应努力保持自由且独立的立场。"

《职业基本规则》第21条:"律师应该本着自己的良心,为实现委托人的权利和正当利益而努力。"

世上没有完美无缺的商品。即使在公司内进行了反复的商品试验后,自信地送进市场,通常仍有一部分为不良商品。但是大部分顾客遇到此情况,既不进行问询,也不投诉,只是默默地转向购买其他公司的产品。这样"什么也不说"的顾客是最可怕的。必须要感谢会投诉的那部分顾客。投诉是直接导致商品改良的动因,成为把握顾客需求和开发新商品的启迪。因而可以说投诉是重要的宝藏。律师在工作中也要有同样的意识。

但是,另一方面有一些被称为"抱怨者"的人很麻烦。他们通常对芝麻大的小事诉苦、抱怨或者没根没据地寻衅、找碴儿。抱怨者的固有特征是,要求内容不当、过大,以及要求的方法强硬、执拗等。这样的抱怨者已经既不是"顾客"也不是"上帝",而是应该毅然排除的敌对者。

律师经常会接到因对"抱怨者"无以应对而苦恼的那些公司的咨询。接受咨询的律师,首先应该建议,要正确把握事实关系。这一点极为重要。可能事实仅仅是承受者因为陷入了恐慌,使本来是顾客的正当投诉、抱怨,仅因为承受者没能进行很好的对待,损害了顾客的心情。另外,如果不能正确把握投诉的内容,则既不能究明原因,也不能确立正确的处理方针。

如果明确事实结果是不当抱怨时,律师应该怎样建议呢?

企业一般都认为:"对待无理抱怨的难题时,对方如退让或变低调,进行讨价还价这样的做法是上策。"因为得到顾客的理解、认同、满意是进行商业买卖的根本。这样的企业对律师的要求也是:"请一定要尽早圆满地解决,绝对要避免声张。"

对于企业这样的要求，律师应该毫无保留地听从吗？我的答案是：断然说"不"。如果那样处理，问题暂时被解决了，但企业会被抱怨者评价为：胆怯、懦弱，反而会成为抱怨者的目标。不坚决地处理出现的问题的结果，就会是在失去社会信用的同时，荒废了企业道德，可能会导致企业的衰退。我认为对抱怨的不当要求经常屈从胆怯的企业，律师应该对其进行弊害说明，不求轻易解决，而是真心诚意地说服企业进行毅然对应，让企业勇敢地向前踏出一步。

根据劝说，企业方面如果能决定根据律师的方针对应，律师则非常幸运。进行冷静的思考，用果断的态度交涉，通过临时处分、诉讼、刑事控告等法律手段，来保护客户的真正利益。作为律师常要有"向前一步"的精神。

（村桥泰志）

第五章　委托人和律师的关系（2）
——调查和案件处理

本章构成
第一节　调查
第二节　方针的决定
第三节　处理
第四节　任务终了

前　言

本章将讨论律师接受委托后在案件的实际调查和处理中，律师和委托人的关系，律师应该遵循什么样的伦理。

在接受案件委托后，"律师要遵从良心，努力实现委托人的权利和正当的利益"（《职业基本规则》第21条）来履行自己的职务，但是因法律要求律师具备高度的专业判断力，所以如果律师一味的追随委托人的要求，就有可能作出不适当的法律处理，从而影响和损害律师的信用。律师必须站在一个"自由且独立的立场"来处理案件（《职业基本规则》第20条）。其结果导致律师的判断和委托人的要求和利益不一致时，两者将围绕案件处理方式发生冲突。或者委托人从律师的处理对应中产生了对律师的不信任感，相反也有可能在案件处理的过程中发现新的事实使律师对委托人产生不信任感。在这种情况下，两者之间的信赖关系就将瓦解，如果严重的话，有可能会发展成律师辞去委托或者被解除委托、发生争执纠纷、惩戒、辩护过失诉讼等。作为律师怎样才能防止以上事态的发生,需要在案件处理中注意一些什么问题?或者是在和委托人产生纠纷时怎样防止事态恶化呢?

以下我们将把接受委托过程分为4个阶段:1.调查;2.方针的决定;3.处理;4.任务终了。对这4个阶段分别作探讨。

第一节 调查

第一,律师在有关案件方面必须对事实关系和法律做必要充分的调查。职业基本规则第37条规定,案件处理时需做必要的法律查询和可能的事实关系调查。

1)从委托人处听取事实的调查

律师在接受委托人的咨询到接受委托这个过程中应该已经听取了案件并进行了调查,对案件有了一定程度的了解和预见。但是仅凭这一步的听取和调查尚不能马上着手进行具体的案件处理。欠缺法律知识的委托人和律师之间,对于事实的描述和评价有很大的差异。有时候对于委托人来说与案件毫无关系的、根本不重要的信息,对律师来说,却可能和案件有关,有时候甚至会对事实的法律评价和之后的法律措施有很大影响。对于律师来说,为了进行有效和适当的案件处理,必须花充分的时间,有时甚至通过向委托人提出疑问,以便从委托人处仔细地听取信息。

如因律师没有充分地倾听和调查,没能从委托人处获得信息,结果导致案件处理中对委托人不利的结果,那么对于委托人来说律师违反了调查义务(违反善意注意义务)。东京地判昭和54·5·30判夕第394号第93页记载有这样一个案例:因律师是通过委托人的代理人签订的委托协议,因而该律师从未直接向委托人本人听取信息也没有向委托人本人作过报告。委托人败诉后,以此为由,要求律师进行损害赔偿。律师"负有为维护委托人(案件本人)的权利和正当利益应进行必要诉讼活动的义务。为履行义务,律师必须和案件相关人特别是委托人(案件本人)进行面谈,听取他们对案件的描述,并做事实关系的调查"。"委托人不是案件本人时,委托人(案件本人)对案件事实关系不清楚,或者是通过代理人签订的诉讼委托合同等,除委托人以外的人对案件关系非常熟悉,并且能代理委托人(案件本人)的利益和立场等特别的情况除外,都必须向委托人本人听取信息和汇报。"因此认定律师负有债务不履行责任。

另外,不进行充分的调查可能导致第三人发生损害,对第三人负有责任。东京地判昭和49·3·13判时第747号第75页(责任否定)和东京地判平成7·10·9判时第1575号第81页(责任肯定)的两个案例都是因为律师事前调查不充分,导致了第三方追究责任。

听取调查的结果最好是做笔记或者是录音,为日后听取结果的正确再现做准备。人的记忆不可否认地会随着时间的流逝而模糊,因此应该尽可能在记忆清楚时进行听取调查,并保存其结果,避免和委托人在今后的证明活动中产生无谓的纷争。

另外,在听取和调查中,律师必须排除自己的偏见,避免先入为主,要考虑委托人的精神状况,真挚耐心地对待。例如:如果律师刚开始就不信委托人所说的话,也没做特别的调查,就说"不可能有这样的事",就失去了和委托人之间的信赖关系,有时甚至会让委托人二次受害[1]。当然,这也不意味着律师必须百分之百地信任委托人的话。《职业基本规则》第20条规定:"律师在受理和处理案件时,要竭力保持自由和独立的立场。"遵从法律专门职业良心来进行职务活动的律师,必须通过判断委托人的话是否符合客观证据,前后是否一致、连贯,来确认委托人话语的真实性。

2)客观资料的收集和核对

和听取委托人的描述同样重要的还有客观资料(证据)的收集和听取结果的核对。因为有一些委托人可能会发生记忆错误,也有可能是由于委托人根据自己的错误认识来描述的,因此律师不能轻信,必须要站在客观的立场上进行事实调查。

在案件发展到判决阶段时,如何证明是左右案件进展方向的至关重要的因素,律师最好在早期阶段能获得相关的客观资料。一方面要求委托人提出

76　司法伦理

客观资料;另一方面律师自身要根据《律师法》第23条第2款的规定进行律师调查,用各种方法尽量地收集客观资料。这里所说的客观资料不仅仅指书面和物品资料,包括到案件的现场进行查看,与相关人员进行直接会面听取调查,如果是专业领域的案件,则听取该领域专家的意见(例如建筑纠纷找建筑师、医疗纠纷找医师)。不过,律师毫无疑问不能捏造和隐瞒证据,律师不能忘记自己的职责是实现社会正义,收集证据的方法有一定的界限和限制。

当律师获得的客观资料与从委托人处听取的信息有出入时,要调整和消除两者之间的信息不对称,此时必须注意不损害与委托人之间的信赖关系。当然,当判明委托人故意隐瞒事实和撒谎时,律师难以维系和委托人之间的信赖关系,有必要再次考虑是否接受委托这一事(参照《职业基本规则》第43条)。

3)法律调查

律师处理案件时不得怠于调查必要的法令(《职业基本规则》第37条)。如果没有进行法律调查,忽略了一些必要的法律规定或者漏看了重要判例而进行案件处理,给委托人或者第三人带来损害时,可追究律师责任。

第二节　方针的决定

1)方针决定——说明和协议

在大概的调查完毕后,进而要在调查结果的基础上进行法律层面的思考,制定对实现委托人利益最有效和合适的方针。

在决定方针时,"律师应尊重委托人关于委托事项的意思"(《职业基本规则》第22条),因为缺乏法律知识的委托人可能无法判断什么样的方针在法律上对自己是最有利的,因此律师必须基于调查结果,对委托人进行法律思考结果的说明,采取每个具体措施时,都必须向委托人说明采取此措施时他可能获得的权利义务,对方当事人可能提出的反驳,以及不能证明而败诉的可能性,费用负担和时间负担等情况。总之在方针决定时必须要和委托人进行充分的协商(《职业基本规则》第36条)。

在方针决定时,律师认为合适的方针未必和委托人的期望一致。例如,律师根据证明的可能性以及法律预测判断胜诉非常困难的案件,向委托人进行说明,而委托人仍然强烈要求提起诉讼,此时,律师是否应该依从委托人意思进行提起诉讼呢?确实,律师的工作是基于委托人的委托才得以开展的,在决定基本方针时应尊重委托人的意思决定,本人依从此意思决定的愿望也非常强烈。但是,律师作为需要进行高度专业判断的法律专业人士,必须实现委托人的利益,从这一点来看,律师如果一味追随委托人意思,是否能履行自己的职责就存在疑问了。根据不同的情况,律师至少应该将"你的选择将对你带来有利结果的可能性很小"这样的信息向委托人进行充分的说明,督促委托人进行再考虑(这同时也是社会期待的律师职责)。相反,如果律师预测败诉的可能非常大,而不对委托人进行说明,只根据委托人的要求进行诉讼的话,有可能律师会受到委托人"没有进行充分说明"的追诉,也有可能受到第三人的"不当诉讼"、"不当执行"的追诉。

与此相关,东京地判昭和62·6·18判时第1285页第78页中指出,律师"与委托人基于平常的人与人之间的信赖关系去理解其心情,并进行说服是非常重要的",在此之上,"委托人是对案件利害最关心的人,同时,许多情况下他们不但不具有专门的法律知识,而且会只主张自己的利益,固执于自己的见识或信念,对于律师的基于法律专门知识的说服并不轻信,或者对律师的期望过高"。虽然如此,"很多情况下,委托人本身并没有恶意,所以作为律师,只要是接受了委托人解决争议的委托,不管要承担多大的困难,都要以自己全部的力量和人格,在可能的情况下,听取其意见,或者不断地对其进行说服,从法律的客观的、合理性的角度最大限度地维护和实现委托人的正当利益,"律师就应该有这样的职责。这里指出了基于律师与委托人之间的信赖关系的说明和说服的重要性。

2) 说明和协议的对象

律师对协议进行说明的对象,一般来说必须是该案件的委托人。律师是受当事人的委托进行案件处理的,所以协议一般应该对案件当事人即委托人进行直接说明。在通过第三人联络时,委托人有没有进行适当的意思决定,能否将委托人的意思正确传达,这些都不能明确。并且事后第三人和委托人之间信赖关系瓦解时,委托人有可能追诉在案件处理中律师没有实现委托人正当利益,违反善意注意义务的责任。同时律师向第三人报告、说明时也有可能违反守密义务,所以应当极力回避此类案件的发生。

但是,在实际情况中,存在当事人因年事已高或疾病不能来律师事务所,因而让家人或代理人和律师联系的情况。此时,第三人介入也是不得已的。在此情况下,律师最好努力争取向本人直接说明和进行意思确认。关于此点,《职业基本规则》第22条第2项规定:"律师在委托人因疾病及其他原因不能清楚表达自己的意思时,应努力通过适当的方法确认委托者的意思。"也可以参考前面的案例东京地判昭和54·5·30,确定进行说明和协议的对象。

第三节 处理

1) 迅速着手和不拖延的处理

律师和委托人之间的方针确定后,律师就应该开始着手处理具体案件了,"律师接受委托案件之后,必须及时着手处理"(《职业基本规则》第35条。和法院的关系是《职业基本规则》第76条)。违反此义务的后果是,委托人发生损害时,律师负有民事上的责任。例如,某律师在接受了因不法行为引起的损害赔偿请求案件的诉讼委托后,在没有进行时效中断措施的情况下,延迟处理,结果是3年的请求权时效消灭,导致了因诉讼期限的白白错失而上诉被驳回的结果[2]。

不过,律师有时即使想着手,但是因为事前条件不齐备不能着手的情况也有。事前案件听取不充分,没有拿到委托人保管的重要证据,没有拿到委托书,没有拿到约定的案件着手金,这样一些时候,因案件着手处理的不当延迟,被追究责任的也不少[3]。在案件接近时效消灭和诉讼期间终了时,以及律师意识到委托人权利行使时间受限时，应该对委托人说明其危险，并且应促成前面所述的事前条件的齐备。如果不进行说明，而是一味漫不经心的等待条件的齐备，以至于时间白白过去，可能也要追究律师的责任。

和上面的情况相反，若委托人提出延后诉讼时律师该怎么做？委托人为了实现自己的利益提起诉讼时，如果在诉讼过程中发现新的可能会导致胜诉的证据，那么律师为了委托人的利益也必须继续诉讼，为此即使需要花费时间也在所不惜。但是，从另一方面看，律师肩负着实现社会正义的使命，负有对对方和法院的诚实义务，因此有不得延迟审判程序的要求（《职业基本规则》第76条。参照《民事诉讼法》第2条，关于审判迅速化的法律）。在对方大体没有胜诉希望的时候，为了达到对对方经济或者精神上穷追猛打这样的不当目的，而延迟诉讼应该说是不允许的（参照东京高判平成14·10·31判时第1823号第109页）。

2）处理报告和协议

在案件处理过程中，"律师必要时须向委托人报告案件的进程以及影响案件发展的事项，同时须与委托人协商处理案件"（《职业基本规则》第36条）。向委托人报告案件的处理是根据委托协议的必然义务（《民法》第645条），向委托人报告案件的经过和影响案件结果的事项，和上一节中所述的律师向委托人说明义务一样，委托人要对自身的案件处理下适当的决定，必须得到必要的信息。因此律师仅仅把案件的经过进行报告是不够的，还须进行必要的说明，一边和委托人进行协商，一边推进案件的处理。另外，如果和委托人进行密切的沟通，有可能会发现意想不到的新证据和新事实。

《职业基本规则》规定"应报告影响案件结果的事项"，这并不是指仅仅报告影响结果的事项就足够。作为法律专业人士也有考虑不到的影响案件结果的事项，回答委托人的提问和应委托人要求作汇报说明，是根据委托合同律师必须应对的义务。

律师怠慢报告和协议的结果是，在委托人发生损害时，律师要对委托人负有民事责任。东京地判昭和49·8·28判时第760号第76页，记载有律师对诉讼状况不进行报告，对委托人的询问也不回答，因不明被告人所在地、在提起诉讼案件开庭的日期也未出席庭审、相关记录不明而被解除委托且委托人请求赔偿的案件；大阪地判平成11·2·15判时第1688号第148页记载有律师对和解的进行情况不进行充分的说明，因延迟提出上诉理由书而受到委托人损害赔偿责任的追究的案件。不论哪个案例，都认可了基于债务履行责任的赔偿金请求。此外，也有律师在没有和委托人进行充分协议的情况下进行和解，而被追究债务不履行责任的案例。东京地判昭和40·4·17判夕第178号第150页，在一起金钱债权收取的案例中，律师作为代理人，在预测到本人可能不同意的情况下缔结了和解协议，因没有特殊的理由，所以律师的该行为违反了委托的宗旨，其进行委托案件的处理时，没有尽善良管理者的注意义务（同样的判例，东京地判平成8·4·15判时第1583号第75页，千叶地判平成8·6·17判时第1620号第111页）。

报告和协议的对象，原则上必须是委托人本人[4]。但是，如前节所述，有时候不得已必须通过第三者报告、协议。但是，如果审判时期较长，应考虑到委托人可能和第三人的关系恶化，所以要经常留意报告对象的第三人和委托人的关系，确认案件处理是否充分反映了委托人本人的意思。另外，在案件的处理过程中如果对方提出了律师意想不到的证据，而律师将这一证据向第三人报告，则可能会违反对委托人的守密义务（《职业基本规则》第23条），因此要充分注意。

3）律师的裁量和责任

律师在接受委托人的委托后，开展工作，具体的处理和措施都取决于律师的裁量。被委托处理的事务性质是法律问题，作为专家的律师，基于专业知识、经验，必须要随时根据具体情况进行适当的判断和处理。因而，详细具体的措施选择，作为法律专家只要选择对委托人最有利的判断和措施就可以了，只要该决定没有脱离裁量的范围，就不能追究律师的责任[5]。

但是，委托人对律师的报告，提出各个细节处理的具体指示时，律师是否必须遵照此指示？关于这一点，从律师的业务是根据和委托人的委托关系得以构建的角度来看,最后律师必须遵照委托人的指示。但是,如上所述,律师享有裁量权,这就要求律师在实现委托人利益的同时,敢于在自由并独立的立场上开展业务。从这一点来看,是否应该每个细微的措施都遵照委托人的指示,值得商榷。在委托人的指示和律师的考虑不一致时,至少,律师应该指出委托人的选择可能产生的不利,为了委托人利益的实现,应尽力试着说服委托人采取适当的处理方法。

律师的处理在超越自由裁量权时,对委托人负有民事上的责任[6]。但是在具体措施的选择和诉讼中的询问技术方面,律师的技能、经验不足时,因律师业务的特性,对该因素也未必容易判断。关于此,福冈地判平成2·11·9判时第751号第143页记载有:律师接受了一起借款返还请求案件的委托,在诉讼中胜诉。在此期间借款人将自己的不动产转移到自己妻子的名下,因此债权人方律师取得了禁止处置不动产的临时处分,并提起诉讼要求取消上述的所有权转移登记,得以胜诉,但是在还未进行取消所有权登记转移期间,不动产就被抵押权人扣押,之后虽然进行了取消登记申请,但是因为根据登记先例(法务省民事局长回答),只要没有扣押登记名义人的允许,取消登记申请就不能被批准,取消登记申请只能被撤回。结局是,不动产被竞卖,所得金额在抵押权人之间进行了分配。委托人因律师懈怠取消登记手续,导致借款无法回收的事实,要求律师承担损害赔偿责任。这个案例否认了律师的过失,理由是,律师虽然必须在取消登记后立即进行拍卖申请,但是考虑到要让委托人准备大额的预交金、已经设定了有先后顺序的多个抵押权、可能会取消拍卖手续,以及已经进行了和解申请并且正在谈判中等诸多因素,"在当时的情况下,不是马上进行不动产的拍卖申请,而是保留进行取消登记申请的方法比较好。这是作为法律专业人士的律师根据自己的知识、经验作出的合理判断。"

4)真实义务

在履行职务的过程中,时常会遇到律师的真实义务和委托人利益实现之间的冲突。例如,在委托初始阶段,暂时保管对委托人不利的文件,该文件作为诉讼资料能否提出,诸如此类问题。关于这一点,请参考第三章第二节。

5）多位律师接受委托

在多位律师共同接受委托,律师间的意见不一致时,应该怎样进行案件处理呢？律师必须"互相尊重名誉和信义"(《职业基本规则》第70条)。律师间必须经过充分的协议,如果意见还是无法达成一致时,受委托律师间"关于案件的处理意见不一致,因此可能对委托人不利的,必须对委托人说明情况"(《职业基本规则》第41条)。也就是说,应该告知委托人律师间的意见不一致,并且说明各个意见、这些意见所产生的权利、案件的趋势及归宿等,由委托人自己来选择。如果不进行说明,一部分律师就擅自进行案件处理,则将违反向委托人进行报告说明的义务和善意管理的义务,在其他律师之间也会形成对律师不利的行为(《职业基本规则》第71条)。

6）寄存的金钱和物品的管理

律师在业务开展过程中经常保管委托人或者对方以及其他利害关系人寄存的金钱。在此情况下,律师负有"保管委托人、诉讼相对方和其他利害关系人寄存的钱财时,要与自己的钱财区分、用明确的方法保管,且必须记录保管的状况"的义务(《职业基本规则》第38条)。这是针对目前仍有律师挪用或侵占寄存金这样不光彩的事而新设定的规则[7]。即使贫穷,作为法律专业人士的律师也绝对不能发生侵占寄存金的事,律师要常具备这样的意识：寄存金就是寄存金,必须要以严格管理的态度来对待。另外,在寄存金与案件预付金或报酬抵消,以及变更保管方法和用途时,必须和委托人达成协议,不要让委托人产生不信任的感觉。

另外,律师必须记录金钱和物品的保管状况,从第三人处取得金钱并进行保管时,基于委托协议的义务,律师必须向委托人报告其详细情况(《民法》第645条)。在接到委托人关于寄存金的保管和处置方面的指示时,必须遵照指示办理。如果不是寄存金,而是相关文件等物品时,也必须带有善意注意义务进行保管,此点可参考新规定(《职业基本规则》第39条)。在保管时,必须留意包括案件记录在内的保密义务(《职业基本规则》第23条),特别是近年来,个人信息更被重视。《职业基本规则》在第 23 条保密义务之外,还规定:必须完整保管案件记录,在保管或者废弃时,"不得泄露与秘密及个人隐私相关的信息资料。"(《职业基本规则》第 18 条)

第四节　任务终了

1)说明

在案件处理终了时,律师应该"将案件处理状况和结果及必要的法律意见向委托人说明"。(《职业基本规则》第 44 条)基于委托协议的义务(《民法》第 645 条),产生了对案件处理的说明义务。根据案件结果如何,委托人要判断是否有必要进行下一步行动,所以律师有必要向委托人报告案件处理的状况和结果。但是,不能仅限于报告案件的处理状况和结果,因为很多委托人面临下一个法律行为的选择,有时委托人没有充分的知识无法进行判断,因此律师有义务提出一些法律建议。例如:当委托范围仅为一审时,律师有必要说明对上诉案件的预测,为了确保胜诉,在条件和证据的保全方面也有必要给予建议。另外,若因为案件的搁置而造成执行财产的流失,此情形下可以预见对委托人不利的状况,因此律师最好能将受委托范围灵活考虑,进行积极的法律建议。另外,关于说明对象,在基本方针决定和处理这一节已经进行了论述。

律师必须及时进行说明。通常,采取上述法律行为时有时间限制的,委托人在接到案件结果报告后,需要决定是否进入下一步程序,委托哪个律师等,因此要给委托人充裕的时间。律师因忘记报告结果,或者迟延报告,引起委托人不能进入下一步程序而丧失利益的时候,律师将被追究责任。横滨地判昭和 60·1·23 判时第 552 号第 187 页,律师在接受委托后,案件判决败诉,判决书被送达该律师的事务所,接收的事务员秘书将判决送达日期错误地传达给了律师,并且该律师轻信了此信息。之后,在提起上诉时,因上诉期限已过而被驳回,导致败诉。委托人要求律师对案件进行损害赔偿,律师提出在一审作出对委托人不利的判决后,在收到判决正本后,律师已经确认了期限,通知了委托人,并且督促委托人注意不要错过上诉期限。同时提出:即使上诉了,从案件来看也没有胜诉的希望。以此为由,后来没有认定律师的责任。同样控诉律师过失责任的案件,东京地判昭和46·6·29判时第645号第89页,"因为案件胜诉希望不大而放弃了财产损害的请求,只要求精神损害赔偿(精神损害赔偿金),一审败诉的当事人对此提出上诉,并接受此判决的权利,此权利是否行使属当事人的自由。当事人根据自己的判断来决定是否上诉,如果放弃上诉权,是当事人的权利,而因为委托律师的过失失去自己的权利,不论一审判决是否正确,当事人受到精神打击是必然的"。因此判决支持了当事人的请求。

2) 金钱和物品的返还

律师在委托终了时,"根据委托合同,费用结清后,必须及时返还寄存保管的财物。"(《职业基本规则》第45条,《民法》第646条)

金钱和物品的返还必须没有拖延[8]。例如:从第三人处接收到的应该交给委托人的金钱和物品,只要没有委托人的特别指示,就应该每次接到物品后马上交给委托人。另外保管委托人物品时,只要委托人有返还指示应马上返还,即使委托人没有返还指示,也应该在案件结束、委托协议终了时,返还给委托人[9]。

金钱和物品返还的对象,原则上应该是委托人本人。在委托人有特别指示返还给特别返还给地时,律师可以根据委托人的指示返还。但是为了明确此为委托人的原意,最好在文件上特别注明。在接受指示时,应该迅速处理。因委托人的原因而导致返还地不明时,可以选择提存。

3) 守密义务

即使在案件处理终了后,律师对委托人的秘密也负有守密义务(《职业基本规则》第23条)。因此,在案件终了后废弃案件记录和其他相关文件时,必须要注意守密义务(《职业基本规则》第18条)。

本章所述的伦理,没有穷尽在调查和案件处理过程中对律师提出的所有

第五章 委托人和律师的关系(2)——调查和案件处理 85

伦理要求。在实际业务过程中,会有很多书本上学不到的、但会在实践中发生的种种问题。此时,要经常想起律师的使命,做一个自我规范的律师。

注

1 东京律师会两性平等委员会编[2001]第21页,"特别需要注意的是尽量避免因为律师的言行造成被害女性二次伤害",与委托人面谈时的注意事项,引起了大家关注。此外,东京律师会编[1997]从第163页始,记载着有关与委托人交谈时的"询问方式""说话技巧"方面的注意事项。

2 东京地判昭和52·9·28判时第886号第71页,请求支付金钱债权的诉讼,审理过程中诉讼代理人死亡,虽然委托新律师继续进行诉讼并依据为保全该债权所缔结的抵押权设定协议提起抵押权设定登记的请求诉讼及保全处分的申请,但该律师完全没有办理此等事务,以致造成了因该金钱债权的时效消灭致使债务履行不能,该律师因而被委托人提请损害赔偿。法院认为,该债权如果时效不消灭且采取了适当的抵押权保全措施的话,是完全可以依据抵押权的实现收回全部债权的,因此判决律师存在债务不履行责任。此外,因延迟处理案件而被惩戒的案例也不在少数。

3 《律师伦理注释》第139页,关于旧《律师伦理》第30条规定的迅速着手,律师开始进行具体现实的着手行为时,先要做好事前准备:①听取委托人对案件的说明,做到能够理解,至少做到大致理解,作为补充还要从其他相关人员处听取情况。②从委托人处获取进一步证实其说明的书面证据。③在他处还有着手的前提证据时,要依据律师查询制度等事先进行收集。④为确认委托意向,需接受写明委托事项的委托书。⑤开始着手时,需委托方支付必要的着手金、手续费及费用。如不具备上述事前准备,那么即使案件迟延着手,也不违反律师伦理。

4 参照前文东京地判昭和54·5·30。

5 大阪地判昭和58·9·26判时第1138号第106页,关于律师是否违反委托代理协议上的善意注意义务,案例中记载:律师基于接受委托"事务的性质,在处理所接受委托的事务时,必须要基于专业的法律知识、经验,根据具体情况进行适当的判断和处理。从这个意义上,应该说律师处理接受委任的事务,在一定的范围内取决于律师的裁量。因此,认为律师基于裁量判断诚实地处理接受委托的事务时,只要其没有违背委托人的指示或脱离裁量权,就不涉及委托代理协议书上的债务不履行责任"。

6 参照第三章注5。

7 有这样的惩戒案例:从保管的委托人存折中取出存款用于私人消费,将保管的950万日元和解金中的700万日元用于个人消费(停止执业3个月),利用保管委托人的票据、支票本等,伪造、使用支票,此外还有侵占保管金的案例(取消会员资格)等。

8 有这样的惩戒案例:委托人寄存的1000万日元暂行处理保证金,在无须申请暂行处理的情况下仍未及时归还委托人,作为有损律师品格的不正当行为的案例(训诫处分);未告知委托人达成诉讼和解及受领了和解金的定金,该定金一直未交付,直至2年零6个月后委托人请求返还,作为有损律师品格的不正当行为的案例(训诫处分)等。

9 关于处理与委托人金钱方面的关系,《职业基本规则》第25条规定:律师只要没有特别事由,禁止与委托人存在借贷关系,禁止委托人替本人债务作保证或本人替委托人债务作保证。

设问

1. 律师L接受顾问公司社长A的委托:最近总有高利贷发放者B及其他数家公司来催要根本没借过的借款。追问了弟弟C,他坦白说是私自盗用了我的印章出去借钱了,想让B等停止催要。于是,L向B等发送了内容大意为"本案件,是C擅自盗用A的印章,并以A的名义借的款,因此A不负有返还义务,今后请你们停止催要"的证明信件。但是,B等仍然继续催要,所以L向B等提起了确认债务不存在的诉讼,同时又向C提起了请求返还印章和进行赔偿的诉讼,两起诉讼主张的内容均与上述证明信件的内容相同。L所采取的措施,是否有问题?

2. 律师L_1在处理委托人A的诉讼中,与对方B达成了一定的和解,B同意支付一定的金额,和解中,A说担心B不一定按和解条款支付金额,B的代理律师L_2说:"请不要担心。我绝对会让B支付的。我保证。"听了这话,A放心地同意了和解,但是在和解条款所规定的日期前B始终没有支付(和解金)。该情况,L_1、L_2的行为是否有问题?另外,如何看待和解成立前,在诉讼外L_2把自己作为B支付(和解金)的连带保证的书面材料交给A时的情况?

(北川弘美)

短评　　律师实务的实践感觉②
怎样处理繁忙的业务

《职业基本规则》第35条："律师接受委托案件之后,必须及时着手处理。"我在从事律师职业近40年的今天,仍然经常被工作追赶。即使及时着手处理委托案件,也不能从焦虑中解放出来。刚才,从顾问公司打来电话:"发送了协议书电子邮件,请在明日之前给予意见。"因为是紧急案件,所以把其他事情暂且搁置写了意见书。一方面是委托人对"交货期"的期待;一方面是律师持续应对的艰难。

从一个侧面来看是应该着手的工作,总觉得有点懒得着手。其心理状态,可以说是一种轻度的忧郁症,这也可能被说成是"只顾自己的利益"。恰是诚心想把工作做好和有能力,才导致了工作延迟。因为越诚实越有能力,就越被信赖,因此业务就越繁忙,额外会议和公务的邀请也不断增多。一天只有二十四小时,越是需要时间和劳力的重要案件越慎重,反而不知不觉地就往后推了。

但是,从社会的眼光来看,这只不过是律师强词夺理的辩解。作为取得报酬的专业人士来说,更迅速、准确地进行判断,被认为是理所当然的。另外,就医时应该也有同感。在预约的时间进行诊疗、详细的询问症状、进行诊断前的检查并说明此检查的必要性。在作出诊断后,不是从上说到下,而是对检查结果中能作为诊断根据的部分进行说明。在必须选择的时候简洁地描述可供选择的治疗方案和判断要点。特别是关于病情的预见,虽然知道将来的事情谁都无法得知,但是仍然希望将可能性高的情况清楚地予以说明。一般人都认为,作为专家这些都是应该可以做到的。这个分歧和差异,恐怕正是律师和医生们痛苦的地方。然而,这也是此工作有意义的源泉。

但律师和医生不同,律师可以拒绝自己认为不应该接受的案件。因此,在对咨询和代理该案件没有信心时,不应该接受此案件。在很多案件接手后,总是有一种怎么样也不想着手处理的抵触感。但也不都是这种情况。我们回过头再来看这些让我们有抵触感的案件,会发现它们除了是需要花费时间和劳力的大案件之外,也存在着我们在接受委托时的判断和印象过于肤浅的共通特征。我们会发现:①当初考虑很多因素才接手的案件,结果是自己原本就应该接手的案件;②关于案件的发展和预测,和委托人之间见解存在较大差异;③当初是否进行了充分的案件关系听取;④一些重要的证据是否收集遗漏?⑤关于接受委托范围,是否和委托人之间相互沟通?⑥关于律师费用,当初有没有进行充分的说明?会出现这样一些担心。

对于这样一些抵触原因非常清楚的案件,实际上还非常好办,只要把这些原因进行特定的处理就可以了。除此之外,还有不明白是卡在什么地方之类的案件。毫不隐瞒地说,我马上也有3个案件要提起诉讼,这3个案件就是该类型的案件。其中1件刚刚提起,还没有进行最终确认。之后的2件,在起草中途就停滞了。如果有做这些事的干劲和决心的话,其实很快就能提起诉讼,但不知为什么总是拖拖拉拉的。因内心屈服于这些积重难返的压力,导致工作和生活都处于崩溃状态的例子屡见不鲜。

此时的对策就不是找理由。根据我以往的经验,于此应该在某个时期用足力量一气呵成。在集中处理完成之后,压力得以释放,感觉真的很爽。这种快感,是无论用文字还是言语都无法描述的。我正是因为多次感受到了这种成就感,即使差点被繁忙压垮,也会鼓起从正面突破的勇气。正是因为我知道这种快感,所以有时即使接受的案件过重,也不会失信于委托人,我希望委托人对我的期待能这样持续下去。

(村桥泰志)

第六章　委托人和律师的关系(3)
——辞去委托和相关讨论

本章构成
第一节　委托关系终了事由的分类
第二节　律师辞去委托是否被允许
第三节　律师辞去委托的具体理由
第四节　伴随辞去委托的诸类问题

前　　言

委托人委托律师解决纠纷关系，在法律上属于委托协议(《民法》第656条,第643条)，有持续的法律行为和法律事务开展的特性。因协议关系之外，两者之间高度信赖关系的存续是他们关系保持的前提。

但凡法律纠纷的解决，首先是确定事实，再适用法律，最后得出结论这样的三段论形式。可是，律师虽然懂得法，却不能直接体验事实；委托人虽然了解事实，却不懂得法律。因此，委托人和律师应该将事实和法律信息相互提供，互相协助以解决纠纷。从最初的法律咨询、接受委托到谈判、诉讼，以及最终的胜诉及和解的终点，都要律师和委托人齐心协力。

但是，因各种事由导致两者之间信赖关系瓦解的情况时有发生。委托人和律师之间的持续委托关系是以"信赖关系"为前提的，如果没有这样的关系，就可能发生委托关系的解除。结果要么是委托人提出解除协议，要么是律师辞去委托。问题是在希冀从根本上消除这种"持续关系"时，非常容易产生纠纷，特别是在委托人委托律师解决的纠纷对于委托人来说是一生只此一次的时候，委托人的想法通常会很执拗。另一方面，当律师自身也对工作有执著的想法和信念时，更容易发生纠纷，甚至在案件中途，因对今后的预测双方没有把握，加之费用、报酬计算等问题，导致纠纷不太容易解决，在伦理上也存在众多的问题。

根据以上的背景，在区分辞去委托和解除委托的基础上，本章将对前者进行论述（第一节），并在此基础上论述律师方提出的辞去委托是否被允许？如果被允许是基于什么样的根据（第二节），具体什么情况导致律师辞去委托（第三节），辞去委托时，作为专业人士的律师在伦理上存在一些什么样的问题（第四节）。

第一节 委托关系终了事由的分类

委托人委托律师处理案件后，在出现以下几种情况时可以终结这种委托关系：

① 委托人解除委托

② 律师辞去委托

③ 因其他因素使委托关系终止（例如：律师的死亡、律师的破产程序开始、成年监护程序开始等《民法》第653条））

在以上3个事由中，①是不得以解除对律师的委托，即使违反伦理，解除委托也是委托人所为的行动。③也不是因律师提出的终止。律师方提出委托关系终止的情况只有②，律师采取积极的行为是不是可以，此处存在伦理问题。在本章中，三个终止事由中只有②是根据律师的意思辞去委托的，此时会产生什么样的纠纷，在纠纷产生时律师应该怎样应对伦理上的问题，接下来我们将进行讨论。

第二节　律师辞去委托是否被允许

1）辞去委托在实体法上的地位

根据委托人和律师间的案件委托关系是一个委托协议来看[1]，律师任何时候都可以根据自己的意思提出辞去委托（《民法》第651条第1项），但是在对委托人不利时期辞去委托，带来的损失律师必须赔偿（同条第2项），但是因"不得以事由"（正当事由），可以免除赔偿（同项但书）。

2）和审级代理原则的关系

我国的民事诉讼法都采用审级代理的原则，诉讼代理权依据审级授予原则（新堂[2004]第174页；伊滕[2005]第122页；参照《民事诉讼法》第55条第2项）。律师在制作委托协议时，一般是每个审级都制作一份协议。所以在这种情况下，一审终了后辞去委托，在法律上是委托协议终了，不能算做协议中途解除。

3）律师辞去委托是否自由

律师应该是"国民社会的医生"，"可靠的权利守护者"（司法制度改革审议会议最终意见书）。从这一点来看，律师没有经过委托人同意辞去委托，视委托人的利益于不顾，是否被允许存在疑问。

A. 关于拒绝委托自由的实体法规定　首先在讨论辞去委托问题之前，我们先来看一下拒绝委托是否被允许。例如：医生有应召义务[2]，但律师法却没有相应的规定。因此可以理解为，至少在接受委托时律师有选择接受或者拒绝委托人委托的自由。

2003年，修改前的《司法书士法》第21条规定："在没有正当事由的情况下，不能拒绝委托"，原则上禁止拒绝接受委托。按照修改后的2003年《司法书士法》，得到法务大臣认定的司法代书人，获得了简易法院诉讼代理权的同时，与此同时，修改了上述第 21 条，插入了"除去简易诉讼代理关系业务"的规定。这样，反过来说，和登记业务不同，诉讼代理业务没有"正当理由"也可以拒绝接受委托，这样律师的所有诉讼代理业务和法律事务在实体法也具有同样的状态。

判例认为，律师和委托人的关系是根据委托建立的代理关系（大判昭和 5·3·4 报纸第 3126 号第 10 页），这种代理关系被解释为律师和委托人均可随时解除委托协议（《律师法解释》第 29 页：高中[2003]第 37 页）。在契约自由和私人自治的原则下，律师和委托人都是对等的私人，是否签订委托协议应根据双方的意思表示来决定。

以上述拒绝接受委托的自由为前提，《职业基本规则》第 43 条规定："律师受理案件与委托人之间丧失信赖关系，并且难以恢复的，必须对此做出说明，采取辞去委托等于案件妥当的措施。"明文规定律师仅在特定情况下可以提出辞去委托。

B. **律师拒绝接受委托的诸多伦理问题** 也有观点认为因为律师垄断法律事务，所以没有正当理由不能拒绝委托。那么上面自由拒绝正当化的理论依据是什么呢？

"因为律师是专业人员，所以能拒绝委托"的主张，与同样是专业人员的医生则有应召义务，两者相比具有明显矛盾。现行《律师法》第 24 条规定："律师没有正当理由，根据法律不能辞去官方委托的事项，以及律师协会规则规定的所属律师协会或者日本律师联合会指定的事项。"这是通过法律和律师协会作出的规定，限制律师不能拒绝特定委托。

另外，对于"律师是自由职业，有拒绝接受委托的自由"的主张，也有人提出这样的反对意见：如果这样，可能有的案件谁也不代理，放任这样的情况可以吗？至少应该解禁法律事务垄断，接受委托的律师可以大幅度增加。"律师的独立性，不管对于任何人都是自由的"，对于这样的职务独立性的争论，一定有人认为："面对委托人时，完全自由的律师到底是什么？""难道不只是律师的自以为是吗？"另外对于"律师本来不希望做的事情被强制的话，该律师不擅长的事情也有可能被强制，这对委托人来说是不幸的"，对此，反对意思提出："那总比哪个律师都不代理案件的好。"

问题是,律师的职业和医生不同,它非常多的牵涉到委托人的人生观、价值观等生活本源问题,价值观左右律师职务的内容和纠纷的解决。以这样的职务内容为前提,当委托人和律师之间的价值观存在很大差异(不适合)时,结局就是,律师难以充分维护委托人的利益和权利,对委托人不利。作为消除这种不适合的方针,可能应考虑由国家统一给各委托人安排最合适的律师,但是根据社会主义计划经济的失误经验可以看到,适当的分配是相当困难的。适当合理的做法只能是一定程度的私人自治。但根据律师目前法律事务服务需求和供给关系不均衡的现状,需要有一定的规范来引导,因此通过《律师法》第24条的规定制约拒绝接受委托的自由是正当的。

4)拒绝接受委托的自由和辞去委托的自由

简单看,对律师的需求越多,律师拒绝接受委托的自由也就越大,但这样的伦理根据没那么简单。如果肯定了这样的拒绝接受委托的自由,那么辞去委托的自由将是个更加困难的问题。也就是说律师一旦辞去接受委托的案件,对委托人将很不利,寻找代替律师也不容易,那么是不是该限制律师辞去委托的自由呢?

关于这一点,截至目前日本的律师均认为辞去委托是个人的自由[3]。律师法、职业基本规则都在原则上承认了律师的这种自由。但是,以下几点必须要留意。

① 根据辞去委托的时期不同,辞去委托有时会成为损害赔偿的原因(《民法》第651条)。

当事人一方因对方的原因,在不利时期解除委托合同的,应赔偿损失(《民法》第651条)。如果要免除损害赔偿责任,必须要有"不得已的事由"(正当理由)。在律师提出辞去委托的意思表示时,必须考虑辞去委托的时期。例如:在被告案件开庭日期的前几天,作为代理人的律师既没有变更日期也没有提出任何措施就单方辞去委托时,会使委托人陷入窘迫境地[4]。

② 辞去委托后的处置错误或不当,将损害委托人的权利。辞去委托后的

律师应该采取何种措施,请参照第四节。

第三节 律师辞去委托的具体理由

律师在案件中途辞去委托,本来是例外的事,特别是在案件处理过程中律师辞去委托。从对方当事人来看,会认为律师和委托人之间关于处理方针存在一定的见解差异,这在案件解决上对委托人来说是不利的。作为律师,一旦接受委托,当然会尽力解决案件,只有案件最终解决(特别是对委托人有利的解决),律师才能获取报酬。因此,作为律师也会尽力保持信赖关系,当然希望信赖关系的存续。尽管如此,作为律师也有不得不辞去委托的时候。以下,我们将讨论在什么样的情况下导致律师辞去委托。

1)信赖关系被破坏的时候

首先举个例子。

例[1]:委托人向律师提出可依据的证据,律师将该证据作为可信证据使用了,但是经过一些事情后律师发现证据是委托人自己伪造的。

律师发现证据是伪造时,应该和委托人进行充分的商谈,向委托人确认证据是否伪造,如果是伪造的,应向委托人询问事情的原委,了解因何故伪造证据。在判明伪造后,预测案件的发展,向委托人充分说明刑事处罚的可能性,并将证据伪造作为前提考虑适当的解决方案(例如,如果能免去对委托人的伪造行为的刑事处罚,即使对委托人不利,也在所不惜)。经过以上几点的充分协议,和委托人之间仍然就处理方针不能达成一致时,律师可以提出辞去委托。

例[2]:Y男和X男的妻子A有不正当关系,被X男起诉其侵权行为,要求损害赔偿,Y男委托L律师代理此案件。Y男对L律师说"自己和A女没有不正当关系",L律师相信了Y男并进行了应诉活动,在诉讼终了阶段,在Y男和A女不正当关系的事实面前,律师才明白Y男对自己撒了谎,Y男也承认了自己的谎言。

这个案件虽然和例[1]提出伪造证据不同,但均是委托人自己提出不实的供述。虽然例[2]不会有例[1]一样受到伪造证据的刑事处罚的危险,但是即使和解的内容不利,也要甘心忍受这一点是同样的。在处理方针不能达到一致时,律师同样可以提出辞去委托。

2)关于案件处理的预测见解发生差异时

这和上面1)有共通的一面。上面例[1]和例[2]也是因为信赖关系被破坏后对案件处理的见解发生分歧。在有关案件处理的预测见解发生差异,通过协商也未能达成一致时,就会像上面1)一样导致信赖关系破裂。下面看具体的案例。

例[3]:在第一审接近终了时,根据目前为止我方和对方的主张、证据的状况,及主审法官的言行来看,律师 L 判断必将败诉。根据主审法官的和解劝告,并充分考虑了委托人的利益后,律师 L 将上述状况向委托人作了说明,规劝委托人进行和解。但是委托人坚持认为:"我的主张是正确的,对方所陈述的都是谎言。公正的法官一定会接受我的主张。"不同意和解。

这是个比较困难的案例。首先律师的判断[必然败诉]是否正确是一个问题。另外,即使一审败诉的可能性真的很高,那么二审、终审也一定会维持原判吗? 如果不维持原判的话,这次和解的规劝是不是一个错误呢,等等问题。

另外,即使和解在客观上是经济合理的做法,但委托人委托律师进行诉讼的动机是多种多样的。"即使是败诉,也要有理由和结论",有的委托人存有这样的需求。这样的需求作为宪法权利来说的话,就是"有接受审判的权利"(《宪法》第 32 条),这种宪法权利一并被律师剥夺是不被允许的。最终这是属于委托人自身决定权范畴的问题。

但和医疗手术需家属同意一样,为了充分行使自己的决定权,在事前必须要知晓充分的信息(这也是医疗手术前必须家属同意的实质)。这一观点说明了为何律师在判断"必然败诉"时,要将此判断的根据向委托人作充分的说明。

如果通过充分的说明还未能和委托人之间就行动方针达成一致,律师可以向委托人提出辞去委托。但是,如上所述,律师辞去委托将使委托人陷入窘境,特别是在判决前夕这样的可能更大。所以,律师在辞去委托前必须慎重考虑。特别是在判决前夕,可以考虑下述做法:在判决前仍然按照委托人的方针继续诉讼活动,在判决出来后让委托人有机会找其他律师。

3) 律师伦理上发生问题时

在下面将举第一章和第四章讨论的例子

例[4]:被继承人 A 的长子 X,申请向被继承人 Y_1、Y_2、Y_3、Y_4 关于遗产分割问题提出调解,L 律师作为 Y_1、Y_2、Y_3、Y_4 的代理律师,经过半年 4 次调解,Y_1 和 Y_2、Y_3、Y_4 之间就遗产分割份额产生了分歧。

多数的遗产分割案件委托人都是多人。必须注意他们之间本来就存在着潜在的对立可能性,在这种情况下,应该要求被继承人全体各自请不同的律师。实践中,有不少是没有明显发生利害关系对立就了结的案件,但处于潜在利害关系时律师就已经代理的情况也不少。在这种情况下,律师必须对每个委托人说明将来可能辞去委托及可能带来的不利情况。(《职业基本规则》第 32 条)

在告知以上事项之后,委托人仍然希望律师代理的,律师可以代理案件。但是,本案例中,如在案件处理过程中,出现潜在利害对立明朗化的情况,律师必须提出辞去委托的意思表示。在这个时候,如果在 Y_1、Y_2、Y_3、Y_4 中有某人恳切希望律师仍然作为自己的代理人,即使有利害关系的其他委托人同意,也不能代理(《职业基本规则》第 27 条第 1 款[5]),因此作为权衡,应辞去和案件中所有委托人的代理关系较为合适。

例[5]:L_1 和 L_2 律师共同经营"$L_1 L_2$ 共同律师事务所"。此次 L_1 作为 A 的代理人向 B 提起赔偿损害诉讼,L_1 得知,同时 L_2 关于该纠纷之前接受过 B 的法律咨询。

《职业基本规则》第 57 条规定,在共同律师事务所中的所属律师,对其他所属律师,根据第 27 条或 28 条规定,对不得为职务行为的案件,不得做出职务行为。同条但书"但是,因保持职务公正行为的事由除外"。这里所说的"保持职务公正行为的事由",不很明确,《自由与正义》第 56 卷临时增刊第 6 号,

2005年,第97页)指出:"《职业基本规则》第27条以及第28条的宗旨是为了保护当事人的利益,确保律师职务的公正,对于律师是可以确保信赖关系的事由。"具体来说:要整理确认有无利益相悖行为的势态,确认有关委托事项的信息和秘密有无泄露给其他所属律师的情况,这样的整理和确认不光是对内部,对外部也要明示。"如果采取了区分制,就更好了。"[6]

从以上的观点来看,这个案件如果"不能保持职务的公正",L_2律师的法律咨询若根据《职业基本规则》第27条第2款的规定被认定为该协议的程度和方法是基于信赖关系时,律师必须考虑辞去代理。同规则第58条规定:"所属律师代理案件后,知道有前条不应代理的事由时,必须及时向委托人说明此情况,并根据案件采取辞去委托等措施。"此时,是否后接受咨询的L_1辞去委托就可以了,还是L_1、L_2都应该辞去委托。职业基本规则虽然没有明确规定,但是遵从本规定的宗旨,应该理解为后种做法比较妥当。

例[6]:有着5年律师经验的律师L_1,代理X的一起损害赔偿请求的诉讼,第一审败诉,继续提起上诉。但此时X提出让律师L_1和有着30年经验的损害赔偿领域的专家律师共同进行上诉。

《职业基本规则》第40条规定:"律师在委托人对于委托的案件欲再委托其他律师和律师法人时,没有正当理由,不得阻止。"这里所说的"正当理由"是指预见和新加入进来的律师之间关于案件处理的方针有显著的意见差异、相互之间协调处理案件有困难、律师之间协调需要花时间、迅速作出处理有障碍,因此给委托人带来不利等情形。(《律师伦理注释》第185页)

若具备这样的正当理由,首先应该告之委托人,由委托人作出判断。尽管存在正当理由,但是委托人仍然选用其他律师时,作为律师应该怎样应对呢?

此时也有意见认为律师没有必要提出辞去委托。但如果之前就开始处理案件的律师有正当理由反对其他律师参加,而委托人仍旧选任其他律师时,委托人和律师间的信赖关系就已经被破坏,结局是律师继续接受委托也很勉强,并且有可能损害委托人的利益。这时就应该允许律师辞去委托,但在律师辞去委托前应和委托人进行充分的协商。

例[7]:L_1和L_2律师共同接受X公司的委托进行损害赔偿请求的诉讼活

动,在案件临近结束时,关于是和解还是接受判决,两个律师之间意见对立,并且这种意见对立的状态无法消除。

像上例一样关于案件处理方针意见不一致的情况,在律师间经过协议也无法统一或者其他律师不承认错误时,根据《职业基本规则》第 41 条的规定,应将事情告知委托人。如果这样还不能消除意见差异,事项重大且可能给委托人造成不利时,虽然不能向委托人要求解除委托其他律师,但可以向委托人陈述自己的见解,明确表明自己和其他律师的意见不同。如果实在不能顺从委托人的意见,并且认为无法再与其他律师协力继续处理案件时,律师辞去委托也被认为是不得已的。(《律师伦理注释》第 184 页)

例[8]:L 律师受 A 委托向 B 提起名誉损害赔偿请求,在诉讼中 L 发现 A 的真实目的是为了通过诉讼向 B 进行人格非难,以损害赔偿之名发泄自己的怨恨,对 B 进行报复。

《职业基本规则》第 31 条规定:"律师不得受理委托目的和案件处理方法明显不正当的案件。"在这个案件中,如果 A 的目的仅仅为发泄怨恨的话,无疑是一种滥诉,很难说目的正当。若和委托人进行沟通后,仍旧不能达成一致见解的话,律师选择辞去委托的例子也不少。但在名誉损害的案件中,掺杂一部分的怨恨要素有时是无法避免的,所以不能轻易地判断:"目的仅仅是发泄怨恨"。

4)委托人不向律师支付报酬时

例[9]:L 律师作为民事案件的诉讼代理人被委托,因委托人没有提供案件的预付金,律师就擅自不出庭,因此法庭作了缺席判决。

毫无迹象地不出庭确实是个问题,但是委托人没有支付必要的费用可以成为律师辞去委托的正当理由。根据被废止的日本《律师联合会收费等基准规程》第 45 条第 1 项规定:"委托人拖延支付预付金、律师费或者案件实际需要支出的费用时,律师可以不着手案件或者在案件处理过程中停止处理。"但是,同条第 2 项又规定:"在作出前项决定时,必须事先通知委托人。"另外,在辞去委托时,必须要为委托其他律师进行诉讼活动做好适当的准备(本章第四节第2项以及第3项)。

第四节 伴随辞去委托的诸类问题

1) 金钱和物品的清算

《职业基本规则》第45条规定:"律师在委任终了时,根据委托合同,费用结清后,必须及时返还寄存保管的财物。"

ⓐ**返还时期延迟的后果** 返还时期延迟时,根据程度,有时不仅仅是违反本条伦理的问题,还有可能涉及债务不履行和刑法上的侵占罪。

ⓑ**寄存金钱和物品的清算、返还的对象** 原则上必须返还给委托人本人。但是要注意以下情况。首先,在代理律师还另有他人、自己不过是复代理人的情况下,如没有特别事由,应该由原代理律师来交付,履行本条义务[7]。其次,在委托人是法人或有多名委托人时(例如接受多名遗产继承人遗产分割调解委托),在证据资料的返还对象方面要特别留意。没有得到返还的对象有可能在日后有异议。最后,代理法律扶助案件的律师,在案件中受领了对方的金钱时,不应交给委托人,而是应交给决定该扶助的法律扶助协会支部[8]。

ⓒ**不付报酬和不履行金钱和物品的清算** 那么是否可以以不支付报酬为由而拒绝金钱和物品的清算呢?根据日本《律师联合会收费等基准规程》,委托人不付律师报酬时,律师可以将寄存金和返还债务抵消,寄存的证据和资料也可以不移交,但这种做法会引起众多纷争,因此应该尽可能避免。另外,在这时必须迅速通知委托人关于债务抵消的打算,行使"拒绝移交"权的说法,仅限于和委托人之间事先有特别约定。

ⓓ**关于相应报酬请求的纷争** 截止到辞去委托时所做的工作,律师是否可以要求支付相应的报酬,在法律上和律师伦理上是如何规定的?在律师报酬基准规程尚未废止的时代,特别是在律师和委托人之间因信赖关系破坏而导致委托协议终止的情况下,律师可根据同规程第44条第3项请求"相应报酬",委托人则根据"报酬请求权不存在"和违反旧《律师伦理》第40条(金钱和

物品清算。《职业基本规则》第 45 条)来反驳,由此导致纠纷的案件非常多。日本《律师联合会收费等基准规程》第 44 条第 1 项规定:"委任中途因案件的处理导致解除委托、辞去委托或者不能继续被委任的情况发生时,律师在与委托人协商的基础上,可以根据委任案件处理的程度,受领相应的报酬。受领全部报酬的须退还全部或者部分,没有受领的可以要求受领全部报酬或者部分报酬。"在目前此条规程已被废止的情况下,同样意旨的规定仍然大量适用于律师和委托人之间。

的确,存在这样的情况,在案件即将终结前,委托人为了不支付报酬而解除协议,对这样的委托人律师必须要求支付报酬。所以,刚才所述的条款大量适用也是合理的。但是最好不要依靠报酬的特别约定,因为根据《民法》第 648 条第 3 项规定,只有进行完整的案件处理,才能要求充分的报酬。如果非要根据胜诉报酬特别约定来请求报酬,就必须首先和委托人进行充分协商,如果这样还是不能解决,最好先通过律师协会进行调解,贸然进行诉讼一般认为不是稳妥的做法。

2) 案件结果报告

《职业基本规则》第 44 条规定:"律师在委任终了时,必须将案件的处理状况和结果及必要的法律意见向委托人说明。"此规定的意图是将《民法》第 645 条后段的始末报告义务加以必要的法律建议和说明。告知辞去委托理由等于是将委托人陷入窘境,所以不仅对对方当事人,就是对法院叙述时也必须谨慎。在案件处理中得知秘密后即使在辞去委托后也绝对不能泄露(《律师法》第 23 条,《职业基本规则》第 23 条)。

3) 应急处理义务

根据《民法》第 645 条规定:"在委托终了发生紧急事情时,在得到委托人允许前,有做必要处理的义务。"根据本条规定的意思,即使委托人已经辞去委托,在发生紧急事情时也必须进行处理。

4）和委托人发生纠纷时

根据《职业基本规则》第 26 条："律师应尽量与委托人保持良好的信赖关系、尽量不发生纠纷，若纠纷发生，应尽量通过所属的律师协会调解解决。"在辞去委托时发生纠纷，应该尽量根据纠纷调解机制以取得圆满解决。

辞去委托是从最初法律咨询到提起诉讼，以及之后中途的案件处理中全部问题点的一个反映。从某个意义上来说是如镜子一般反映出"日常案件处理"的各个场面。因此，为了在辞去委托时不起纷争，日常进行恰当的案件处理是非常重要的，因为律师不可能完全避免辞去委托的情况。作为律师，在这种情况下要保持冷静，进行正确的处理是首要的。

注

1 内田［1997］第 269 页中写道，"可以称之为代表性委托合同的向律师委托诉讼的情况，严格地讲，需要包含委托和准委托两方面的要素"。
2 《医师法》第 19 条第 1 项规定，"从事诊疗的医生，在有需要诊疗的情况下，如果没有正当的理由，不得拒绝。"
3 美国律师协会《职业行为示范规则》第 1.16 条，在一定程度上限制了辞去委托。
4 参照本章的［例 9］。
5 关于第 27 条第 1 款中的"接受对方的协议并给予协助，或者接受其委托的案件"，第 2 款中的"接受对方协议的事件中，协议的程度及方法被认为是基于信赖关系的"就"不得行使其职务"。如果与同条第 3 款的"如果该事件的委托人同意的情况"除外（但书）进行比较，可以认为第 1、2 款中，即使"对方当事人"同意也不能接受委托。
6 像已经看到的那样，这样的信息遮断措施被称之为"China Wall（万里长城）"（《自由与正义》第 56 卷临时增刊第 6 号，2005 年，第 98 页）。具体情况参照第十四章。
7 最判昭和 51・4・9 民事卷第 30 卷第 3 号第 208 页中指出，"在本人和代理人缔结了委托合同，代理人和复代理人之间缔结了复代理合同时，复代理人在处理委托事务中把受领的物品交付给了代理人的，如果没有特别的情况，复代理人向本人交付受领物的义务消灭"。
8 财团法人法律救助协会的《法律救助方法规则》第 30 条第 1 款。

设问

1. 评论一下以下观点：

1)"基本上律师相对任何人来说都必须是自由的。所以,承认律师有从委托人那里辞去委托的自由。"

2)"对于向律师作了虚假说明的委托人,在其虚假说明被揭穿的时候,律师就可以不需要考虑其他任何事情而辞去委托。"

3)"委托人和律师之间的合同是有偿的委托合同,所以如果委托人不支付预付金,那么就可以自由地解除委托合同。其次,本来《民法》的第 651 条就承认了委托的无须理由的解除方式,所以即使没有合理的理由,律师也可以自由地辞去委托。"

2. L 律师与委托人 A 就正在 N 地方法院处理的民事案件的处理方针,意见发生对立,尽管作了多次的协商也无法消除这种对立,因此在诉讼案件的途中,律师 L 提出辞去委托,向 N 地方法院提出了辞呈。

1)被 N 地方法院法官问及为何辞去委托时,该做何应对?

2)被法院的书记官、对方当事人代理律师、该委托人的介绍人问及为何辞去委托时,该怎样应对呢?

3)A 向律师会申请纷争调停以及惩戒时,可以向纷争调停委员会或者惩戒委员会的委员说明辞去委托的理由吗?

(榎本修)

短评　律师实务的实践感觉 ③
不陷入职务懈怠的恶习

《职业基本规则》第35条"律师在接受委托案件后,应该迅速着手,处理不得拖延"。

《职业基本规则》第21条"律师要本着自己的良心,为实现委托人的权利和正当利益而努力"。

《职业基本规则》第10条"律师不得以不当目的或者用有损品格的方法来劝诱案件的委托,以及不得诱发案件"。

《职业基本规则》第11条"律师不得从违反《律师法》第72条至第74条的规定或者有相当的理由怀疑违反了这些规定的人处接受委托人介绍,不得利用这些人,也不得让他们利用自己的名义"。

必须承认在律师中,存在一些有懈怠职务恶习的人。这些人,不管委托人催促几次总是找这样那样的理由辩解,一直不着手案件或长时间的搁置案件。虽然很难理解这种心境,但是可以通过惩戒案例窥见其斑。

① 事务所的经营拮据,虽然接了很多案件,但是从刚开始就不处理案件,而是用案件启动金和预付金来填补偿还自己的借款。这属于欺诈和利用业务侵占。

② 卷入暴力集团和专门收取佣金的集团,律师的名字和头衔被利用。

③ 案件复杂,自己没有处理能力却接受案件,不知道从何下手,结果是一直搁置。

④ 生来性格散漫,也没有工作能力,不反省自己的处理能力,而是一个接一个的接案件。

⑤ 业务量过多,却总认为有办法处理,因此接受很多案件,结果不是设法安排时间,而是一次一次往后推。

在陷入以上这些困境时,当然要受到委托人的投诉和抱怨。对此,为了进行遮掩,很多人说了一些让人想象不到的谎言。下面来介绍几个(参照饭岛澄雄·饭岛纯子的《新人律师必须谨记的十条》[东京布井出版社 2003 年]第 49 页以下)：

① 伪造法院的受理印,在诉状上盖受理印,将复印件给委托人。

② 把根本不可能进行调停、辩论的日子说成调解日、辩论日报告给委托人。

③ 谎称："法院院长还没有从国外回来所以延期。"

④ 做"一审胜诉,上诉也胜诉,判决已经确定"这样的虚构报告。

⑤ 伪造委托书给委托人

我们可能要思考：为什么要编造这些谎言？但是,如果一旦撒了一个谎,为了掩饰这个谎言,自然就不得不编造一个又一个的谎言。

批判别人的不检点很容易。在这里我们扪心自问,回答以下 2 个问题就清楚了。

① 是否所有代理的案件都迅速着手？

② 在犯了错误时,是否能够立刻向委托人谢罪,并采取必要的善后补救对策。

只有对上述的两个问题在丝毫没有良心谴责的情况下做肯定回答的人才有资格谴责别人。

(村桥泰志)

第七章　律师和对方当事人及第三人的关系

本章构成
第一节　和对方当事人本人的交涉
第二节　和第三人的交涉
第三节　对方当事人给予的利益
第四节　给予对方当事人和代理人的利益
第五节　律师对对方当事人和第三人的责任

前　　言

　　律师的工作是解决委托人和"对方当事人"之间的纠纷。律师的工作与其他的工作相比有什么特征呢？直截了当地说，律师的工作存在着与案件的"对方当事人"之间的"纷争性"。律师的工作是以实现自己委托人的利益为目的，作为委托人的代理人进行各种法律行为，与此伴随的是各种调查和交涉，以及诉讼行为。很多案件都预先确定了当事人，律师的工作离不开和对方当事人的关系。另外，在案件处理过程中，与案件有关的"第三人"、"利害关系人"等也会被牵涉进来，从而直接或间接影响到相关人的权益。
　　我们可以通过律师和其他职业的比较来理解这层意思。从与律师相近职业之一的司法书士来看，从前司法书士的主要工作是进行不动产登记的代理业务。登记业务基本上没有禁止双方代理的概念（《民法》第108条），接受抵押权人和抵押人双方的登记事务委托是很平常的。另外关于向法院提交的资料，特别是在与委托人的关系上也不用强调双方代理、利益相悖等伦理。因此，它的工作性质缺乏"纷争性"。另外，它的业务是登记申请或者是向法院提出文件的代编写和整理,因此司法书士不直接进入当事人的具体纠纷,在业务上不发生与对方当事人冲突这样的关系。与此相对的是律师在纠纷中的行为立场,例如,在因抵押权设定的过程中有伪造文件等行为的存在而使得登记无效,作为土地所有人的代理人要求抵押权设定人取消登记手续的案件中,律师可以作为具体纠纷中对立的双方当事人中一方的代理人,而不能同时作为双方的代理人。当然,司法书士也可以作为简易审判的诉讼代理,并且在此范围内应当注意和律师保持同样的伦理。

律师和税务会计师相比,也有以上的显著特征。税务会计师的工作是以申告各种税务为主,向税务所进行各种税务手续上的申请。例如,他的工作之一就是进行遗产税的申告,有多名继承人时,如果没有遗书那么就通过达成遗产分割协议,并由共同继承人全体申告;在遗产税的申告手续上,也最好能利用各种税额减免的特别规定。税务会计师在事实上可以调整遗产分割,此时,税务会计师在调整委托人之间事实上的利益或者作为事务手续的一种,为委托人整理遗产分割资料时,不用特别在意与继承人之间的横向利益相悖。当然很多时候这种纷争性不显著,或者说可以由税务会计师通过事实上的周旋来处理。可是,如果纷争性显著,或者继承人不了解法律规定时,就会认为税务会计师的上述处理不合法,或者认为各自利益相悖的遗产分割由一个人来处理是违法的。很多时候将案件的处理转移到律师那里,律师留意利益相悖的同时,让继承人之间的"法律纷争"以及继承人之间的"对立当事人"性状明显化。作为一方继承人的代理人,将其他继承人作为"对方当事人",通过适当的法律来加以解决。

律师把这样带有纷争性的案件作为对象,并拥有反对一方当事人的特性。在业务的开展上和其他行业有本质的区别,即:必须遵守各种纠纷的解决处理规则。如果不能遵守这样的规则,那么,由此带来的不利最终也将导致对律师的不利(例如:因无法解决或延迟导致损害赔偿请求、惩罚请求),因此律师必须重视这样的事实并且加以学习。

另外,律师作为委托人的代理人为了实现委托人的权益,当然是站在委托人的立场上来进行活动,但有时也要受到根据案件必须履行"真实义务"的限制。在规范和委托人之间的关系以及和个别对方当事人的关系时,要尽可能的进行具体的理解并且努力遵守。

律师不仅对委托人负有责任,有时对对方当事人和第三人也负有责任,并且这样的例子在今后的实际案件中会逐渐增加。在什么样的案件中会发生责任,以及在这种时候应在何种基础上把握律师的责任,这些都是律师必须掌握的事项。

第一节 和对方当事人本人的交涉

1) 交涉的意思

除非案件一开始就进入诉讼程序,否则律师一般都是在接受案件委托后,首先开始和对方当事人进行交涉(审判外、诉讼外的交涉)。以此传达我方主张,听取对方的回答和反驳,并且对解决方法进行意见交换、提议等,它的内容没有固定模式。下面我们来介绍此时的规则。

2) 对方当事人委托代理律师时

这时候,应该和代理律师进行交涉(《职业基本规则》第52条)。不应该无视代理律师而直接和对方当事人本人交涉。因为,对方当事人已经把律师作为自己的代理人,通过法律专业人士以法律为依据进行冷静的交涉,这才是正确解决纷争的方法,这一点律师自身不能否认。

另一方面,律师也应该指示自己的委托人不要和对方当事人以及对方律师进行直接交涉。因为自己已经被委托人聘请为代理律师,如果允许委托人这样的行为,那么会造成交涉机会的错综、个人进行交涉的经过和结果的差异。这无疑使对方当事人觉得律师和委托人之间的信赖关系存在重大问题。

3) 对方当事人本人请求直接交涉时

对方当事人聘请代理律师是为了通过专业的法律人士来保护自身的利

益。此时,律师应该告诉对方当事人,如果不通过律师交涉可能会对其自身产生不利,劝说对方当事人通过代理律师进行交涉。如果没有以下的几种特殊情况,律师应该和对方代理律师取得事前的了解和确认。

4）在对方当事人委托非律师的无资格人员时（例如：所谓的专门帮助谈判来收取佣金的人员）

作为律师,不应该和这些没有律师资格的行为人进行交涉,向对方当事人说明这些没有律师资格的人的行为可能构为犯罪,并且明确表示不与这些"代理人"进行交涉的意思。若即使这样,对方当事人仍然要求这样的"代理人"和律师进行交涉,且自己又拒绝和律师交涉的,律师可以考虑使用法律手段。如果和违法的"代理人"进行交涉,只能导致问题的正确解决被拖延。

5）可以和对方当事人本人直接交涉的情况

有时虽然对方当事人聘请了律师,但是因为不能和对方当事人的律师取得联络和进行意思沟通（例如对方当事人律师的长期旅行、住院以至不能会面,或者通过数次适当手段联络也未能接触时）,不能和该人进行事前联络并且取得认可,而需要紧急处理纠纷或发生特别事项时,作为例外可以和对方当事人本人直接交涉。但即使在此时,也应限定在必要的范围内进行交涉,并且在事后也必须报告对方当事人的代理人。

另外,与这种情况不同的是,对方当事人虽然聘请了律师却仍然执拗地要求和委托人直接交涉（有时会要求委托人方的律师辞去委托）,如果对方当事人律师明知这样的事实却放任其继续（或者对方当事人的律师对此进行了警告却没有效果时）,此时委托方律师可以和对方当事人直接交涉。

6）对方当事人没有聘请律师的情况

此时,和对方当事人直接交涉没有任何的问题。在日本,律师和对方当事人单独见面、交涉等没有特别的规定。在法国,律师和对方当事人本人直接交涉时,必须要有委托人在场。在日本,委托人倒是希望律师和对方当事人直接单独见面交涉。这是因为,委托人把案件委托给律师的动机是由于双方的直接纠纷使当事人之间无法冷静地、有法律意识地进行交涉。另外,在日本通常有这样的意识:既然把案件委托给律师,就应该由法律专门人士来进行"全权处理"。

7) 律师在和对方当事人本人直接交涉时的法律要件和要式

这时候没有特别的规定。可是,律师通常需要准备"接受委托通知",也就是说自己关于特定的某件事要受委托人委托的宗旨,即,今后自己作为委托人的代理人进行交涉、请求,以及进行其他一切必要行为一般都要进行书面的明示。交涉分为文书、电话、面谈、诉讼等多种方法。面谈的场所根据案件具体情况可有不同,对此没有特别规定,可在自己的事务所,也可在对方当事人的家、办公室等。

另外,根据案件的不同,也必须要考虑相应的交涉方法。例如:对方当事人是受害人,在交涉损害赔偿问题以及制作和送达文书时不能用不妥当的表现形式,也不能一味的叫受害人到自己的事务所来这种形式,因为这些都不符合社会的常理。这样做的后果除了破坏交涉之外,还可能会使律师成为二次加害人。

8) 律师是否存在为对方当事人"考虑的义务"

律师在和没有聘请代理律师的对方当事人交涉时,是否需要有特别的考虑。

律师不能作为对立的当事人双方的代理人,他的地位从始至终都是一方当事人的代理人。从地位来说,对方当事人正是"和自己对抗的对象",因此似乎是没有为对方当事人的权益,或者没有为对方当事人的事情进行特别考虑和照顾的义务。接受一方当事人委托的律师,如果不能最大限度地将委托人利益最大化,反而考虑对方当事人的利益等问题,是对委托人背信的行为,或者会成为与委托事务相关的债务不履行。但是,是否能一概的进行否定呢?对此,还有进一步探讨的余地。

律师在工作中遭遇此类疑问的情况很多。例如,对方不是专业律师,而作为一方当事人的代理人的律师拥有专业的法律知识、法律技能,在很多方面都拥有优越的地位。在认识到这种力量差异后,律师知道对方当事人在法律上的"无知"会导致对对方当事人的不利,作为律师,是否应该考虑进行一些辅助和照顾。这时,律师劝对方当事人向其他律师进行咨询是很容易的。但是,向律师进行咨询和委托基本上是有偿行为,因此仅仅靠劝说一般是不能保证事态的改变的。

那么律师应不应该回答对方当事人关于法律上的提问呢?在交涉上,我方的请求等需要对方当事人的理解,需要得到对方当事人的认可,因此为了说服当事人当然有必要回答。但是如果不是这样的情况(例如:对方当事人的事实主张在法律的构成上否定、消减、限制委托人的请求时)基本上应该说是不允许的。然而,即使对方当事人的主张一度受到阻止,但是仍可以得到其他证据的支持,并以此作为前提构成法律事实时,委托人的权利将被限制或者灭失。在这种情况下,律师就必须在和委托人的协议中约定,在得到委托人同意的前提下解决这个问题。

在和律师的真实义务联系起来时,又出现一个疑难问题。律师不是法官,和委托人保持信赖关系是根本。因此,在此基础上,律师必须努力在其地位和职责范围内去调查真相。很多时候,律师会忘记自己所调查的真相只是相对的(主观的)真实,并误解了这个意思,把自己提升至法官的地位,从而违背了律师的社会职责。在很多案件中,不能维持与委托人的主张一模一样的事实,因此可以看到对方的主张也有一定的真实性。委托人给律师讲述的脚本要在一定范围内进行修正。如果这个反复过程正是交涉的过程,那么在这个过程中可以看清双方的利害得失,在预测可能让步的范围的基础上,可以达到原本纠纷解决的目的。作为实现自己委托人正当权益的手段,在这个过程中为对方当事人做上述考虑是合适的。但是如果律师平等地考虑对方当事人的正当权益,直截了当地回答对方当事人的问题和法律咨询,或者给予对方当事人建议,这些都会让委托人对律师失去信赖并判断其为非法行为。

那么,假如律师在和对方当事人本人直接交涉时,乘机利用对方的无知,让对方相信自己不是对立当事人的代理人,而是公平中立的第三人,并以此作为机会进行交涉。关于这种做法我们应该怎么看呢?

是否应该明确告诉对方事实并非如此?特别是对方当事人和律师是初次交涉时,或者是存在把律师当作法官并认为其能进行公平判断的"误解"和"幻想"时,应该怎样来处理呢?律师利用对方当事人的这种误解以及对自己毫无戒备的信赖,基于对对方当事人不利的事实和法律误解来抓住对方当事人的把柄,这可以作为交涉技术的一种手段来运用吗?

委托人的主张和所述的事实经过不一定都正确,所以应该在修正委托人所述脚本的基础上,公平地倾听对方当事人的主张。经过这样冷静、平衡判断的材料对律师才是有用的,这才是律师应该学习的纷争解决技术的一种。但是如果给对方当事人带来误解,不能让对方当事人认识自己的法律地位时,对律师的误解就会进而变成丧失对律师的信任。因此,律师应在此时明示自己的法律立场,也就是要说明,自己不是像法官一样处在公平的立场上,实际上只是一方当事人的代理人。这个立场的宣布也并非漠视对方的主张。

美国律师协会的《职业行为示范规则》第4.3条规定:在和没有律师代理的对方当事人接触时,律师不得表示或暗示自己站在公平的立场。应当在知道对方当事人产生误解时,努力消除此误解。此规定即是基于上述宗旨。

9)和对方当事人交涉过程中应留意的事项

在诉讼中和对方当事人的应对中,诉讼法上存在各种规则来对诉讼过程加以规范,并且在双方当事人之间还存在着拥有诉讼指挥权和审判权的法官,所以不应和对方当事人发生矛盾。

但是,在进行诉讼外的交涉时,既没有明文的规定也没有裁判员,本来律师和作为非法律人士的对方当事人之间就不存在共有的规则基础。因此,应和对方当事人之间制定适合该案件的规则,尽可能的相互遵守。例如:

① 委托人已聘请代理人应对案件,对方当事人今后不能和委托人直接交涉、联络等。

② 在交涉过程中,对方当事人要求保守秘密时,律师要对自己的委托人

也保守此秘密。

③ 在交涉过程中表示的各种和解条件、事实承认与否、提议金额等是以交涉能在诉讼外围成立作为前提的，因此在交涉不成立、案件移送至诉讼时，要撤回交涉过程中所有的提议。

这些交涉中的规则，律师要预先反复告知对方当事人，特别是在对方当事人没有选任律师时，更为必要。

在对方当事人没有律师的情况下，有的当事人可能抓住律师的部分言行、制作的文书或表达方式，来对律师人格进行非难，或以此为证据提出律师的"行为不正当"，偏离案件原本的争议和主题，转化为与律师之间的纠纷，将问题更加复杂化。有时部分当事人会把请求对律师进行惩戒作为一种手段。当然，作为律师不要给对方当事人相应的机会，律师的言行举止（因为是纠纷的当事人，所以难免会感情用事，因此律师有时会遭到受"胁迫"和"威胁"的对方当事人的反击）和提交文书的记载内容、表现方法（什么实际意义都没有的某段内容和记载形式都可能会成为对方当事人攻击自己的材料），或者证据资料（不能因为是委托人提供的就轻易相信，作为专业人士一定要慎重对待）的真实性，自己都要充分的注意。并且，和对方当事人本人的交涉过程要尽可能地做笔记。

第二节　和第三人的交涉

133　　律师在案件的处理和解决上，通过和对方当事人以外的关系人进行交涉、谈判并获取各种情报的情况也很多。

律师只要稍事调查后就会发现：律师的调查权是极其有限的，这主要是指律师的各种调查要求没有强制力。仅在《律师法》第 23 条第 2 款能找到根据，提供了律师查询以及关于行政信息公开制度的利用等法律支持。但是，很多律师和事务员的各种证明书等文件的申请，时常还是根据踏踏实实的听取案件情况获得的。

因此，和案件关系人、协助人谈判时，不能任意地要求协助；更不用说，因为得不到协助而采用不当手段来实现,这是绝对不允许的。证据收集手段的选择、开发等是律师的创意和能力的一种体现。

在调查的过程中,超过必要性的"协助""说服""委托"等会被说成"强迫",超过必要性、合理性的事实询问(例如,要求详细回答没有关联性的事项的询问)会引起厌恶的情绪或者被认为有别的企图。另外,当案件的内容不能向相关人展示但调查却要请相关人协助时,为了使相关人容易协助而回答可以向相关人展示的部分,律师可以结合自身保密义务的程度来把握。并且,从相关人员处获得的信息在对其保持适当同一性的同时,不要忘了应将案件在必要的活动范围内处理的职业伦理。不能将这个信息进行不当的加工、扭曲、夸大或者将私人信息用于案件的正常解决范围之外。

通过对证人等的案件情况听取、事前沟通,来教唆证人作伪证或者类似行为是违反职业伦理的。但唤起证人的记忆,指出记忆内容的错误是被允许的。当然我们力求证人根据自己的记忆来提供证言,但是如果存在明显的误解和记忆内容上的错误,是允许律师自己来指出的。然而如果超出了一定的程度,把证人置于早已预定好的、进行单方面"主张"的委托人立场,或者强迫他进行"说明",催促其作伪证,或者歪曲证人的记忆(描述自己的记忆)来妨碍证人履行义务都是不允许的。

第三节 对方当事人给予的利益

1)规则的意旨

《律师法》第 26 条,《职业基本规则》第 53 条规定:律师事关所接受委托的案件,不得接受相对方提供的利益或招待,也不得要求或与相对方约定提供利益或招待。这些是被禁止的渎职行为(《律师法》第 26 条),将被处罚(同法第 76 条:法定刑期、3 年以下有期徒刑)。律师接受委托人的委托,是为了实现委托人的正当权益,应该从委托人处取得报酬。

律师不能接受对方当事人的委托,为了对方当事人的利益来进行和案件相关的业务,因此,律师没有从对方当事人处接受利益的适当的法律上的理由（利益相悖,行为无效,并且在《职业基本规则》上不允许进行此类行为）。即使事后从客观上来看,该律师的案件处理、案件解决的内容等丝毫没有损害委托人的利益,律师在处理委托人的委托案件过程中的不当得利,还是会从根本上毁损社会对律师的信赖。

2) "利益""款待"

这里所说的"利益""款待"当然指金钱,另外还包含高额的餐饮招待之类。但不包括社会上通常认为的礼仪性的利益（例如,在对方的事务所里接受茶点等待遇）,然而对方当事人付的打的费（车费）、节日的礼品等不管金额多少,都要返还给对方才合适。

至于从对方当事人处发出的"案件委托"又应当如何处理呢？从对方当事人处发出的其他案件的委托请求,基本上都必须在委托人同意的基础上才能接受（《职业基本规则》第28条本文但书）。但问题是:怎样向委托人报告、说明对方当事人委托的案件概要才能得到委托人的同意呢？律师和对方当事人之间若以保密义务为基础,就不能将此内容向委托人开示。因此,须在取得委托人同意后才向委托人说明进行的"其他案件",可以想象委托人不可能取得充分的信息。这是真正的"同意"吗？因此从这方面考虑,接受对方当事人委托的"其他案件"时还是要慎重。

一般律师从实务的感觉上说,即使在案件终了后,对于对方当事人委托的案件一般还是要采取消极和慎重的态度。在适当处理案件后,对于律师的处理,对方当事人也会作出关于律师能力的评价,也希望今后自己的案件找此律师代理,如果这样委托人可能也比较容易接受。但是,有的委托人也会因此怀疑案件的处理方式和处理结果而进行重新查证,或者抱有另外的疑问。

3) "案件""对方当事人"

但是,即使是这样明白的法理,也会伴随着律师业务内容的多样化而发生极端案例。因此,对"案件"纠纷性的具体化和表面化而言,仅仅从案件"对方当事人"是否供给利益这样的观点来理解将成为问题。

例如:在案件对立当事人之间纠纷性没有表面化的案件中,会产生可以从双方获取"报酬"的错觉。在签订合同的谈判案件中,合同当事人之间互相签订了圆满的合同(例如业务提携合同),结果律师可能从双方都获得报酬。特别是除去案件双方委托的特殊情况(这时候因为是双方代理案件,因此接受委托要相当的慎重),本来该案件应该是考虑由谁委托、应该维护谁的利益。在协议圆满被签订时,律师应该慎重处理此种把律师报酬轻易地在协议当事人之间对半均摊的行为。即使委托人在此时可以同意和理解,但是协议不能解决将来的一切纠纷。将来协议当事人围绕该协议发生法律纠纷时,可以想象律师将处在非常困难的境地。

在多名当事人要求仲裁式的比例调整案件中,也能预测到同样的情形。正式的仲裁协议调整姑且不论,不是正式仲裁协议而是在所谓的"斡旋调解"中达成了一定的解决意向,报酬由多名当事人支付后,要注意不要被认为从对方当事人处得到了利益供给。例如在"斡旋调解"开始时,在所有的调解手续中都要求当事人全体在场,在各种交涉中应如实地体现调解没有偏向任何一方当事人的倾向。另外,对每个人均需说明的案件处理和案件经过进行平等的说明,这些都是为了努力体现在调解中履行了公平、合适的手续。可是,对原本就利益相悖的多名当事人的利害调解,可能会发生想象不到的事情。因此,在接受这些案件委托时仍然需要慎重。即使在因众多事由不得不接受委托的时候,也要注意案件中的报酬收受不要被认为是"从对方当事人处得到的利益供给"(当然也不要被认为是利益相悖案件的接受委托)。这一点,案件处理过程中要特别注意。

那么,如果和委托人之间达成"让对方当事人负担律师费用"的协议时应该怎么办呢?有时候,委托人认为从对方当事人处收取费用后再付给律师太绕弯子,不如让对方当事人直接支付律师费用。因此,和律师之间达成这样的协议,也可以理解。特别是基于侵权行为的损害赔偿案件中,通常有这样的情况发生,被害人需要支付的律师费用通常作为对方当事人(加害人)应该赔偿的一个损害项目。例如,在和解条款上,有时候也有这样的和解内容:即使放弃案件本体的损害赔偿,也要对方当事人支付律师费用。

在达成协议基础上的支付,如果能被视为如同委托人本人受领这样的事实关系则没有任何问题。可是,即使如此,能证明此事实关系的资料,例如:支付应根据委托人的意思将要旨以书面形式记载,以及但书时取得记有"委托人给付律师的报酬"字样的收据等,也应作这方面的考虑。

并且,也应该做到把没有利益供给的"对方当事人"和普通的对方当事人同等看待。

第四节 给予对方当事人和代理人的利益

关于此问题的规定是:"律师事务所接受委托的案件,不得给予或者提出给予对方当事人利益或者招待。"(《职业基本规则》第54条)此规定直接禁止了对对方代理人进行利益给予。这并不意味着可以进行相反的解释,给予对方当事人本人利益是当然不可以的。向和该业务以及该案件的处理无关联性的对方当事人的一切利益供给,都是对根据法律进行正确纠纷解决的律师使命的否定,显然损害了律师业务的廉洁性、信赖性。当然,对于该案件对方当事人主张的法律上的让步和和解提示,以及案件相关的利益给予和提议、约定等,都不应该被禁止。对于给予对方律师的利益,被禁止的内容和主旨与上述一样。但特别设立对对方代理人的利益给予禁止规定的主旨是什么呢?在案件对立的当事人双方均聘请律师,案件的交涉、诉讼等均由双方代理人处理的情况下,案件当事人本人很可能会产生这样的怀疑:自己的律师是否和对方当事人的律师"通谋"或"合谋",自己的律师是否被"收买"。特别是当案件不像自己想象的那样进展顺利的时候,或者自己的律师在规劝自己进行并不情愿的和解时,容易产生这样的疑念。这时候,有的当事人会对对方当事人产生敌对和憎恶的情绪,连自己的律师在法院等地方和对方律师有亲密的谈话也会被认为是捉住了"通谋"的证据。

如果这种误会无法消除,那么在重要事情得不到正确解决时,委托人会请求对该律师作出惩戒等的案例也很多。也有人固执地认为:在案件中,律师不光是对对方当事人,对对方律师也都应该是以斗争、作战的心态进行交涉,绝不应该考虑和照顾对方当事人的主张。根据案件不同,律师对有的案件会不自觉地抱有感情和同情。另一方面,律师对委托人的法律说明和劝说应该继续实行。律师要尽可能的不让委托人产生误解和疑念,并且有必要和对方律师相互都保持这样的谨慎态度。

第五节 律师对对方当事人和第三人的责任

1) 问题所在

"律师过失诉讼"在日本的现实中仍然非常少。但是,在诉讼大国的美国,情况就截然不同。诉讼案件不仅在数量上增多,且本质也发生了变化(律师的注意义务被越来越严格的加以解释的倾向等以及律师过失诉讼增加的背景详情,请参照加藤[2000])。

将来,日本将进入一个不管是追究律师责任还是追究"专家责任"的案件和诉讼都不稀有的时代。就像目前迅速增多的医疗事故诉讼,它的判例集多到让人吃惊的程度。这只不过是近几十年的发生现象。并且,我们将迎来律师激增的时代。因此可以想象,律师的工作内容必定也将多样化,传统上以诉讼为中心的业务将不能继续成为律师的中心业务。因此,律师将从各个方向出击。

律师所认为的仅委托人会追诉其责任的想法是过于轻率的。案件的对方当事人不仅会向案件其他当事人本人要求赔偿责任,也会当然的追溯到该当事人的代理律师的责任。这不仅在市民中会产生影响,对于律师自身也会变得很普遍。律师对控诉对方当事人律师的想法会感到非常犹豫,这是实情,但是今后的方向则是:律师会被直接或间接的要求对其他律师的违法活动进行警告、通告、告发并且负有进行上述行为的义务。

当然,对方当事人等在追及律师责任时,对律师的惩戒请求或并不合理的赔偿请求也占有一定的几率。这是律师的职业宿命,这种情况下,进行日常业务时的注意和防范、实行预防对策是律师在业务开展上必须要注意的。

对于律师责任的追及,既有惩戒请求的形式也有请求损害赔偿的诉讼形式。不管是哪一种,作为前提,律师的注意义务和诚实义务等要求将更为严格。各种判例、惩戒案例集,作为更具体化的行为规范将律师的各种行为通过更多样化、更广泛的方式,进行法律规范和约束。

到目前为止,惩戒案例和损害赔偿诉讼案例数量还比较少。因此,有关律师承担责任这样的赔偿责任案例也很少。

但是,律师的注意义务被更高度化、严格化时,可能会导致出现"即使当事人本人免责,律师也有责"这样的律师责任和过失一般化、体系化的"律师过失论"。但是,就目前的情况还不至于达到这个程度。在这样的情况下我们只能通过几个案例来深究以上问题的几个方面。

2) 律师的业务活动中是否存在名誉损害

律师的业务活动很多都是为了维护委托人的权益,不能否认因此容易导致片面的地方。当然,在向对方当事人传达主张的阶段,根据必要的调查和律师的感觉,会在一定程度上修正委托人片面和错误的主张。这当然有一个限度,所以不能否认有损害名誉的可能。

但是,律师活动中必须要展开自由言论,为了实现委托人的正当利益进行多种主张,以此作为法律保护的基础。作为全身投入对立当事人之间的法律纠纷的律师,对于在解决过程中各种主张的表现和态度,在被对方当事人提出损害名誉异议申诉时,如果被很轻易的认定,那么就难以实现社会的使命。当然,不能允许律师活动存在法治外的特权,但是在名誉损害的违法性事由的具体适用上,需要进行充分的考虑和注意。

在诉讼外的活动中,作成书面的记载内容和表现形式要相当的注意,不能开玩笑似的将委托人的感情原样记录,不能因为是委托人的主张就轻易地议论对方当事人的缺点和问题。这样的记载意味着律师自身脱离了纠纷解决的本来轨迹,需要律师自律。超过社会容许限度的主张和表现,对对方当事人的责难,对跟案件没有特别关联性的对方当事人的隐私进行摘示,会被认为侵害了对方当事人的权益,要求律师进行损害赔偿是理所当然的,且可能会因此受到惩戒。

诉讼上的辩论对以上几点同样适用。但是,律师为了委托人而肆无忌惮地为委托人主张,从通过诉讼当事人相互之间攻击防御的过程推导出合理的司法审判的观点来看,这样的言论和表现自由应该适当地被保护。另一方面,因为法庭采用公开审理的原则,因此很有必要在法庭上保证法曹的独立地位。当然,不被看作是正当言论和表现活动的非常识辩论,是不值得得到法律的保护的。

在为民事诉讼的口头辩论而准备的陈述书上,记载了土地让渡请求案件原告的"土地侵占行为的恶意尝试"、"原告代理人也是侵占行为的共同正犯"等主张。结果是:"作为在法庭上的辩论活动因为超出了内在制约,超出了社会容许的限度,所以是违法行为,然而却没有阻止其违法性"(大阪地判昭和58·10·31判时第519号第184页)。在此案中,没有通过被告代理人是二重让渡的买受人基于"背信的恶意人"和"违反公序良俗"的具体原因事实来摘示,而是通过断定"原告作为侵占罪的刑事犯罪人"这样明显欠妥当的主张来提出,这是因为考虑到被告代理人是法律专家,通过二重让渡当事人的背信恶意等背景事实来主张,表现得极为不合适。

有时,律师对委托人权利保护过于热心,或者对委托人的对方当事人的感情表现过于直接,容易导致对对方当事人的主张和发言不适当。另外,为了讨得委托人的欢心,会将委托人的主张变为强硬的主张向对方当事人施加。但是,这自然有个容许限度,如果超出了这个限度,就会如上述判例一样被要求损害赔偿。

与此案例相同的是,律师在民事保全案件(强行禁止见面的临时处分)中作为阐明资料向法院提出和本案件无关的另一个案件(强行禁止见面)的临时处分书及家庭调解陈述书,该书记载了第三人的个人隐私(第三人的国籍、第三人是特别养子的事实),因此律师被认定为实行了侵权行为,侵害了第三人的个人隐私这样一个案件(东京高判平成11·9·22判时第1037号第195页)。在该案件中,律师提出其他案件的临时处分命令书和家庭调解陈述书记载第三人隐私的理由和动机,是想用临时处分来阐明没有经过审讯就发现的事实。上述判例"即使从广义来讲是向法官说明这个事例的过程,有得到保全的必要性,出于对第三人隐私的保护,不对文书进行适当的修饰,直接提出的必要性和合适性的理由都是不能被认同的"。并且"因为诉讼活动而在当事人之间发生侵害个人隐私的情况时,将正当诉讼活动自由作为根据,阻却违法性的案例也不少"。但若因诉讼行为侵害了当事人以外的第三人的隐私,那么能否以诉讼活动的自由为理由来阻却违法性的考量应该更加严格。根据该诉讼行为引起的第三人的隐私损害,只要是没有被认可的特殊情况,都应该带有违法性。律师在辩护活动中也要留意这一点。

3)律师的调查义务

律师提起诉讼,在请求不被采纳或被驳回时,或对方当事人因不当诉讼发生损害时,律师将要承担损害赔偿责任。律师作为委托人的代理人,尊重委托人所说的话,可以说是律师的职责,是维护和实现委托人利益的行为。同时,律师应该进行一定范围的调查,思考委托人的主张和意见,有责任和义务对支持这些主张的基础事实进行确认。对于完全不存在的权利提起诉讼,或者进行处分保全,或者进行一些无证据支持的诉讼,一旦对对方当事人或第三人造成权益的侵害,会很容易地被对方认为是侵权行为。关键问题是认定责任的根据,以及在该诉讼行为实行时,应职务上的预先注意义务。在此时,特别要注意是否履行了调查义务,以及应履行的注意义务和调查义务的内容、范围为何。

如果律师只盲目相信委托人的话,诉讼当然不能顺利进展。在有义务对委托人的话和主张的事实证据进行调查时,不得不言及律师的调查能力或者和其能力冲突的律师调查权限。律师收集各种证据的权限有《律师法》第23条第2款的律师调查、询问等作为法律依据,向公共机关申请各种证明比一般人稍稍有利。但是,律师调查没有强制力,不具备像检察官一样的强制收集证据的调查权限。他的能力和权限有一个限度,与他的职责及职务的性质相比,他拥有的调查权限实在是太贫乏了,这就是目前的情况。

因此，过度地要求律师的调查义务是不现实的，在对立当事人之间的法律纠纷存在的前提下，完全把握事实的调查是不可能的。边接受对方当事人对于我方主张的抗辩、否认，边进展案件，是理所当然的。对方当事人不能根据请求被拒绝、驳回的事实，就把责任结果看作是另一方的责任和侵权行为责任或者要求代理律师承担损害赔偿责任。尽管如此，如果请求在职责或诚实义务上应以事实确认、调查确认为基础，并且在比较容易调查确认的情况下，调查确认的懈怠可能会导致法律责任。

下面我们来看一下不当诉讼和律师的侵权行为责任。

不当诉讼是指诉讼完全欠缺事实和法律依据，或者利用审判获取不法利益等类型的诉讼。

一方面，关于当事人本人的侵权行为责任。"诉讼提起人在明知或者一般人都能判断得知该诉讼中诉讼提起人主张的权利或者法律关系缺乏事实和法律根据的情况下，仍然提起诉讼的。""仅限于诉讼的提起极其不符合审判制度的意义。"（最高判昭和63·1·26民集第42卷第1号第1页）

另一方面，关于担当不当诉讼的律师的侵权行为。"一般通过代理人起诉但该诉讼违法的，即使委托人本人对对方当事人必须负有侵权行为责任时，代理人通常也未必一同负有责任。"但是律师"在明知道是违法的诉讼仍然积极参与，或者律师对对方当事人持有特别的恶意，通过提起违法诉讼来支持"。另外，"在很容易得知诉讼的提起是违法的，却茫然忽视，仍进行诉讼活动。"这些均是认定律师侵权行为责任的要件（东京高判昭和54·7·16判夕第954号第51号）。并且，本判例附言指出："可以说律师原本负有实现社会正义的责任和义务（《律师法》第1条），鉴于维护当事人的权利、实现当事人的意图是律师的重要职责，因此要注意不要对律师的正当诉讼活动也加以限制。"

下面，讲述关于不当保全处分和律师责任的问题。在已得到不动产暂时扣押令，但却在案件诉讼中因为败诉而被取消扣押令时，不光是申请人本人会被认定应承担责任，连作为代理人的律师也会被认定应承担责任（东京地判平成7·10·9判时第1575号第81页）。本判例在确定被保全权利不存在的情况下，只要没有足以颠覆此事实的特别事项，则可推定扣押申请人及代理律师的过失。此案件中,存在多重转包关系,为了保护转承包人保全转包货款的请求权,根据债权人代位权,将对于原承包发包人的承包货款请求权作为保全权利,扣押发包人的不动产。结局是原承包人和发包人在扣押前解除协议,进行货款清算。

在这样的事实关系中,律师应尽的调查义务是调查原承包人和发包人之间的协议解除是否波及属于债务人和第三人范围内的东西。另外,保全处分作为迅速性、紧急性和秘密性的手续,和上述判例一样适用过失推定伦理,可能会被批判为对律师职务上的立场缺乏一定的理解[1]。但尽管如此,我们仍然要知道可能会有这样的判断。不光是委托人的说明、主张,还要和委托人一边确认事先预想到的对方当事人可能会提出的抗辩和反驳,一边让委托人从此猜测、预想的观点中抽出、提取有用的情报信息。

而且,诉讼、告发、惩戒请求等刑事处分和惩戒处分对被告人的名誉和地位有重大的不利影响,因此在实施此类行为前应该细心地注意和实事求是地收集客观证据。如果没有足够留意,在这样的诉讼中没有确认是否有充足的客观证据就提起诉讼,结果将会因为"没有嫌疑"这样的理由而结束。在这种情况下,律师对对方当事人应承担侵权行为的责任。"律师对确认犯罪(惩戒事由)嫌疑进行适当的客观证据的调查和考察,应该比一般人有更高的能力,因此律师在诉讼告发和惩戒请求时,对于上述理由的确认,应该被要求比一般人负有更高的注意义务。"(东京地判平成5·11·18判时第840号第143页)在实务中,律师进行诉讼不以代理人名义自我表示,而是以当事人本人的名义来自我表示,这大概就是因为诉讼中包含着这样的危险。

4)作为监察人的律师对第三人的责任

律师中有很多人担任营利公司和法人的董事长、监察人或者非营利法人的理事等,就任多种职业。今后这样的机会应该仍然会增加。

在这种情况下,律师如果违反善意注意义务和忠实义务,则自然应承担损害赔偿责任。问题是,此注意义务的内容是不是对律师就比对常人的要求更高,责任更严格?

东京地判平成 4·11·27 判夕第 1466 号第 146 页记载的案例是认定身为律师的监察人对第三人的损害承担赔偿责任的判例。该案例是，在和从事建筑业、房地产业的公司签订公寓建设合同后，工程中途（初期）公司倒闭，最后，作为公司法定代表人和监察人的律师被请求就之前所付的工程费用的损失，以及发包人不得不向别的公司转包的损失，以及因建筑物的工期大大延迟而增加的额外工程费用等的损失（5000 万日元）支付相关费用。

本判例中，作为对被告律师的责任认定（恶意和重大过失）的根据，审判时认为："作为公司的监察，有可以揭露董事长粉饰事实的机会，但是却没有认真地对诉外公司进行会计监察，没有要求任何计算文件，忽视正当经营，结果导致诉外公司的决算书中借贷对照表的计算文件没有正确显示诉外公司的财产和损益情况，并且放任了这一结果。""被告作为律师，就任监察人职务应该比一般人更认真地执行监察职务。"（对照决算书的数值）"律师如果能够认真地对待、检查，诉外公司是否就能健全地经营，这一点被认为有相当的疑问。"在此判例中，虽然在作为上述理由的各种事实的认定方法和解释方面，以及本案损害和监察行为之间的因果关系上仍然存有疑问，但若是一般人监察则不会被追究责任，然而在律师担任监察人的情况下就可能会被追究责任[2]。

律师就任监察人、董事长、理事等地位的职务，和一般人任此类职务比较，他们之间的注意义务是否应该设定成属人差异，这在伦理上很难找出根据（在登记簿上不会记载是律师，另外交易对方当事人也不会因为是律师就单纯地相信）。但是，对具体的监察业务决算书的内容的检查、向董事说明等，只要没有法律上的要求（作为必然的手续），就和就任监察职务的状况、动机、有无报酬等无关。相对于律师的职责和社会地位没有被救济的案例而言，这是一个很好的教育案例。

5）对和律师的意见书有关的第三人的责任

从上述案件的一个侧面我们可以看出，对因信赖律师的地位和意见而进行了交易，或者因为信赖进行了各种行为的人，应该考虑律师的责任。例如：向委托人提出该交易的法律上的问题点和法律适合性等意见书，委托人基于此意见书进行了交易却发生了违法的结果时，律师可能对委托人负有债务不履行的责任。那么，委托人的交易相对方（和律师之间没有委托关系，可以说是第三人）能否把该意见书的错误作为理由追究律师的责任呢？关于房地产的法律问题点、新事业的法律问题或者共同事业计划等的法律问题点，律师根据一方当事人的委托，出具了意见书，在根据该意见书进行了各种交易和新事业规划之后发现律师提出的意见是错误的，并且发生了很多没有被律师指出的问题，造成了该交易和事业发生重大问题，这些都是常见案例。

律师意见的陈述，即使在某种程度上涉及法的鉴定，但说到底仍然是跟委托人之间的关系，这时候律师可能会说："委托人只是在基于自己的判断的基础上向我提供了部分资料"，如果不是经常发生这种情况，那么此意旨在意见书上就已经写清楚了。因此，通常委托人不能无条件地单纯追究律师的责任。但是，交易在有可能违法或者脱离法律、超出社会容许的程度时，律师出具的意见书，若被委托人用作使交易对方相信此交易合法的手段或工具，让交易对方错误地产生信赖感；或者明知让人误信的可能性很大仍然制作此意见书（本来，没有提到这个交易的违法性等自身就是有问题的），在这种情况下，若没有对意见书的利用进行限制和限定，放任委托人利用，那么律师可能对第三人负有责任。根据不同情况，律师有时成为委托人违法或者进行欺诈交易、事业的"广告塔"。另外，也有不法利用市民和社会对律师的信赖的情况。只要没有这样的特别理由和事项，就不能否认律师对第三人的责任。

注

---

1 野村［1998］第 142 页。
2 松村［1999］第 156 页。

设问

律师 L，作为交通事故损害赔偿案件（请求额度相当于 1000 万日元）加害人的代理人想与被害人进行交涉。那么对于下面的案件 L 应该怎样应对呢？

1. 作为被害人代理人的司法书士、社会保险劳务士（代理向政府机关等

第七章 律师和对方当事人及第三人的关系

提出社会保险的申请书、报告书等职业——译者注),或者损害保险代理店的关系人来交涉的时候。

2. 在上述的情况下,代理人是被害人的亲属或上司的时候。

3. 被对方(请求人、被害人)本人问及有关赔偿方法等详细内容,或被问及如果诉讼会有怎样的结论(本人可以得到的赔偿额度等)的时候。

4. 对方本人是一个人独居的高龄者,并且周围也没有可以商量的人,当他表示"所有的事情都由律师做主"的时候。

5. 对方(被害人)请求"因为你是律师,希望你能够以中立的立场,对我和加害人作出公正的仲裁"的时候。

(井上利之)

第八章　和其他律师的关系以及审判关系中的规则

本章构成
第一节　和其他律师的关系
第二节　审判关系中的规则

前　　言

律师和其他律师关系的规则，近年受到关注的比重逐渐加大。从提出律师之间以信义为重，到开始重视委托人权利、重视委托人有异议的需求。新采用的律师职业基本规则就是基于上述观点作出修正的。

我国的动向和美国相比，是渐进式的。在律师伦理的修订过程中，这一块也是最后着手的。这是一种慎重、贤明的态度。律师群体也必须与同行之间的这种相互包庇的恶行绝缘。但是，回顾我国固有的律师史，我们不能过低评价律师组织团结的积极意义。"行会素质"的表现，在中世纪自由都市的自治中起了重要的作用，说起来，"行会素质"存在"好的行会素质"和"恶的行会素质"，重要的是我们应采取去粗取精的态度。《职业基本规则》第9章（和其他律师之间关系的规则）中的解释，就应该用这种态度去面对。

本章中将对涉及《职业基本规则》第10章的部分也做出论述。而在这里论述的重点是，律师负有怎样的把真实义务在诉讼过程中具体化的义务。

我们不仅仅要关注有哪些新规定，还要关注哪些没有明文规定，哪些部分被删除了，这些问题都很重要，都应该恰当对待。

第一节 和其他律师的关系

旧《律师伦理》在第9章的相关条文从第43条至第50条,一共有8条。参照这些条文就会看到律师之间关系的详细规定,但是其中也不能说完全没有这种即使是牺牲委托人的利益也认可律师间相互包庇这样的行为的条文。为了避免这种误会,现行规则大幅削减了旧条文,将其总结为4条较简洁的条文。

这当然是好事,可以想象将来的方向是发展成像美国一样的模范规则:规定律师之间真挚的相互批判义务。在现行规则的制定过程中虽然也讨论了关于对其他律师重大伦理违反行为的纠正义务,但是最终并没有写入规则。如果要确立律师自治的实质,除了违法行为之外,对于伦理违反行为,也要进行研究和探讨。

现在,一个在制定过程中已被讨论,但未被采纳的关于律师间通信的规则草案,包括:是否能使用和解谈判中的传真以及往来经过作为诉讼中的证据;电话录音资料在诉讼中是否可以被采用;对于这些问题,都在寻求一个准则。在美国的法律中,这些都是诉讼法所涉及的问题,只要没有权利放弃这些特别事由,是禁止将和解阶段的文书在诉讼中提出的。这是为了确保和解谈判的实效性,让律师双方能在不必考虑将来可能会发生诉讼的情况下提出和解条件。由于我国没有此规定,因此在诉讼中是否使用这样的文书,取决于律师的诉讼战略。因此,和解阶段和对方律师进行什么程度的谈判,是否文字化,都取决于对谈判能否达成的估算以及对此后发展的预测。在越来越强调委托人正当权利的今天,这些问题涉及的规则应该以何种形式进行讨论?在此,我们应把它们作为与律师职业伦理相关的问题进行讨论。

在以上重要论点的基础上,我们来具体讨论现行规则。第70条规定了尊重律师间的名誉和信义。和旧律师伦理不同的地方是删除了"不得随意诽谤、中伤其他律师"这样的文字。删除的理由很明显:在删除相互包庇色彩的文字以预防误解的同时,因为考虑到征求反对意见可能会对其他律师产生非难,因此此规定也是为了避免对提出异议的律师产生影响。同时，不能说明为什么非要保护律师不受非难这样的事实，也是删除的理由之一。

还有一点不明白的是，为什么律师之间要求相互尊重？理由是什么？通常列举的理由是，这是为了保持职业集团中全体律师的品格和信赖。这当然是一目了然的事情，但是还有以下问题，也就是说，对于所谓的"声名狼藉"的律师，也要为了保持职业集团的品格和信赖，而必须对其作出相反的好评吗？为了保持品格和信赖的目的，未必一定要采取作出相反的好评这样的方法。如后所述，也有其他更加合理的方法。但是，的确也有观点认为外在的表现形式也很重要，特别是在法庭上，律师既有需要礼让的时候，也有不想理会对方的时候。这样的情形交错发生，最终会存在和形成一种现实，即，本该被认识到的问题，却视而不见，但至少不应该作出明显有瑕疵的行为。

重要的是让律师自然地养成重视名誉和信义的习惯，营造适当的和谐环境；比方说形成从实际交往中自然流露的相互尊重的行为。如果不是这样，对有问题的律师也同样信任，那么就会给委托人和社会其他人造成一种信赖的假象，这就有可能助长欺骗的行为。这恰恰是相互包庇。本条的意旨是为了将对名誉和信义的尊重推向实质化关系的维持和发展。

虽然本条只规定了律师之间的关系，但是在今后的法庭上，也可能被适用于有诉讼代理权的司法书士、辩理士。在这些相邻法律关系中，理所当然的没有相反解释，也应该用本条的精神来解释。但是，本条并没有规定违反后果，而是在第 71 条和第 72 条规定了违反的惩戒程序，应该怎样运用这些具体的规定，才是问题所在。

"律师不得违背信义使其他律师等陷入不利"的第 71 条中，也讨论了其他事项。该条虽然是关于律师对其他律师作出不利行为的规定，但抛弃了旧律师伦理相应条文中的"违反信义"前的"正当职务惯行"所具有的意义。这是为了避免后文产生误解，实际上，还必须要等待正当职务惯行的形成。譬如说，与对方当事人律师交涉阶段中亲笔信的使用还没有规范化，当其违反信义破坏了律师之间了解的时候，可以考虑适用此条文。在它的具体内容上，与背信行为相关的实务惯性行为的形成还需时日。

虽说如此,但是不能把本条"违反信义"的意旨上纲上线,将其理解为压制律师之间的正当批判。这一点,正如在制定过程中也强调的一样,"违反信义"的概念不能解释为主观的信义,而是必须强调作为职业的律师集团的"信义"这一层意思。"正当职务惯行"的删除也是出于同样的考虑。对反对意见消极对待的职务惯行,是因为考虑到要尽量让此规定不违反委托人的利益,不产生抑制作用。

如果我们注意,会进一步发现这不意味着惯行一般会引起消极后果。关于上述的作为律师集团的"信义"中的主观信义的存在和内容,还必须要等待律师集团中职务惯行的解释。因此,本条的意旨应该归结为:在积极坚持、发展好惯行的同时,力求排除旧弊和落后的惯行。

这样,本条款的制定应该被解释为:在排除律师的既得保护权惯行化这一点上,从委托人的权利和利益的观点来重新界定律师之间的关系。这一解释的精神在请求其他律师协作的时候,也体现了被删除的旧法第45条的规定:"律师必须努力尊重原律师和该案件委托人之间所拥有的信赖关系。"在先受任(接受委托)的律师和后受任(接受委托)的律师之间意见对立时,为了维持先任者和委托人之间的信赖关系,后任者采取妥协有可能违反委托人的利益。本条不能理解为了维护先任律师的信赖进行妥协,即使牺牲委托人的利益也在所不惜。这样的妥协是绝对不能提高律师全体的信赖的。相反可能会招致对律师的不信任。

那么,应该怎么做呢?一方面有意见认为,在新旧律师对立时,后任律师对于对立明确化,将自己认为对委托人利益最大化的方法是用通常的理由对委托人进行说明,如果结果导致了先任者和委托人之间的信赖关系破裂,也不应该被看作是后任律师的责任。另一种意见认为,为了避免对自己意见的正确性过于自信,在没有经过充分考虑后就过于强调自己方针的正确性,以及议论先任律师的是非,后任律师更应慎重而为。后任律师根据具体情况,必须通过自己和他人都能认同的理由来考虑是否能进行讨论,采取恰当的行为。

因同样的理由,要求接受委托的律师间进行协调的旧法第46条也被删除了。在共同接受委托时,追求协调是当然的。但是,如果在不能协调、意见对立时，仍一味地只追求协调，那么就会产生将委托人的利益放在第二位，把律师之间关系作为优先考虑的规范。这样的条文一直存续到最近。作为律师是否应该改变一贯的行为，尚有商讨的余地。现实中的律师，包括新入行的人，因为在日常活动中存在沾染旧弊的条件，所以要考虑尽量不要树敌。此时，内心要明白这是和现实作妥协，与此同时，还是要努力追求和委托人的权利、利益相一致，进而提高对律师的信赖和尊敬。要带着自豪选择自己的行为，这对律师来说是一个重大问题。在共同接受委托过程中，在遇到其他律师实行违法行为或者违反伦理行为时，应该采用什么样的方法来进行纠正，特别是对其本人进行忠告不是十分奏效时应该怎么办？这些问题在日常工作中也要考虑，在紧急关头记住带有自信的行动是非常重要的。

第二节 审判关系中的规则

《职业基本规则》第 10 章规定了审判关系中的规则。在该章第 4 节，最后的第 77 条训诫了不当利用和法官、检察官之间私人关系的问题。关于此规定，幸好在我国向法官贿赂并没有成为现实问题。在发展中国家，律师的第一工作是和法院的人员搞好关系。他山之石，可以攻玉。我们要思考那些国家的律师为什么有此行为？为什么即使自己不想这么做，在别人这么做时也会受到影响而做出同样的行为？这些问题从社会科学的观点来看，必须要考虑到制度的问题。

在我国，假设发生了此类问题，会被视为在和法官以及检察官的社交界限上发生了问题。毫无疑问，通过麻将赌博等形式，进行大数额的金钱物品的馈赠这样的社交应该谨慎。虽说如此，但对进行如打网球这样的娱乐也要抑制的话，可能会走上另一个极端。考虑到同属于法曹的团体，在必要的时候，可能会团结起来对立法机关和行政机关的司法介入作一致斗争，想到这里，平时就建立相互信任和信义的关系就显得非常的重要。

在实务上，更大的问题是，第 74 条规定了关于努力实现裁判公正和合法程序的方法。第 75 条禁止唆使作伪证及虚假陈述，第 76 条是禁止因为怠慢及其他目的使审判程序延迟。关于此问题,在民事案件和刑事案件的考虑视角上,以及在刑事辩护中律师之间的思维方法上也有很大差异。这些问题分别在民事案件(第3章),刑事案件(第11章)中进行了论述。不管是在什么时候,在以当事人主义为前提的我国诉讼制度中,真实义务中所说的真实,是客观真实还是实体的真实,律师可能也不清楚。因此对照当事人的主张和证据,在合理判断的基础上,律师相信的真实是主观的真实。这种真实并不固定,而是根据诉讼对方提出的主张和证据会发生改变。考虑对方当事人提出的证据等的结果,在确信委托人的主张不成立时,应该有义务说服委托人停止继续主张。这意味着,为了进行正确的诉讼,有时必须要制约委托人的主张。的确,律师为了保护委托人的权利和利益,应该在寻找支持主张的证据活动上花费精力,但是这并不意味要一味根据委托人所言,胡乱莽撞地进行活动。因此,在实践中,真实义务应被解释为:了解和查明对保护委托人正当利益有利的事实。

当然应禁止律师可作为而不为。问题是具体适用的场所。第76条所规定的"急慢及不正当目的使审判程序延迟"情况当然不得出现。但现实情况是,有能力的律师案件数量持续增多,并且案件通常并不像预想的那样进展顺利,可以为了达到委托人的期望而进行调解等活动,因此对其他委托人的法律服务时常会发生延迟。另外,虽然应该连续不断地进行工作,但毕竟律师也是人,也会有自己的情绪波动,特别是在知道案件没有条理和将来不一定有好的结果的时候,便经常迟迟不太愿意着手(参照第五章的短评)。对于因这样那样的理由导致延迟审判的行为,应该怎样处理因相关理由导致延迟审判的行为以及因此行为造成的这种工作状况呢?无论是鉴于前段时间的诉讼促进法律改革还是司法改革的理念,上述问题都应列入应该予以讨论和解决的问题列表。虽然展开了关于此问题的对策讨论,但这些对策到现在为止可以说还没有被充分实践。但是,随着律师数量的增加,以及律师事务所应用互联网所带来的事务处理能力的提高等,无理由的延迟法律服务是应当努力避免的。

当然,我们也绝没有把这些问题就此搁置。把目光从律师事务所转向法院,我们就会看到律师和法官的协作有了很大的进展。例如:各地的地方法院和律师协会为了使审理更充分而开设了恳谈会，多年来数次讨论并促进了诉讼方针的深入。另外在法院的法官协商会上，也在不断讨论这些问题。并且，在实践中，在一个月一次的开庭中，从以前的法官只进行收取书面材料而不进行讨论的诉讼运营模式，转变为目前的向集中审理发展的模式。另外，法官利用辩论准备程序和律师进行积极的讨论，法院开始在上述期间内确认律师的准备状况。并且，可以说集中证据调查行动也被落实。这意味着众多法院的审判活动明显比以前有活力了。

157　　关于伪证和虚假陈述的第75条也被提出有重大问题。在和证人的关系上要注意自己的行为不被指为教唆伪证，这在第七章中有过论述。律师通常会在委托人必须自己陈述或这样做比较适合时，提出各种注意事项和建议。这些内容要避免被指责为虚假陈述。但是，帮助委托人用适合自己的利益方法来陈述，是以维护委托人利益为职的律师的义务。处于教唆虚假陈述和适当的建议二者之间的言语行为应如何认定呢？它们的划分，虽然在概念上非常清楚，但是在现实中却是极其微妙的。作为律师，在热情之余要注意：即使是其他律师做出同样的建议并且感觉没有问题的，也不要超过适当的建议这个限度。

　　还有相关的其他问题。在明知委托人的陈述是虚假的或者其虚假概率极高之时，放任不作为和教唆虚假陈述会有同样的后果，因此律师不能放任此行为。那么，应该怎么做呢？美国有很多州，在刑事审判时，在劝说不作伪证不奏效的情况下，选择陈述性证据（narrative option）这一方法，让委托人站在证言台上自由发言，律师对一切问题不提问。这不是违背保密义务和忠实义务，而是避免违反真实义务的便利方法。但因为这只是权宜之计，反而也说明了该问题很难处理。在我国，虽然刑事被告人的现状好像在事实上没有问题，但是不可以因此就说完全没有问题。特别是在民事诉讼或其他诉讼中，遵守制度仍然有其必要性。不能在个人之间或是事务所内部进行应对、处置就草草了事。怎样的应对才正常呢？在这种情况下，应该在组织调查的基础上，进行诉讼法和伦理的评价，根据必要性进行对策改善的沟通。

设问

1. 律师 L 在某个事件中,接受了作为后任律师的委托。在询问了该事件之后,得知以下的一些情况:前任律师以需要诉讼费用为由,向委托人索取了没有根据的金钱,并且没有出具收据。而且,在事件处理延迟之后,当委托人问及理由时,得到的也是一些随随便便的回答。在确认了前任律师的这些言行之后,律师 L 应该采取怎样的行动呢?

2. 律师 L 在与将要做证人的人见面时,发现证人在对这个事件具有决定性意义的认识上存在着误解,而且这个误解对于委托人非常有利。律师 L 为了对当事人进行询问而与委托人见面时,把这个误解告诉了委托人。并指出了如果这样的话会发生怎样的法律效果,如果要使事件向对委托人有利的方向发展需要进行怎样的证明。律师 L 的行动是在法律与职务规范允许的范围内最大限度地保护了委托人利益与权利的行动吗?

(森际康友)

第二部

刑事案件

序言　刑事辩护人以及检察官的专业职务责任

　　刑事案件中，犯罪嫌疑人、被告人接受律师援助的权利是受《宪法》保护的基本权利之一(《宪法》第 34 条、37 条第 3 项之规定)，面对历经侦查、审判行为后启动的国家刑罚权，犯罪嫌疑人、被告人不得不对自己进行保护，这是一项不可缺少的权利。同时，刑事辩护制度是一项通过反向视角对侦查、审判加以审视，使国家不陷于无谬性神话，从而实现公正程序的制度。其中国家出钱为那些自己不能选择辩护人的嫌疑人、被告人选任律师的制度的设置，不仅仅是出于保护被告人个体利益的考虑，还是从律师的存在对实现公正的程序必要性这样一个公益角度进行的考虑。担任刑事辩护的律师无论是当事人自己选择的还是国家代为选择的，都必须铭记自己应遵守上述宪法的价值，并且是为实现这样的价值而存在的。

　　但当前，看守所背景下的高自白率的笔录式审判日益遭到批判的现状和由此带来的 99% 以上的高定罪率，再加之自 70 年代达到最高峰后便显著下降的保释率等问题，使得刑事辩护的价值和前景变得非常暗淡。在此状况下，律师也常常被指责正在"远离刑事辩护"。1990 年律师联合会为使《宪法》第 34 条的辩护权保障能够真正的实现而发起了轮值律师制度，但似乎这一制度的实行并没有使那些不能适用国选律师制度的嫌疑人的状况发生根本性的变化。而且也常有这样的状况发生：一些劝当事人行使沉默权的律师被指责为"妨害侦查"或者"不恰当辩护"，一些律师事前不做任何的会见、也不检查记录就赶去参加第一次公审而被指责为"不热心辩护"。

　　特别是在遇到社会多方关注的重大案件时，关于刑事辩护问题的各种质疑就会接踵而至，"为什么要为犯罪者辩护?""为什么不为面临痛苦与困境的被害人设立法律援助制度，而反而要用国家的钱去帮被告人请一个辩护人呢?"面对这样一些朴素的质问,我们是时候对刑事辩护制度本身重新加以审视了。

　　围绕着针对嫌疑人的公共的辩护制度,有两种针锋相对的意见出现在本次关于司法制度改革进程的讨论中。一种意见是法务、检察当局站在对现存辩护活动的批判的基础上,主张制定保证刑事辩护质量的必要的规章;另一种主张是律师联合会提出的,认为如果制定了规章只会对辩护活动带来制约与干涉。正如本书所指出的那样,刑事辩护应该如何进行,不同的律师对此的基本认识也有所不同。如果把后面要讨论的内容拿到前面来讨论,就可以发现两种刑事辩护观的对立:一种是辩护人必须要完全根据嫌疑人、被告人的意思进行辩护活动的刑事辩护观;另一种是一边对嫌疑人、被告人的意思进行调整,一边与它相分离以完成公正恰当的程序,从而实现公共责任的刑事辩护观。这两种对立的辩护观,在律师联合会内部也引发了争论:即除法务、检察当局的要求之外,有没有必要再自律性地制定刑事辩护规则?而这样的争论对刑事辩护律师伦理规范的修正也有相当的影响。

　　不管站在上述哪种刑事辩护观的角度,在"刑事辩护应该如何进行"这个问题上,今后通过律师自身,自觉地以开放的形式来进行议论是必要的;其次,以这样的议论为参考,对自己的刑事辩护活动进行自律也应当说是对律师提出的一种要求。

　　另外,我们不可能撇开站在刑事辩护对立面的某个检察官以何种姿态进行侦查、怎样参加审判,甚至应不应该参加审判等问题,以及刑事案件中法官处理案件的方式等问题来考虑刑事辩护。本书也讨论了平时很少涉及的检察官职责和法官职责的问题。在以刑事案件为焦点的第二部当中,特别设置了讨论检察官的专门职责的一章。把上述问题联系在一起,笔者想和大家一起来思考刑事司法的职责应该为何。

(水谷规男)

第九章　委托人与律师的关系

本章构成
第一节　诚实义务与守密义务
第二节　真实义务
第三节　私选律师与国选律师

前言　刑事诉讼中律师的作用

刑事案件中的委托人与律师的关系与民事案件中的关系基本上是一样的,但由于刑事诉讼中的嫌疑人、被告人地位特殊,所以刑事案件中委托人与律师的关系也有其特殊性。

即:不同于以解决私人间纠纷为目的的民事诉讼,嫌疑人、被告人的对立面是拥有强制权限的检察官,彼此的攻防能力是不对等的。况且在侦查阶段,(嫌疑人、被告人)在人身受到限制后,被课以忍受调查的义务,有时会成为侦查机关侦查的对象。正因为这样,嫌疑人、被告人有委托律师的权利、保持沉默的权利等防御权保障。同时,如果没有有效证据并经过正当的证据调查,在无法证明有合理怀疑的情况下,就不能对嫌疑人、被告人进行有罪判决,并且在作出有罪判决之前,应采取无罪推定。

律师为具有上述地位的嫌疑人、被告人进行辩护活动,是在刑事诉讼中考虑了律师作用的基础上而进行的。

第一节　诚实义务与守密义务

1）诚实义务

律师在保持自由且独立立场的基础上，对委托人具有诚实履行职责的义务（《律师法》第1条第2项，《职业基本规则》第5条、第20条、第21条）。作为与刑事辩护有关的规则，《职业基本规则》增加了如下一般规则："鉴于对嫌疑人和被告人防御权的保护，律师应为维护他们的权利和利益全力从事辩护活动。"（第46条）基本内容包括"律师对于身体自由受到限制的嫌疑人和被告人，须努力确保必要的会见机会，为其争取解除人身自由的限制"（第47条，"防御权的说明"）等。与人身自由受限的嫌疑人迅速会见并虚心听取其陈述，努力让其从人身限制中解放出来，对沉默权加以清晰解释并使其具有实效，在防御权受到侵害时采取必要的对抗措施等是基本且重要的辩护活动。话虽如此，但就个案而言，是自我供述案件还是自我否认案件，案件的内容如何，辩护活动的条件、环境等是千差万别的。所以，如果把那种一次会见单程就要花数小时的地区与大城市里的辩护活动进行一刀切式的评价，将因此造成的会见次数较少定性为"不热心辩护"是不合适的。

相反，热忱地"努力把辩护活动做得最佳"有时会被检察官等指责为妨害侦查，这一点将在第十一章第二节中进行论述。

2004年5月，立法确立了从2009年5月开始施行的刑事审判中将有陪审员参与的内容。其次，为了"刑事审判的充分、迅速化"，对《刑事诉讼法》进行了修改，并且从2005年11月开始施行。"刑事审判的充分，迅速化"当然是必要的，但是只要与嫌疑人、被告人的防御权有冲突的可能性，那么怎样进行"最佳的辩护活动"的问题就值得深思了。

2）诉讼活动以外的委托与证据隐灭

有时，嫌疑人、被告人会委托律师做些诉讼活动和准备活动以外的事。比如,与家族、熟人的联络——工作上的联络以及与此相关的具体行为。一般情况下,这样的事让家人去做就可以了,但在嫌疑人、被告人被逮捕、拘留,会见(包括书信、物的接收)又被禁止的时候,律师就成为其与外界联系的唯一希望。为了缓解嫌疑人、被告人在社会生活中的不利状况,在一定的范围内进行一些此类行为也是律师的工作内容(对嫌疑人、被告人的诚实义务也被包含在其中)。虽然明确区分工作职责的界限非常困难,但是必须关注律师参与证据隐灭行为的情况。当然,律师不得参与证据隐灭,可当律师被委托进行物的处分以及为此而与关系人联络时,有必要加以区别对待。

其次,与被禁止会见的嫌疑人、被告人的家人及其相关的人进行联系的方式也分单纯的传话、读信、把信给他们看一下、传递信件等多种方式,如果在事前确认信件内容没有问题,传信、读信及呈信也应当是没有问题的。但是,传递信件有一个原则,必须在申请了解除一部分会见禁止后方可进行。

把手机带入会见室,让嫌疑人、被告人直接与家人对话的情况也被报告过,在此等情形下,即使通话不是试图隐灭证据,可一旦通话就不能被及时阻止,所以也就不能允许这种行为实施。

虽然以上做法是为了防止律师参与证据隐灭,但是如果律师简单地拒绝嫌疑人、被告人的关系人的信赖请求,会对双方的信赖关系带来恶劣的影响,因而这就要求律师明确说明不能协作的理由,并做些让其信任的说服工作。

3) 守密义务

其次,律师对委托人负有守密义务(《律师法》第 23 条,《职业基本规则》第 23 条)。关于这一点在第二章中虽然有说明,但由于在刑事案件中,律师掌握着对嫌疑人、被告人施行刑罚权的相关事实,所以守密义务须更加强调。关于守密义务,在下一节中再具体论述。

第二节 真实义务

1）真实义务与诚实义务

与民事诉讼不同，刑事诉讼中采用实体的真实主义（《刑事诉讼法》第1条），它要求平衡案件侦破与保障嫌疑人、被告人基本人权之间的关系。检察官在这个意义上负有真实义务是不容怀疑的。检察官进行侦查即证据收集，就是追求真实的活动。

那么，律师应该如何作为？如果认为律师与检察官负有同样意义上的真实义务的话，那么，很明显是与上述的律师作用、诚实义务与守密义务相矛盾的。但是，是不是律师在任何情况下都不负有真实义务呢？这就是我们下面要讨论的律师的真实义务问题。

《刑事诉讼法》第1条、第196条的规定主张律师作为司法活动中的一员，有协助侦查机关、法院查明事实的义务。常作为引用根据的法律条文有：旧《律师伦理》第7条规定"律师不得因被胜败左右而对真相的发现摇摆不定"，第19条也规定"律师须遵从良心，努力实现委托人的正当利益"。

这一点在律师《职业基本规则》中，一方面维持着"律师要尊重事实，遵守信义，公正诚实地履行自己的职责"的基本伦理；另一方面也有"对于第5条的解释适用指南是在刑事辩护上要注意不要侵害嫌疑人、被告人的防御权以及辩护律师的辩护权"这样的适用原则的解释（第82条第1项之2）。其次，一方面保留第21条"与委托人之间关系的规则"和旧的《律师伦理》的第19条有相同主旨的"律师要遵从良心，努力实现委托人的权利和正当利益"的规定；另一方面在刑事辩护规则的前述第46条的规定中，删除了"正当的"字眼，只是明确规定了嫌疑人、被告人"为了维护权利及利益，而努力地进行最佳辩护活动"。据此可以说，《职业基本规则》其实表明：虽然律师有真实义务，但是从律师的作用、律师的诚实义务与守密义务来看，作为辩护人的律师，不负有揭露对嫌疑人、被告人不利的事实真相的义务，而只有在对其有利时，才负有说明真相的义务,即只有消极的真实义务[1]。

这就有力地论证了把律师的义务仅限于诚实义务而否定其真实义务的观点和立场。[2] 从这个立场来看,辩护人作用的本质就在于维护无论如何都不负有真实义务的嫌疑人、被告人的自我防御权。另外,在刑事诉讼中,所谓必然被追究的真实,其实是检察官与嫌疑人、被告人双方控辩后产生的真相大白的结果,即诉讼的真实。如果这样理解真实的意义将会更彻底。那么在当事人双方控辩之前,就变成了既没有真实也没有真实义务。

但是,《律师法》第1条规定的律师的使命,从《职业基本规则》对律师与委托人的关系中要求保持"自由和独立的立场"的观点来看,仅设定诚实义务的想法是不可能的。

虽然这样说,其实两者之间的对立,多数只是理念的问题,实际情况几乎没有什么不同,即使有不同也只是在非常局限的情况下才会产生。下面就分别加以讨论。

2) 具体实例

a. 证据显示可以得到有罪的心证,但嫌疑人、被告人否认并上诉请求判决无罪的情况。首先,需要虚心地听取嫌疑人、被告人的诉说。虽然其诉说涉及的那些必须进行精查的证据很明白地显示出有罪的心证,而嫌疑人、被告人仍然主张其无罪。即便如此,辩护人对嫌疑人、被告人"为了维护权利及利益,努力地进行最佳的辩护活动"仍是理所当然的事。关于量刑的判断也是同样的,无论你认为一审的量刑有多么的妥当,上诉审的辩护人同样会被恳请努力精查诉讼的记录,找出对被告人有利的事实。

但如果预料到即使进行了最佳的辩护活动,却不但没有避开有罪的判决,反而由于这样不自然的否认,会导致发生量刑不利的情况时,辩护人必须对嫌疑人、被告人充分说明并督促其放弃这样的活动。

这些不是真实义务的问题而是纯粹诚实义务的问题。

b. 嫌疑人、被告人明确表示自己是真凶,但要求为其主张无罪的情形。当嫌疑人、被告人明确表示自己是真凶,但要求为其主张无罪时,不管处于怎样的立场,律师都必须据此努力地进行最佳辩护活动。如果从考虑纯粹诚实义务的立场来看,这是诚实义务的当然的归结;从承认消极的真实义务的立场来看,由于否定了积极的真实义务,也导致了一样的结论。

但是,在具体的辩护活动中又有问题产生。比如,辩护活动不仅仅囿于反驳检察官的立证,还被要求询问明知在作伪证的证人,那该怎么办?这样的情况下是不允许教唆、帮助作伪证的(《刑法》第169条,《职业基本规则》第75条),不应该答应对证人进行询问的请求。必须要说服被告人,让其收回要求。但如果被告人不答应,无视被告人的请求而继续进行辩护活动又与诚实义务相悖,那么就只有辞去辩护人的资格了。

对此,从否定辩护人的真实义务来纯化诚实义务的立场来看,有观点认为"必须限定在明确的犯罪(伪证罪)"的认识上。[3] 当然,抑制被告人的防御权行使必须要慎重。但是"在伦理上有问题的辩护方针的决定,最终不取决于辩护人怎样做,而是取决于被告人本身"的主张可以说是《职业基本规则》第5条、第20条的问题。

与证人不同,被告人是不受虚假供述的制裁的,但与前述理由一样,必须要避开主动使其供述虚假事实的提问,同样不能援用明知是虚假的被告人的供述进行辩论。

c. 清白的嫌疑人、被告人反而希望接受处罚的情形。清白的嫌疑人、被告人反而希望接受处罚时,从纯化诚实义务的角度来看,除去预想要被判死刑的情况,基本上是依照嫌疑人、被告人的意思。对这点,从承认消极真实义务的立场来看,即使与嫌疑人、被告人的意向相反,也必须主张无罪。加上先前所述的情况,从不惩罚无辜的原则而导引出的消极真实义务,被认为优先于诚实义务。

在清白的嫌疑人、被告人代替犯人,希望接受处罚的情况下,无论是站在纯粹的诚实义务还是消极的真实义务的立场,从诚实义务、守密义务的角度出发,都不能从外部明确地证明还有其他的真犯人。但是,即使站在纯粹诚实义务的立场也不允许有隐匿犯人的活动的(《刑法》第103条)。所以必须要说服嫌疑人、被告人收回要求,如果不能被接受,那么不得不辞去委托(但也就留下了即使辞去委托也是把疑难推给了后任辩护人的问题)。如果站在承认消极的真实义务的立场上,那么即使与嫌疑人、被告人的意向相反也必然要主张其无罪。

虽然是清白的,或者虽然有辩论的余地,但是为了得到保释或早期的缓期执行判决而承认事实,只请求情状辩护的嫌疑人、被告人也是有的,这也是让辩护人烦恼的事。虽然这样做的根本原因是,在否认案件的刑事诉讼中,不能轻易地获得保释。可是不管是站在前述的哪一个立场都需要在说服嫌疑人、被告人的同时,尽全力争取保释和得到迅速的审理。但是,在嫌疑人、被告人不收回要求,保释等不能实现的情况下,从考虑纯粹诚实义务的角度来看,可以看作是服从了嫌疑人、被告人自己的决定[4]。从承认消极的真实义务的立场来看,即使与嫌疑人、被告人的意向相反,也必然要做到"努力做最佳的辩护活动"。[5]

第三节 私选律师与国选律师

私选律师,是指嫌疑人、被告人的法定代理人、监护人、配偶、直系的亲属及兄弟姐妹独立选任的律师(《刑事诉讼法》第30条)。而国选律师是由法院法官来选任的,和嫌疑人、被告人之间并没有委托合同关系。但是,不管是私选还是国选,二者在如上文所述的律师的作用以及对嫌疑人、被告人的诚实义务、守密义务、真实义务方面来说,没有什么区别。绝不允许因其是作为接受委托的被告人的国选律师,而不是受被告人的委托就对会见不热心。据说有的律师先接受检察官的调查、请求预定证据的开示,在得到一定的心证后,再会见被告人并听取其辩解,这种方式我们不赞成。

关于国选律师,《职业基本规则》作了两条规定。首先,律师被选任为国选律师后,不管以什么样的名目,都不可以从被告人或其他的关系人那里接受报酬或其他的对价物(第49条第1项)。若国选律师是由于嫌疑人、被告人贫困或其他事由而无力选任律师时,应由法官或者法院依职权,为提出请求的嫌疑人、被告人配给律师,并由国家支付律师的旅费、住宿费、报酬及每天的开销。

因此，该制度当然应该禁止其从被告人、其他的关系人那里接受钱财。接受钱财的行为，是律师失去品格的不道德行为（东京高判昭和47·10·23判时第688号第54页）。一般，礼仪性的东西不包括在"报酬、其他对价物"中，但还是希望不要接受一切赠品、饮食的接待。

其次，不得私自进行将公选律师转为私选律师的活动。但是，如果日本律师联合会或所属的律师联合会规定的会则中有其他约定的除外（第49条第2项），较多的律师协会制定了把国选律师换成私选律师时需要得到律师联合会等批准的相关规则。嫌疑人、被告人及其他相关的人有希望换成私选律师的愿望，是基于他们有这样的误解，即国选律师报酬比较低的，辩护活动可能会不够充分。因此，有必要说明国选律师和私选律师的辩护活动没有什么差别，从而努力化解这样的误解。

国选律师是由法院、法官选任的，因此在辞去委托的问题上，受到私选律师所没有的制约。关于这一点，可以参照第十一章第一节。

注

1 司法研修所编［2002］第62页参照。
2 比如村冈［1997］，村冈［2000］。
3 参照村冈［2000］。
4 作为论述嫌疑人、被告人的自我决定的重要性与问题点，参照后藤［2000］。
5 关于辩护人的真实义务与诚实义务的问题，参照佐藤［1991］，参照石井［2002］。

设问

1. 在冒名顶替的案件当中，向检察官请求查阅掩盖真相的真犯人的虚假供述时，作为律师应该采取怎样的态度？

2. 国选律师可以接受被告人的另外的民事事件的委托吗？

（前田义博）

第十章　律师与被害人、第三人的关系

本章构成
第一节　律师与被害人的关系
第二节　律师与第三人的关系

前　　言

　　笔者在接受很多刑事案件的同时，也非常关心被害人援助活动。当然，一边为嫌疑人、被告人进行辩护，一边接受同一案件的被害人的委托，直接进行援助活动的情况是没有的。但是，笔者相信对被害人进行援助活动是律师的使命，并认为与接受刑事案件的委托是不相矛盾的。

　　笔者作为律师协会被害人援助委员会的委员，在参加一次被害人及其遗属恳谈会的时候，恰巧在会上遇到自己曾担任辩护人的一起杀人抛尸案中的被害人遗属。他们就该案件审判时，对笔者当时的举手投足都进行了严厉的批判。可以说被害人遗属对辩护人的看法是非常苛刻的。

　　笔者在做另外一起杀人抛尸案件的辩护人时，向房东申请想要辨认一下被认为是犯罪现场的被告人所居住的房子，也遭到了非常强烈的抗议。由于这里发生命案让其他房客觉得恐怖、恶心乃至纷纷退租，使得原本靠租金生活的房东感到无奈至极，而这一点是笔者所没有想到的。

　　以下内容，虽然是以律师与成为委托人的嫌疑人、被告人的关系为中心进行考察，但是，律师的活动会对社会、个人造成怎样的影响？此问题有必要予以广泛的关注。

第一节　律师与被害人的关系

1) 刑事诉讼程序中被害人的法律地位

刑事诉讼基本采取当事人主义。而在这里所说的当事人是指检察官与被告人、辩护人。被害人即使是犯罪案件中的一方当事人，也不认为是刑事诉讼的当事人。刑事诉讼法上，被害人被赋予了上诉权；根据检察审查委员会法，被害人被赋予了不起诉处分审查申请权，即：如果检察官对案件作出不起诉处分决定，被害人对该决定是否恰当有权提出审查申请。除此之外，被害人在案件侦查中是参考人，在审判中是证人，即被害人不过是被作为证明方法中的一种而已。

被害人由于犯罪行为而遭到了巨大的伤害。但是很长的时间内，对被害人的援助，几乎未被顾及。另外刑事诉讼的信息对被害人也是保密的。甚至被害人从司法工作者那里受到"二次伤害"的情况也时有发生[1]。

终于从1990年左右开始，对于这样的被害人，"援助必要性"的议题被提上日程。接着，民间团体组织的援助活动开始了，此后，1996年警察厅根据"被害人对策纲要"实施的援助也开始了。2000年5月（立法机关）制定了《关于刑事诉讼法及检察审查会法的部分修正》和《关于为了保证犯罪被害人等得到保护的刑事程序的附加措施》（所谓的犯罪被害人保护二法）。

《关于刑事诉讼法及检察审查会法的部分修正》中规定：1. 废除亲告罪中的性犯罪的告诉期间；2. 通过"陪伴证人"、"证人掩护"、"录像"等来减轻证人的负担；3. 将被害人等的心情及其他意见的陈述作为根据；4. 扩大享有检察审查会审查申请权的权利人范围。《关于为了保证犯罪被害人等得到保护的刑事程序的附加措施》规定了：1. 审判程序中的旁听；2. 审判记录的阅览誊写；3. 刑事诉讼中就民事争议的和解。

一部分被害人团体呼吁引入在法国实行的、日本旧刑事诉讼法中也有规定的附带民事诉讼制度，或德国正在实行的被害人诉讼参与制度等。本来在刑事诉讼中，询问证人、调解、损害赔偿活动等使得成为辩护人的律师有了与被害人接触的机会。但是,可以说由于被害人的权利意识与援助活动的高涨,犯罪被害人保护二法扩大了被害人对刑事诉讼的参与度,律师与被害人接触的机会增多。

2)被害人心灵的伤害

调解、损害赔偿本身就是民事案件,与成为相对方的被害人的关系也如第七章中所述那样。但是,犯罪的被害人、遗属在经济受损、肉体被害之外,在精神上也会受到非常大的损害。在受到超过个人处理能力的打击时所形成的心灵上的伤害被称为精神性外伤。受到这种伤害之后,被害人对案件的记忆不以意志为转移地被侵入性地唤醒(侵入);为了避开想到案件时的苦痛,避开刺激,受害人有从现实中逃避的倾向(回避),及经常性的紧张、胆战心惊(有意识的持续的亢奋)等症状。有时,被害人、遗属会并发 PTSD(Post-Traumatic Stress Disorder 心外伤后精神压力障碍)症状。(参照小西[1966])

司法工作者没有顾虑到这些被害人的心灵创伤,是致使其"二次被害"的重要原因。而这些恰恰应当是作为嫌疑人、被告人的辩护人的律师必须照顾和考虑到的地方[2]。

3)辩护人的基本职责

然而,不言而喻,辩护人的基本职责是基于为嫌疑人、被告人进行的辩护活动的。嫌疑人、被告人在任何情况下,都可以委托有资格的律师。成为辩护人的律师负有为了维护嫌疑人、被告人的正当利益与权利,诚实地进行最佳辩护活动的责任。

这样,检察官负有与公诉事实相关的举证责任,如果没有排除了合理怀疑的证明,则被告人无罪。直到能够证明合理怀疑,被告人都应被"无罪推定"。

此间,被害人往往要求嫌疑人、被告人受到处罚,辩护人因此会与被害人陷入紧张关系中。辩护人的具体的辩护活动会受到被害人责难,有时甚至连一般的辩护活动及辩护人的存在本身也会受到责难。本章开头所举的笔者的经历就是其中一例。

如此责难的极限就是否认案件,有时媒体会过热报道,认定被告人为犯人,导致国民的责难声此起彼伏(比如,和歌山毒咖喱案件,奥姆真理教案件等)。但是,不管要遭受怎样的责难,首先要明确的是,为了嫌疑人、被告人,尽力做好诚实并且最佳的辩护活动是辩护人的基本职责。

4) 被害人的证人询问

刑事被告人被充分地给予了对所有的评价进行询问的机会。传闻证据被禁止,同时被告人也有对证人进行反驳询问的机会。在被告人否认指控的案件中,被害人常常是最重要的证人。而且许多情况下,被害人是检察官请求的直接针对性证人。

在证人询问中,由于惊愕、假想、对被告人的憎恨等原因,被害人有进行与事实相反或者夸张证言的情况。在这样的情况下,在不形成威吓或者侮辱性询问的范围内(《刑事诉讼规则》第199条的第13款第2项)必须要进行彻底的反驳询问。而且,不管怎样诚实地进行反驳询问,被害人证人往往从开始就向辩护人表示出强烈的敌意。当然,我们理应考虑到被害人心灵受到重创的情况,但也要注意不能让其对辩护人的名誉造成损害。可见,反驳询问多么困难(山室编[2000]第143页)。

《关于刑事诉讼法及检察审查会法的部分修正》中规定了在证人作证时可以采用"陪伴证人"、"证人掩护"、"录像"等措施来减轻证人负担。其理由是:采用伴随措施是在"考虑到证人的年龄、身心的状态及其他事由,认定证人在被告人面前进行供述时有压迫感,有可能明显危害其心理平稳的时候";用录像方式是在,除了性犯罪的被害人之外,"由于犯罪的性质、证人的年龄、身心状态和被告人的关系以及其他的事由,认定证人在出庭过程中被法官及诉讼关系人询问时,有可能受到极大的压力、明显危害到心理平稳时"。作为辩护人,有必要在照顾被害人的基础上,在分辨是否会妨碍反驳询问权行使或者是否会妨碍法官的适当的心证形成之后,再进行本人想法的陈述。

再者,限制询问的事项并不仅仅限于被害人,还有其他对象,例如,一旦证人的姓名、住所等特定的事项被公开,导致他们不能充分地进行陈述时,那么在可能对被告人的防护产生实质不利的情况下,证人也会被限制询问(《刑事诉讼法》第 295 条第 2 项)。

5) 损害赔偿调解

被告人对被害人进行损害赔偿或者努力挽回被害人损失对量刑有非常大的影响,在这种情况下,被告人可以得到缓期起诉(《刑事诉讼法》第 248 条)。所以,不管是私选辩护还是国选辩护,在自首案件中要求辩护人进行损害赔偿调解是理所当然的。

但是,必须要注意的是如果过于对损害赔偿调解热心,反而会伤害被害人,造成对被害人的"二次被害",因此,不得采取突然向被害人打电话、让其来自己的办公室等行为。另外,在寄信的时候,也必须要考虑到被害人可能没有把被害事实向家族坦白的情况。

最好对直截了当的交涉方式持谨慎态度[3]。当被害人拒绝受领损害赔偿、调解,断然拒绝面谈时,如果辩护人还是不分昼夜地联系被害人,做被害人的工作,这在过去会被赞为"热心"。但是,在现在却必须要避免。因为评价其好坏不仅仅只看损害赔偿调解的结果,而是要看辩护人工作的总体情况(原田 2003 第 15 页)。

然而,这问题也不仅仅局限于被害人,如果认定有可能对证人等的身体或财产有损害,或者使他们感到恐怖畏惧,或者发生使其困扰的其他行为时,检察官除了要考虑对被告人作必要的防护外,还要考虑不能使得关系人(包括被告人)知道他们的居所等情况,有时还要考虑其他可能威胁到安全的因素(《刑事诉讼法》第 299 条第 2 款)。这是针对有组织犯罪对策设计的规定,同样对性犯罪等案件也适用。当然,即使在检察官没有作具体要求时,也必须对此问题予以充分考虑。

第二节 律师与第三人的关系

1) 共同犯罪案件中接受委托

《律师法》第 25 条从第 1 款到第 9 款规定了律师不得代理的案件。作为对不得代理的案件的描述,《职业基本规则》第 27 条与第 28 条扩大了《律师法》第 25 条的主旨,即,禁止接受与已经受理的案件利益相冲突的案件。《律师法》第 25 条中所说的对方是指"不管是民事还是刑事案件,处于同一案件的事实关系中的利害对立状态的当事人"的人(《律师法解释》第 186 页);而同一案件"不仅仅是指民事案件之间,也指刑事案件之间"。"作为共同被告人的共犯之间也由于其主导地位、利益取得的多寡以及其他状况的不同而使其利害关系不一致",所以,"如果没有特别的理由是不允许成为他们共同的辩护人的"(《律师法解释》第 196 页)。例如,在一起抢劫杀人案中,处于共同犯罪关系中的两名共同被告人,选择了同一个国选辩护人,在这个案例中,由于在影响事实认定的关键情节上,两个被告人各自存在不同的说法,被认为违反了《刑事诉讼规则》第 29 条第 2 款规定,从而使得对上述两名被告所作的第一审死刑判决被驳回(名古屋高判平成 9・9・29 判时第 1619 号第 41 页)[4]。

但是,如果一个案件中两个当事人的协作是为了案件整体得到解决,而且对两者都有利,并且现在就存在协作关系,那么,在这种情况下,即使将来两者在逻辑上有利益冲突的可能性,但现在还未明朗化,那就认为可以接受共同的委托(《律师伦理注释》第 114 页)。然而,对于在将来各个委托人之间有可能产生利益冲突的问题,必须要事先对委托人说明有辞去委托而带来不利因素的种种可能性(《职业基本规则》第 32 条)。

至此,这些解释和民事案件中的解释并没有太大的区别。但是,刑事案件有民事案件所没有的特征,即刑事诉讼的一方当事人是国家,侦查机关被赋予了强制侦查权,嫌疑人有可能会受到人身限制、会受到调查并不得随意供述。虽然嫌疑人被赋予了一定的防御权,但是与侦查机关相比,不能否认他仍然是个弱者。这样的力量对比贯穿于从侦查到审判的整个刑事诉讼程序中。

首先,利益相悖是否明朗化,明朗化的可能性是不是在某种状态就停止了,诸如此类的问题是动态的和不明确的。即使共犯中的每一位都承认了包括参与犯罪的程度等被怀疑的事实,公诉事实看起来似乎没有利益冲突,但是,作为辩护人,也仍然有必要审查证据,追求真实情况。其次,由于共犯中是否有人居主导地位,各人参与的程度和犯罪获得利益的多寡,都会对量刑带来一定的影响。所以如果在利益相悖尚未明朗化时接受共犯的共同委托,可能在某些方面会产生障碍。

应该说共犯齐心协力,共同防御强大的侦查机关是有其必要性的。这个必要性在刑事案件特别是作无罪辩护的案件中非常显著。即使已否认犯罪的共犯中某一方转向自白,看起来可能产生了共犯间的利益冲突,但实际上这个自白也许是由于强制而产生的虚假的东西。而且,由于要进行协作防御,共犯共同委托辩护人,有时会对嫌疑人有利。但是,侦查机关方面有可能把自白认定为事实,并认为律师接受共犯共同的委托,或者不辞去委托继续进行辩护违反律师伦理,并批判要求其撤回自白等的辩护活动是妨害侦查。

综上,形成了以下两个观点。一是不管利益相悖是否明朗化,谨慎地接受共犯的共同委托是一个原则;如果共同的辩护对嫌疑人、被告人明显有利,或者有其他的特别情况,则可以接受共犯的共同委托。二是一方面可以从利益冲突没有明朗化的共犯那里接受委托,一方面限于共犯之间明显地产生了利害对立,并且不能预见可以结束对立状况的时候,必须谨慎地接受委托或者辞去委托。[5]

2) 与证人的接触、事先商量

请求询问证人的辩护人,必须通过向证人及其他关系人确认事实等方式,做好可以进行适当询问的准备(《刑事诉讼规则》第191条第3款)。

即使是检察官请求询问证人的情况,也必须为了有效、适当地进行反驳询问,在可能的情况下,进行事先的接触和情况询问(司法研修所编[平成14年版]第243页山室编[2000]第53页)。这时,有必要确认证人和被告人所说的有无不一致之处,证人记忆是否发生模糊等事项;当然,此时不得唆使其作伪证(《职业基本规则》第75条),也不允许有疑似唆使作伪证的言行。同时,要对可能是被教唆作伪证的情况有所警惕。具体而言,应经证人同意,并在用录音、录像或者与多人进行接触等方面下工夫。

有时证人虽然并不是被唆使作伪证,但是,很明显可以预计将要做证人的人会作伪证的时候,经被告人同意,有必要请求不对其进行证据调查。

3）名誉毁损

在证人询问中，没有确切的证据不得毁损证人的名誉，在辩论中也同样地不得毁损第三人的名誉（《刑事诉讼法》第 196 条）。有过这样的先例：由于过于"热心"，把第三人指认为犯人，从而造成对他人名誉的毁损（最决昭和 51・3・23 刑集 30 卷第 2 号第 229 页）。[6]

4）第三人支付律师费用

嫌疑人、被告人以外的法定代理人、监护人、配偶、直系的亲属以及兄弟姐妹可以独立地选任辩护人（《刑事诉讼法》第 30 条第 2 项）。此外，如果嫌疑人、被告人同意，从上述对象之外的第三人，例如嫌疑人、被告人所工作的企业、团体那里接受支付律师费也是可以的。这种情况下，辩护人被要求为嫌疑人、被告人诚实地进行辩护活动是理所当然的，不得背离嫌疑人、被告人的利益为第三人的利益而活动。

以上所述，考虑了与刑事案件相关的律师与被害人的关系，律师与第三人的关系，不管怎样，律师都不得忘记自己的基本职责是为嫌疑人、被告人进行辩护活动。在这一点上，下一章中所讨论的律师与法官、检察官的关系也是一样的。

注

1 不仅仅会从媒体、社会那里"二次被害"，从侦查机关、其他司法工作者（包括律师）那里也会受到侵害。

2 听说有这样的律师，面对儿子被犯罪活动致死的母亲，竟说出未经考虑的话：你还年轻，还可以再生一个。这样的问题在民事案件中也可能产生。

3 比如，如果是实刑判决那么就会失去损害赔偿的机会。

4 作为评释有山本［1998］。

5 根据 2000 年 6 月的在日本律师联合会刑事辩护中心讨论的《刑事辩护方针》的讨论内容。

6 作为评释小田中［1984］。

第十章 律师与被害人、第三人的关系

设问

1. 有一些情况,被害人并不知道如果接受了被害赔偿或者和解会影响被告人的量刑;还有被害人提出被告人如果被减刑就不接受被害赔偿或和谈,此时,作为律师来说应该怎样进行说明与和解呢?

2. 担当法律顾问的公司的营销主管和营销部科长由于被怀疑暗箱操作而(违反垄断法)被检察厅传讯,他们要求自我辩护。那么可以接受这样的委托吗?如果接受的话,要注意哪些问题?

(前田义博)

第十一章　律师与法官、检察官的关系

本章构成
第一节　律师与法官的关系
第二节　律师与检察官的关系

前　　言

宪法规定,未经正当程序,任何人不受刑罚。为了保证这条规定的实现,法律保障了嫌疑人、被告人对辩护人的选任权。成为辩护人的律师,鉴于对嫌疑人和被告人防御权的保障,应为维护他们的权利和利益全力从事辩护活动(《职业基本规则》第46条)。

一方面,《刑事诉讼法》第1条规定:"刑事案件中,一方面要保障和维护公共利益与基本人权,一方面要以使案件真相大白,恰当、迅速地实现刑罚法令为目的";《律师法》第1条第1项规定:"律师以维护基本人权、实现社会正义为使命";第2项规定:"根据前一项的使命,律师必须诚实地履行其职务,努力地维持社会秩序及改善法律制度。"律师努力实现审判公正和程序合法的裁判关系在法律中也是有规定的(《职业基本规则》第74条),从这点可以看出,律师作为进行刑事司法活动的一分子,有协作查明事实真相、实现公正审判程序的义务。

但是,从辩护人的角度来看,说到底,在当事人主义的刑事诉讼构架基础上,为了维护嫌疑人、被告人的权利及利益,律师负有诚实地进行最佳的辩护活动的义务,不管是真相的查明还是审判的公正,都应当是在这个过程当中被追求的。一般认为在维护嫌疑人、被告人的权利及利益之外,律师与检察官没有在同样意义上查明真相的义务或使司法者三方审判公正运营的义务,其实这种想法是不可取的。

第一节　律师与法官的关系

1) 违法的、不恰当的诉讼指挥下的辩护活动

刑事诉讼法当中,根据起诉状一本主义(第256条第6项)以及其他制度,预想判断是被排除在外的。尽管有"无罪推定的原则",但是,以断定被告人有罪为前提,进行诉讼指挥、询问的法官还是不可否认地存在的。在有法官违法和不恰当地指挥诉讼的时候,用任何适当的、可能的手段使其改正是律师的基本义务。这种为了实现审判公正及合法程序的行为,应该得到赞扬。

这样的辩护活动,在诉讼程序的任何阶段,都必须以对法院进行耐心的建议与说服为本。当法院不管怎样就是不听辩护人主张的时候,如果律师认为法官有进行不公正审判的可能,就有必要申请其回避。[1]

但是,如果超过限度,拒绝审理,在实质上放弃辩护权,客观上就损害了被告人的权益。而且,无论从法律上还是良知上来看都必然被认为是在无休止地重复不恰当的主张或意见,轻易不出庭、退庭、辞去委托等诸如此类的律师辩护活动是不允许的。如果辩护活动的不恰当性程度比较高,甚至达到了背离律师使命的程度,就有可能被认为是有损品位的不正当行为。"本来,这并非蔑视法院,而只是批判其没有履行必须实现和维护的被告人的正当利益,并进行公正审判的职责。"[2]

2) 国选辩护人

被告人或者嫌疑人在任何时候,都可以聘用有资格的辩护人(《刑事诉讼法》第30条第1项)。被告人因贫困或者其他理由,不能选任辩护人的时候,法院根据其请求,为了被告人的利益必须要给其请辩护人(同法第36条)。死刑、无期徒刑或短期1年以上有期徒刑案件中,在嫌疑人已经被出示了拘留证

的情况下,嫌疑人因贫困或其他的理由不能选任辩护人的,根据其请求,法院也要为嫌疑人选择一位国选辩护人(同法第37条第2款。但是,到2006年[平成18年]11月27日为止,由政令颁布之日起施行)。以下,主要讨论被告人的国选辩护人。

国选辩护人的报酬被压得很低,但是其被要求的辩护活动的内容却与私选辩护人没有什么差异。即,为了维护被告人的正当权益,负有进行诚实的、最好的辩护活动的义务。而且,国选律师在接受委托后,必须迅速地与被告人见面,一边确认辩护内容,一边商讨辩护方案,还必须迅速地阅览或誊写证据文件、证据物诉讼记录,并对其进行研究。不得进行让被告重新承认其已经否认了的案件事实的辩护活动,提出与被告人利益冲突的上诉意向书、起诉意向书,不得从被告人及其他关系人那里收取任何名目的辩护费用、谢礼以及其他的对价物(《职业基本规则》第49条第1项),不得进行"是否要改为私选辩护人"这样的劝诱(《职业基本规则》第49条第2项)。以上是1994年日本律师联合会向会员出示的《最低限度活动基准》的一部分内容。[3] 如果有必要,也可能被要求做保释申请,对被害人进行损害赔偿或和解交涉。

关于国选辩护人的国选接受委托令,分为审判说、公法上的一方行为说、公法上的契约说等三种学说。判例采取的是审判说,这样即使国选辩护人要求辞去委托,如果没有法院的解聘,其辩护人的地位也不会丧失(最判昭和54·7·24刑集第33卷第5号第416页)。如果国选辩护人和被告人之间产生了意见对立,信赖关系无法维持,那么他提出辞去委托,是应该认为有正当理由的。但是,在法院解任之前,作为国选辩护人的律师必须尽到自己的责任。此外,律师在提出辞去委托的时候,必须要注意不能把对被告人不利的事实,轻易地向法院泄露,这种情况有时会让律师煞费苦心。

3)诉讼延迟

律师不得由于懈怠或者不正当的目的,而使审判程序延迟(《职业基本规则》第76条)。这是民事案件和刑事案件的通用规则。甚至在刑事案件中,被告人迅速接受法院公平、公开的审判的权利是《宪法》第37条中所保障的,陪审员制度引入之后，有可能会被更加强调。

但是，与可以强制侦查、羁押嫌疑人、被告人，具有决定性的证据收集能力的侦查机关相比，被告人、辩护人这一方的弱势是非常明显的。而且，在案件早期尚未宣告具备完全证据时，对被告人、辩护人这一方来说也很难否定诉讼需要相当时日的准备（参照《刑事诉讼规则》第178条第4款）。

在案件审理过程中，刑事被告人被给予了对所有证人进行询问的机会（《宪法》第37条第2项），刑事诉讼法把禁止传闻证据作为原则（第320条）。如果在被告人没有同意、检察官请求证据调查的情况下进行证人询问，那就不得不使整个诉讼期间延长。这样的诉讼延迟不应受到批判。

此外，根据2004年修改后的《刑事诉讼法》，对于需要审理两天以上的案件，在可能的情况下，必须每天开庭，连续地进行审理。而且新法规定：诉讼关系人必须严守期限以使审理没有障碍（同法第281条第6款）。

4）宣传自己与法官等的私交

律师在代理案件时，不得利用私交与法官、检察官进行交涉，在履行职务过程中，不得宣传与法官、检察人员等的亲属或其他私人关系（《职业基本规则》第77条）。

这是一条在民事案件和刑事案件都适用的规则。即使律师是在法官、检察卸任之后才注册登记的，也必须加以注意。

第二节　律师与检察官的关系

1）当事人主义

就像前面所述的一样，律师必须在刑事诉讼当事人主义构架的基础上，维护嫌疑人、被告人的正当权益，努力进行最佳的辩护活动、实现审判公正和程序合法。当事人主义是与法院职权主义相对的概念，表现为检察官与被告人、辩护人之间是一种攻击与防御的对立关系。而事实真相正是在这个过程当中

160　司法伦理

被查明的。

但是,在侦查阶段,对于侦查观的构造,有两种对立的说法。一种认为侦查是以实现适当、正确的刑罚权为目的,对嫌疑人进行调查、搜集证据的程序(追究式的侦查观);另一种认为侦查机关只不过是进行审判准备活动(弹劾式的侦查观)。从前者来看,应该承认人身被限制的嫌疑人有接受调查的忍受义务(《刑事诉讼法》第 198 条第 1 项)。检察实务也是根据这样的想法来进行的。

这样一来,从刑事诉讼法对辩护人有不得妨碍侦查的注意义务的角度(同法第 196 条)来看,什么是为了保障嫌疑人的正当权益的辩护活动,什么是妨害侦查的活动,就变得界限模糊起来。随着侦查和辩护活动的活跃化,争议就更容易产生了。

2）侦查妨害

进行积极果敢的辩护活动往往会遭到来自检察官的"妨害侦查"或"不适当辩护"的责难。笔者也曾遭到过地方检察厅的刑事部长的所谓"侦查妨害"的责难,那是因为笔者连续数日会见、鼓励嫌疑人,要求他不要由于强迫而作虚假的自白,并且对超过限度的调查作出抗议(仅此而已)。

但是,就像在1)中所述的那样,辩护人为了维护嫌疑人、被告人的正当权益,负有诚实地进行最佳辩护活动的义务。辩护人为了委托人,即嫌疑人和被告人,竭尽全力进行防御的最基本的一点就是对侦查机关违法不当的行为进行监督;因此在已经认为嫌疑人和被告人有罪而进行侦查的侦查机关看来,辩护人为了嫌疑人、被告人而进行的正当防御活动是妨害侦查,这也是在所难免的。

对此,日本法务省从下述几方面向日本律师联合会提出了 29 个"问题案例"。[4]

1. 违法地、不当地妨害了为查明真相而进行的侦查的辩护活动。

　A. 怂恿嫌疑人拒绝在调查书、供述、供述笔录上签名的行为等。

　B. 怂恿知情人拒绝向侦查机关作证或陈述。

C. 不当的推托、抗议等。

2. 做假证等。

3. 被辩护人认可的是权利滥用行为和规避行为。

4. 利益相悖行为。

下面主要论述被认为是特别重要的一些方面。

ⓐ 怂恿行使沉默权

法务省也不否认,沉默权是《宪法》第 38 条第 1 项、《刑事诉讼法》第 198 条第 2 项所保障的嫌疑人、被告人的基本权利。但是是否要行使沉默权必须根据嫌疑人的自由意志来决定,如果辩护人不只是告知沉默权的含义,而是积极地怂恿嫌疑人拒绝供述,那么必然对嫌疑人的自由意志造成不当影响,这种妨碍自由决定的事是不允许的。

然而,嫌疑人被羁押讯问的实际状态,离保障嫌疑人的自由意志还差十万八千里。嫌疑人不得不在很长的时间内,身体被羁束,并接受连日的长时间的讯问。在此期间,对嫌疑人而言,侦查人员要求其自白的压力是相当大的。仅仅告知嫌疑人沉默权的含义并不能实现沉默权行使的实质性保障功能。在这种情况下,详细说明如何行使沉默权是对其必要的保护,甚至有时有必要对其进行强有力的督促。

作为辩护人,如果从其他相关证据上来看,估计到不能避开有罪判决时,必须要尽量考虑:不进行反驳,只保持沉默对该嫌疑人来说是不是最佳手段?此外,行使沉默权对保释的批准、量刑是否有实际影响?因此,辩护人有必要尽可能正确地说明预期结果从而与嫌疑人、被告人进行协商。

怂恿被告人、嫌疑人拒绝在调查、供述笔录书上署名也是同样的道理。

ⓑ 怂恿知情人拒绝在侦查机关出现或进行陈述

刑事诉讼法为了查明案件真相,赋予了侦查机关为达此目的而进行必要调查的权力(第 197 条)。法务省主张,辩护人怂恿被侦查机关要求作证的证人拒绝出现或拒绝陈述的行为是侦查妨害。

但是,这和对嫌疑人的情况相同,当侦查机关超出了自由侦查的界限进行强制性侦查时,辩护人不仅仅要告知知情人有沉默权,甚至也可以容许用怂恿的方法。

ⓒ 请求宣告不当拘留的理由、准上诉等

法务省认为不可能被认定的准上诉、拘留延迟请求(之前)的准上诉、即将拘留期满请求拘留理由宣告等这样的行为,无非是想要妨害侦查,是权利的滥用。特别是后者,在重要时期,侦查记录被送到了法院,侦查就中断了。

但是,让嫌疑人从身体羁束中解放出来的辩护活动是重要的,不允许仅仅由于被认定的可能性比较小就轻视申请。关于上诉的时期,刑事诉讼法没有限制,正在进行中的侦查与辩护活动,无论准上诉申请时间是在拘留延迟请求之前,还是在拘留期将满之前,都要一视同仁。

3) 刑事诉讼记录等的处理

仅在律师与检察官的关系项中论述这样的话题,是否恰当还是有疑问的。所以在这里只讨论证据文件、刑事诉讼记录的处理。就检察官或辩护人请求调查的证据文件等而言,必须预先给对方以阅览这些材料的机会(《刑事诉讼法》第 299 条第 1 项)[5]。虽然,法律条文上没有写明誊写权,但在实务上,辩护人有对检察官提出准备调查的证据文件进行誊写的请求权。而且,案件提起公诉后,辩护人可以去法院阅览、誊写与诉讼有关的文件及证据(同法第 40 条)。开庭审理前,与诉讼有关文件不得被公布于众,但是如果在有必要的公益理由,并被认为是妥当的时候,可以不受此限(同法第 47 条)。

辩护人要注意对誊写的证据文件、刑事诉讼记录的管理、保管。

对此,在 2004 年修改后的《刑事诉讼法》中,辩护人、检察官被课以以下一些义务:即,为了准备被告人案件的审理,应恰当地保管好允许阅览或誊写的与证据相关的复制品,不得随便委托其他人保管(同法第 281 条第 3 款)。

辩护人把誊写的证据用于辩护活动中时,从被告人有权把检察官请求调查的文书作为证据这一点来看(同法第 326 条),应该承认可以把复制的物件给被告人阅览或交给被告人。修改后的刑事诉讼法就是以"关于以使用为目的,以被告人、辩护人或者与此相关的人为对象,用复制等手段获取的证据的规定"作为前提的(同法第 281 条第 4 款)。

但是，把使用目的限制在被告案件的审理或其准备中有点过于狭窄。在引起社会关注的案件中，考虑到为了保护被告人利益和不毁损他人名誉，公开发布证据的复制品在辩护活动问题上是有益的。在共同犯罪案件、关联案件中，常有各个辩护人交换复制的证据进行探讨，这也是必要的。况且，在法庭上，根据调查是否安全的不同情况，处理的幅度也必然会不同。[6] 在这里，众议院在修改刑事诉讼法时，在同法第 281 条第 4 款中加上了下面一项："就关于违反前款规定所要采取的措施来说，要根据被告人的防御权，视其复制的内容、行为的目的及样态、关系人的名誉、私生活或业务的平稳是否受到侵害，以及这些被复制的相关的证据在审判日期内是否是被调查的材料，来考虑具体的方法及其他的事项。"（同条第 2 项）

从辩护人的立场来看，《刑事诉讼法》第 281 条第 4 款第 1 项自身也应予以修正。这一条的第 2 款的法律条文是"根据被告人的防御权"，但是到底容许到什么程度，没有具体说明。和怂恿行使沉默权的是非等问题相同，也只能待到以后解释。但是为了保障嫌疑人、被告人的权利，希望不要产生对富于创造性的热心的辩护活动造成障碍的解释。

注

1 本来在最高法院的判例中，程序内的审理方法，如果仅仅是态度的话，不能成为回避的理由（最决昭和 48·10·8 判时第 715 号第 32 页）。

2 日本律师联合会《关于律师自治答辩书》(1978 年 11 月 25 日)，日本律师联合会《关于刑事法庭辩护活动伦理规程》。

3 通过国家出钱而实现嫌疑人辩护的趋势在不断高涨，在此过程中，日本律师联合会的国选律师研讨会上，作为必然要整备的课题《辩护内容及质量的提高》被提上了议程，联合会的刑事辩护中心也提出了《刑事辩护指南》。但是这个指南反而被对辩护活动进行批判的一派所利用，招致的反对意见也相当有力，在会内没有达成一致。此后，到 2002 年，制定了《关于推荐国选律师的准则》。

4 日本律师联合会与法务省的《刑事嫌疑人辩护意见交换会》中的提案。

5 后面所述的 2004 年的刑事诉讼法修改中，创设了审判前整理程序的制度，也设定了与此相伴的证据宣告的规定（同法 316 条的第 14 款）。

6 日本律师联合会《审判员制度刑事审判的充实,迅速化以及检察审查会制度纲要的意见书》(2004年2月12日)。

设问

1. 缓刑期间再犯的被告人的律师,接受了被告人的如下委托:虽然公诉事实没有错,但是由于一年后缓刑期即满,所以希望能够把裁判拖延至一年后,且因此,律师对检察官所提出来的所有证据都没有同意。他的这种行为有问题吗?

2. 你被选任为因屡次无证驾驶而成为被告人的国选律师。被告人发誓再也不无证驾驶而且已经把自己的汽车处理了。因为这样,你要求对相关的证书进行调查,最后也采用了。但是,在最终辩论之前与被告人见面时,被告人开着应该已经被处理了的汽车到了你的事务所。这时候,作为国选律师你应该采取怎样的态度?

(前田义博)

第十二章 检察官的专业职务责任

本章构成
第一节 检察官的职务
第二节 检察官的独立性与身份保障——检察官的司法官性
第三节 检察官的组织与服务——检察官的行政官性
第四节 关于检察官作用的理论状况
第五节 检察官的专业职务责任

前言 检察官制度的沿革及其发展

今天被称之为"检察官"的官职,从历史上来看,当初不是定位为向法院请求行使国家刑罚权的当事人的。它的地位、权限也根据不同的国家或时代发生了各种各样的变迁。直到近年,在英国还不存在作为常设机构的检察厅,而在美国几乎所有的州,行使日常刑事程序的检察官(地方检事)都是选举产生的。日本的检察官制度,就像刑事诉讼法本身那样,明治时期是法国法,然后是德国法,第二次世界大战后,受美国法的强烈影响,既留下一些母法的特征,也形成了日本独特的法律形式。这里,通过回顾检察官制度的沿革与发展史,首先要明确的是为何存在检察官的问题(关于各国检察官制度的概要,参照《法学研讨》[1981]第274页以下)。

1)法国的沿革

中世纪,在讯问调查程序上,原告官制度不一定被认为是必要的,为了罚款、没收等守住国王的经济利益原因而介入刑事程序的国王的代理人(procureur de roi)是法国检察官制度的起源。这里"检察官"的作用,是国王权益的代理人,而不是一般公益的代理人,并不是作为司法官对其定位的。但是,在绝对王权确立之前,因王权扩张引发了国王与法院(Parlement——最高法院)的权力斗争,于是国王把属于法院的检事局(Parquet——这个词原来指法庭内设立的栅栏,检察官站在这里陈述事实,法国现在也用这个词作为对检察官的总称。)定位为司法官,连同对犯罪的追诉权甚至监督法院的权限均收入手中,这就是近代检察官的原型。

2) 法国革命时期的变革——作为公诉官的检察官的登场

法国革命把刑事程序由纠问转向了弹劾。革命前的法官是负责从追诉到判决全过程的审判官,即使有检事局的存在,没有检察官的起诉也可以开始。相对于此,有原告、被告两个当事人的存在,以公平判断的法官为前提的弹劾程序,就必然会把刑事追诉权限从裁判官那里夺来,即作为采用弹劾程序的逻辑上的归结,刑事程序带来了追诉与判决机能的分离与不告不理的原则。法国大革命时,采用了私人追诉主义,一般市民可以成为原告的英国法成为程序改革的范例。虽然英国法不存在检察官制度,但是法国在原有检事局机能的基础上,创设了刑事原告官的检察官制度。革命初期人人追诉犯罪是从保护市民利益的理念出发,采用了公选制。后来追诉的公益性被强调,直到给予检察官作为政府一员的地位。所以,作为近代意义上的检察官制度可以说是在法国大革命时期确立的。作为拿破仑法典之一的治罪法典(1808年),与革命期的法令相比较,在强调追诉及处罚的公益性上,更多了一些专治的色彩。但是,另一方面,它完成了刑事审判机能的分离,即把追诉权给了检察官,证据收集权给了预审法官,有罪与否的判断给了陪审员(一些给了法官)(水谷[1987])。但是,机能分离并没有立刻让作为司法官的检察官的成立成为必然。法国检察官制度是因为受革命前的检事局那种特殊的法国式的刑事原告制度的影响而存在的。

3）检察官制度的日本法继承——从法国型到德国型以及英美法的影响

整个 19 世纪，德国在此基础上以国家制度的近代化为课题，把在法国已形成原型的检察官制度作为刑事司法改革的核心，即作为"改革后的刑事诉讼法（reformierter strafprozess）"不可缺少的制度而导入（关于德国检察官制度的建立的历史，参照川崎[1997]第 39 页以下）。

德国检察官制度的全面确立（1877 年的《帝国司法法典》）与日本近代的检察官制度的导入（1872 年的《司法职务定制》），基本上是同一时期。两者都是以规定了刑事追诉与司法监督（"法的看守人"）权限的法国法为原型的。

但是，法国的检察官被定位为代表政府的诉讼当事人，而德国以及此后受其影响的日本，则既强调了检察官的非当事人性质也强调了检察官的司法官性质，在职权主义诉讼构造的基础上，检察官与法官一样被确立为"真相解明"的司法官的地位。战前的日本，检察官与法官经过同样的考试（高等考试司法科）、培训过程（司法官试补）。组织上，也采用在司法大臣的领导下，在法院内设检事局的制度。这当中，检察官也作为司法官，与法官有着同样的性质，而且由于它是作为监督人而存在，所以成为了优于裁判官的司法官僚[1]。

对日本战前以"犯罪事实解明"为任务的检察官而言，其主要职责是进行追诉与犯罪搜查。在旧刑事诉讼法时代，他们拥有了甚至被称为"检察法西斯"的强大侦查权。同时，日本战前的检察官，作为执掌天皇制国家机构中枢的官僚，被编入了战时体制（参照荻野[2000]）。

战后，和日本宪法制度一起进行的司法制度改革，反省了支撑战前军国主义的司法制度，把司法的彻底独立与司法民主化作为主要课题进行研究。此间，进行了检察官制度从法院组织中独立出来（检察厅的设置）、缩小战前的强大侦查权限、导入对追诉进行民主控制（从美国的大陪审制度而构想的检察审查会的设置）等改革。在这些制度改革中，可以看到以当事人主义的诉讼构造为前提的美国检察官制度的影响。但是，战后的检察官制度改革，并没有从根本上改革战前德国式的检察官制度。所以，即使现在，日本的检察官制度依然深受德国法的影响而被认为是具有"行政与司法双重性质的机关"（司法研修所[2004]第3页）。

第一节　检察官的职务

关于检察官的职务,《检察厅法》第 4 条规定"检察官,事关刑事,执行公诉,向法院请求法的正当执行,并且监督裁判的执行。关于属于法院权限的其他事项,在职务上确认为有必要时,向法院请求告知,陈述自己的意见,作为公共利益的代表人,执行其他法令所给予的权限"。确实,从这个规定所确定的检察官的形象来看,不仅仅停留在刑事追诉官上,而且,表现出被赋予了广泛权限的"法的看守人"的形象。虽然,这些检察官的权限被限定为关于刑事的权限(狭义的检察权)及其除此之外的权限,但职务的中心是关于刑事的权限。

1) 狭义的检察权(1)——作为刑事案件追诉方当事人的检察官

在刑事裁判中,作为刑事案件追诉方当事人的检察官,完成了从起诉状的提起到刑罚的执行过程中的最初陈述、证据调查请求、讯问、总结发言、上诉权的行使等各种诉讼行为。像在后面详细论述的一样,检察官有自己的侦查权限(可以说与战前相比缩小了)及在判决确定后监督刑罚的执行(具体地说,根据《刑事诉讼法》第 472 条等,对确定有罪判决进行的刑罚执行指导)。从涉嫌犯罪的侦查到刑罚的执行这样刑事司法程序的全过程,以及被委以国家刑罚权行使责任等方面来看,刑事司法制度中的检察官的作用非常重要。并且,以及现行刑事诉讼法采用了国家追诉主义、起诉垄断主义,所以能够决定起诉、不起诉,以及起诉案件维持公诉的也就是检察官[2]。另外,在采取起诉便宜主义的日本,检察官被赋予了即使存在犯罪客观嫌疑,有起诉的可能,也可以日后进行起诉的权限,这类检察官的裁量权,对于刑事司法的运行有着非常大的影响。

检察官的暂缓起诉权限,从刑事政策的角度来看,具有更加重要的机能；从司法政策的角度来看,具有对更加重大的案件可以集中刑事审判的人力、物力资源这样合理性、合目的性的意义。另一方面,在制度上,不具有民主意识的检察官独断专行地行使这样重大的权限可能会产生检察权任意、专断的危险性。比如,在后面要论述的,依职务所具有的独立性或作为行政组织的一体性。虽然,任意性、独断性在一定程度上被预防,但是,即使追诉政策的合理性有保证,这里的合理性也不过是从检察官的角度出发,这种政策判断受到因检察制度的独立性而不受其他机关监督的正当性的限制[3]。这里需要关注现行刑事诉讼法为了控制检察官的裁量权而设计的各种制度(后面要论述的检察审查会,准起诉程序等)。

2) 狭义的检察权(2)——作为侦查官的检察官

在上述《检察厅法》第4条的规定中,并没有明确规定检察官的侦查权限。但是,其实并不需要等读到《检察厅法》第6条规定的侦查权限,就已经可以从《检察厅法》第4条中当然得出检察官拥有决定起诉、不起诉的权限和侦查权[伊藤(1986)第47—50页]。《检察厅法》第6条的规定,也有下述的理解。并不是根据第4条创设的检察官的侦查权限,而是明确地指出了在第4条中,被认可的侦查权当然不受事务管辖的制约[伊藤(1986)第51—52页]。刑事诉讼法中,关于侦查机关的规定指出,司法警察人员是执行侦查任务的(第189条),检察官则是可以进行侦查的(第191条)。所以,可以认为司法警察人员是"第一种含义的侦查官",而检察官是"补充性的侦查官"。从这样的主张出发,后面将要阐述以"公判专从论"作为立法论的一些研究者的看法,即认为侦查权限只不过是补助性的作用(由于《检察厅法》第4条没有作明确的规定),检察官必须放弃并没有被确认当然内容的侦查权限。但是,在检察官内部看法却恰恰相反,他们强调拥有独立侦查权的意义,并且实际上在检察官的人事政策等方面是重视从事侦查的检察官的[4]。

不管怎样,在现行的规定中,检察官作为侦查官是没有什么疑问的,问题在于作为法曹的检察官自己进行侦查,具有怎样的意义。承认检察官应该有侦查权限的理由,主要有如下几点:1 除非具备高度专业的法律、会计知识,否则对经济类犯罪的侦查对于其他侦查机关来说是非常困难的事。2 对一些疑难案件，由可能会受到政治性影响的警察来进行侦查是有些困难的。3 作为法曹的检察官必须要承担检察侦查的合法性任务，为此，除了要对警察进行监督，自己行使侦查权也是必要的。其中，1、2 是由检察官主导进行"特别侦查案件"的情况，3 是《刑事诉讼法》第 191 条所设定的行使"补充侦查权限"的情况。

但是作为检察官，一点不受政治影响也是不可能的（如后面要陈述的指挥权发动的例子等）。可以通过补充性侦查权限的行使，对司法警察的监督、指导来补充司法警察侦查的不足。上述理由可以说并不能使检察官必然拥有独立侦查权的说法有了充分的理论根据。如果仅仅如此，实际进行的检察官的侦查，在没有满足上述理由时，就有可能对检察官的侦查权限本身产生质疑[5]。

3）作为公益代表人的其他职务

除了关于刑事的狭义的检察权之外，在民事及其他案件中，检察官作为"公益的代表人"也拥有各种请求权和参与各种程序的权限（《检察厅法》第 4 条）。虽然具体的权限要依据各种法令的规定，但是，总的来说，由于市民自治权在民法中占有重要的地位，所以只有在权利的确定、行使有困难的情况下，为了法的权威性的实现，检察官才能作为公益的代表人而参与其中。

并且，那些被分配在法务省的各个部局及法务局的讼务部（讼务检事）的检察官，他们所行使的并不是检察权[6]。前者行使的是纯粹的行政权，后者则是在国家诉讼中，作为代理人（与律师有相同性质）行使职务（所以，讼务检事在自己作为代理人代理国家或者地方公共团体事物的情况下，必须要考虑到自己负有与律师伦理相同的专门职责）。

第二节　检察官的独立性与身份保障
——检察官的司法官性

检察官并不服从于所属检察厅的长官命令，而是独立地行使检察权。从这个角度来看，检察厅也被称之为"独任制官厅"。为了使检察权的行使不受其他力量的制约,并使这种职务行为可以立即产生确定的效力,这样规定检察官的权力是有必要的(伊藤[1986]第16—18页)。

与只受法和良心拘束的法官相比,从受法务大臣的指挥监督权和后面所要论述的"检察官共同体原则"制约的角度看,检察官的独立并不具有作为司法官的完全的独立性(所以,检察官不包括在宪法所说的"司法官宪"中)。但是,作为法曹一员的检察官,要负一定的作为法律家的客观义务。这样,检察官的地位就是准司法官。而且,准司法官的性质是检察官的身份保障,检察官除了退休或其他的特别规定的事由外,是不会发生违背其本人意愿而使其失去官职、停止职务或减少工资的情况的(《检察厅法》第25条)[7]。

但是,对检察官的客观义务与准司法官性质的讨论不是基于其身份和职务权限行使形态的问题而进行的,而是基于诉讼法上的作用、性质等问题来进行的。这种情况引起了很大的争议。把检察官视作基本人权的维护者的想法,使得权力制约性比较强的检察权限(比如,调查权、上诉权)正当化,但这种正当化是建立在行使检查权限的检察官所具有的司法官性质的基础之上的。并且,由检察官来对适应性程序进行保护的构想本身就是基于由官员来保护市民权利的这种带有职权主义色彩的想法,这种想法被指责为没有与现行法的当事人主义的诉讼构造相一致。

第三节　检察官的组织与服务
——检察官的行政官性

检察官,属于根据法院的审判等级而设置的各个检察厅,独立履行自己的职责。各个检察厅的长官(最高检察厅是检事总长,高等检察厅是检事长,地方检察厅是检事正,区检察厅是上席检察官或检事、副检事)对自己厅的职员或下级检察厅的职员拥有指导监督权(《检察厅法》第7—10条),检察官根据上述指导监督权限,构成以检事总长为最高点的金字塔状的组织。

这样,在与前述的检察官独立性不相矛盾的情况下,将等级引入检察官职权行使的原则就是"检察官共同体原则"。这个原则是这样来说明检察官的权限的：检察官的权限以检事总长、检事长以及检事正拥有的案件接受移转权为媒介，可以将案件转给其他官厅的检察官处理，而且具有相同的法律效力（伊藤[1986]第72页）。检察厅法明确指出，承认根据上司的命令向其他的检察官所做的案件移转（《检察厅法》第12条）。并且，关于起诉、不起诉的决定，以及是否要上诉等，因为有所谓的审批制度，所以检察官在行使这一类的权限时也要受到上司的指导。

但是，如果违背法律家的道德与信仰而执行上司命令的话，那么检察官检察权限行使的独立性就被全盘否定了。在这种情况下，如果检察官与上司的意见不一致，如何解决就成了问题。对于该问题有这样一种见解：在具体案件的处理方针上与上司的意见不一致的情况下，检察官必须向上司要求启动案件接受移转权，如果上司连下级要求启动案件接受移转权的请求也拒绝的话，那么主办检察官就应该辞去官职以维护自己的良心[伊藤(1986)第74—77页]。

这种见解，乍一看好像是尊重了检察官的独立性。但是实际上，这种见解并不是承认与上司意见的不同检察官可以行使自己的检察权限，而是逼迫察官在服从上司的命令和辞职上做出选择，检察官共同体的原则是优先于检察官的独立性的。另外，对于不像法官那样具有很强的身份保护的检察官来说，不服从上司的命令，就有发生人事调动等人事上不利的可能性。由于检察官不得不考虑到这样的情况，所以官僚的统治也就很容易地形成了。"检察官共同体的原则"其有价值的一面是在侦查、追诉权限的行使时，可以进行统一行动。但是，同时是不是也要意识到，这个原则使得检察官处被置于作为法律家的良心与紧张人际关系的夹层当中。

除了接受检察官共同体原则所带来的制约，隶属于行政机关的检察官还要服从主管大臣——法务大臣的监督。对检察官的独立性以及检察官内部的指导监督权限进行监督也是必要的。检察厅法把法务大臣的权限分为一般性指挥监督权限、个别案件的调查权以及关于处分的指挥权。最后一项权力的行使对象只能针对检事总长，这已经在立法上得到了解决（《检察厅法》第14条）。对检事总长的指挥权的发动，在历史上只进行过一次[8]，当时由于这个指挥权的发动，引起了极大的混乱，最后导致法务大臣引咎辞职。因此，法务大臣的指挥权被称之为"不能拔的传家宝刀"。但是,指挥权的存在,对检察权限行使的事实上的影响还是存在的(鱼住[1997]认为,此点把特别调查部检察官的政治性的一面很明显地显现了出来),在这个意义上,检察官作为司法官的独立性也不能得到彻底地贯彻,不得不说他并未能摆脱政治的影响力[9]。

第四节　关于检察官作用的理论状况

1) 战后检察制度改革与"检察的民主化"

现在的检察制度,其法律基础是检察厅法(1947年5月3日与日本宪法同时施行),这一法律把在法院管辖下的检事局有组织地独立出来。但是,如果说作为战后改革一部分的检察制度改革达到了"检察民主化"这样的改革目标,是具有很大争议的。

确实,由于从法院有组织地独立出来,使得此前检察官所具有的比法官更加优越的地位有所弱化。现行刑事诉讼法(1949年施行)缩小了侦查权限[10],检察审查会制度的实施(1948年),也使得市民可以对检察权限做出一定的限制,但是检察官的人员构成并没有根本性的变化。除了受到开除公职处分的人之外,由于不会问及检察官的战争责任,所以战前的检察官就原封不动地保留了下来。并且,作为政府机构而被重新编制的检察厅,一方面属于行政组织;另一方面又要保障人事安排、权限行使方面的独立性,所以甚至连间接的正式性的民主制度也没有得到保障[11]。正因为这样,战前治安维持法中适用的"思想检事"的糟粕被战后的"公安检事"继承,战前和战后的连续性也就这样保持了下来。从脱离官僚司法的角度来看,由于最高法院审判案件的国民审查制度的施行,法官民主化的理念深入人心。与此相对,检察厅连像这样的制度基础也没有(仅有的是根据检察审查会的关于检察权的行使的"建议"而已)。基于上述理由,围绕检察官的工作方式,与从职权主义到当事人主义的诉讼法的构造的变化相一致,战后也就产生了各种各样的"检察官论"。

2）当事人主义的检察官论

现行刑事诉讼法及其解释在实施运行了十几年之后,具有了一定的稳定性,当事人主义在刑事程序中逐渐占据主要地位,关于检察官权限必须重新考虑的议论也开始登场。

1960年开始提倡的公判专从论主张,首先,检察官不要自己进行侦查,而是对警察的侦查进行批判性的检查,从而决定起诉或不起诉,在公判庭上必须作为追诉方当事人进行诉讼行为（佐佐木［1963］第175页以下等）。如果检察官亲自进行以调查嫌疑人为核心的盘问侦查,那么他的权力相对于被告人和犯罪嫌疑人来说是支配性的,这样就使得公判庭上检察官与被告人、嫌疑人、律师之间对等的当事人主义的现行法的诉讼结构形同虚设。其次,检察官对经过自己侦查而发现的事实真相会相当自负,因此势必会用尽心思把侦查的结果在法庭上再现,而且也会坚持多用讯问笔录,在进行证人询问的时候,也会坚持要获得与讯问笔录相同的供述,从而获得有罪判决。所以为了保证一审程序的公正性,应坚守当事人主义的现行法理念,"检察官啊,回到法庭吧"的提法,正是公判专从论所要强调的地方。这种观点,当时在检察官与法官之间获得了一定的认同。但是,也出现了下面的相反论点,作为检察官专权的判断起诉、不起诉,拥有侦查权等是必要的,正是由于检察官的公正侦查才获得了象征刑事司法成功的低犯罪率等（出射［1962］第108页以下）。这些相反论点渐渐地成为检察官的共识,在没有产生具体的制度改革和适用变化的情况下,这些议论就结束了。

但是,一千多人的检察官（就算把副检察官算进去也不过两千多一点）,除去不以犯罪论处的情况,就所有的案件来说,每个案件都亲自进行侦查几乎是不可能的。根据这样的现实,此后,只要一有机会,检察侦查的合理性、必要性就会被质疑。最近,在认为检察官的侦查权限是必要的前提下,有些人主张,根据案件性质的不同,应该分为由检察官负责侦查的情况与由警察负责侦查的情况。关于后者,如果警察的侦查不十分充分,判为无罪也是不得已的（抛弃论）（参照高野［1991］）。检察官要参与侦查到什么样的程度,即使现在也是必须研究的问题。

关于在公诉、公判中检察官的行为,20世纪60年代有把刑事辩护的实践与检察官公诉权的行使判为违法的国家赔偿案件的民事判例。以此为背景产生的公诉权滥用无效论,迫使各个方面对检察官的公诉权的行使方式进行反思。如前所述,对于检察官的不起诉的处分,根据检察审查会、准起诉程序的规定,有管制制度作为监督。但是对起诉处分,在管制制度上却没有规定。针对这种情况,公诉权滥用无效论主张,即使检察官的起诉在实质上是有效的,但是当其在形式上是违法的或者是不当的时候,法院不需要进入实体审判,在形式审判上就必须要终止其程序。公诉权滥用主要包括以下几种情况:1. 检察官在客观上没有足够的证据而进行起诉的情况(没有嫌疑的起诉、预定起诉);2. 检察官超越了追诉裁量的基准而起诉的情况(有歧视的起诉、不平等起诉);3. 检察官忽略侦查中的重大违法情节而起诉的情况(根据违法侦查而进行的起诉)(井户田[1978]第85页以下)。在上述情形中,检察官提起公诉的行为本身就可以看作是滥用权力的违法行为,必须适用或者按类似的情况适用《刑事诉讼法》第338条第4款,作出驳回公诉的判决。这是这个理论的归结,而且这个理论体系得到了最高法院的认可(最决昭和55·12·17形集第34卷第7号第672页)。但是,最高法院把公诉权滥用无效规定在了"公诉提起自身就要构成职务犯罪"这样极端的情况下,同时也放弃了关于追诉裁量具体做法的实质性检讨,检察实务家对该理论进行了非常严厉的批评(龟山[1983]第49页,指出检察官对公诉权滥用无效论很排斥,认为公诉权滥用无效论是学者理论性的关心与律师作为一方当事人而采取的法庭战术病态结合和夸大的产物)。结果,这个理论也没有对检察实务产生实质性的影响。

3)检察官的客观义务论、准司法官论

如前所述,以彻底实现当事人主义为目标,把检察官的当事人主义作为前提而迫使检察实务进行改革的理论,不能对现行刑事诉讼法进行合理有效地说明。因此仅仅用战后采纳的当事人主义的思想是不能解决问题的,因此检察官的客观义务论与准司法官论(代表性的论证是冈部[1966—1970],松尾

[1967]）进入了我们的视野。

首先它是参照德国的检察官论而展开的，其特色是，日本的现行刑事诉讼法吸收了当事人主义诉讼构造的优点，在职权主义的诉讼构造下并没有一成不变地采用把检察官认定为司法官并认为检察官负有客观义务与发现真实义务的检察官论，而是通过对《宪法》第 31 条合理程序条款的理解，认为检察官应该具有"拥护合理程序义务"的司法官性质。具体来说就是，在侦查中，检察官有检查司法警察职员违法侦查、担保侦查的合法性的义务，也负有从客观立场对有利于嫌疑人的证据进行调查的义务，在公诉阶段必须要行使适当的公诉权（不得单方面地存在嫌疑人有罪的思想），在公判阶段负有公示证据的义务、考虑对被告人有利的证据的义务。

客观义务论、准司法官论，一开始是向大陆法学习，在进行战后改革时，又开始加入美国法的要素。从前述检察制度的历史过程看，这一理论具有合理性。把"法的正当适用"规定为检察官职务的《检察厅法》（第 4 条）承认职务的独立性与身份的保障性，这也可以从一个侧面说明检察官的准司法官性质，至少在一定范围内，在承认检察官的司法官性质的限度内，该理论是与检察实务家的规定相一致的。但是，这种理论上的客观义务论和准司法官论试图在德国的检察官论与日本宪法的正当程序规定之间架设适当的桥梁，在此过程中提出的关于具体程序上的检察官义务的想法，没有从检察实务家那里得到积极的认同。

其次，从反面来看一下检察权限行使的实际情况。检察官是否是服从于客观义务，并保持了司法官的公平性和中立性呢？在检验和论证了客观义务论、准司法官论的妥当性的基础上，还要看在实际个案中，检察官或作为国家机构的检察厅是以怎样的姿态出现的，如此将理论与实际联系在一起进行探讨是非常重要的。对照此观点，可以发现，当因出现对被告人或嫌疑人有利的判决而发生争议时（比如，就无罪判决、保释许可决定、重审等（作为具体的例子，令人想起甲山事件的情况）），即使审判机关指出侦查的违法性，检方也只是说"检方的主张没有得到认可，非常遗憾"，在检察机关不想承认其检察机能行使不充分的姿态上，不仅不能看到"客观性"，相反，只能看到倾向于必罚主义的追诉方的冷酷性。正是因为这样,对于客观义务论和准司法官论,即使在学界内部也存在着相反意见。相反意见认为必须根据嫌疑人和被告人防御权的扩充、强化而不是根据义务论来对检察官进行约束。即通过彻底实行当事人主义来确保适应性程序(参考川崎[1997]第199—202页)。

此后,在1970年开始的对追诉理念的再认识中,试图对检察官的行事方法再次进行探讨(私人追诉主义论,[市民的公诉权]论等),但是并没有发生实际效果(参考川崎[1997]第204—230页)。那么,战后从各个角度展开讨论的检察官论,为什么没有对检察官制度的变革和实务产生影响呢? 当然这有多方面的原因,这里,笔者想就以下的两点谈谈自己的看法。第一,1960年现行刑事诉讼法走上正轨以后,检举率非常高,由于采用起诉简易主义,有罪率也节节攀升。这些数据都是高效率的刑事司法运作的明证,高效率的刑事司法运作带来了日本社会的安定,检察官因此而自负。在这样的情况下,检察官本身认为自己有改革必要的可能性就比较小。第二,面对学界、律师、法官、媒体等从检察组织外部对检察官的做法所进行的批判,特别是要缩小、制约检察官权限的议论,检察官从整体防御的想法出发,有时候甚至进行了被认为是感情化的反批判。这种从外部而来的批判与内部反批判对立,也是造成没有成果就结束争论的原因之一。

即使在21世纪即将到来的今天来看,作为战后改革课题的"检察的民主化"依然没有得到实现。检察官侦查过程中侦查的纠问性质以及公判过程中根据调查笔录作出裁判的现实也没有任何的变化。但是,另一方面,支持检察官自负的所谓"根据适当的刑事司法的运用而获得安全的日本社会"的社会状况,近年来随着犯罪数量的增加、刑事设施的供不应求等状况,也渐渐显示出了变化的趋势。在对国际准则进行研究之后,针对日本刑事司法的一些批判和研究(其中的一个例子,参照庭山等人所编[1997])也逐渐增多。在此情况下,对于今后的检察官论,应采取何种视角? 笔者在考虑司法制度改革探讨中所出现的论点的基础上试着提出一些方向性的内容[12]。

首先,是有效地控制检察权限行使的法律手段的必要性问题。关于这一点,在进行司法制度改革的过程中,赋予检察审查会决议(再度的决议)拘束力的方式，取得了一定的成果。但这只是停留在起诉方面的控制上（根据2004〔平成16年〕法律第62号，《检察审查会法》第41条的第2—12款中规定的检察审查会的起诉决议与由指定律师所作的提起公诉、维持公诉）。对于即使从一般市民的角度看也被认为是不当的检察官的起诉处分，应研究进行实效控制的法律手段的可能性。并且，就像司法制度改革审议会特别提出的"检察厅运营的国民参加"那样，作为官僚组织的检察厅，因为其专门性与组织独立性，所以具有不接受外来批判的功能。有鉴于此，把吸取外部意见并加以整合的制度性改革就变得非常必要。不接受外来批判与改善建议的组织，非常容易陷入专权与腐败当中。就像已经看到的那样，不能保证非民主统治下的检察厅，在政策的判断、权限的行使上不负有政治性责任。虽然在理念上，通过法务大臣，具有反对作为行政厅的政治责任的可能性，但是由于法务大臣的指挥权，即，对各个检察权限行使进行限制的统一管理手段，留下了因为政治上的意图而不当地介入刑事司法的历史性的祸根。现在可以说是，这种反对权处于一种被封杀的状态。

其次，作为检察民主化制度的一环而构想的检察官合格审查会（《检察厅法》第23条，国会议员6人和法官、律师、学识经验人等共11人构成）根本就没有能够发挥作用。关于检察权限行使的讨论，不应通过行政上的统一管理或名存实亡的机关，而是应通过可以反映市民常识的新的制度。只有把这样的讨论结果运用到检察厅及各个检察官在行使其权限的过程中，才可以说"国民信赖的检察"成为了可能。

第五节　检察官的专业职务责任

1）作为公务员的责任

如前所述，检察官是参与侦查、公判、裁判的执行等刑事司法全过程的法律家。刑事司法公权力的行使本身就包含着与市民自由之间的紧张关系，一旦被滥用，市民的权益将受到巨大的侵害。宪法明文规定禁止拷问及残酷的刑罚,刑事司法也规定了严格的适用程序。这些规定,也一定是考虑了上述情况。这里,检察官首先被定位于刑法上的"特别公务员"(《刑法》第 194—196 条),必须要想到,对于他们职务权限的滥用,刑法会处以比一般公务员更重的刑事责任。

除了物理性的暴行与胁迫等违法性的审讯手段之外[13],与嫌疑人等直接对峙进行审讯的检察官,对工作越热心就越容易产生站在比嫌疑人更高的位置来得到供述的心情。审查过程禁止外泄,抑制不当审查制度性要素的缺乏使得审讯在威慑性的氛围中进行,这就与沉默权产生紧张关系,检察官在进行审讯时要不时地意识到这一点。另外,对于检察官而言,也希望自己能很好地负起检察警察的侦查责任。即使在接受警察移送的案件时,侦查也要求他们能够改正警察在侦查活动或审讯中的违法行为,减少违法审讯的影响,以保证侦查的公平合理[14]。

除此之外,检察官作为公务员还要承担国家公务员法上的义务。关于法官,考虑到其独立性,不适用国家公务员法(《国家公务员法》第 2 条第 3 项第 13 号)。但是,检察官则作为一般公务员适用国家公务员法,承担守密(同法第 100 条)、职务专注(同法第 101 条)、政治行为的限制(同法第 102 条)等义务。如果检察官违反法令、违反职务上的义务、渎职或者进行了与公务员身份不相符的行为时,就会成为惩戒处分的对象(同法第 82 条)。

作为公务员的一般义务,检察官具有遵守宪法与法律的义务。另外,从"全体的奉献者"的理念出发,还应该具有在执行职务时不偏不倚、公平等基本态度。这样看来,即使不以客观义务和司法官性为媒介,仅仅从作为法曹的公务员身份出发,就可以充分说明检察官的基本义务,也可以理解成,这些公务员所应承担的义务是检察官必须遵守的基本义务。

2)检察官与被害人

检察官曾经被强调必须作为"与被害人一起哭泣"的主体(伊藤[1978]),甚至还有人认为因检察官替被害人请求处罚嫌疑人,所以就应该抚慰被害人的感情。但是,最近由于被害人自身请求保护和要求承认自身权利运动的兴起，检察官代言被害人意志的单纯方式已经变得不那么妥当。被害人的需要，有时与检察官对事件的处理方针不同，有时检察官行使权限的方法会引起被害人的不满，有时行使权限的程序对被害人来说会增加其被害体验（由于程序的二次的、三次的被害体验）（关于刑事案件与被害人的问题点，参照本书第十一章）。

在检察官与被害人的关系中，特别要注意的地方是，虽然以下提到的不过是检察厅的内部规定（如设计了"被害人等通知制度"，从1999年4月开始实施），即在各地检察厅配置了"被害人支援者"，要求检察官对被害人要提供一定的服务。但是这一规定也可以表明要顾虑到被害人的保护等方面。此外，虽然"犯罪被害人保护二法"（2000年11月施行）依然没有承认被害人的明确权利，但是承认了记录的阅览、优先旁听、接受证人询问时的保护措施（掩护、根据录音方式的非对面的陈述）等权利，还设计了除证人询问以外的意见陈述等新规定。这些规定还指出，检察官在与被害人面对时必须要注意几个方面的事项。在这些情况下检察官的不恰当对应，会令被害人对检察官及全部刑事程序产生不信任感。在审问、询问证人的时候，必须要考虑到不要让被害人遭受二次伤害。在最新设计的与被害人相关的刑事制度的运用上，要求有与制度主旨相对应的适当措施。

本来，在采用国家追诉主义，检察官作为请求发动国家刑罚权的原告方当事人的这种刑事程序基本构造的前提下，被害人不是刑事程序的当事人，检察官也不是被害人的代理人。因此在案件的处理和追诉的过程中，过度地斟酌当事人的意向，可能会歪曲正当程序的理念。有时，被害人深信刑事程序是可以成为雪恨的工具。在这样的情况下，检察官就有必要完成以下一些调整性的工作，即向被害人说明刑事程序是公正的程序；案件不是仅仅靠刑罚就可以解决的；刑事政策性考虑的意思等方面的内容，或者向被害人建议为了弥补被害人的损失可以采用的其他手段等。

3）检察官的行事方法与国际准则

检察官在具体行使职权的时候，是根据刑事诉讼法以及其他的法令进行的,但是不存在类似于律师伦理规定那样的行动准则。对此,同样是法曹的法官也不存在类似的行动准则。但是,法官的情况是不一样的,因为法官的职务是独立的,如果从外部对其制定行动准则是不恰当的。可是,对检察官而言,并未要求他享有像法官一样的独立性。除了规定相当于一般服务规律的守密义务、职务专注义务等的国家公务员法以外,日本还没有以法规形式出现的检察官行动准则。对此现状有以下理由:检察官不像律师一样是自治的,他具有下级服从上级的行政官性质。并且在"检察官共同体原则"有组织的指挥监督下,可以保证检察权限的质量,所以并不需要明文规定的规则。但是,在强调行政透明性和明确专业责任的现代社会中,并没有人认为这样的理由是充分的。

在此,我们将从国际化的角度来出发,研究检察官在行使各种权限和发挥各种作用时候,是否需要规则。在刑事司法领域,从各个角度设定国际准则的联合国的作用是非常重要的。对于联合国通过的被日本采纳的条约,已经作为国内法生效了,检察官在行使这样的权限的时候,必须要遵守条约的规定,也是理所当然的事[15]。对于没有形成条约的,由于是作为显示这个领域的国际水准的内容,所以也有参照的必要性(关于这一点,对于律师和法官来说也是同样的)。关于刑事司法中的国际人权的意义,参照五十岚[1997])。与检察官的权限行使直接相关的是,1979年12月17日联合国大会通过的《执法人员行为守则》(Code of conduct for law Enforcement officials)和1990年12月14日联合国大会上通过的《关于检察官作用的准则》(Guidelines on the Role of Prosecutors)是最为重要的。虽然前者是把警官的规则放在重点,但是,在日本由于检察官属于侦查官的行列,再加上这个行为守则中包含了"行使逮捕、拘禁权限"的执法人员,并且具有对司法警察职员的指示、指挥权限(《刑事诉讼法》第193条)和对侦查进行监督的职能,因此要求检察官应熟知这个行为守则。该行为守则规定了执法人员的维护人员义务(第2条)、关于武力行使的相称原则(第3条)、守密义务(第4条)、拷问等的禁止义务(第5条)、被拘禁者的健康保护义务(第6条)、渎职行为的禁止义务(第7条)等等。后者是关于检察官自身行为的一些规则,在日本还没有这样的国内法。它主要规定了检察官对市民自由的保障（言论、结社、集会的自由,第 8 条）,不管对嫌疑人是有利还是不利,按客观标准行事的义务（第 13 条(b)）,考虑受害人的义务（13 条(d)）,用不正当手段得到的对嫌疑人不利证据的排除和通知法院不得采取前述证据的义务（第 16 条）等（关于这些规定的意义,参照五十岚[1997]第 93—106 页）。

关于国际人权标准对检察官的约束,还有一点值得注意。日本政府 1998 年 10 月审查关于自由权规约的第 4 回报告书中,规定人权委员会所作出的劝告事项中有"对法官、检察官、行政官进行国际人权法教育"这样的意见。可以说,近年来,对国际人权法的关心越来越多,但是还不能说,在法曹的培养过程中以及从事实务工作的法曹在其研修过程中,关于具有联合国大会决议水平的国际人权法的学习或研修的机会已经得到了保障（在司法研修所中,虽然关于国际人权规约的讲义也有,但是作为检察学习教材之一的《检察讲义案》,对国际人权标准却没有任何提及）。在现代社会中,有关国际人权法的见解对法曹来说也是非常重要的。

4）作为检察官的专门职业的责任被质疑的案例—国家赔偿案例的介绍

如上所述,现有情况下,明确规定检察官行为准则的规范体系还不存在。但是,现在也有"什么是检察官不能做的"这样最低限度的法的规则。这一规则在争论检察官权限行使是否适当的国家赔偿请求诉讼的判例中得以体现。在检察权限的行使过程中,如果诉讼关系人或一般市民受到损害,由于检察官也是"行使公权力的公务员（《国家赔偿法》第 1 条第 1 项）",因此如果这个损害是由于公权力的违法行使而导致的,那么就可以成为国家赔偿法救济的对象。判例主要集中在以下几个方面：检察官妨害嫌疑人与辩护人见面的案例；在无罪判决的案例中,因检察官的起诉本身是否合法而产生疑问的案例。

首先,关于妨碍接见的案例。《刑事诉讼法》第 39 条第 3 项明文规定,侦查官可以指定接见的场所、时间。当辩护人去与嫌疑人见面的时候,在指定权的行使过程中,如果仅仅只是不能在指定的时间点上见面,是不能说接见指定权的行使就一定是违法的。问题在于,指定权应在什么样的场合、以什么样的形式来行使。过去在检察厅统一方针的指导下,预先指定了嫌疑人与辩护人不能见面的案件。就某个具体的案件,如果辩护人没有带写明许可接见的具体场所、时间的书面材料,就不允许其见面(一般的情况下的指定书、面见凭证方式)。相对于这样的情况,很多国家赔偿诉讼是由辩护人提起的,辩护人基于接见不受妨碍的权利受到侵害而要求以赔偿金的形式进行赔偿。在这当中,"当辩护人申请与嫌疑人见面时,原则上,任何时候都应该给予见面的机会","由于侦查中断而导致障碍非常显著的时候,与辩护人等协商,尽可能迅速地指定接见的日期,以便嫌疑人和辩护人协商,采取可能的措施进行防御"(杉山案件判决。最判昭和53・7・10民集第32卷第5号第820页)等的判决也开始出现。在这些判例中,一方面对侦查的必要性给予了一定的考虑;另一方面侦查官特别是检察官负有给予接见机会的义务的案例层出不穷。根据这样的情况,使用一般性指定书的接见指定,在1988年被法务省废止了。但是在此之后,辩护人没有事前与检察官取得联络,没有接受接见日期的指定,还是不允许接见。最近出现了这样的判决,即关于拘留后的第一次接见,不允许指定时以对嫌疑人的调查为理由,拒绝"立刻或尽快"接见,推迟初次接见的机会等。(最判平成12・6・13民集第54卷第5号第1635页。但这是关于警察官接见的指定。)

确实,根据《刑事诉讼法》第39条第3款,接见指定权自身并没有违宪(最大判平成11・3・24民集第53卷第3号第514页)。但是,从学说和律师的角度来看,其结果是承认了侦查的必要性要优于嫌疑人接受辩护人援助的权利。并且,也有很多意见认为《刑事诉讼法》第39条第3款规定仅仅凭侦查机关的判断就指定接见可能是违宪的(比如,若松、柳沼编[2001]第210页以下)。本身也是侦查官的检察官往往有把辩护人作为侦查的妨害人的倾向。[16] 如果已经自白了的嫌疑人在与辩护人见面之后,又推翻了以前的说法的话,那么对辩护人感到怨恨也是有可能的。但是,检察官作为最终担负确保侦查适当性和合法性责任的法律家,不应该妨碍嫌疑人行使防御权,在接见指定权的行使过程中,对即时接见的限制只应该存在于侦查产生具体障碍时。

其次，看一下检察官造成的"误起诉"。刑事裁判产生的最大悲剧当然是对无辜者的处罚。即使通过裁判能够沉冤昭雪，没有因为错误的裁判受到刑罚，但是由于人身被拘束、一定期间的社会生活被剥夺或者为了防御而耗费了大量的时间与劳力，无辜者遭受了很大的损失。为了弥补这样的损失，规定了刑事补偿制度（《宪法》第40条，刑事补偿法）。但是，刑事补偿制度的保障仅仅止于对未决的拘禁期间，并不是对无罪判决人在刑事程序中所受到的全部损害加以补偿。一般认为，在制度上，除刑事补偿之外，被确定无罪的被告人等可以对在这个案件中判决其有罪的法官、起诉该案的检察官或者在该案中负责侦查的侦查官，以他们有违法行为为由请求国家赔偿。

被起诉的案件被判为无罪时，从结果上来看，检察官提起公诉本身就是错误的。是不是所有这种情况都是因为检察官违法提起公诉。检察官在起诉的时候，应该已经结束了证据的收集，如果仔细地揣摩证据，是否有罪应该是可以判断的。如果把必然会成为无罪判决的案件加以起诉，那么这个检察官在原则上就是进行了违法的公诉（结果违法说，参照村重[1996]）。但是，即使说是结果违法，在把检察官的误起诉认为是"客观的违法"的同时，如果"被告（国家）证明检察官的起诉有合理根据"，那么违法性就会被阻却，所以并不是所有的误起诉国家都有赔偿责任）。相对于上述情况，如果在起诉的时候，判断其有罪是有合理理由的，那么检察官的起诉在那个时间点的判断就是合法的，不能说在此之后出现了无罪判决，就说起诉本身是违法的（职务行为基准说）。判例上基本上采用的是职务行为基准说，作为误起诉案件典型的最高法院的判决，把检察官起诉时合法的心证程度归纳为："如果综合分析了起诉时或者追加公诉时的各种证据资料，并且通过合理的判断过程，足以认为原来的被告人有有罪嫌疑的话，起诉就是比较充分的。"（最判昭和53·10·20民集第32卷第7号第1367页）

实际上，纯粹地贯彻结果违法说，与其说会引起谨慎起诉的后果，还不如说会引起检察官为了一定要得到有罪判决而进行行动的可能，最终将会导致比现在更加严重的侦查纠问化。但是，以职务行为基准说为基础的判例，被认为承认了检察官起诉和追加公诉过失的范围过于狭窄。比如，由于时效即将完成，没有看到证据之间的相互矛盾，没有进行充分的侦查就进行了起诉（东京高判昭和 37·3·8 讼务月报第 8 卷第 4 号第 589 页），虽然检察官的手中有被告（犯罪时）不在场的证据，但是根据自白而提起、追加的公诉（松川案件，东京高判昭和 45·8·1 下民集第 21 卷第 7—8 号第 1099 页）等这样的案例，只有在检察官非常明确的承认在起诉、追诉时存在过失的情况下，才会确定国家赔偿责任（关于承认过失的其他的案例参照村重［1996］第 102—108 页）。再如，作为对死刑案进行再审并改判为无罪的案件之一的松山案，判决一方面承认再审请求阶段所提出的证据当中就含有无罪证据；另一方面又判决由于检察官没有提出该证据的义务，法庭也没有出示全部证据的义务，因此，依据自白起诉的案件，从结果上看即使隐匿了证据也并非都是违法的（仙台地判平成 3·7·31 判时第 1393 号第 19 页）。

在以国家追诉主义和起诉独占主义为主导的现行法律制度下，起诉、不起诉的判断仅仅依赖检察官作出。此种情形下，在冤狱案件中，以一句简单的评价——"起诉当时拥有有罪心证是合理的"就可以免除检察官的责任是不合理的。检察官至少也应该对嫌疑人、被告人有利或不利的证据进行客观的评价［想起了上述《关于检察官作用的准则》的第 13 条（b）］，只有当具有可以得到有罪判决的盖然性时才可以做出进行起诉的判断。在追加公诉的过程中，当发现了对被告人有利的证据，不可能再得到有罪判决时，必须根据现实情况，通过撤销公诉（《刑事诉讼法》第 257 条），努力消除被告人事后的程序负担。

注

1 具有象征性的是战前日本的法庭，当时，检察官和法官一起穿着制服坐在法庭上。
2 但是，关于准起诉案件，存在着垄断起诉的例外（根据准起诉程序而拟制提起的公诉以及指定辩护律师的维持公诉）。
3 比如，缓期起诉的比率，从全体上看占检察厅终局处理人员的 4 成左右（2001 年是 39.9％），犯罪种类不同，比例也有很大的不同，与交通相关的案件占 88.0％，违反道路交通法的案件占 10.3％（都是 2001 年）。总而言之，在同样的交通事故中，交通类案件在原则上是缓期起诉，而违反道路交通法的案件在原则上是起诉，我们可以看到这样的追诉政策，这个方针自身是否适当，完全没有得到检验。

4 现在,属于设在东京、大阪、名古屋的三个地方检察院"特别侦查部"的检察官,是专门进行侦查的,认为这些"特搜检事"才是检察的明星的想法,在检察官内部是非常根深蒂固的。
5 以前就一直存在的检察官的侦查不过是在警察侦查的上面再"涂一层漆"而已的批判,现在还有了用打字机直接把警察的笔录复写成检察官的调查书的例子。(秋田[2002])
6 法务省的事务次官、刑事局长、矫正局长等的位置都是由检察官来担任的,在其他行政省厅中作为事务方最高首长的事务次长,在法务省的人事当中是被安排在检事总长等的职位之下的。这是战前官僚机构中检察官的优越地位在战后依然存在的一个表现。
7 法官的身份保障包括保障不违反本人意愿的"离职、调职"(《法官法》第48条),检察官不包括这个,不能否认这也是检察官的官僚性人事比较普遍的一个侧面。
8 在1954年的所谓造船疑狱案件的侦查中,当时的犬饲健法务大臣看准执政党干事长被逮捕的时机,进行了必须要进行任意侦查的指挥,可是,这个疑狱案件的侦查,也是在没有什么成果的情况下就结束了。
9 1986年发现的警察官盗听在野党住宅案件,使得警察有组织地盗听的问题大白于天下,虽然抓到了实行盗听的警察官,但是,东京特别侦查部最后还是决定不起诉。原来的检事总长伊藤荣树在自己的回忆录中说了下面一段话:"如果在警察或自卫队这样拥有巨大实力的组织进行有组织的犯罪的时候,检察与他们对决,能否达到惩罚犯罪的目的,必须要认为是值得怀疑的。"(伊藤[1988]第166—167页)1992年,在东京佐川急便案件中,给了当时的执政党副总裁5亿元献金,当时的东京地方检察院特别侦查部就连对本人的案件听取都没有进行,就将该案作为政治资金规正法违反案件,进行了略式起诉的处理(参照鱼住[1997]第172页以下),但是这个案件被看作是政治干预检察而遭到了舆论的尖锐批判。
10 与旧刑事诉讼法相比较的时候,旧法上,伴随着起诉前的强制处分的证据收集是其原则,由预审判事来执行。与此相对,现行法虽然说是根据令状主义接受检查,但是由于把它当作了侦查官的权限,所以,认为有强化了检察官的侦查权限的情况也是可能的。
11 但是,在立法过程当中,铭记有公选制和罢免制这样的提案是比较好的。关于战后刑事司法改革的意义和界限,参照小田中[1977]第25页以下。
12 司法制度改革审议会意见书,对检察官制度的改革作了以下的提议。首先,关于检察官应具有的资质和能力,提出了:1.为了确保国民对检察的严正性和公正性的信赖,检察官理念改革的方针政策包含:a.让检事在可以了解到一般国民的意识和感觉的场所进行公务的人事、教育制度的根本性的改革,b.为了使检察官加深对犯罪被害人的心情、警察等第一次侦查机关的活动的理解所需要的具体的方针政策,c.为了防止检察官陷入独断专行,彻底地探究作为检察官的基本行为,进行内部研修等的充实强化。2.导入以专门知识和经验的掌握及提高适当为目的的研修制度等,3.为了可以支撑对刑事程序的新的国民参加制度的有效实施,为了谋求听证活动等,需要导入适当的研修制度。其次,作为参与检察厅运营的国民参加制度,包含检察审查会就检察事务的改善而对检事提出建议、劝告制度的充实化、实质化。关于检察厅的运营，必须要导入可能反映国民声音的制度。

13 很遗憾，检察官在审问时的暴行也绝不是很久远的事。在最近，1993年就发生了在关于所谓的总承包人(general contractor)渎职案件的侦查中，由于检察官在审问时对嫌疑人、参加人施暴，而被判特别公务员暴行凌虐罪的案例。

14 警察官违法进行调查时，没有为避免违法而采取一定的特别措施就进行调查时，即使警察官自身没有采取不当的调查方法，警察官的调查书的证据效力也有可能被否定。

15 比如，作为检察官必须要遵守的条约的规定的具体例子，《自由权规约》的第14条第3项(a)以嫌疑人所理解的语言进行被怀疑事实的告知，同条第3款(f)的无偿翻译的保障。这些是国内法规所没有相应规定的地方，比如，检察官在对外国的嫌疑人进行调查时，没有遵守这样的规定，那么在国内法上，也有被判违法的可能性。

16 这样的倾向，把与"由于在密室中进行调查而造成的沉默权侵害"相对抗的"米兰达宣言"的侦查辩护方法称为"沉默权的怂恿"、"侦查妨害"的例子也出现了。

设问

1. 检察官A，在对犯了盗窃罪而被拘留的嫌疑人B进行审讯时发现，虽然B在十几年前有着同样的几起进入没有人的房子进行盗窃的前科，但是关于这次被捕的案件，嫌疑人非常诚恳地接受调查，也可以看出本人非常后悔，同居的C也为了该事件到处奔走进行被害赔偿，所以处罚的必要性非常小，如果家属适当地进行监督，再犯的可能性也非常小，因此想对B不起诉。但是在决定之前和自己的上司商量时，上司认为"看到前科就知道B是盗窃的惯犯，而且这一次一定还有其他的罪行，必须要起诉"，要求A重新考虑。但是，拘留期限还剩一天，关于余罪有无的辅助搜查也比较充分。那么A检察官应该怎么办呢？

2. 参加公判的检察官A，在证据调查请求结束阶段，发现了没有请求调查的笔录中有可以作为被告人（犯罪时）不在场证人的B的笔录。被告人在法庭上主张有不在场证人，有没有不在场证人已经成为了争论的焦点，但是被告人不认识B，被告方好像也不知道B的存在，没有要求把B的笔录作为证据出示。A检察官应该做怎样的对应呢？

（水谷规男）

第三部
法曹的社会责任

序　言——法曹的社会责任

21世纪的法曹,和司法的社会重要性渐增相适应,司法被要求与国民更加贴近。为了达成这样的目的,司法制度改革审议会的报告提出,要进一步提高法曹的素质和数量,并把它作为工作的一个主要方面。司法要求法曹以及与培养法曹相关的人,把完成充实公共领域的公共责任作为自己的重要责任之一。

但是,虽然说责任的内容是公共性的,却并不表明实现的方法必须像公务员制度那样用公共性的方法来进行。否则的话,律师也就必须要成为公务员了。然而,一旦这样,行政诉讼等以政府为对手的诉讼,在事实上,就没有办法进行了,这种想法尤其在律师中是非常深入人心的。

即使是法官,作为法官的伦理与作为公务员的伦理,也常常不一致。一般在观念上认为,法官的伦理比公务员的还要严格,它们以公务员的伦理为前提,此外还包含有更高的要求。但是,两者相互冲突的现象也可能出现。比如,关于21世纪的行政,并不是简单地努力解决某些具体问题,而是对收集信息、发掘公共性的问题提出了越来越高的要求。在要求行政官必须要树立这种积极的公务员形象的问题上,法官始终都应以被动的姿态存在,直到接受具体的诉讼为止,对扩大司法机关权限的行动必须要非常谨慎。和《远山的金山》①不同,如果法官到街上去,自己发现案件,然后独自进行侦查,诸如此类,显然是荒谬绝伦的。从这一点来看,虽然说同样是提供公共服务,但是,法官和行政官,被要求表现出的姿态有很大差异,甚至有时可能出现伦理冲突。与此相应,检察官的情况就会变得更加微妙,这就和第十二章中叙述的一样。

---

① 日本著名影片的名字。——译者

以上的议论是以法曹公共责任的内容是明确的且没有争议为前提的。值得讨论的是它实现的方法不一样,根据不同的职务而呈现出多样化的态势。但是,实际上,我们对21世纪的法官、检察官、律师所应保持的姿态并不是以没有争议的方式了解的。本来,在自由民主国家中的司法权的机能和做法是否一致,就存在疑问。只要把司法制度改革审议会的答复以法律的形式进行具体化并进一步推进深化,那么就可以与立法者的意图相吻合,并被国民代表接受和遵守。但是,民主社会是动态的,在貌似静态的背后,各种思想与利害关系相互碰撞、交汇,推动现实,创造潮流。报告所显示的理念,认为现实如磐石一块的说明方法,是欠妥的。

所以,日本在考虑21世纪的司法方法、法曹伦理的时候,对于自由民主国家中的司法权的机能、与立法权是怎样的关系等问题,如果找不到一个理论联系实际、对公共利益有建设性的解决方法的话,答案是很难得出来的。如果把目光转向世界,不仅仅是方法,就是它的依据,法曹伦理也是争论得非常激烈的。并且,围绕着理论是如何被实施的也有很多的争论,根据不同的场所,由谁来实施成为权限之争的旋涡中心。就日本的现状而言,虽然还没有被世界的潮流所波及,但是,这样的影响在当事人不知不觉的情况下,已经在悄悄地影响着他们。比如,已经修订的律师职业基本规则也把美国律师协会以及其他的条文作为比较研究的对象,但是,各国的伦理规范已经把上述流变的情势作为前提,如果我们对上述内容在没有充分领悟的基础上就加以参考的话,一定会在实践上引起诸多混乱。

目前的司法改革,虽然以司法制度改革审议会报告为基础的政策立案正在进行中,但是,如果把焦点放在法曹伦理上来看,可以发现并没有把上述世界性的流变的情势充分地纳入到视野当中,这有必要尽早地进行调整。现在这些问题常常会作为律师个人、法官个人的职业伦理问题出现,但实际上很容易以法官、检察官、律师的各个固有组织的问题形式而显现出来。

日本的律师会,没有监督的官厅,具有高度的自治权。这在世界范围内也是很少有的。在21世纪,怎样更好地发挥自身作用,应当如何行使该自治权,这将成为在国际上也具有示范意义的重要责任。司法制度审议会的方针,最有可能被评价为是为促进以强化作为服务机关的律师的作用为方向所进行的组织构建。如果以目前的日本律师—委托人关系为鉴，那么就不能说此说是没有道理的。但没人认为这样的说法有充分的理由。过去作为行会的律师协会，并不仅仅只具有保护单个律师私人利益的组织机能，还具有作为自由的城堡与封建的各种势力进行对抗的机能。现在，当对手是已经被官僚化、组织化的强大政府的时候，律师会更加需要通过追求正义与维护人权，来发挥其作为保护、培养日本自由民主宪法秩序阵地的机能。对这样的自由城堡的组织运营有怎样的要求，对与此相适应的律师的资质有怎样的要求，类似问题的研究也可以说是法曹伦理的重要课题。

那法官呢？对于职业法官来说，长期累积的经验具有非常大的价值。经常定期调动工作以及与此相伴的人事权限使得日本的司法机关独自的组织原理得以实现。如果这样有把司法独立引向孤立的可能的话，那么是否必须进行积极的改革，把它变为国民可以称之为"我们的司法机关"的开放组织呢？我们不能忘记本次司法改革中，这样的想法是其中的支柱之一。当代的法官伦理也必须以这样的思维模式进行构想。在当前国际化的滚滚浪潮中，有必要对其给予比现在更多的关注。

第三部的各个章节当中，以此问题意识为基础，对律师履行公共责任的社会活动（第十三章）、组织内的律师行为（第十四章）、律师事务所的经营（第十五章）、律师的自治（第十六章）、法官在职务上所直接面对的问题等具体情况，从职业伦理的角度进行了研究。希望读者能够超越已有的伦理基准修养，从21世纪自我社会责任的观点出发，重新就自己的伦理责任和任务进行考量，为形成自己的思想基础而熟读这本书，特别是这一章。

（森际康友）

第十三章 律师的公共责任

本章构成
第一节 联系的保障
第二节 公益活动
第三节 对政策形成的贡献

前　言

律师的职责不仅仅局限于诉讼及相关业务,作为在法律事务处理方面占据垄断地位的专业团体,律师还必须承担社会所期待的"公共责任"。这种依据长期以来积累的认识而实际形成的对律师"公共责任"的期待是根深蒂固的,时至今日也未曾改变。甚至在大力推进司法制度改革的今天,律师的"公共责任"更加凸显出来。在本章中,我们将选择律师的公共责任当中有代表性的三个责任进行探讨。即,第一节"联系的保障"、第二节"公益活动"、第三节"对政策形成的贡献"。

第一节 联系的保障

如果真想援助那些需要法律援助的人,律师首先必须保证需要他的人可以轻易地联系到他。一个律师,不管其对法律实务多擅长,诉讼能力多强,如果当事人在需要的时候不能及时联系到他,那么他存在的意义就会大打折扣。从法律援助需要者的角度来看,如果不能及时充分地同法律专家进行必要的面谈,那么律师的存在就失去了意义。这就涉及与律师联系的相关问题。要保障市民与律师的联系,须注意哪些问题呢?下文将分三节进行讨论:1."法律事务的垄断与职务专注义务",2."一般服务的提供",3."宣传活动"。

1)法律事务的垄断与职务专注义务

首先要探讨的是律师应努力承担确保与市民联系的社会责任的理由。在这里,必须要注意的是,目前所举的理由,正随着社会生活的变化而逐渐发生变化。

ⓐ传统理论提出的依据 《律师法》第9章"关于法律事务处理的取缔"第72条中,禁止不具备律师资格的人对法律事务的处理。即"非律师或者非律师法人,不得以获得报酬为目的从事以下各项活动:诉讼案件、非诉讼案件以及审查请求、提出异议、再审查请求、对行政行为不服申诉案件以及其他的关于法律案件的鉴定、代理、仲裁或者和解等法律事务的处理。但是,法律或者法规有特殊规定的除外"。这就是所谓的"法律事务的垄断"。这一"法律事务的垄断"是"战前的律师用血的努力在1933年获得的特权"[1],从那时起,律师确立了作为法律专业团体的地位。

为什么律师有"法律事务的垄断"权?最根本的理由就是,如果非法律专家对市民提供不负责任的服务,市民将有可能在结果上蒙受损失,为了防止这种情形发生,有必要让有资格的律师垄断法律事务。当然律师获得这种垄断特权并不意味着该职业领域是其他职业所不能涉足的。正如下文"法律事务垄断的变化"中所述,随着社会的发展,不一定所有的法律事务都由律师垄断,这一看法就目前来说还是比较妥当的。

承认律师对法律事务的垄断,就意味着赋予律师如下两个义务。一是《律师法》第1条所说的"保护基本人权,实现社会正义"的义务,二是律师高度的职务专注义务。对于前者,尽管律师是个人,但法律依然课以这样的义务,原因是"律师是社会中有强势地位的法律专家,并且具有垄断法律事务这样强大的职能"[2]。对于后者,站在市民的角度上,如果不依赖对法律事务具有垄断地位的律师的话,就没有其他可以依赖的人,这样的要求应该是比较合理的。

ⓑ法律事务垄断的变化 如上所述,由于其对法律事务的垄断,律师被

课以保护人权和对此必要的职务专注以及确保市民联系等义务。但是,近来随着社会经济情势的发展,笼统而言的"法律事务"包含了更多的情况。但尽管如此,普通市民还是会认为如果有了类似于"法律关系"的情况,只要依赖律师就可以解决。但是,仅仅依靠律师这一个职业,是不可能应对所有法律事务的。律师所垄断的应该仅限于《律师法》第72条所列举的诉讼案件、非诉讼案件以及与此密切关联的法律事务。其他的相关法律事务,实际上应由税务会计师、司法代书人、行政代书人、代办人、公认会计师等相关的专门职业来完成。

《律师法》第72条对非律师所禁止的"以获得报酬为目的的……职业"的内容进行了严格的解释,与1971年7月14日最高法院容忍非律师活动相反,同年11月30日札幌高院,把这一条中所禁止的"其他的一般法律案件"进行极端的夸大解释,撤销了地方法院定律师无罪的判决。虽然当时对于禁止非律师处理法律事务这一条的主旨存在着理解不一的状况[3],但是30多年以后,即2003年4月,修订后的《司法书士法》开始施行,对于满足一定要件的司法代书人,立法上承认了他们对一些小额法律事务的处理[4]。同时在代办人法中也承认了他们在一定场合下可以出庭[5]。

律师的"垄断性"逐渐弱化,这使得在语境上似乎比较符合改革意图的职务专注义务与保障同市民联系的义务也渐渐变弱。特别是保障同市民联系的义务,由于法律事务垄断的变弱而需要从新的视点来巩固其基础。这一新的视点就是,对《宪法》第32条以及第37条所提到的国民"接受审判的权利"的实质性保障。这是到目前为止讨论的必然的根据。但或许这一根据被认为过于理所当然而没有被特别地指出来。不过这的确是法律事务垄断的实质性根据。正是基于如上理由,要保障市民的权利,只能把法律事务委托给这方面的专家,即律师。

反之,如果律师垄断的"法律事务"包括标的额较小的案件,那么忙碌的律师对这样的案件就会不屑一顾。这样一来,律师的垄断就会剥夺市民联系其进行法律援助的权利。就算律师代理了这样的案件,因其还有更多更重要的案件要忙,就有可能对这些小额诉讼有所懈怠,而此时市民又没有其他人可以委托，实际产生的结果就是小额诉讼通过法律解决的途径被堵塞了，也就是宪法所规定的"接受审判"被剥夺了。

如此说来，律师若不能保障同市民的联络，不承担职务专注的义务，市民的"接受审判"就不能得到保障。但如前文所述，现在律师对于"法律事务"的垄断正逐渐弱化，那么这些义务是不是也没必要像以前一样遵守呢？其实并不是这样。只要律师依然作为承担"法律事务"的主要角色，为了保障市民"接受审判"，他就必须负有充分保障与市民的联系和职务专注的义务。

此外，为了对这样的"得以诉讼的权利"进行实质性的保障，从今天的视角来看，对律师以及律师协会来说还应当承担"会计责任"。所谓"会计责任"也就是市民对医疗机构等社会上的各类专业机构所主张的说明责任，对律师团体也不例外。一旦市民卷入了某种纷争当中，是应该用法律手段还是其他手段解决？不管在什么情况下，市民在需要就如何选择等问题进行咨询的时候，首先，必须能找到可以咨询的律师（从这个意义上来讲，就存在人烟稀少地区如何满足这一需要的问题，这一点将在下面"一般服务的提供"中进行讨论）。其次，也必须以合理的费用负担来确保商讨的机会（所以就存在咨询费明示的问题）。再次，要接受委托这个案件的话，在法律上存在怎样的问题，需要怎样的手续，可能会有怎样的结果，对咨询者（当事人）要充分的"说明与同意"。接受委托之后，随着诉讼等的深入，在必要的情况下，向当事人提供适宜的信息。在此承诺的基础上处理案件时，律师应与当事人充分联系，也有必要保证当事人与律师的充分联系。只有这样，才能够在理解的基础上来处理案件，当事人也才觉得或者渐渐地觉得自己"得以诉讼的权利"得到了充分的保障。在这个意义上，律师为了实现"会计责任"，就必须保障作为前提条件的联系。

2）一般服务的提供

对于市民联系保障问题，应当考虑到很重要的一点，那就是"人烟稀少地区"的律师服务问题。众所周知，此次司法制度改革最大的目标之一是通过法曹人数的增加，来解决律师过少的问题。即使再增加法曹的人数，如果所有的律师都涌向大都市的话，那么这个目标就不可能实现。所以，应当以律师协会为中心,经过法学院等关联机构的努力,消除"人烟稀少地区"律师过少的现象,从而使得全国的任何一个地方都可以接受一样的服务。

虽然各个机关尽力地派遣律师到"人烟稀少地区",但是实际是否存在必须受理的法律案件也是一个疑问。本来,"人烟稀少地区"是因为没有法律案件才没有律师的,在没有需要的地方,强行提供律师不仅没有必要,而且对在那里建律师事务所的律师来说实在是一个悲剧。但实际上在小城市中,不但有需要律师的案件,而且这样"沉睡着的案件"[6]还大量存在。

在"人烟稀少地区"中,与市民的联系有关联的重要问题是律师的接受委托义务。也就是说,"人烟稀少地区"的律师是否经常会就接受委托的义务这个问题发生争议。比如,在律师活动非常多的大城市,当事人即使被特定的律师拒绝了,他还可以去找其他律师,所以即使有的律师没有受理案件也不会使市民的联系受到侵害。但是,如果"人烟稀少地区"的律师像大城市的律师那样拒绝受理的话,那么,当事人在遭到律师的拒绝后,不用说市民的联系了,甚至连宪法上的"接受审判的权利"也在实质上被剥夺了。因而,从某种意义上说,"人烟稀少地区"的律师实际上比大城市的律师承担的接受委托的"期待"更强烈。

但是,有一点我们必须要理解,如果在律师伦理上有潜在的惩戒可能性的话,那么即使在这样的"人烟稀少地区"接受委托,也不会产生接受委托的"期待"。

而"一般服务的提供"在现实当中是个难以解决的问题。只要人口较少地区没消失,律师就得顾全人口较少地区接受委托的期待。目前,在"人烟特别稀少地区"消失之前,如何来解决律师过少的问题呢?人们想到的解决措施是设置"人烟稀少地区型公设事务所",促使更多的律师积极参与这种公设事务所的工作,并将该事务所作为律师协会的"公益活动"的一个组成部分。这种"公设事务所",将在第二节"公益活动"中进行论述。

3)宣传活动

为了保障市民与一般服务的联系,各个律师以及其所属事务所有必要进行积极的宣传。虽然一般的宣传活动已被有限地允许,但尚未全面解禁。原因是过剩且夸大的广告宣传,可能会使市民对作为专门职业从事者的律师失去信赖。然而,最近从保障市民的联系的必要性来看,应当对宣传活动进行重新认识。虽说经历了漫长的过程,但终究登载纸面广告也渐渐变得可能了。下面我们将在概述目前存在的广告规制的同时,讨论一下当前律师为实现被期待的作用所做的必要的广告宣传及其中存在的问题。

到现在为止,只有《律师伦理》第 10 条制定了有关(广告宣传)的规则。即,"律师不得做有损律师职业形象的广告和宣传",只有上面仅仅写着律师的名字、住所等内容的才算是这样的广告。但是,这种限定性的广告宣传,从联系保障市民的角度来看,能得到多少好评呢?比如需要特定领域的法律援助的一般市民,如果只看到列有律师的名字、住所、联系方式等的纸面广告,怎样才能选择可以委托的律师呢?从名字等的信息那里是不可能对该律师的实际诉讼能力作出判断的,像这样的广告对市民的联系是毫无作用的。

与其这样,还不如让各个律师向市民提供到目前为止,他在什么样的领域、做了哪些诉讼、做出了怎样的成绩等能加深了解的信息。这些信息的提供作为市民选择律师的前提条件,是不可或缺的。只有把这样的信息登载在广告上,才可以说是在为市民联系保障作努力。从这点上看,放松广告管制是必然趋势。但必要前提是制定许可内容的标准,即规定怎样的信息可以作为广告向市民进行传达。可以考虑把美国律师协会的《职业行为示范规则》等各国的例子作为参考。

比如,《职业行为示范规则》第 7.1 条(关于律师服务的信息传达)是这样规定的:禁止"虚假或误导"性的宣传,但是一般性的广告不在此列。即,"律师就自己或自己的服务不得进行虚假或误导性的信息传达。虚假或误导性的信息传达是指关于事实或法律有重大的不诚实的表示,或者没有对公众进行避免引起重大误导的事实的说明"。其次,第 7.2 条(广告)a 规定"根据第 7.1 条和第 7.3 条的要求,律师可以使用书面、录音或者包括公共媒体的电子信息等传达方法来宣传自己的服务",对手段也在一定范围内有所宽容。但是,对于广告宣传,必须制定支付适当对价的相关规制[7]。

第二节 公益活动

律师除了处理委托的案件外,还需要完成什么工作?最近,社会各界对个人律师或以日本律师联合会为中心的单位律师在履行其"社会公共责任"方面有所期待。在这里介绍"社会公共责任"(pro bono publico 活动,以下简称 pro bono 活动),先从发祥地美国开始介绍,然后再谈日本的状况以及与此相关的理论。

1) 美国的"pro bono 活动"

"pro bono 活动"在日本被译为"公益活动",它是指"律师由于宗教上的理由、慈善或基于市民责任,免费或者低价向有需要的人提供法律服务"[8]。"pro bono 活动"是在美国产生并发展起来的,拉丁语"pro bono publico"的本意是"for the public good"(为了公共利益)。就像《职业行为示范规则》第 6.1 条[9]所理解的那样,它的涵盖面是相当广泛的。

律师应该在一年内参加 50 个小时的 pro bono 活动,但这只是指导性规定而不是强制性规定。全美没有一个州对 pro bono 活动作强制性的规定[10]。首先因为强制与 pro bono 活动所倡导的奉献精神是相悖的,其次,还因为这与宪法所规定的适法性程序、法的公平、平等保护、强制劳役、公用收容等规定的精神相抵触[11]。

在此情况下,美国律师协会对拥有 50 名以上律师的律师事务所做了如下规定,"所属律师把一年中可以向委托人收费的总时间(billable hours)的 3% 或 5% 作为 pro bono 时间,而这个时间也算作律师的工作时间,这样就从律师的工作时间中抽出了 300 多万个小时作为 pro bono 时间[12]",这就是美国的现状。

然而像美国这样固定地开展有一定主题的 pro bono 活动,日本迄今为止还没有把它作为律师义务的主要内容来考虑。而且,在实践中也没有出现过按照类似规定提供服务的想法。下面就日本 pro bono 活动的现状进行分析。

2）日本的 pro bono 活动

在日本，单位律师协会对公益活动作了以下总结。包括：1、会务活动（作为律师协会、日本律师联合会以及扶助协会的干部、理事、常议员、代议员、委员会委员的活动）；2、作为法律咨询担当人、国选律师、值班律师、法律扶助案件担当人的活动；3、其他对外活动（仲裁中心的仲裁人、"骨髓提供同意立会"律师、市民窗口联络协议会委员、律师协会的委托事项）；4、根据官署委托的活动（司法研修所教官、调停委员、鉴定委员（破产财产管理人））；5、所谓的 pro bono 活动（对社会上经济困难者的法律服务活动）；6、其他活动（律师协会会长为公益活动所指定的活动，为了维护基本人权、实现社会正义所进行的各种活动，以及社会服务等社会贡献活动）[13]。

在上述活动中，比较重要的并且最近成为议论对象的是"国选律师"、"值班律师"、"法律扶助案件的承担"、"免费法律咨询"、"公设事务所"，下面就这些问题进行分析。

ⓐ国选律师 国选律师制度是指在刑事被告人不能自费聘请律师时，国家承担费用以保护被告人刑事人权的制度。即使支付给律师的薪金比较低，律师也应该积极地参与，这是不言自明的。但事实情况是，因为只能够拿到诉讼中相当于必要记录复写费用的佣金，因此对律师来说有很大的负担。保障刑事被告人"接受公正、迅速裁判的权利"这一宪法权利，以及为实现社会正义作为孤立无援被告人权利的最后保障者，应不应该成为律师的义务仍然存在着争议[14]。

比如第一东京律师协会、第二东京律师协会、东京律师协会、大阪律师协会、横滨律师协会，均把公益活动定位为义务，并进行了明文规定。首先根据会则把律师的公益活动义务化的是1992年的第二东京律师协会。在此之后，1998年，东京律师协会、大阪律师协会也把公益活动义务化，2000年第一东京律师协会也实现了义务化。像这样各个律师协会形成不同的背景里也是有各种各样原因的。比如作为单位律师协会所属律师的一般倾向，有对会务没有兴趣的，也有与此相反对公益活动抱非常积极态度等情况。

把公益活动义务化,让各个律师进行这些活动的根据在哪里呢?在实定法上可以考虑的根据是《律师法》的第四章《律师的权利和义务》第24条和第22条的规定。第24条规定"律师如果没有正当理由,根据法令或根据官署所委托的事项及会则的规定,不可以辞去所属律师协会或日本律师联合会所指定的事项"。这样的义务来源于律师职务的公共性。

组成律师协会的律师们是在明确了"会则"所规定的内容后,根据自己的判断,把这些"事项"作为了自己的义务。而且,就各个律师必须要遵守会则这一点来说,第22条规定,"律师必须要遵守所属律师协会及日本律师联合会的会则",明示了"会则遵守义务"。根据这两个条文,会则中规定公益活动为其义务的律师协会的所属律师,当其被所属律师协会指定的时候,"不能推辞",即必须作为义务来履行。

例如第一东京律师协会在2000年4月1日施行的《关于会则第11号公共活动的协作义务的规则》中作了如下规定:"第2条、会员在每年的4月1日到第二年的3月31日之间……关于第1号至第4号的案件,以及本会所指定的第5号和第6号的委托事项,根据规定的方法必须要担当一种相关案件和两个以上的有关公益活动的协作义务实施规则规定的事项。但是,有实施规则所规定的正当理由的会员不在此限。1.法律咨询案件;2.国选律师案件;3.值班律师案件;4.法律扶助案件;5.本会设置的机关委员等在实施规则中所规定的事项;6.从法院或者其他的官署那里接受委托的事项中由实施规则所规定的事项"[15]。在这些规定当中,第5条第1款规定,"'律师协会'会长可以对前三条义务不履行的会员用口头或文字形式要求他们参加或者协作"。该规定承认了对律师参加或者协作的要求权限。而且还在第2款中规定了对不听从规劝没有履行协作义务情况的惩戒处分。即"不遵守前款要求,会员没有正当理由不履行第2条的义务或者没有履行第4条前段所记载的协作义务时可以进行惩戒"。这样的律师公益活动义务化的会则修正有向全国的律师协会扩大的趋势。

ⓑ **值班律师** 值班律师制度是指为使代用监狱等场所中处于嫌疑人地位的当事人从可能被强行要求坦白的恐惧中解救出来而指定律师,日本律师

联合会和全国各律师协会进行协作的制度。根据该制度,在嫌疑人遇到被逮捕等被剥夺身体自由的情况时,如果想申请"委托值班律师",那么警察署、法院等就会和最近的律师协会联系,律师就会被迅速地派遣到需要的地方接见当事人。该律师可以在没有警察监视的情况下会见嫌疑人,倾听他的叙说,并对嫌疑人、被告人的权利以及后续刑事程序进行说明,以此来保障当事人在嫌疑人阶段的权利。

出于这样的目的,日本律师联合会在网页上公布了全国各地值班律师的联系电话,以确保作为嫌疑人而被逮捕的市民可以联络到值班律师。为了让这种值班律师制度能够被普通民众所了解,日本律师联合会准备了小册子大力进行宣传。可能是这种宣传活动有了效果,"值班律师"的"拘留请求受理总数"从当初的7.3%上升到了10年后(2002年)的41.9%(数据根据日本律师联合会网页)。

日本的刑事犯罪数量在不断增加,成为嫌疑人、被告人的人数也在增加,在此过程中,作为最好的保护"初期侦查阶段市民"权利的"值班律师"制度所起的作用也在不断扩大。因此作为律师公共责任一环的"值班律师"的舞台,肯定会不断扩展,我们也应该重新认识这个制度的重要性。

ⓒ**法律扶助案件的承担和免费法律咨询** 法律扶助与免费法律咨询委托给了财团法律扶助协会,这个协会是在日本律师联合会以及律师的积极活动下成立的。法律扶助协会在1952年(昭和27年)设立,就市民在被裁判时如何实现自己的权利,从财政等方面进行支援。为了帮助那些卷入了案件但却为律师费等苦恼的市民,可以向协会申请与律师费用相当数额的贷款,聘请律师进行诉讼。这个财团的设立和运营一直受到日本律师联合会和各地律师协会的援助,为了让法律扶助事业得到进一步扩展,2000年4月制定了《民事法律扶助法》。根据该法,国家增加了辅助金,而且进行了将此制度简易化的改革,这项改革一直持续到今天。

说到法律咨询,不仅仅有法律扶助协会的"免费法律咨询",在各个市町村等地方公共律师团体中类似的咨询会也很多。地方公共律师团体把此作为市民服务的一个环节,其资金来源于自治体的预算和税金。

除了自治体的"免费法律咨询",作为"司法制度改革"的一环,以在全国范围内设置法律咨询所为目标而设立的"全国法律咨询中心"最近被提上了日程[16]。根据政府的构想,在每个都道府县都要设立一个以上的法律咨询中心,除了常驻的事务责任人外,律师、年轻的法官、检察官轮流对裁判外的纠纷解决提一些建议或者帮助,做一些简单法院的小额案件的准备工作等,同时还要降低法律咨询的收费标准。这也是挖掘市民对法律援助需求的新动作之一,希望这方面的工作能够早日落实。

ⓓ **公设事务所** 为了实现公共责任,进行律师协会要求的公益活动,公设事务所是个很好的形式。公设事务所是指由日本律师联合会和各地律师协会参与设立、运营的法律事务所。律师委员会对其作全面性支援,包括对成为所长的律师在任职期间各种费用方面的援助,设立运营援助委员会对其运营进行支援等。像这样采取以律师个人开设公设事务所的形式是因为律师法不允许律师协会或者自治体等直接经营法律事务所。

这种公设事务所根据设置的地域、目的、业务内容的不同而不同,但是大概可以分为以下两种类型。一个是在律师稀少地区设置的公设事务所,其目的是为了满足当地人的法律需要,被称之为"人烟稀少地区公设事务所"。另一个是进行一定公益活动以及为了培养在律师稀少地区活动的律师等目的而在都市地区设置的公设事务所,被称之为"都市公设事务所"。不管是什么类型,都是为了消灭占全国70%到80%的律师稀少地区,即所谓的"0、1地区"。公设事务所由律师及律师协会运营,不以盈利为目的,并且配有常驻律师。在有律师常驻这一点上,这两个类型可以称之为"律师常驻型公设事务所"。

除此之外,还有一种"中心扩充型公设事务所",它处于"律师常驻型公设事务所"与"法律咨询中心"的中间形态。在"法律咨询中心",市民不仅仅可以进行法律咨询,还可以就案件委托担当律师,但是"法律咨询中心"中没有常驻的担当律师。因为没有常驻的律师,委托人为了就自己的案件和律师面谈,就需要支付从中心到律师居住地区的交通费以及日薪。考虑到这样的经济负担,"法律咨询中心"对"人烟稀少地区"居民的权利保护方面很难发挥实效。此外,在"法律咨询中心"中,没有国选律师和值班律师,显而易见,居民的权利保护并不是十分充分。"中心扩充型公设事务所",作为在"律师常驻型公设事务所"设立之前的过渡性组织,由人数较少的律师以轮流方式在"事务所"当值,不仅可以进行法律咨询,而且可以接受案件的委托,担当刑事案件的国选律师或值班律师。消除"人烟稀少地区"中律师过少的现象也是这一次增加法曹人数的司法制度改革的重要目的之一。所以今后必须要关注对这样的公设事务所的设置动向及实施程度[17]。

通过以上对"公益活动"的探讨,律师可以说是履行着"公共的责任"的,但是一般市民对这些"公益活动"的存在并不知情,所以还不能说这个活动开展得十分有效。因此必须让市民了解这些"公益活动"实施的具体情况,理解它的详细内容等,律师协会也应该加大宣传力度。通过这样的宣传活动,作为律师以及律师协会的社会活动之一的"公益活动"就可以得到更多的理解和支持,这样也可以期待让律师、律师协会以及全体法曹得到市民更深的信赖。

第三节　对政策形成的贡献

律师以及律师协会的社会公共责任,除了法律事务以及上述公益活动外,还应对政策的制定作出自己的贡献。日本律师协会在积极履行社会公共责任的同时,还把这些活动登载在网页上进行宣传,即"日本律师联合会,以人权保护委员会为中心进行各种活动,为保护人权而作各种努力。此外,在司法改革、法律咨询事业、公害对策、环境保护、消费者保护、国际交流等各个领域也进行着积极的活动"。

尽管这些活动大多数与政策形成有着非常密切的联系,但是为什么说律师积极地参与这些活动就尽到了"社会公共责任"呢?这是因为政府在进行有关法律的政策变更、决定时,这些政策决议所涉及的法律问题是如何确保公民的自由和权利,而能够解决这些问题的只有作为法律专家的律师以及律师协会。像这样的法律专业团体所制定的意见书和政策修正的提案,对政府以及相关机构来说具有不可忽视的作用。所以,律师以及律师协会积极地参与这样的活动体现了社会公共责任。

比如,"日本律师联合会人权保护委员会"不仅对国内各种人权问题进行调查研究,而且也对国际性人权问题进行调查研究,对警察所引起的人权侵害,在拘禁场所的问题处理,媒体所造成的名誉毁损,对儿童的欺负、虐待、体罚,对外国人出入境的不利处理等方面提出劝告、警告。此外,针对全球信息化所带来的"国内居民基本台账"网络化所引起的个人信息保护问题,"日本律师联合会信息问题对策委员会"在人权保护大会专题讨论会上把"个人信息保护问题"作为一个课题提了出来,他们正在积极致力于对"日常生活中所产生的信息问题"进行研究。

对于律师以及律师协会履行的社会责任之一"对政策形成的贡献",下文将从1)"现代型诉讼",2)"非政府组织(NGO)活动",3)"建议"等方面进行概述。

1)现代型诉讼

"现代型诉讼"是什么?要进行界定确非易事,但可以就它的特征作一些归纳。首先,原告不是为了请求"权利侵害"救济而进行诉讼的一个当事人,而是作为公民团体或其代表进行诉讼的情况比较多。其次,国家、地方公共团体或者大企业作为被告的情况居多,与一般公民的地位差别非常大。另外,诉讼起因的损害不仅是物的损害,精神损害的情况也比较多。而且救济也不仅限于损害赔偿,在将来可能产生的"侵害防止"的请求占了很大部分。具备这些特征的早期现代型诉讼是公害诉讼、现在作为新情况可以考虑的是消费者诉讼、医疗过失诉讼、产品责任诉讼等。

现代型诉讼和律师的公共责任相关联的重要方面是律师通过现代型诉讼,不仅可以实现对公民权利的救济,而且还在司法方面对公民的新权益作了确认,在司法领域引出重大的社会问题,让全社会都来关注,有时候甚至让立法机关也行动起来。为了解决这样的社会问题,而引发了立法处理的结果。下面就现代型诉讼的最初类型——公害诉讼以及由此成立的公害规制立法作一个简单的论述。

20世纪60年代是日本经济发展的鼎盛期,同时也给国民带来了大气污染、水质污染等严重影响国民健康的问题。在此过程中,在工厂密集的四日市,联合企业无限制地排出废气以及烟雾带来了所谓的"四日市哮喘"这样的健康损害案件。四日市公害诉讼的律师团对健康损害请求追究国家以及企业的侵权行为。

四日市公害诉讼,即四大公害诉讼之一,是四日市石油化学联合企业排出的硫黄酸化物引起的大气污染造成周边居民患上了闭塞性肺炎的损害赔偿诉讼。关于这个案件,津地方法院在 1972 年 7 月 24 日下达了判决书,承认作为被告的各个联合企业的共同侵权行为,判决原告获得最高每人 1475 万日元,最低每人 371 万日元的损害赔偿(判时第 672 号第 30 页,判时第 280 号第 100 页)。

这个判决还未作出时,四日市就已于 1965 年实施了公害患者的医疗费负担制度。5 年之后,1970 年颁布的《关于与公害相关的健康被害的救济特别措施法(健康被害救济法)》适用这一制度,然而,其公害健康被害救济具有浓厚医疗费补偿色彩,没有达到保障被害人生活的程度。1974 年颁布的《公害健康被害补偿法(公健法)》实现了残疾补偿、遗属补偿等其他的救济。此外,该法中还增加了公害发生后以恢复被害人健康为目的的保障福利事业。在四日市,以此为基础展开了异地疗养、一日来回的医疗指导、游泳训练、家族疗养指导等事业。此外,在法律调整方面 1970 年制定和修订了 14 个公害关系特别法,1971 年在行政组织上设置了环境厅(现在的环境省)。

像这样,作为律师活动的侵权行为诉讼,不仅具有公害被害人的司法救济机能,还包含着促使法律、行政组织完善等催生新的社会制度的作用。在此意义上,律师的诉讼活动不仅仅是一种诉讼活动,还是一种社会活动。因此可以说律师通过现代型诉讼实现了社会公益,即,现代型诉讼可以说是实现律师法第 1 条所规定的作为律师重要使命的"实现社会正义"方法的一种。

2)NGO 活动

律师还可以作为民间监督机关,对包括地方公共团体在内的行政机关等是否有意或无意地作为惯例而实施了违法行为,从而给居民和国民带来损害进行监督。此外,还可以就是否剥夺、限制了他们的自由等这些情况进行经常性的监督。律师担负这样的职责也是一般公民对作为法律专家的律师以及他们的团队所期待的公共责任之一。

最近这一活动较成功的范例是"公民权利代言人"案件[18],根据信息公开条例的规定,使得类似于"长年来地方公共团体职员交通费支付不当"(实际上在利用私家车上班的人,却向公共交通机关申请交通费,而这个申请却经常被接受的案件)的没有值班却以值班名义支付津贴(在儿童福利设施中,本来应该在值班之后早上起床准备早餐的,可是不值班用私家车上班,却接受值班的津贴的案件)等各种情况曝光,这种案例可以说是不胜枚举。

此外,在近来日渐受到社会关注的儿童虐待问题的处理中,"儿童虐待网"积极参与了儿童虐待防止法的制定;在医疗事故问题上,"医疗事故信息中心"为设立"医疗被害防止、救济中心"进行了非常积极的活动等,这些由律师组成的NGO不断地向社会渗透的情况应该得到高度评价。

通过这样的活动,律师和律师协会是在和市民一起,或者代替市民来实现社会正义,而且现在这样的社会期待也正在不断地增加。

3)建议等

作为律师责任不得不提的是,以日本律师联合会为核心的全国各律师协会对立法机关或行政机关所提出的各种各样的建议。

比如,第二东京律师协会的"关于法科大学院问题的建议",大阪律师协会的"关于行政诉讼法修订的紧急建议"等,这些建议很多都是从实务和社会现实的角度非常及时地提出的,律师协会有效地行使了重要的社会建议权。

通过半个多世纪的活动,作为向社会提出问题以及改善方法的律师的建议的例子数不胜数,如日本律师联合会主办的在"人权保护大会"上的宣言、决议,2003年实施的《确立犯罪被害人权利与综合性支援的决议》,《通过嫌疑人在接受审讯时的全过程的录音、录像来实现审讯可视化的决议》等。

日本律师联合会在此之外,还每年向各个相关部门提出了类似《青少年健全育成基本法案》的意见以及要求中止高利贷电视广告的意见书等。此外,还每年向各相关政府机关提出大量意见书,积极地提供其作为法律专家的意见。

和诉讼等在法院进行的活动不同,作为律师协会一员的律师所从事的有社会意义的活动非常之多。作为法律专家的公共发言和决议,只要在适当的时候被适当地执行,它的社会性权威也会越来越高。正因为如此,市民也希望律师积极地参与到政策形成的过程中来,并且今后这样的期望值会越来越高。

注

1 宫川等[1992]第 85 页。
2 同上书,第 197 页。
3 大野[1972]第 2—12 页。最大判昭和 46·7·14 刑集第 25 卷第 5 号第 690 页以及札幌高判昭和 46·11·30 判时第 271 号第 115 页,判时第 653 号第 118 页。
4 2002 年《司法书士法》第 3 条第 1 项第 6、7 号,同条的第 2、3、4 项得到了改正。
5 2002 年被改正。参照《代办人法》第 6 条第 2 款。
6 千田[1992]第 214 页。
7 朝日纯一等编[1986]年第 109 页以下,参照《律师伦理注释》第 48—51 页。而且日本在 2005 年 4 月实施的《律师职业基本规则》的第 9 条第 1 项规定"律师在做广告和宣传的时候,不得提供虚假或者误导的信息内容"。其次 2003 年改正的《日本律师联合会会则》的第 29 条第 2 款规定"律师就自己的业务可以进行广告宣传。但是,如果违反本会的规定,不在此限。"从而完成了自由化。
8 田中[1991]第 669 页。
9 所有的律师,作为他的专门责任,对不能支付费用的人必须提供基本服务。律师必须要有一年最少提供 50 个小时的公益活动的抱负。为了完成这样的职责律师需要完成以下:
a 必须无偿或者不期待任何报酬地把 50 个小时的法律服务的绝大部分提供给以下的人:
① 贫困者;
② 主要是为了满足贫困者需要的一些组织。慈善、宗教、市民、自治团体、政府机关以及教育机关。
b 另外还必须提供以下的服务。
① 对于以促进和保障市民权利、市民自由或者公共权利为目的的个人、团队或团体,或者慈善、宗教、市民、地方团体、政府机关以及教育机关等,如果按照一般的报酬的基准进行支付,就会让团体的财源枯竭,或者财务不恰当,对于这样的一些团体,提供无偿或相当程度减额的法律服务;
② 对贫困者减额的法律服务;

③ 对法、法制度的改革活动作为专门职业活动参加。而且对于那些对贫困者实施法的服务的团体必须要进行财政上的援助。

10 早野[1999]第 25—26 页,但是为了奖励让律师尽可能地参与公益活动,比如在佛罗里达州作了把对公益活动分割的时间向各个律师报告的这样的工作,在其他的州也有这样的例子。
11 浅香[1999]第 190 页。
12 同上。
13 藤野[2001]第 32 页。
14 高桥、铃木[2001]第 40 页。
15 同上书,其次,在第 3 条中也把委员会的积极活动作为义务;第 4 条中,把能够让被雇用的律师积极地参加公益活动也作为雇主的义务。
16 2002 年 11 月 4 日《朝日新闻》(名古屋本社版)。
17 关于以日本律师联合会为中心的各个律师协会所致力的各种活动,参照各自的网页上所介绍的内容。
18 日本所称的"市民权利的代言人"和北欧同名的公共的机关的性质是不同的,非政府组织＝NGO。

设问

　　1. 随着律师大量增员时代的到来,一方面,期待着参加公益活动的积极性会高涨,一方面又担心对公益活动的漠不关心的程度会扩大。预测这种两极分化状况可能发生的背景和原因是什么？另外,你认为对公益活动应作何种考虑？如果你对公益活动采取的是积极的态度,那么你会参加怎样具体的活动呢？

　　2. 第一东京律师会根据规则,不仅规定了公益活动的协作义务,还规定了对不履行义务的会员,律师协会可以要求其参加、协作。对于这样的义务化也有反对的声音。研究一下赞成和反对双方的理由,试着探讨其是与非。

(泽登文治、村桥泰志)

第十四章　律师的业务形态和律师伦理

本章构成

第一节　共同事务所、律师法人的规则
第二节　律师组织内的规则
第三节　不同行业的共同事业
第四节　从事营利业务等的律师规则
第五节　和外国法事务律师的关系

前　　言

近年，律师所处的环境随着社会结构的改变和国际化的进展，发生了非常大的变化。律师的人数在各国也有了飞跃性的增长，粗略地估算一下，美国有100万人，英国（以下指英格兰及威尔士）的事务律师9万人，出庭律师大约有15000人，德国有12万人，法国大约有37000人。和终于达到2万名律师的日本相比，就可以知道任何一个国家都有相当数量的律师。而且这个数字每年都在增加。

举一个例子，比如英国事务律师的人数，1970年大约是25000人，1980年大约是38000人，1990年大约是55000人，2000年已达83000人，每10年都是以50%的速度在递增。此间，非常醒目的飞跃是大规模事务所数量的激增。从1990年到2000年的10年间，与个人事务所10%以上的递增率以及一般规模事务所还有所减少相比，合作伙伴超过26人以上的大事务所增加了大约80%（2000年有127个事务所）。

这样的律师数量的增加，当然会给律师的业务形态带来影响。在其他国家,以往典型的律师是以自力更生为主旨的个人从业律师。但是就像前述情况一样,共同事务所的发展令人瞩目,出现了拥有超过3000名律师的国际性的超大规模律师事务所。同时,也出现了企业、政府机关等组织增加了对律师的雇佣数量、律师与会计师等行业相互提携配合的非常显著的倾向。

各国律师的业务形态发生了很大的变化,律师的组织化、向其他领域的渗透、与其他行业的提携,以及与国际化相伴而来的诸如利益相悖、守密义务、独立性保持等具有根本性意义的律师伦理也出现了新问题。

与欧美各国相比,人数非常少、大部分仍以个人形式从业、保持以往以法庭活动为主要业务的日本律师,也渐渐受到了这种世界潮流的影响。在日本也开始出现拥有200名以上律师的大规模的法律事务所,随着司法考试合格者的增加,律师人数也在大幅度地增加,由此当然可以预计大规模事务所的垄断化也将进一步深化。

这当中,在把2001年发表的司法制度改革审议会的意见书作为司法改革核心的巨大浪潮影响下,律师不得不开始面对改革。

2000年,日本律师联合会将常年根据会规作为原则性禁止的广告规制作了180度的转换,从重视向市民发布律师信息的立场出发,实现了自由化。2002年导入了促进法律事务所组织化的律师法人制度。而且紧接着的2003年律师法修订(2004年4月施行),使得迄今为止的日本律师的做法发生了重大转变。会规记载事项中也消除了报酬规程,实现了自由化。从前律师的公职兼任、营业需要所属律师协会的许可,在实现了自由化之后,只要向律师协会提出申报就足够了。惩戒制度方面,设有单位律师协会、日本律师联合会的纲纪委员会以及惩戒委员会,现在日本律师联合会内部又设置了新的纲纪审查会。值得注意的是这些委员中的每一个人都是从没有律师、法官、检察官经验的学者中选任出来的。而在此之前的律师惩戒,是由律师占大多数的纲纪委员会以及惩戒委员会来决定的,由律师以外的市民形成的新的纲纪审查会的设立可以说是由律师自治而形成的惩戒制度的一大变革。但是,纲纪审查会只可以作出相当于原来律师协会的惩戒委员会的审查那样的决议,是否可以惩戒还要视惩戒委员会的决议而定,这一点没有发生变化(英国在2004年提出了由市民构成的独立机关可以惩戒的提案）。

在以上的巨大潮流中，司法制度改革审议会的意见书基于律师伦理需要强化的要求，围绕律师所处的各种环境的变化，修订了律师伦理，并制定了职业基本规则。

第一节　共同事务所、律师法人的规则

1）共同事务所形态

律师事务所，被称之为法律事务所（《律师法》第 20 条第 1 项）。律师就职于各自的律师事务所，须在律师协会以及日本律师联合会登记（《律师法》第 21 条）。律师法的前提是一个律师一个事务所，关于共同事务所在法令上没有界定，几个律师共有一个事务所称之为共同事务所（《职业基本规则》第 55 条）。共同事务所的权利义务主体是各个独立的律师，即使是拥有超过 100 名律师的大型律师事务所，该律师事务所本身也不能成为权利义务的主体。作为权利义务主体的是另外确认的律师法人。而且，由于律师不能设置两个以上的法律事务所（《律师法》第 20 条第 3 项），所以即使是共同事务所也不能设置分所。

共同事务所有各种各样的形态，但大体上可以分为经费共同型与收支共同型。经费共同型，从只限于共同承担事务所的租金、水费、电费等各种经费的比较松散的形态，到共同承担事务职员、勤务律师等经费的多种形式，其共同特点是各个经营律师的收入是独立的。与此相对，收支共同型是指经营律师根据合作合同把所有的收支合在一起，根据收益按一定的方式进行分配的形态，律师间的结合比较紧密。关于律师的责任，成为合作所会员的经营律师负有无限责任（《民法》第 675 条）。英美承认了有限责任的合伙关系（Limited Liability Partnership），日本也在经济产业省的主导下，2005 年讨论了已获立法承认的有限责任事业行会（LLP）是否应该适用于共同法律事务所的问题，但是由于和律师法人有所重合，因此没有适用于法律事务所。另外在英国，非律师身份的出资和经营加入也正在讨论之中,本书后文也会有所论述,在日本与非律师身份的人合作是不被承认的。

2)共同事务所中的利益相悖

ⓐ所属律师的利益相悖 在共同事务所中由于有数名律师在工作,所以就会发生一人律师事务所不可能发生的问题。最大的问题就是利益相悖。

比如,如果律师 L1 接受了委托人的委托,同一事务所的律师 L2 接受了委托人相对方的委托,那么委托人就会产生自己向律师陈述的信息会不会被传给相对方、由于是同一个事务所的律师他们会不会手下留情、会不会在自己不知道的情况下他们已经私下达成合议等不安情绪。在这种状况下,律师要保持委托人的信赖而完成自己的职务几乎是不可能的。

所以,为了保持委托人的信赖,保证律师职务的公正,所属律师之一由于利益相悖不得履行职务时,要求同所的其他的律师也不能履行职务才是比较适当。这个律师即便退所其影响也会继续遗留的情况也是同样。《职业基本规则》第 57 条规定了这样的宗旨。

但是,被认定为利益相悖的所有案件是不是应该一律禁止其他所属律师的参与? 其他律师的情况和该律师自身(直接的利益相悖)相比,更加间接(利益相悖的转嫁=imputation of conflicts of interest)。另外,向全所的律师形式上转嫁利益相悖的话,就有可能导致超大型律师事务所的委托人选择范围被不当地缩小。就像以上描述的情况一样,共同事务所的类型也是千差万别的,律师之间的关系也有密切或并不尽然的种种情况。特别是在该律师已经退所而其他的所属律师对该案并没有任何接触的情况下,其他的所属律师基本上没有利益相悖的情况也很多。因此,职业基本规则规定对此作了一个中和,在能够证明可以保持职务公正的情况下,作为一个例外,不得妨碍其他所属律师的职务履行(《职业基本规则》第 57 条但书)。

ⓑ委托人同意 在这样的共同事务所内出现利益相悖的情况下,委托人的同意与否会有怎样的意义呢?

比如,当律师从相对方那里根据信赖关系接受协议时,即使委托人同意,这个律师也不允许接手这个案件(《职业基本规则》第27条第2款)。与此相对,其他的律师如果出现间接的利益相悖的情况,假设委托人同意是不是就可以参与这个案件就可能成为一个问题。但《职业基本规则》第57条已规定,委托人的同意并不是解禁的条件,即使有委托人的同意,也不允许行使该职务。因为不仅要考虑委托人的利益,而且还必须保证职务的公正性。

ⓒ可以保持职务公正的事由 相反,如果能够证明可以保持职务公正性,那么,其他的律师即使没有得到委托人的同意也可以履行自己的职务。但是,是否承担说明义务又成了问题。律师伦理第25条规定:"律师,当与相对方有特别关系,有损于与委托人的信赖关系时,对委托人必须告知。"虽然职业基本规则没有课以同样的说明义务,但由于律师有努力实现委托人正当利益的义务(《职业基本规则》第21条),所以还是希望律师能加以说明就是不言自明的事了。不仅如此,如果没有委托人的同意就参与案件,作为法律事务所要承担不小的风险,所以必须努力取得委托人的同意。

同时,可以保证职务公正性的事由,要考虑到利益相悖的种类(是否仅止于特定律师个人的利害)、程度、该律师现在是否还在该所、其他律师的参与有没有获取秘密情报等情况。而且更多的时候,事务所内的信息隔离体制(screen, ethics wall,以万里长城作比喻的遮蔽措施,称之为 Chinese Wall)的构建就成为必要。构建利益相悖关系的所属律师之间或部署(物理的、场所的、人的隔离;掌握所属律师、事务职员的情况;写保证书等)与其他律师之间的信息不被泄露的体制,有助于保持公正。

ⓓ利益相悖的防止 特别是拥有许多律师的超大型事务所,有可能出现不知道其他律师利益相悖的情况而参与案件的情况。由于律师事务所的合并,利益相悖关系的委托人就此归属于一个事务所的情况也会出现。

为了防止类似的利益相悖案例的出现,在大规模的事务所中,在接受委托之前,用电脑查一下是否与其他律师形成利益相悖关系的做法是比较普遍的。职业基本规则要求有监督权限的律师应当尽力采取各种措施以保证所属律师遵守职业基本规则(《职业基本规则》第55条),另外更需要共同事务所的所属律师与其他的律师一道,作出记录委托人、相对方、案件名等适当措施的努力

(《职业基本规则》第 59 条)。

ⓔ **介入案件后才判明的情况** 在律师着手某个案件之后才知道与其他律师有利益相悖的情况下,首先不能掩盖事实而必须尽快地向当事人告知。在此基础上必须采取包括辞去委托等在内的适当措施(《职业基本规则》第 58 条)。

判断什么是适当的措施,根据利益相悖的程度和案件的不同而有所不同,除了根据委托人的同意解禁利益相悖的情况之外,原则上是要求律师辞去委托的。比如,所属律师 L1 接受当事人 A 的委托而进行诉讼的时候,同所的另一个律师 L2 正好接受了 A 的相对方 B 的委托。这个时候如果没有 A 的同意,律师 L2(只有在没有可以保证职务公正性的例外事由的情况下)就不能接受这个工作(《职业基本规则》第 57 条、第 27 条第 3 款,《律师法》第 25 条第 3 款)。同样如果律师 L1 没有得到 B 的同意也不能履行职务。结果,不仅是 L2,L1 也失去了此案件的委托。此时,如果 B 的案件是个可以带来丰厚利润的案件,不想失去这个利益的法律事务所即使推掉了 A 的委托,也不允许继续 B 的案件。因为把为事务所带来较少利益的当事人当作"烫手的山芋(hot potato)"扔掉而保证自身利益的恣意,有害于职务的公正性,会使一般市民对律师失去信赖。

ⓕ **事务职员们的利益相悖** 如果由于律师以外的事务职员而存在利益相悖的情况,不需要据此而立刻禁止所属律师的参与。比如事务职员是相对方的兄弟姐妹,就属于这种情况。但作为委托人可能会担心通过事务职员向对方当事人泄密,担心律师由于对事务职员的关照而不认真对待案件,所以此类案件中,事务职员的回避是当事人所希望的。律师在履行自己的职务时,必须采取适当的保密措施,不让该事务职员接触与案件相关的信息。

3) 律师法人

律师法人的规则参照共同事务所的规则,这里只列举一些主要的不同点。

ⓐ **公司成员等的利益相悖** 律师法人的公司成员以及雇用律师(以下称职员),与律师法人的自身案件构成利益相悖也是个问题。律师法人从对方当事人那里因签订协议而支持的案件、接受委托的案件,根据委托关系参与合作

的案件的职员等在离开公司之后，仍禁止其受理这些案件(《职业基本规则》第63条第1、2款)。从亲自参与的律师法人接受的委托案件的对方当事人那里接受其他案件的委托也必须得到委托人的同意(同条第4款)。从对方当事人那里接受委托案件的律师法人的职员不得以个人身份接受委托(同条第3款)。

和共同事务所的情况相同，其他职员以及外事律师只要是有一人不能履行职务的案件，如果缺乏保证职务公正的事由，那么其他的成员也不能受理该案件(同规则第64条)。只要是同一法人，即使事务所不同也适用本条。此等情形多数应采取信息保密措施以保证职务的公正性。

ⓑ律师法人的利益相悖　对律师法人而言，除律师法人亲自参与的利益相悖的案件之外，如果职员参与利益相悖的案件被确认的话，也要停止业务。但如果与利益相悖相关的职员不到律师法人职员总数的一半，且有能够证明可以保证业务公正性的事由，业务还可以继续进行(《职业基本规则》第65条但书，第5款)。

《律师法》第30条的17款第5项规定，如果超过半数的职员被认定利益相悖，那么就应停止业务，其实也就是说如果不超过半数那么还是可以继续进行业务。在利益相悖情况中搬入数字理论的做法被强烈地批判，并被视为没有合理性。即使有利益相悖行为的职员只有一个，如果非常关键，那么整个法人的公正性就会遭到怀疑。为此，职业基本规则规定，即使只有一个职员有利益相悖的行为，原则上，律师法人也不得履行职务。

另外，职员或临时雇用的外事律师中只要有一人从相对方那里接受委任，律师法人就要停止业务(同条第4款)。

第二节　律师组织内的规则

1) 独立性

近年来，被企业雇用的律师数量在不断地增加，也可以看到作为公务员身份出现的律师。像这样被企业、国家、地方团体以及其他团体雇用的律师(以下称之为组织内的律师），有些什么样的特征呢？

251　　　和在法律事务所工作的律师的最大的区别就是：使用人不是律师，而是根据雇用合同接受非律师的指令。

　　像这样律师从属于非律师的情境，与作为律师的根本性伦理，即保持律师的独立性有互不相容的地方。为此，在国外，例如法国，禁止律师兼任公务员、企业经营者、董事、工资所得人，还出现了否定企业内的律师活动的情形。

　　在日本，到现在为止只有少数的人得到了律师协会的许可而被允许在企业工作（2003年［平成15年］修订前的《律师法》第30条第3项），但是司法改革审议会意见书根据律师积极投身社会的要求对2003年（平成15年）的《律师法》进行了修改，律师进行的营利性活动、被企业雇用等方面的行为都实现了自由化，上述行为只要向律师协会登记就可以了（《律师法》第30条第1项、第2项）。

　　与此变化相适应，为了对今后可以预想的快速增加的企业、官署以及其他团体的律师进行约束，《职业基本规则》在第5章中，新规定了关于组织内律师的内容。《职业基本规则》第50条明确指出，在组织中作为雇工、职员或者担任董事等领导职务的律师，负有自觉认清自己的使命、保持独立、自由、努力凭良心履行职务的义务。强调组织内律师的自由和独立，是由于此时的律师处于服从组织指令的地位，独立性有可能受到侵害。在促使组织内律师自觉的同时，也督促各组织要尊重律师的独立性。比如，企业作出让雇用律师对某个案件进行处理的指示，但由于与律师有着利益相悖的关系（以前根据委托关系以往从相对方那里接受协议的情况等），律师说明其违反职业基本规则并拒绝对此类案件的处理时，企业不能以律师不服从业务指令为由而使律师利益受损。

2）职务范围

　　在承认律师可以被企业雇用的法律制度之下，会产生这样的问题，即，应
252 否应承认雇佣律师和独立开业的律师具有同样的职务范围？因为雇用律师必须要服从雇主的指令，所以不可否认在那个范围之内他们的独立性会受到制

约。从一开始,在这种职务范围之内,必然需要酌情确立一些制度来加以制约。比如在德国,对法庭活动规定了一些制约(双重职业理论)。在英国(包括英格兰和威尔士),被企业所雇用的职业律师,不能向普通市民提供法律服务(《职业律师实务规则》第 4 条)。这是因为企业内的律师需要在非律师的指挥监督下工作,有可能损害委托人的利益。企业内的律师,根据雇佣关系,只向雇主企业履行职务(雇佣关系外,作为一般律师履行职务,只要不受雇佣合同的制约,就是自由的)。但是,最近公正委员会指出,这种规制阻碍了自由竞争,律师协会(Law society)应以保护委托人利益为前提,不管事务律师属于哪个组织,都可以接受普通市民要求提供法律服务的请求。在不远的将来,这方面很有可能被自由化。自由竞争是欧洲潮流,但是,是否可以把律师的职业和其他的一般商业活动同样考量,律师的独立性会发生什么变化,作为委托人的市民利益是否会受到损害等都是今后需要研究的重要课题。

在日本,没有规定雇佣律师的职务范围,但是《律师法》第 72 条规定,禁止非律师人员以取得报酬为目的从事法律活动并以此为业;第 27 条禁止律师允许这些非律师身份的人利用自己的名义对案件进行周旋。所以,组织内的律师因雇主的业务活动而向一般大众提供法律服务,例如成为超市职员的律师向在店铺里购买货物的顾客提供法律咨询或成为贷款业职员的律师接受顾客的债务清理委托,是与上述律师法的规定相抵触的,是不被允许的。

3)对组织的违法行为的对应

ⓐ违法行为更正义务 近年来,出现了许多像美国的安然案件、日本的三菱汽车案件等企业案件。以这些问题案件为契机,一个新的课题应运而生:雇主方企业在进行违法行为或者将要进行违法行为时,认识到这一点的企业内律师应该怎样应对。

就企业内律师的基本立场来看,是否和其他的一般职员义务有所不同是一个值得思考的问题。一种看法认为,关于企业的违法行为,一般职员也有努力更正的义务,没有理由因为是企业内的律师就需要负什么特别义务。但是,是不是应该如此呢?律师不是有着和其他一般职员所不同的资格和权限吗?

而且这些权限难道不是为了使社会问题、纷争依据法律进行恰当解决才被承认的吗？

律师有维护基本人权、实现社会正义的使命，负有努力完成这个使命的义务（《律师法》第 1 条，《职业基本规则》第 1 条）。律师负有努力实现委托人的权利以及"正当利益"的义务（《职业基本规则》第 21 条）。这些规定是用来讴歌作为法律的支点而引导律师行为的使命和义务的。所以企业内的律师，作为一个专职人员，必须要考虑到他们负有比一般人更高的专职责任。当企业通过掩盖违法行为谋取不正当利益的时候，企业内的律师就负有更正此行为的高度义务。

《职业基本规则》第 51 条就是将上述理论具体化的表现。企业内的律师在知道违法行为正在进行或将要进行的时候，必须采取可以更正这种行为的"适当的措施"。至于需采取怎样的措施，要根据违法行为的情形、后果的严重性，以及案件紧迫度的不同而予以区别对待。如果只是轻微行为，一般只要指出其违法性就可以了。如果没有奏效，通常情况下就向其直属的上司甚至更高一级上司依次指出（up the corporate ladder）。如果还不奏效，或者违法的行为严重且紧急，就必须采取向部门领导、法务部最高负责人乃至向社长等该组织最高执行机关及董事会等最高决策机关汇报等措施。一般职员只要向负责人或上司指出问题所在就算尽到了义务，但如果是律师，只做到这一点是不够的，必须最终看到企业更正为止。

同时，可以说机构已经完备的企业是比较少的。很多企业本来没有法务部，只是在总务部里设置法规课。在这里工作的企业内律师的作用，与其说是对企业遵守法令加以监视还不如说仅仅止步于合同书的拟制以及与此相关的法规查询这样的业务。本来，如果不像有代表性的外资企业那样将法务部作为独立的部门且法务部的负责人可以直接向社长、董事会陈述意见（假设即使是日本的分公司的负责人想进行违法行为时，也可以直接向总公司的最高决策机构汇报，从而阻止这个行为），那么它的机能就不可能实现。律师协会采取的措施是，作为高级法律顾问（senior legal adviser）被雇用的事务律师必须可以直接接触企业领导人（《事务律师业务纲要》第 4.08 条）。

ⓑ **违法行为的公开与守密义务** 但是，组织内的律师必须要采取的"必要的措施"是不是向最上级机关托付就足够了。假设已经托付给了最高机关但还没有更正，作为律师还需要做些什么？为了求得更正是不是有必要把违法行为向外部公开。

违法行为的公开是否被允许，这是一个围绕着为委托人守密与防止违法行为义务两者之间相互矛盾，比较难以解决的问题。关于这个问题，美国的动向值得参考。1983年制定的美国律师协会《职业行为示范规则》，把可以公开的委托人的违法行为限制在立刻就会引起死亡或者防止重大人身伤害等范围内（现在，紧迫性要件已经被去除），《职业道德守则》修订委员会（Ethics 2000）把前述范围扩大，提出如果企业利用律师的职务之便，进行了欺诈及其他财产类犯罪，律师也可以向外部告发的提案。但是，2001年的美国律师协会继续坚持如果组织的违法行为在虚假会计报告等财产类犯罪的范围内，守密义务应当优先的原有立场，拒绝了委员会的修正案。

但历史具有讽刺意味。在此之后，立刻就发生了安然、世面等一些大企业的违法行为，整个舆论为此发生了重大转变。为了防止企业违法行为再次发生，制定了《2002年萨班斯—奥克斯利法案》（Sarbanes-Oxley Act of 2002），美国证券交易委员会，根据该法拟定了律师职业行动基准的提案，律师如发现作为委托人的证券发行企业企图实施或正在实施严重违反证券法或违反忠实义务的行为且拒不更正的，负可以通知美国证券交易委员会的方式而辞去委托（noisy withdrawal）的义务。

接受这种思潮的美国律师协会，在2003年的会议上，修改了关于守密义务的《职业行为示范规则》第1.6条，规定了不仅是在防止对生命及人身产生危害的时候，而且在防止委托人利用律师的职务进行重大财产犯罪或欺诈等情况发生的时候，也允许公开信息（但不是义务）。并且，修改了关于把团体作为委托人的律师的第1.13条，企业等的不当行为也是一样，最高决策机关不更正很明显的违法行为而给企业带来重大损害，并且律师合理确认时，即使是第1.6条中不允许公开的情况（第1.6条中，只有在律师的作用被利用的时候才可以公开其违法行为），律师也可以在代理的范围内为了防止损害的发生，在必要范围内公开一些信息。

在这个问题上日本必须采取怎样的行动呢？职业基本规则第51条不是守密义务的例外规定，所以，把内部事务向组织外部告发原则上是不允许的。例外也仅仅是出于防止对人的生命、身体造成重大危害等正当理由而解除守密义务（在为防止企业严重违反证券法等财产犯罪的情况下，是否可以公开是有争议的），以及在法定的情况下（《律师法》第23条，《职业基本规则》第23条）解除守密义务。由于日本有高度的守密义务，所以违法行为的更正，原则上必须通过对所属企业进行劝告的方式来实现。

ⓒ辞职　不能向外告发，对组织的劝说又得不到回应，那么留给律师的最后办法就只有辞职了。但是，这样会造成企业内律师失业，除了法令和职业基本规则所规定的重大违法行为要求律师辞职的情况外，把辞职作为义务来要求律师显得过于残酷了（参照美国律师协会《职业行为示范规则》第1.16条）。

第三节　不同行业的共同事业

1）不同行业的共同事业（MDP）

不同行业的共同事业（Multi-disciplinary Partnerships 或者是 Multi-disciplinary Practices）在广义上是指律师和会计师、税务会计师、代办人、代书人等等其他专门职业进行协作活动的形态，在狭义上是指此中的共同经营形态。一般情况下狭义的形态比较多。

在与相关的专门职业进行广义上的协作活动中，司法制度改革审议书也认为"从为委托人提供便利的观点出发，必须积极地推进为综合经济关系服务的法律事务所的设立"。确实，就像百货公司一样，若在一个事务所中可以综合性地处理法律、税务、会计、登记等相关联的问题，那么对于利用者来说是非常便利的。

但是，在便利的反面是不是就没有弊害了？如果和非律师的协作仅仅止于合作和经费共用的话,问题倒是不多。但是,如果更进一步是共同经营,需要和非律师分配报酬,这是否妥当呢?在这样的情况下,律师在非律师的支配下是不是会失去其独立性?怎样克服律师和非律师的行为规范、伦理的不同呢?例如律师的守密义务是不是会遭到非律师的侵害呢?即使在利益相悖的规定中,对非律师的限制也是非常宽松的,如果在非律师的委托人当中,有符合律师行为规范中设定的利益相悖的人时该怎么办?这里的许多问题都是非常复杂的。由此,司法改革制度改革审议会意见书也提出要将"关于是否可以容忍收支共同型、相互雇佣型等所谓的不同行业从事共同事业,必须进行更加深入的研究",并将此作为未来研究的课题。

2)各国关于不同行业间从事共同事业的动向

关于 MDP,到现在为止在日本几乎没被讨论过,因此各国的动向就成为了参照。由于日本的司法书士、代办人、税务会计师的业务在其他国家被纳入律师业务的情况很多,因此在国外主要是会计师和律师的 MDP 问题。其中与超大型会计师事务所的合作和共同经营成为议论的中心。会计师行业的垄断被极端强化,超大型会计师事务所在全世界垄断了主要的会计业务。拥有庞大资本的超大型会计师事务所,意图吸纳法律服务,希冀成立具有会计、税务、法律等诸方面的综合法律经济关系的事务所。律师对是不是会被超大型会计师事务所吞并及作为其分支开展工作感到恐惧。参与美国安然违法行为的超大型会计师事务所在 2002 年解体(其结果是世界上超大型会计师事务所就成为了"四大(Big-Four)")。虽然我们能从这里面看到 MDP 形式的衰退,但因有追求便利意向的顾客企业,这种存在形式依然有较深厚的根基。

关于这样的 MDP,德国从正面承认了会计师等一定专门职业和律师的共同经营形式,但在英国、美国、法国,从保持律师独立性的观点出发,因为禁止了与非律师的合作关系和报酬分配,因此到现在仍未承认与会计等专门职业进行共同经营的行为。

正因为如此,超大型会计师事务所选择了将法律事务所纳入自己翼下来建构密切业务合作的方法(de facto MDP)。会计事务所让法律事务所使用自己公司建筑的空间,提供开设事务所所必需的费用。委托人大多数也是由会计师事务所来介绍。通过共同研修等方法维持作为同一集团的经营方针和同一性,保持集团的团结。但是,资本和经营还是分开的,报酬分配也未混在一起。在这种情况下,对律师来说开业就比较容易,在会计事务所翼下成立法律事务所对很多年轻律师来说是很有吸引力的。

在法国,这样的倾向表现得很明显,会计师事务所翼下开设的法律事务所占了大规模法律事务所的一大半。作为律师协会来说,目前禁止和会计师的合作是不可能的,因此律师协会规则规定上述法律事务所需要向律师协会提出申请,说明合作的组织内容、合作组织内律师独立性的维持、禁止利益相悖、守密义务的遵守等内容,采用通过对律师实行监督而使其遵守职业伦理的方法。

在美国,原来的美国律师协会理事会提案可以允许 MDP,但是在 2000 年的议会上否决了这个提案。然而,在此之后要求实行 MDP 的呼声一直存在。比如纽约州在 2001 年修改了规则,一方面认为 MDP 和律师的核心价值(core value)不相容;另一方面也明确了在报酬分配禁止、独立性的维持、守密义务的遵守、利益相悖回避的遵守等前提下容忍律师和会计师等的契约关系(contractual relationship)。

在英国,由于律师协会受到了来自标榜自由竞争的公正贸易委员会的压力,因此明确地提出了在不远的将来容忍 MDP 的方针。在 MDP 情况下,利用者除了可以接受法律服务以外,还可以接受包括税务、会计等在内的一站式服务,由此可以预计将来便利性会大大增加。但是另一方面,这种形式损害了事务律师的独立性,使其作为专门职业的水准降低,而且由于巨大资本推进的垄断化,可能会损害利用人的利益。另外,律师协会认为对律师的合作伙伴(非律师)是否有监督的权力也是一个重要课题。

在欧洲,MDP 的规制是否阻碍了自由竞争被作为一个问题提了出来。禁止和会计师 MDP 的荷兰律师协会的规制是否和欧盟的竞争法相抵触引起了争论。在所谓的 NOVA 案件中,欧洲法院在 2002 年一方面承认律师协会的 MDP 规制阻碍了法律服务市场中的竞争;另一方面也承认该规制具有律师独立性的维持、利益相悖的防止、守密义务的遵守等正当目的，因此有合理性。此后在欧盟内的几个国家也出现了就律师协会的规制进行的诉讼，比利时、法国出现了律师协会的 MDP 禁止无效的判决。

3）律师伦理上的问题

关于 MDP，由于经济界有着强烈的要求，可以预见全世界的趋势是向着减少规制的方向发展的。但是，问题在于律师和会计师等不同职业的共同经营是否会损害律师对其行为规范及伦理的遵守。由于从有着巨大资本的会计事务所进行融资、得到委托人的介绍等原因，案件的处理方针会遭到干涉，因此律师的独立性有可能受到损害。关于守密义务，和律师不同，会计师在发现企业的违法行为时，出于保护投资者的目的，负有公开秘密的义务，这和律师的守密义务相对立。在根据关于有可能违反不正当资金规制贸易的报告义务上，负有高度守密义务的律师，与会计师在报告义务的范围、对象等方面的规制也是不同的。关于利益相悖，在会计检查业务中由于没有像律师职务一样的委托人和相对方这样的对立构造，所以对应的范围比较窄。因此，从律师的职务规范的观点来看，必须要对此进行再次检查。如果和在全世界拥有无数企业顾客的会计事务所共同经营，由于相对方、竞争对手等和律师的委托人利益相悖的人在会计事务所的顾客中大量存在，因此律师的业务遭到禁止的几率也会飞跃性地增加。

MDP 虽然可以提供一站式的服务，表面看来变得比较便利，但是对律师和会计师来说都增加了制约，而且也增加了损害委托人利益的可能性，所以就需要对 MDP 的必要性及其要件等方面进行慎重的考虑。会计业务和经营顾问业务的兼营，出现了必须严正监察企业的会计部门和对顾客企业提供服务的顾问部门的利益相悖关系这样的重大问题，从而出现了顾问部门从会计事务所中独立的例子，这种情况不在少数。

4）在日本的动向

在日本，虽然没有关于 MDP 的直接规定，但是根据《律师法》第 72 条，禁止不是律师的人以获取报酬为目的处理法律事务,禁止律师接受那些违反《律师法》第72条的人对案件的推荐、对委托人的介绍,禁止律师利用这些人,或让这些人利用自己的名义(《律师法》第27条,《职业基本规则》第11条)从事相关事务。而且《职业基本规则》第12条规定,律师和非律师分配报酬在原则上是禁止的(但是日本律师联合会或者所属的律师协会的会则中同时还规定,有其他正当理由的时候是允许的)。

从以上的规定来看,仅仅是经费共同的情况暂且不谈,共同经营形态的MDP和非律师以获取报酬为目的处理法律事务并没有什么实质上的不同,可以认为与《律师法》的第72条和第27条相抵触。就算没有直接地违反律师法,至少说违反禁止和非律师分配报酬的《职业基本规则》第12条是非常明确的。但是,就司法书士、代办人、税务会计师而言,由于和会计师不同,他们与律师的行为规范的类似点比较多,所以今后通过法的修订或者会则的修订来允许共同经营的可能性还是有的。在这样的情况下,与其他职业的守密义务、利益相悖的范围不同的问题怎样才能解决呢?(比如,关于没有证言拒绝权(《刑事诉讼法》第149条)的司法书士和律师共同接受委托的案件,在要求证言的时候,有没有委托人的秘密被侵害的可能性?)律师协会享有多大的监督权限?有没有由于其他职业的行政监督的介入而导致律师自治受到侵害的情况呢?等等。这里遗留下了不少的问题。

第四节 从事营利业务等的律师规则

1) 对律师职务的干涉

正如前述,根据2003年《律师法》的修订,律师担任公职、进行营利业务、成为企业等的雇用人或责任人等都实现了自由化。但是,如果律师从事本职务以外的业务、公务,那么就有可能产生相互抵触的情况。有可能产生把营利业务、公务不当地利用在律师业务中,或者把律师业务不当地利用在营利业务、公务当中等弊害。为此,在上述各种问题之外还需要留意的问题不少。

2）保持品格

特别是律师自己从事经营业务，或者成为经营业务企业的董事长及其他的负责人或雇用人的时候，被营利追求消耗了精力而脱离正当职务范围的可能性也是有的。为此，《职业基本规则》第15条，作为业务规制禁止律师从事有损于品格的违反公序良俗的事业，或者参与这样的事业，或者在这些事业当中让别人利用自己的名义从事活动。接下来的第16条，作为行为规制规定从事营利业务的律师不得为了追求营利而做出有损于品格的行为。

3）律师协会的指导、监督基准

日本律师联合会，在2004年2月，以维持律师的品格、确保对律师的社会依赖为目的，规定了"关于对从事营利业务、公务的律师以及日本律师联合会的指导、监督的基准"，规定中明确了不得进行的以下行为，并对此进行指导和监督。

① 信息的不当利用：律师把在职务上知道的秘密以及其他的信息不当地利用在营利业务、公务上，或把在营利业务、公务上知道的秘密以及其他的信息不当地利用在律师职务上。

② 利益相悖行为（除去有正当理由的情况）：在律师职务中与委托人的利益相反的营利业务、公务行为或在营利业务、公务中利益相悖的律师业务行为。

③ 争讼权利的继承（除去有正当理由的情况）：进行营利业务、公务的时候，继承在律师职务中处理争诉或让别人继承处理争诉。

④ 劝诱等：在进行营利业务、公务的时候，要求对方委托自己做律师的劝诱行为或在履行律师职务时不当地进行营利业务的行为。

⑤ 地位的不当利用：不当地利用律师的地位来进行营利业务、公务行为，或不当地利用营利业务、公务进行律师的职务行为。

⑥ 有损于品格的行为：在营利业务、公务活动中，所进行的有损律师品格的行为。

第五节　和外国法事务律师[①]的关系

关于外国法事务律师和本国律师之间的合作关系,迄今为止,仍禁止雇用外国法事务律师;关于外国法事务律师和本国律师的共同经营,只有像涉外事案等关于特定的法律事务才承认共同事业的经营(特定共同事业)。

但是,伴随着国际化的发展,2003年修订了有关外国律师事务处理的特别措施法,废除了以前的一些限制。这样就使得关于外国法事务律师和本国律师的共同经营范围的制约被废除,承认了包括日本法事务在内的以所有法律事务为对象的全面性的共同经营,甚至连外国法事务律师单独雇用本国律师也得到了许可。

但是,就外国法事务律师单独雇用本国律师这一点上,有人指出是有弊害的。虽然说和本国律师的共同经营、雇用被完全地自由化,但外国法事务律师自身只能处理关于其本国资格法的法律事务,关于日本法的法律事务是不能处理的(《外国律师特别法》第3、4条)。但是,今后,也有可能外国法事务律师会把雇用日本律师作为自己的工具,钻法律的空子处理日本法事务。

因此,《外国律师特别法》为了防止外国法事务律师进行超越权限的行为而制定了如下的一些规定。

① 外国律师处理自己权限外的法律事务时,禁止利用雇佣关系对雇用的日本律师、外国法事务律师作业务上的命令(第49条第1项)。

② 外国律师就权限外法律事务的处理需要明示被雇用的日本律师、外国法事务律师的责任(第49条第2项)。

③ 外国法事务律师,禁止在雇用律师、外国法事务律师权限外的法律事务上作不当的参与(第49条第3项)。

用一个通俗易懂的例子来说明。外国法事务律师接受了一个关于某外国

[①] 指在日本以外的国家取得律师资格(包括日本人),经日本法务大臣批准,在日本从事与其取得律师资格所在国法律相关的外国法事务的律师。——译者

企业要收购日本企业的委任,外国法事务律师不得让雇用的日本律师制作其没有权限制作的关于日本法律制度的意见书(第 49 条第 1 项)。日本律师在制作这个意见书的时候,必须要脱离雇佣关系作为个人案件接受外国企业的委任。外国法事务律师也不得要求制作对自己有益的意见书等(第 49 条第 3 项)。

与此相对,在外国法事务律师和日本律师的共同事业中,作为共同经营者的律师可以没有限制地对雇用律师进行指挥命令,弊害的可能性比较小。《外国律师法》也只是禁止了外国法事务律师对权限外法律事务的不当的参与(第 49 条第 2 款)。

通过《外国律师法》的修订,日本也成为了有着自由外国律师制度的国家(比如,法国就没有接受外国律师这样的制度,就连在美国,承认外国律师制度的州也不满一半)。今后,随着英美的超大型律师事务所和日本法律事务所的共同经营化,这一制度会得到更大的促进。而且,随着日本律师进入海外市场,是否可以和当地的外国律师共同经营的问题一定会成为议论的焦点。

设问

1. X 汽车(株式会社)的企业内律师 L 从职工 P 那里得知即将上市的新车的传动轴有缺陷,在行使的过程中有可能折断从而引发人身事故。P 问 X 应该怎么办?但是,有一万台已经制造完毕,如果更换这个传动轴,需要非常多的费用,跟只是对可能发生的数人伤亡进行损害赔偿相比,这个费用要多很多。有缺陷的事实只有职工 P 知道,同事和上司及公司的上层都不知道。

律师 L 应该采取怎样的措施?

2. 曾经是制药公司 Y 内部律师的 L,参与了新药开发中的法律问题的处理,但是现在离职到一家大型的律师事务所任职。律师可以接受他所参加开发的新药所引起的药害诉讼的被害人的委托来告制药公司 Y 吗?关于他离职后所开发的新药的药害诉讼会怎么样?就上述两种情况,L 所属的法律事务所的其他律师接受委托会有问题吗?

(石畔重次)

第十五章　作为经营者的律师的伦理

本章构成
第一节　律师的经营环境
第二节　律师助理
第三节　律师广告
第四节　律师事务所的"经营"和律师伦理

前　　言

《律师白皮书》（日本律师联合会编年［2004］）是值得一读的实用性资料。这本书通俗易懂地记载了日本律师的现状、活动状况等。还记载了一些关于修正由于先入为主或其他原因造成的对律师这个职业的错误印象和认识的必要数据。《白皮书》第一节中所示的律师人数、律师事务所的现状、收入、劳动时间等实际情况不仅会让立志成为律师的人感兴趣，也同样会使其他人感兴趣。

笔者将在第一节对律师的经营问题作一个概述，在第二节集中论述律师助理，在第三节中阐述律师广告，在第四节中阐述律师事务所的经营伦理问题。

第一节　律师的经营环境

1）律师人数

首先来介绍一下律师人数的变化和现状，并预测以后的发展趋势。
1949年（昭和24年），日本约有律师6000人。2003年则突破了2万人

(20263人，其中女性律师约2453人)。由于国家将要设置法科大学院以及新旧司法考试将并存5年等原因，司法制度改革审议会意见书预测：到2010年，司法考试每年的合格人数会增加3000人，这将使得法律从业人数增加一倍，这一趋势会在2006年明显地表现出来。

伴随着司法考试合格人数的大幅增加，律师的数量会剧增，但法官和检察官的人数却并不会按照同样的比例增加。律师人数增加的多少取决于以下几个因素：新增司法考试合格者中有多少会作为律师正式登记、律师事务所（律师法人）的需求、企业内律师的需求以及其他各种"类似律师职业"的发展情况。此外，因为不愿意缴纳会费或承担法律公益活动义务而不正式登记的律师也会有。即使如此，我们推测2006年以后律师人数会持续以每年约1500人的速度增长。2010年以后，这一数字将达到每年约2000人。因此律师行业的竞争会越来越激烈。

下面我们再来看看律师的地理分布。

律师大多集中在大城市区域。东京（东京有东京律师协会、第一东京律师协会、第二东京律师协会3个律师协会）和横滨合计有约1万人（10455人），大阪有约2800人，名古屋有约940人，福冈有约640人，札幌有约340人。这样的分布形势是理所当然的，它与各地区劳动人口、事务所数量、法人税务申报金额等是成比例的。

查看近年新登记律师（2003年为993人）所属的律师协会所在地，约60%是在东京（含横滨），大阪约13%，名古屋约5%，上述地区的新增律师占全部新增律师的78%。这种现状说明，单纯靠增加律师数量来解决律师分布地域不平衡的问题是不现实的。当然，由于律师人数的增加以及多种类似律师职业的出现，或者由于大城市律师竞争（再加上其他业种）的激烈化，有的律师协会将转而瞄准律师稀缺地区或转移到地方城市去登记开业。但是，我们预测，律师向大城市集中的倾向不会因为促进法律相关从业人数增加的政策的实施而发生大的变化，甚至这种倾向还会强化。

上述集中化倾向并非是以东京和大阪为中心的两极化集中，而是向以东京为中心的关东地区的一极化集中。这种趋势也有律师事务国际化和涉外律师事务所数量及规模扩大等原因。但众所周知,更重要的原因是对律师的需求集中于东京(各大企业的总部、各种企业投资活动都集中在东京)。知识产权案件、大规模破产案件(伴随审判管辖的法律修正)等都出现在东京恰好说明了这个问题。

2)律师事务所的现状:

首先来看看律师事务所的规模。

全国律师事务所中的70%是所谓的"1人律师事务所(律师1名、雇员数名)"。有数名律师的律师事务所中,其律师人数在5人以下(2—5人)的占9成。律师人数超过100人的律师事务所只有5家,在全国有112个律师法人,其中被雇律师人数在4人以下的占75%(只有1个律师的法人比例是26%,9人以下的合计达92%)。因此,律师事务所和其他行业比起来依然是小规模的。这是因为律师的业务主要以法庭、法院为中心展开,并且与其业态和受委托业务的"数量少"、"没有统一形式"、"手艺人"式服务的性质有很大关系。

典型的小型律师事务所通常都接一些什么业务呢?由于律师事务所的业务是以法院(法庭)为主,所以除了少数的大规模诉讼案件外,没有必要雇用多位律师。一般的委托和诉讼报酬并不高,所以律师事务所就没有扩大规模的经济来源。能够经常接到大量同类案件的律师事务所总是少数,大部分事务所在业务突然增多或变忙时,完全可以通过调整雇用律师的人数或向别的律师事务所"外包"、"共同接受案件委托"来应付。

与此相反,大型律师事务所(比较典型的是涉外事务所)以大企业和外国企业为主要客户,要不分昼夜地为客户提供大量的、有组织的、多样化的法律服务。比如为企业的设立、并购、重组等提供法律服务,与大规模而多样的新投资相关的法律服务等。因此,大型律师事务所所需的雇员(律师及律师助理等)要能够集中而有组织地提供法律服务,这和传统日本律师提供的服务有着很大的区别。涉外事务所里的很多律师都没有进入过法庭,这一点和美国的超大型法律事务所的律师非常相似。

诉讼业务以外的文书(如各种合同、证券、税务、公正贸易、外汇相关等文书)、企业法务咨询(如企业并购、重组及对方企业的情况调查等)、其他的日常性企业商务会谈及相关的法务咨询和报告制作等工作,具有专业性、多样性、大量性的特点。因此,这些大型律师事务所就必须以企业的身份来进行组织性比较强的活动。

在这种情况下,小规模律师事务所会失去以法庭和诉讼为中心的业务基础。以前律师人数少不够用,所以有被强迫去从事诉讼业务的一面,在经济上也可以说是过得去的,这是一个实际状态。律师人数在激增,而法律服务需求不会单纯随着律师人数的增加而增加,律师必须要能够争取法庭、诉讼业务以外的各种业务。与此相应,律师事务所的规模变化也有着多种不同的趋势。

同时,法庭诉讼业务以外的新的业务种类也随着其他法律相关行业的兴起而不断增加。司法书士取得在简易法院的代理权、代办人取得知识产权事件共同诉讼代理权、税理士取得租税事件法庭陈述权等都是各个行业以及团体的成果。这些行业从业者不仅从事上述业务,还有组织地、经常性地提供与律师业务相竞合的服务,并且收费比律师更加便宜。

因此,传统律师事务所和新兴法律行业之间必然会产生摩擦,不断出现的新兴法律服务业务甚至会与传统的律师行业伦理相冲突。在美国,出庭律师正在蜕变成法律服务行业中一个特殊的专业领域,日本今后也不能保证不会这样发展。即使变化不这样激烈,只要诉讼案件没有因为某种特殊原因而按照法律从业人数的增长速度而增加的话,那么以诉讼业务为主的律师事务所会渐渐失去其社会影响力。

为了应付这种变化,律师行业协会采取了一些积极应对措施。比如,积极开拓发展企业债务回收业务等企业法律服务项目(债权回收的扩大、遗言信托、企业重组基金等)。但是近年,企业内部能够自行解决的法律业务范围正在扩大。随着企业法务部门的日益壮大,企业的很多法律需求也由于法务研修制度的充实和企业内律师的雇佣得到解决,从而使向外寻求法律服务的内容发生了很大变化。今后,律师事务所若想开拓发展符合企业需求的新法律业务,就必须好好考虑前述的律师事务所的规模变化因素,以及与此同等重要的包括律师伦理在内的业务素质变化因素。

律师能够提供给市民和企业什么样的法律服务、律师事务所的经济基础怎样得到保障等问题好像与律师伦理没有什么关系，但其实这些问题关系到律师伦理的根本。律师的伦理理念和行为规范一方面被律师所处的社会环境所制约；另一方面也反向影响着律师所处的社会环境。

3）律师的收入

根据日本律师联合会的《律师白皮书》，律师的收入（扣除费用之前的金额）每年在3000万日元以下。经费扣除后的收入在1500万日元以下的律师大概占55％（收入在500万日元以下的约占15％，500万到1000万日元的约占25％，这些数字都是大概的数字）。再加上年收入为5000万日元，所得在2500万日元以下的人数的话，大约一共占70％。

虽然没有总的律师的平均收入，但是也没有特别明显的地域差异。东京等大城市中的高收入者（收入在5000万日元以上）的比率和其他地区相比会较高，但是在整体收入上律师间的分布是看不到地域差别的。

在东京，律师收入上有较大差距也是可以理解的（虽然高额所得者和其他地区相比是较高的，但是，毛收入3000万日元，所得1500万日元以内的比例和其他地区也没有什么区别），然而，可以认为，在东京以外的地区，如果法律事务所的规模形态没有什么差异，那么不管是按政令指定的城市法律事务所还是地方城市中的法律事务所，与其事业规模相适应，律师的收入在某种程度上是可以自己决定的。

这样的收入水平是否算高收入、是否和律师这个职业相称，这些问题的答案因评价者不同而见仁见智。上述收入的年龄分布不是很清楚。一般，年轻律师的收入和同龄的其他行业从业人员相比算得上是高收入，而年龄越长其行业收入优越性就越低，这让一般律师感到很愤慨。而且，即使得到了高收入，也因为累进制的所得税税率而没有多少钱到手。

最后来看看律师的劳动时间有多长。劳动时间控制在每周40小时以内的律师大约3个人中有1个。多数律师经常处于长时间劳动状态，上述水平的收入就是由这样长时间的劳动而得来的。长时间劳动是自由经营者的宿命，还是提供法务服务行业的合理业态，这是律师们应该挑战的课题。

第二节　律师助理

1) 问题所在

经营律师事务所的律师（以下称为经营律师）必须要雇用职员，因为他们要完成的法律服务业务包括各种各样的事务和工作。

这种事务性工作的职员一般只从事文书的制作（从单纯的打字到完成一些文书的草稿和定稿）、复印等整理工作，此外，还要负责接待访客、接电话、收发资料、向法庭提交文书等。这些工作一直以来都是律师事务所事务性职员的工作内容。

但是，律师事务所的业务正在向大量化、模式化、规范化、专业化的方向发展，因此与上述的事务性职员工作内容不同的职业在律师事务所里面发展起来。这就是，那些从事着与律师相当的工作，或者直接辅助律师业务工作的律师助理。怎样看待和对待这些律师助理、怎样在保持固有的律师伦理的同时来管理他们就成了新的问题。

2) 律师助理的概念

相当于律师助理（paralegal）这个词的恰当的日语翻译找不出来。"律师总务性职务"、"律师辅助职务"、"法律助手"等称呼的使用过去也被提及过，但是现在只用这个英语词汇本身。词头"para"有拟似、置换的含义，可以总称为能够处理一定法律事务的总务职员。

律师助理这个职务一般认为是 1960 年在美国确立下来的（第 11 回律师事务研讨会运营委员会编[2002][1]），即使在美国（除了一部分州要求部分的职业资格外），也并没有普遍要求该职务必须具备政府公认的从业资格。但是，在美国有律师助理的教育机构、认定制度，还有全国性组织。

美国律师协会关于律师助理的定义如下：(1) 不是法曹的一员，(2) 被律师事务所雇用的人,(3)通过教育、培训和工作使其得到充分的法律相关知识,在特定的事务范围履行实质的法律事务的人,(4)是在律师等的指示和监督下发挥作用的人。但是,尽管有这样的定义,美国还是存在着不被律师事务所雇用的(不受律师的监督)的独立律师助理。

3) 日本的律师助理

在日本,自称为律师助理的人存在于以东京为中心的地区,他们有时还会将此称呼印到名片上去。但是,律师助理还没有被普遍接受为一项职业。而且,相关的教育机构、资格认定制度以及行业协会也尚未建立。仅仅律师协会里面的"总务职员研修"、"总务职员登记"等制度,聊可看作是此职业相关制度和机构的萌芽。

尽管如此,日本现在也出现了工作内容不限于以往事务员和秘书等的传统范围,而是确实存在更接近于律师助理的事务职员,并且毫无疑问地正朝着促进这一转变的方向发展。

特别是在涉外律师事务所里面,存在着大量的拥有外语等技能,在某些领域定向化、专业化发展的总务职员,并且他们被公认在大规模律师事务所中发挥着重要的作用。另外,众所周知,即使在一般的律师事务所里面,在某些领域(破产债务清理、破产财务管理、损失保障案件),或者特殊专业领域(知识产权案件、外国人人权和入境管理案件、医疗失误等),也存在着一些与一般的事务职员工作内容不一样的事务职员。

今后,在那些主要从事数量大且模式化的法律事务,或者从事特殊专业化领域业务的律师事务所里会出现增加使用律师以外的事务职员的倾向。而且,律师行业的激烈竞争也会导致为节省经费而大量雇用此类事务职员。律师事务所越把业务的中心从诉讼和法庭转移开,这些拥有特殊专业能力和技能的律师助理的雇用价值就越高。从促进律师事务所的法律服务差别化、进行成本管理等更多方面来考虑的话,到底应该雇用律师还是律师助理的权衡就显得十分必要了。

4) 关于律师助理的问题

如上所述，律师助理是被律师事务所雇用，在律师的指示监督下发挥能力的事务职员。正因为需要有专业性和一定处理能力这样的职业要求，业内人士正在积极而有建设性地讨论这个职业的必要性和发展问题。但是，这并不意味着承认律师助理的独立性和其作为法曹的资格。日本业界并不承认美国那样的独立律师助理，也不承认虽在律师事务所内却不受律师的指示监督而具有独立权限去处理法律事务的职业和领域的存在，因为如果承认了这些，就相当于承认了"非律师行为"（《律师法》第72条、第27条，《职业基本规则》第19条）。

律师助理的问题在于对其职能的认识和态度，以及在构筑该职务的研修制度时如何处理日益形成的独立性和职业自觉性。这些问题属于经营律师的责任问题。对于经营律师来说，律师助理的使用有助于事务所的经营。随着律师助理的职务范围和处理事务数量的扩大，律师事务所的经营成本会下降。但是，如果只关注于这些经营问题的话，律师就经营者化了，不难想象"律师的指示监督"这一律师助理的职业基础就会名存实亡。

雇用律师助理所产生的低成本效应特别显现于非诉讼案件、模式化且数量大的事务性案件中。在非诉讼案件中，律师助理的职业内容包括从委托顾客那里听取案件原委、专业的事实调查、相关政府部门等的文书处理等协调和事务性工作，独立工作的成分会增大。而在模式化且数量大的事务性案件中，律师助理的处理范围和权限会更大。不仅是上述的基本业务，律师助理还开始从事招揽顾客、收取报酬等工作，甚至可能发展到借用律师的名义进行律师工作的程度。不得不承认，在这种情况下，已经包含了让"律师的指示监督"名存实亡的因素。

雇用律师助理时必须留意上述事项的弊端，慎重推进。不赞同对律师助理成立官方资格认定制度的意见，正是源于这种担心。同时，这样的忧虑也是对将来大量增加的新登记律师中可能产生的律师助理化现象的一种警惕。

5) 与律师助理相关的经营律师的伦理

美国律师协会关于律师助理的伦理(美国律师协会规定)可以归纳成以下几点(新中[2002]²)：

A. 律师助理的伦理

1. 律师助理只允许在律师的监督下完成业务(under the supervision of a qualified lawyer)。

2. 基本上应遵守律师的伦理,但是禁止以下行为：

提供法律建议；

不守保密义务；

违反利益相悖；

设定报酬；

没有律师的指示而与外界(包括顾客)交涉。

B. 雇用律师助理的指南

(1) 律师对在其指示下工作的法律助手的所有业务行为负责,必须采取措施防止法律助手违反律师义务。

(2) 律师不得让律师助理以其自己的名义开展下列业务：

律师和委托人间的合同签署；

设定法律服务的报酬金额；

向委托人陈述法律上的见解。

(3) 律师有责任采取适当的措施让法院和其他律师确切地知道,自己在进行法律事务的时候所使用的律师助理不向委托人提供法律服务。

(4) 律师有责任采取适当的措施让律师助理保守委托人的所有秘密。

(5) 律师必须采取措施防止律师助理被他人雇用或者与相关事务有利害关系；若出现这些情况,该律师就会被认为其导致了利益相悖的情况发生。

(6) 律师不得和律师助理分报酬,不得将法律事务的委托金支付给律师助理。律师可以基于法律助手工作的质和量以及其法律事务中的工作价值来付给他报酬,但不得以该律师在本业务中的所得收益等为标准,事前承诺给予相应的不确定金额的报酬。

上述是对日本的律师助理也可以普遍适用的规则。总而言之，对于律师来说必须要做的是，预先采取适当措施防止律师助理进行违反律师义务的行为，并针对特定案件发出具体指示，在适宜的机会下实行监督。对律师助理的教育不仅包括必要的法律知识和技能的专业研修，也包括伦理的教育。但更为重要的是，律师自身要研修关于律师助理的伦理。

6）实例参考

首先看看以下的案例：

有很多欠了高利贷等多重债务的人来 A 律师事务所商谈。来访人既有看了体育报纸的广告来的，也有按照高利贷人的指示或示意来的。来商谈的人被引到商谈室，有自称负责债务整理业务的 B 来询问情况，并要求提供资料，还告知来访人相关报酬和费用的金额。这些谈话结束时，L 律师来到了商谈室，并向来访人说："这样你的债务就能很顺利地解决了。"实际上，B 是并不具备律师资格的事务员，他同高利贷者任意交涉、向法院提交破产文书的业务，律师 L 只做上述的发言，和商谈人出席了法院的审问等。事务所的会计由平时不在事务所露面的 X 担任，律师 L 也以顾问费的名义从 X 那里得到一定金额的钱。

这是一个没有律师资格的人经手的案例，律师 L 的不正当行为是非常明显的，但是只要把事实稍加改变那么这就不是一个单纯的问题了。

在许多的没有律师资格的人经手的案例当中，不是称违法的整理（破产），而是称为任意整理，让咨询者每个月把一定的金额以向有业务来往者还钱为名支付给律师事务所。大多数情况下，由于并没有适当的债务整理交涉，所以不会带来什么债务整理的实质。相反，债务人从介绍的高利贷处增加贷款，反而增加了债，以悲惨的结局而结束的案例也很多。

但是，在上述的案例当中，如果 B 不缺乏债务整理程序的法律知识，应该怎么办呢？（这样的人比律师具有更多的实务知识的情况并不是很少见）任意交涉是以律师的名义进行的（如果是律师接受委托案件，那么对高利贷的多重

240　司法伦理

277　债务人的支付督促有一定的规制），因此就会有一定的分配率来进行任意整理，一旦任意整理不可行，就会以律师 L 的名义在法院进行破产申请，并且一直会持续到免责为止，在这种情况下，应该怎么办呢？

　　与高利贷相关的任意整理、破产申请等，都是定型式的业务。关于债务整理的指南及相关的书籍充斥着大街小巷。如果是普遍地使用电脑而使业务得到大幅度提高的法律事务所，即使接受大量的案件，也渐渐地属于不需要大量人员的事务处理的范畴。所以这是一个非律师很容易进入的领域，其他从业者（特别是司法书士）的参加也在增多。另外，如前述，还出现了没有任何资格的人（B）也在这个领域活跃的情况。那么，可不可以把这个领域归结为即使不是律师也可以处理的业务呢？

　　不管怎么说，就上述的律师事务所、律师 L，还有经营的实质而言，如果律师把债务整理全部都交给了经验丰富的 B，那么这样的情形应该怎样考虑呢？或者对债务整理的裁量（对应分配率的决定、业者的增额请求的对应方法等）只是做了一定程度的一般指示，像这样的程度可以说是"在律师的指导监督下"吗？

　　如果咨询者所要支付的律师报酬、费用等，事务所都预先已经决定，事务员对咨询者也作了足够的说明，且委任合同是格式合同的时候，律师必须要参与的程序是不是就没有必要了？

　　律师关于债务整理案件，参与到怎样的程度才能不被非难为该案件是由没有律师资格的人处理的呢？关于和业者的交涉、事务处理经过的检查、咨询者汇款等的管理，律师的指示、监督到怎样的程度才是必要的？这些都是要进一步探讨的问题。

第三节　律师广告

1）律师广告的必要性和真实性

　　现在，经营者们已经普遍认识到以市场营销手段获得更多顾客的重要性，广告宣传作为市场提供的宣传手段而受到重视。因此，消费者在选择商品服务的时候，总能适当利用广告宣传等免费服务来获得有用的信息。因而，广告宣传在消费者进行商品服务选择时起到了很大的作用。就如在第十三章第一节中所述的那样，律师广告是市民在选择律师时所依赖的重要手段。但是，对于律师来说，广告所承载的信息在质和量两方面都可以说很不充分。在哪里有什么样的律师，某领域的专业或者说有经验的律师是谁，该律师的委托费用是多少等都是很难从广告中得知的。作为消费者的委托人为选择律师而要获得充分的信息，这在现实中是绝不容易的事情。

在律师界中，传统的看法是广告乃是营利的竞争手段，和负有维护基本人权、实现社会公共正义使命的律师不相称，会损害律师的品格。而且广告如果有虚假或夸大成分，广告就成为了践踏对律师职业信赖的工具。另外，还有看法认为，因为广告费用，委托人需要支付的报酬提高了。再者，由于广告，一些休眠的诉讼也会被挖掘出来，有可能造成诉讼泛滥。必须承认，正是这些传统的想法导致了目前律师广告数量有限。

2）过去的律师广告限制政策

1955年（昭和30年）3月制定的旧《律师伦理》第8条规定："律师不得在名片和招牌上记载除了学位和专业以外的信息，如自己以前的职业、其他的宣传事项，并且不能做广告。"关于这个规定，有两种意见，一种解释认为此条文禁止一切广告，一种解释认为此条文允许宣传事项以外的广告。日本律师联合会支持律师广告原则上都被禁止的解释立场。在这种限制政策中，所谓的律师广告就是指招牌和贺年片、宪法纪念日和法律节等节日时报纸中夹带的名片式样的小张广告等。

1987年（昭和62年）3月14日，《日本律师联合会会则》被修改，第29条第2款中规定："律师不得做自己业务的广告。但是遵从本协会的规定而实行的广告不在受限制范围。"各地方的支会根据此规定制定了《关于律师业务广告规则》和《律师业务规则》。这样，虽然能够做广告的媒体和事项受到了严格限制，但是广告之路被打开了。对被允许做广告的媒体的限制非常严格，除去上述的名片式样小广告、招牌外，只包括校友会报、按职务分类黄页、事务所报等。广告的重要媒体如电视、广播、铁路和公共汽车上的广告等形式都被禁止。因此，这次修改，只不过是肯定了在此之前的现状而已。

3）现在的广告限制政策

2002年（平成14年）3月24日，《日本律师联合会会则》第29条第2款被修改为"律师关于自己的业务可以做广告。但是，违反本协会规定的行为不在被允许的范围"、"前述的广告必须遵循的事项按会规来制定"。因此，律师广告原则上开禁了。而关于媒体的限制也被取消，电视、广播等媒体也可以使用了。但是，《关于律师业务广告规则》（2000年［平成12年］3月24日会规第44号）限制了广告的内容。

具体而言，在第3条中被禁止的广告包括：与事实不一致的广告（1号）；可能引起误导或误会的广告（2号）；夸大或者给与观众虚假期待或让观众期望过高的广告（3号）；与其他律师等的比较广告（4号）；与法令、会则、会规相违反的广告（5号）以及可能有损律师品位信用的广告（6号）。另外，不能包含的广告事项（第4条）还包括：有诉讼的胜诉率（1号）、顾问方和委托方（2号）、正在被委托的案件（3号）及过去处理或有过关系的案件（4号）、访问、电话广告（第5条）和针对特定案件的招揽广告（第6条）。

为了避免这样广泛的禁止事项不恰当地妨害广告自由原则，之后又制定了律师和外国特别会员的广告使用方针。明确了运用标准和被管制的广告内容，让广告能被轻松使用。比如，关于专业领域广告使用方针作了如下规定，"专业领域是指，国民强烈希望被提供律师信息的领域"。但是现实中，以什么基准判断认定专业领域是很难的。律师想要跻身某专业领域所必备的要素是，必须以特定领域为中心业务、经验丰富且处理能力优异。但是对专业性质认定的客观性并没有任何保证，没有经验和能力却自称专家等行为的弊病也就不可避免。因此，没有客观担保而使用"专家"、"专业领域"的话有误导之嫌，会损害国民利益甚至可能有损于国民对律师的信赖，现实操作中希望能够尽量控制此类表达方式。……"擅长领域"等表达方式从其字面来判断很明显只不过是律师的自我主观评价,国民也应该会这样认为,所以并不禁止。但是,即使是主观表述,把不擅长的东西表示为擅长的话也是违反事实的。因此,对于没有丰富经验的领域,"正在积极从事的领域"或者"关心的领域"这样的表述是正确而诚实的。

尽管有这样周到的规定,但在现实中,律师广告仍然很少。

4)关于律师广告的伦理

以前在寻找委托律师的时候,选择在自己所属的地区团体等组织社团中有过交往而认识的律师商谈,或者请有名律师和找商谈律师来介绍人选是普遍的做法。但是,城市化导致了地区社团逐渐瓦解,社团组织的结构转变使得利益取向化加强,与此相应,市民寻找律师信息变得越来越困难。因此,市民为了获得律师的必要信息,对广告的需求越来越多。

但事实上,除了极少数律师制作了网页外,律师对外发出的信息极少。

确实,不合事实、有误导和误会嫌疑、夸大以及给与观众虚假期待的可能性的律师广告必须禁绝。但是,也有意见认为,如果在这个问题上认定一般市民没有专业知识,所以会立刻被夸大广告欺骗的话,是对市民能力的肤浅见解。

而且,广告费用会导致律师费用上涨的看法是在忽视了因特网的利用和律师高效率经营的前提下做出的,这种看法是否合适呢?更进一步讲,广告会导致诉讼泛滥的看法实际上是在以下前提下做出的,即依靠广告来招揽顾客的律师容易提起一些没有道理的诉讼,这些律师的良知不值得信赖,而除了依靠这些律师的良知没有更好地制止诉讼泛滥的方法。这种想法妥当么?

对市民来说,在获得律师信息变得越来越困难的情况下,广告被认为不过是营利竞争的手段、对负有公共使命的律师不恰当的看法是到了该改变的时候了。为了维护基本人权、实现社会公共正义这个律师的使命和社会责任,必须要更加重视律师和律师协会的公共传播职能。广告作为其手段之一,如何使用就必须要认真探讨。

第四节　律师事务所的"经营"和律师伦理

1）关联性的有无

律师,他们不同于其他的法曹(法官、检察官),一般情况下他们属于经营者,是法律事务所的经营者。对于律师来说,是否是律师事务所的经营者并非其成为律师的必要条件。但律师不在公共机构工作,是通过提供法律服务来试图"维护基本人权和实现社会正义"的。也就是说,律师不是公务员,必然要作为自由业者生活下去。很明显,现在大家普遍认为官方律师已经不能维护市民的权利了,因此很多律师基于职业特质,而选择了独立的律师事务所经营者的道路。至少到目前为止,这种倾向还是比较普遍的。

然而,律师需要靠自身能力维持律师事务所的经营,通过提供法律服务维持生计。律师必须要靠自身能力获得需要法律服务的顾客,而且大部分情况下,所得报酬与所提供的服务的质和量成正比,当然也有一些并非如此的业务(法律帮助案件、低金额案件、国家指定的刑事辩护案件或者公益性诉讼等,一般的律师都会有一定数量这样的业务)。

律师中也有一些与律师事务所的经营不相关的人,比如雇用律师。雇用律师就是在经营律师的指挥下工作,没有很多选择案件的权力,但有一定金额的工资和分配收入的保证,而且还有另外的(基本上不扣除经费)收入(雇用律师自身直接接手的俗称个人案件的业务,得到相关的案件收入)的律师。因此,不用像经营律师那样考虑事务所的经费支出、招揽案件和顾客以维持经营、收入的变动和减少所带来的经营危机等问题。这类似于企业内律师。

但是,很多雇用律师在一定时期(3—5年)后就选择当经营律师。原因在于经营律师可以不受别人的指挥命令,不受别人的拘束,自由地选择案件和客户,比较独立(即经常被提及的选择律师行业的动机)。而且雇用律师基本上只能在一定期限内从事业务的行业惯例,也使他不得不独立(共同律师事务所的合伙化)。

律师以这样的形式独立,设立自己的律师事务所,走上了经营律师事务所的道路。但是,到事务所经营走上正轨为止,有许多艰辛在等着经营律师。在这段辛苦时期,一些不好的"甜蜜的诱惑"也有可能出现。所以创业初始就控制事务所规模,或者以合伙共同事务所的形式开始可能比较容易。

以如前所述的平均收入水平(3000万日元的收入、事务所经营费率50%)为前提的话,不能保证每个律师都拥有凭借其律师事务所的经营而成为富裕阶层或有资产的人。普通律师的经济感觉是,通常光靠律师业务自身是不可能形成那么多资产的。律师中也有案件的多少、案件收入的变动等情况出现。而且,不能获得经济收入的案件(国家指定的刑事辩护案件、维护人权的公益性案件,败诉的案件也不能期待获得成功案件那样的报酬)也有很多。选择律师作为职业,很多人是因为觉得此职业有使命感,从成功的案件中可以获得精神上的满足。获得这样感受的多少和收入的情况成反比。因此,对于律师而言,普遍存在着精神上的自由和经济上的不自由并存的现象。

但是,有些律师事务所从经济考虑出发,违背正常的经营活动,为钱做一些违反律师道德的行为也是事实。为了支付事务所经费而接手通常不会接受的案子,在正常的判断下明知是恶性案件还接手的倾向就是例证。当这种情况走到头时,这些律师就陷入被固定于为不好的委托者工作,或者埋没于此类案子而失去了自身向上发展机会的恶性循环中。

另外,还有些律师为了获得更多的收入而经营其他业务,但却最终失败,导致他们做出违法行为。典型案例有因经营损失和其他原因导致经济贫困,因而侵吞顾客的预付金和和解金等。

对事务所经营失去自我约束以后,各种各样的错误就会多发,并且会发展到违法的程度。律师也需要生存,他们不过是作为经营者提供法律服务的服务行业从业人员,不是圣人君子。但是,律师被要求有高度的专业性,负有通过法律服务维护基本人权和实现社会公共正义的责任。如果忽视对事务所的管理和经营,就会陷入无法自立的处境。结果是律师所提供的法律服务的品质不断恶化,逐渐失去人们对其专业性的尊重,丧失公共性服务的地位。

毋庸置疑,律师提供法律服务的质量受到律师所在事务所经营内容的影响。因此,追求法律服务内容高水平、迅速、灵活的顾客在选择律师时,观察事务所的经营状况是一个合理方法。与此相应,律师作为经营者,也负有让事务所经营稳定的义务。

但是,这些要求还不够。越是强势的委托人越是希望在提供法律服务的品质不变的情况下削减服务成本,也就是要求律师在经营上努力减少成本。将来,随着律师报酬标准的取消和律师价格竞争自由化的来临,律师事务所之间的成本竞争将真正展开,上述因素就变得越来越重要。

当然,谁都知道要在上述的成本竞争中和法律服务质量的提高上都取得成功是很难的。谋求法律服务和提高律师伦理要求,也存在与律师利益互相冲突的情况。同时,这两个问题还有很大的关联性。也就是说,能够展开成本竞争的经营体制是提供良好法律服务的必要条件。今后对于怠慢事务所的经营而漫不经心地工作的律师,一般顾客都会毫不容情地发出怨言。

到现在为止,律师人数的增加在一定范围得到实现,但律师稀缺的问题仍旧存在。律师报酬由律师报酬的基础价决定,其经营成本则是以与法律服务不直接相关的费用来决定的,然后作为律师正常报酬的金额向顾客收取。

但是以后律师人数会激增,律师事务所间的竞争会更加激烈,报酬由顾客来决定的方式将会正常化。也就是说,报酬的基础价会被废止,顾客会根据所提供的法律服务的质和量来考虑成本是否合适,并在几个律师事务所之间进行比较。与此相应,律师将不得不根据现状、所要求的报酬金额、市场动向等因素不断做出精密的经营判断和调整。

如此一来,今后的经营律师在经营方面也被要求拥有专业能力。经营的怠慢可能会导致上述的各种不良行为,并会因此而遭受惩罚。今后这种倾向会加速发展。

2)律师事务所经营的提示

ⓐ**总务部门体制的整备** 律师总务部门(总务职员)要配置完善,这是律师工作的坚实基础。总务部门能够管理好律师的时间表,完成顾客和律师间顺畅的联系和沟通,在律师的指示下迅速而准确地处理各种事务,以配合律师

迅速、正确地完成委托案件。

给总务职员进行适宜的研修是非常必要的,并且和其他行业的经营者一样,应给予总务职员适当的待遇并让其加入社会保险。当然还要注意创造一个不违背劳动法令的工作环境。

今后,律师的事务性管理工作和顾客管理工作的必要性会越来越高,在处理整个案件时,采用IT手段(事务所内网络LAN等)是不可避免的。积极采用IT手段可以扩大律师和事务所间的共享信息的范围,可以在接受案件前检查是否有利益相悖的情况存在,可以互相检查案件处理的进展过程,可以通过信息共享来提高总务职员写作公文等事务性工作的处理能力,尽量把律师的一些事务性工作交由事务所去完成。随着总务职员的职责范围不断扩大,相应的工作决策流程、对总务职员工作的检查流程等监察措施就必须要加以完善。

而且,律师事务所掌握有很多顾客的秘密资料,为防止个人信息的泄露等情况,就更加要小心完善个人信息保护措施。

ⓑ事务所委托案件管理的有序化　接受顾客委托时的程序在今后会越来越重要。在接受委托时对整个案件的预测、对费用的评估、对报酬及合同的内容、订立条件的说明等是律师的义务,是理所当然的委托流程。按照合同完成工作,是保证律师事务所接受委托流程的透明性和公正性,防止将来顾客抱怨的有效方法。以往事务所在一些案件中,省略了书面合同和详细说明等程序就接受委托的情况很常见,今后是不被允许的。

ⓒ事务所会计体制的整备　律师是经营者,也是所得税、消费税等税务的纳税责任人。毋庸多言,从与报酬收入管理、费用处理等相关的日常票据处理开始的各种会计工作是事务所经营的基础。立足于会计处理和财务报表得出的财务指标可以改善管理成本。因此从财务观点来看,律师法人化是非常必要的。面向律师事务所的经营会计软件有很多,应用这些工具可以节省很多劳力,从而有效地进行财务管理,这方面的工作是不容忽视的。

关于收入管理。把律师收入和顾客缴纳的委托保管的款项收入分别进行财务管理是律师伦理的基础。混合处理会导致本属于顾客所有的钱被私吞和挪用。所以,不管有什么困难也应该实行分类管理。

关于事务所用于支出的资金。应该给事务所管理留出足够的金额,并且要妥善考虑监督方法以防止挪用。比如给事务所留出足够3个月支出的钱,就可以防止出现接受不良案件的动机,诸如此类的管理方式是非常有用的。

ⓓ 参加研修 法律的制定和修改是甚为频繁的,案件处理方式的改变也很频繁,没有律师可以认为成为了律师就可以不用再学习了。律师登记是没有必要更新的,所以,即使怠慢研修和自我研究的律师也并不会丧失自己的律师资格。但是,由于知识不足而引起案件处理的过失,导致被惩罚是完全可能的。

今后的律师和律师事务所被要求要具有高度专业性,因此与其他律师相比保持不同点和独特性就非常必要。从这一点来看,继续研究也是必要的。因此,仅仅参加律师行业协会主持的、律师行业众所周知的一般性知识研修是不够的。通过法律、社会、经济研究者等的研究会交流,通过参加各种民间团体等的市民活动学习,开发培养多种多样的研修方法是非常重要的。这样做的话,就可以获得被大家认可的其他律师事务所所没有的独特性,扩大稳定的案件来源范围,能更稳定地经营事务所。

ⓔ 健康管理 最后的重点是常识性的健康管理问题,律师的经济困难实际上很多时候是由生病引起的。律师一般没有休业补偿制度,只有个人加入的休业共同救济和各种收入补偿保险等保障。大半律师都有自己个人的熟客,因病而不得不停业的话,这些顾客就会流失到别的律师那里。如果律师事务所有其他律师顶班制度的话还好,否则,律师的收入就会立刻断流。由于这样的原因,律师就会因陷入经济贫困而开始接手不良案件,甚至导致很多律师被惩罚的(常见的律师资格外借)情况发生。

生活习惯病的主要原因之一是精神紧张,这是经常伴随律师工作出现的。经营律师有经营责任在肩,会担负比自己察觉到的更多的精神压力,这个职业特征导致律师随时都可能被疾病侵袭。为了在经济上预防这样的事态发生,没有比构筑完备的能够抵御这种情况的事务所制度更加重要的了。但很多律师事实上不能做这样的准备,因此,就只有希望他们能够平时注意树立健康的生活方式,消除精神压力。

注

1. 第 11 回律师事务研讨会运营委员会编[2002]。此后的论述都是根据这个资料的各种论证考察为依据的。
2. 新中[2002]第 53 页。

设问

1. 律师 L,在电车里登了广告,接受了多起离婚案件的委托,但是实际上是由事务长 A(没有律师资格的管理所有秘书的人)和对方交涉和谈。和谈书也是由事务长 A 写了之后盖上了律师 L 的印,律师 L 一点都不知道这些内容。而且事务长 A 在每个月的固定工资 20 万日元之外,根据和谈从律师接受的报酬中收取 30％的提成。

律师 L 这样的职务形态有问题吗?

律师 L 如果看了根据事务长 A 的交涉结果所写的和谈书然后再盖章的话,结果会怎么样?

如果,事务长 A 的工资是一个月固定工资 100 万日元(和律师差不多同等金额),那么又会怎么样?

2. 在上面事例中,律师 L 以非常低的启动费 10 万日元来吸引委托人,接受委托之后,又强行劝说所有的委托人对其配偶进行行为调查,向调查公司 B 付最低 100 万日元的调查费(如果发现出轨行为还需要另外付费)。委托人是不知道的,其实,律师 L 和事务长 A 都是这个调查公司的主要股东和董事,接受高额的报酬。

律师的职务形态有问题吗?如果向委托人说明了和调查公司 B 的关系,那又会怎么样呢?

(井上利之、铃木诚、石畔重次)

第十六章　律师自治

本章构成

第一节　律师自治制度确立之前

第二节　律师自治的意义

第三节　纲纪及惩戒程序

第四节　律师自治的理念

前　　言

所谓自治，就是指以自己的意志来自律性地处理自己的事情[1]。因此，自治的本质在于自律和独立。虽然"自律胜于他律"，但并非是在所有事情上都应该承认自治。比如，地方自治是基于民主主义，大学自治是基于学术自由。像这样和国民权利深度结合之处，有自治制度存在的意义。律师自治也和这些自治制度一样有着重要意义，是与国民生活密切相关的。我们将在第二节中详细提及，律师自治在维护国民基本人权的问题上是不可欠缺的制度。

一般而言，所谓律师自治就是把对律师资格的审查和惩戒处分权交由律师自律，律师的执业活动和规则不受法院、检察院和行政部门的监督[2]。具体来说，成为律师的人必须加入律师协会，日本律师联合会的名单中登记入册（《律师法》第 8、9 条），律师协会在此申请人可能会妨害到律师协会的信用或者秩序的时候，可以拒绝该申请人入会（《律师法》第 12 条）。其后，对律师的监督义务由律师协会履行（《律师法》第 31 条），惩戒处分也由律师协会进行（《律师法》第 56 条）。

在其他各国，律师自治以各种形式得到保障。比如美国，对律师惩戒的权限形式上属于法院,但是该权限的行使一般由以律师为主的惩戒委员会执行[3]。而法国,则是由被设置在律师协会里的评议会来进行对律师的惩戒裁决,上诉院只承担对此事的上诉过程[4]。这些只是作为专业职业的律师行业,其自律性受到尊重的部分例子而已。但是,在日本还不止如此,形式上是由律师协会垄断对律师的惩戒,完全排除由国家机关进行的对律师的监督。在这一层意思上,日本的律师自治可以说具有有别于他国的鲜明的特征。而且,环顾国内,没有政府部门监督的职业也只有律师。

日本何以确立了如此高度的律师自治呢?首先来回顾一下历史。

第一节 律师自治制度确立之前

二战之前的律师完全没有自治权,处于法官、检察官、司法大臣等的监督之下。如果律师对法官的诉讼指挥提出异议,就会受到法官的惩戒处分,这样的案例曾经层出不穷。那时的律师,连为了维护自己委托人的权利,也要做好有可能失去工作的心理准备。二战结束后制定的现行律师法对这样的历史进行了反省,开始保障律师的高度自治。

1) 二战前的律师制度[5]

到江户时代为止,诉讼代理都是不允许的,诉讼只能由本人来进行(代理诉讼禁止原则),明治政府在1872年(明治5年)制定了司法职务制度,第一次承认了作为诉讼代理人的代言人的存在。这是日本律师制度的开端。

1874年(明治7年),正式制定了法院可采取的取缔规则,明确规定代言人必须服从于负责法官(负责该代言人接手案件的审判的法官)的严格监督。从此时开始,代言人如果批评负责法官的话,就会被遭受批判的法官处以惩戒处分,以侮辱官吏罪被判决有罪,这样的案例不断发生。1876年(明治9年)又制定了代言人规则,仍规定代言人被置于负责法官的监督之下,批评法令侮辱官吏的话会立刻被负责法官处以谴责、停止业务(1个月以上1年以下),或者除名(3年之内不能当代言人)的处分(《代言人规则》14条)。

1880年(明治13年)代言人规则被修改,代言人又变成在检察官的监督下活动。此时,各地方法院都成立了自己的地方代言人工会并全员参加,其规章制度必须得到检察官的认可。而且,代言人工会的会议召开也要得到检察官的认可。

1893年(明治26年)律师法(就是旧律师法)公布,代言人的名称改为律师。有权对律师进行监督的主体从检察官上升至检察官长官(上述法案第19条),对律师的惩戒由检察官长官的追查而展开(上述法案第31条),在管辖上诉法院的惩戒法院①(上述法案第32条),根据裁判惩戒法的规定进行(上述法案第34条)。

1933年(昭和8年),旧律师法②被全面修改,新的律师法③颁布。经过这次修改,对律师进行监督的主体由检察官长官变成司法大臣。此次的修改,增加了律师资格考试与法官检察官考试合一等的措施,以提高律师的地位。但是基本上,这次改动只不过是把监督者改变了,律师协会一再要求由律师协会来履行对律师的监督处分的律师自治制度并没有实现。

2)二战前的惩戒案例等[6]

二战前的律师是受到法官、检察官、司法大臣等的监督的,其业务活动的自由受到很大制约。律师在法庭的发言如果被判定为不恰当,就会受到惩戒处分和刑事处罚。以下介绍几个例子。

ⓐ因为"冗长的说教不听也罢"的发言,辩护人被免掉的案例[7]。 1882年(明治15年)7月27日,在某刑事法庭里,辩护人星亨经过法官的同意向证人询问。马上,临席检察官以《治罪法》里没有规定辩护人可以向证人询问为由,向法官要求停止辩护人的询问。星亨对此说道:"冗长的说教不听也罢",临席检察官立即被激怒,向法官要求中止审判并对"辩护人的不恭敬语言"请求相应的制裁。法院同意了这个请求,一度中止审判,在8月7日作出了免掉

---

① 日本的旧司法制度,为了法官、会计、检察官、行政官员、律师等而组建的一种机构。——译者
② 1893年律师法。——译者
③ 1933年律师法。——译者

第十六章　律师自治　253

星亨辩护人职务的裁判。

星亨是当时最有影响力的辩护人之一,在当时的法律界颇有威望。给予资深的星亨这样的待遇正说明了当时的现实状况。

ⓑ 因为"野蛮的法庭"的发言被处罚(监禁 2 个月、罚金 10 日元)的案例[8]。

东京地方法院下属的户部富藏律师在 1898 年(明治 31 年)2 月 11 日,作为赌博案件的辩护人在汤泽区法院的法庭对召唤证人的必要性进行陈述时,诉讼厅巡查把手放在被告人(女性)的身体上,要纠正其姿势,于是户部律师说了些大意是"《诉讼法》中被告人在法庭上不受身体的拘束,刚才巡查的举动不妥当"的话,与此相对,由于法官认为"巡查并没有拘束被告人身体",该律师又作了如下的发言:"对巡查这等不妥当的行为不制止不惩罚的话,立宪制度下的人民的身心自由会遭到伤害,而且不得不说此等行为也是违反《诉讼法》的,不得不说这真是野蛮的法庭。"

该发言被视作触犯侮辱官吏罪,该律师在一审的秋田地方法院被判监禁 2 个月,罚款 10 日元。该律师对此进行了控诉和上告,均被驳回。

除了这个案件,立川云平代言人在刑事法庭上,因为辩论道:"我质疑本案,我认为本案应判无罪,如果有罪那真是太阳从西边出来了",而被以官吏侮辱罪判处监禁 1 个月,罚款 5 日元并停业 3 个月的处罚[9]。这样的案例不胜枚举。

ⓒ 因为统一审理的要求和回避申请等原因而被惩戒(除名)的例子[10]。　布施辰治律师在 1928 年(昭和 3 年)11 月 21 日,作为日本共产党案件(违反治安维护法的案件)的辩护人,在大阪地方法院召开的第一次审判中,做了如下陈述并要求并案审判:"日本共产党是单一的团体,其中央委员在东京正在被预审。同一个案件而分开审理,以前曾有过胁从者被判处比主谋者更重的刑罚的案例,为保证量刑的公平性,希望本案件由东京地方法院作并案审理。"法官没有认可并案审判的要求,而是宣布照常持续在大阪地方法院审理。于是该律师提出了针对法官全体的回避申请,法院在合议之后驳回这个请求。在第二天召开的第二次审判中,被告人屡次要求发言引起大混乱,随即法官决定禁止整个案件审判公开,并命令旁听人都退庭,该律师

对此提出异议。

翌年,即1929年(昭和4年)4月,检察官长官以该律师的上述一连串诉讼行为,以及"本案是被告在被起诉后,在诱导讯问和拷问下,被迫作供述的"、"法院的措施是残暴的举动"等发言极其不当为由申请了对这个律师的惩罚。对该申请,包括与无产阶级政党思想完全无关的共计106名律师作为辩护人为布施律师进行了辩护。1931年(昭和6年)6月10日,东京控诉法院的惩戒法庭认同了检察官长官的申请,把布施律师除名了。布施律师到大审院①的惩戒法庭进行控诉,控诉审判中有90名律师成为辩护人。但是该法院还是在1932年(昭和7年)11月11日的第13次审判中,取消了全部的证据调查时间表,对辩护方申请的证据调查一概不施行,做出不予立案的判决。对此,东京律师协会紧急召开临时会议,做出抗议决定。布施律师向大审院上告,1932年(昭和7年)11月15日大审院拒绝立案,最终这名律师被东京律师协会除名了。

3) 现行律师法的诞生[11]

律师积极、果敢、自由的活动,对国民权利的保障具有重要意义。律师为了履行自己的职责,要最大限度地维护委托人的权益,因此有时会和法官、检察官发生冲突。此时,如果被冲突对方的法官和检察官惩戒的话,律师容易委靡不振,不得不采取自我约束行为。最终受到损害的还是权利没有得到充分保护的委托人。进一步说,作为潜在委托人的国民全体的利益也会受到损害。

在美国和英国,实行法曹统一化的制度,法官都是从律师中间选任的。而且,大家都有一个非常强烈的观念,那就是法院的权力必须受到限制以保护律师的独立活动。但是,在二战前的那段黑暗的历史过程中,法院与权力一体化、律师的自由活动受到压制。因此,日本律师都期望能够不受法院监督而实现完全的自治。

1945年(昭和20年)8月14日,日本政府签订了《波茨坦公告》,二战以日

---

① 大审院:相当于高级法院。——译者

本无条件全面投降的形式终结。战领并统治日本的联合国最高司令官总司令部(GHQ)要求推进作为日本民主化的一个步骤的司法民主化。律师协会受此鼓励开展了积极的活动。

　　1946年(昭和21年)9月20日,司法省设立了律师法修改筹备委员会,开始了律师法修改的准备活动,其中律师委员的活动非常令人瞩目。在审议过程中,司法省、法院方的委员曾提出了强烈反对意见。同年12月13日,该委员会终于向司法省提出了和现行的律师法大致相同的修正案,这是完成审议后全部委员一致的结论。但是,法院和检察厅对此有过抗拒的表示,政府也没有对将此法案提交国会表现出多少热情。于是,日本律师协会联合会[12]转变方针以议员立法的方式制定新法,向众议院法务委员会提出了联合修改审议方案(和上述的筹备委员会的结论内容大致相同),并展开了与国会议员和GHQ等的交涉。然后,众议院法制局(最初是法制部,后变成法制局)调整了各界的意见,在联合修改审议方案中加入若干修正,从而制定了《新律师法草案》。这个草案在众议院会议上全体一致通过,参议院对此作了一些修正后回复给了众议院。但是众议院否决了这些修正,依照《宪法》第59条第2项按照原案进行再次决议通过,《新律师法》就这样在1949年(昭和24年)5月30日诞生了。

4) 律师法制定过程中的争论[13]

　　ⓐ 和最高法院的规则制定权的关系　　律师法制定中最大的问题是,关于律师的事项可否用法律来规定。也就是说,《宪法》第77条第1项规定"最高法院……对于律师……相关的事项,有制定规则的权限。"最高法院根据这项规定强烈主张关于律师的事项都是法院规则下属的专门事项,以法律形式来规定是违宪的。GHQ的法律工作部门刚开始据说也是这样认为的[14]。

　　对此,众议院法制局和律师协会做了以下的反驳。第一,《宪法》第41条明确规定国会是国家权力的最高机关,是唯一的立法机关。《宪法》第77条不应该被理解为能够限制这条原则。第二,法律和法院的规则相抵触时,法律优先。为什么这样说呢?因为《宪法》中没有设置周到的程序规则以确保法律的制定过程，规则的制定没有得到任何程序保障。第三，法院规则在《民事诉讼法》和《刑事诉讼法》中的适用都一样，只是在法律基本划定的范围内，规定了细则性程序。

其结果是 GHQ 认同这个反驳，承认了《律师法》，最高法院也在对《律师法》保留违宪立法审查权的前提下，一定程度上认可了这个法规。多言两句，《宪法》第77条对于诉讼的程序制定问题确实承认了最高法院的规则制定权，最高法院在此后以制定法律的形式规定了刑事程序，并被判定不是违宪的，《刑事诉讼法》是合乎宪法的。[15] 其实，同样的原则也应该可以适用于《律师法》。但是，因为 GHQ 的这次决定，关于这个问题的争论就算已经做出了最终结论。

⑥ **对律师的监督** 最高法院仍然以《宪法》第77条为依据，主张对律师的监督权归最高法院。而法务厅（现在的法务省）认为，律师协会所履行事务的本质构成了国家行政职能的一部分，应该像从前一样由法务总裁（现在的法务大臣）履行对律师的监督。

众议院法制局和律师协会对此主张：律师的使命是维护基本人权和实现社会正义（法案第1条），有时还具有纠正法院和检察厅这些国家机关违法行为的职责，因此律师不受国家机关的监督才能完全履行职责。最终，这个主张获得了认可。当时，GHQ 法律工作部门的艾尔弗雷德·C.欧普拉在1957年6月29日的座谈会上这样说道："好不容易才把法院从行政机构中剥离出来，如果再让律师协会置于法务省下面的话，最终司法独立就只能是半吊子了。因此，从司法独立的观点来看，律师协会完全自由化是十分必要的[16]。"

第二节 律师自治的意义

1）律师自治的意义

在现行律师法中，关于律师自治的内容有以下规定：
① 为了成为律师，必须要经过律师协会的资格审查，并在律师名单中登

记入册,律师名册必须置于日本律师联合会中。

② 对律师的指导、联络和监督由律师协会和日本律师联合会进行,律师协会接受日本律师联合会的指导和监督。日本律师联合会不受行政机关或者法院的监督。

③ 律师的惩戒,由律师协会或者日本律师联合会进行。

也就是说,此法排除了行政机关、法院等国家权力对律师的监督,对律师课以加入律师协会的义务,并且规定由律师协会自行赋予和登记律师资格,自行对律师进行指导、监督,自行制定纲纪和进行惩戒,由此来保证律师职务的独立性。

排除国家权力对律师的监督是吸取了相关历史教训而作出的决定,因为排除国家监督和维护国民基本人权、实现社会正义之间有着非常密切的关系。在国家权力侵害了国民基本人权的时候,律师为了要完成使命和职责就必然要和国家权力对峙,律师自治是以律师行使公共使命的制度担保来发挥作用的,是完成人权维护活动的力量源泉[17]。

2)律师自治的发展

律师自治是被法律具体认定的以维护国民基本人权为目的的制度,从根本上来说,如果没有来自权利主体的国民的支持和理解律师自治就不可能存在和发展。

律师为了维护人权、实现社会正义而斗争的对象不光是国家权力本身,还有现代社会才出现的大企业和媒体等,它们也拥有强大力量,它们对人权的侵害日益多样化、深刻化。比如松本沙林案件中的K,由于那些从警察那里囫囵吞枣得到一些情报的媒体进行了错误而过激的报道,K一时之间被社会舆论认定为"犯人",这样的"冤案"今后也有可能发生,特别是对被社会歧视的人群和少数人的人权侵害问题。律师的天职就是即使一时之间违背同是国民的多数人和拥有强大政治社会影响力的巨大组织团体的意向,也要果敢地为了维护人权而斗争。

在这种情况下,有时会有"为什么要那么热心地为那个恶人辩护"的批判,像这样的难以得到多数市民的理解和支持的现象时有发生。但是，律师和律师协会在这种情况下不可以迎合来自多数者的肤浅批评。正是在这样的情况下，才需要发挥律师的作用。而能够担保该律师的人权维护活动正常开展，才是律师自治制度存在的意义所在。

在这个时候，就需要开展强有力的说服工作，向社会说明律师和律师协会所担负的社会使命，以及律师采取的一些具体措施的意义和正当性。假如不开展说明活动，社会公众就会觉得律师和律师协会独断专行，这样一来，律师自治的基础就会变得非常脆弱，律师自治的存在也难免不受到威胁。

律师和律师协会必须不断地自我审视律师自治制度的现状，不断锤炼这个制度，让其发展为拥有更加丰富内容的制度。理所当然，自治伴随着很重的责任，律师自治的基础是国民的理解和支持，要让这个基础更加稳固，律师和律师协会就要不惜任何功夫和努力。为此，不光要对市民开展单方向的教育宣传，还要确立能够积极听取市民心声的双向交流体系[18]。

第三节 纲纪及惩戒程序

律师一概不接受国家机关的监督，对律师的惩戒处分也是由律师自身的组织（律师协会）来进行的。这是在对二战前苦涩回忆的反省基础上确立起来的律师自治的重要原则。因此，就律师自治而言最引人关注的是，对律师的惩戒处分是以什么样的程序进行的。通过2003年的《律师法》的修正，纲纪及惩戒程序有了重大改变。在此，我们来浏览一下这次修改之后的现行纲纪和惩戒程序的全貌，总结一下这次修改的中心内容是什么。

此处，笔者叙述一下对律师（个人）惩戒程序的概要，省略掉律师法人部分的说明。对律师法人的惩戒程序虽说在性质上有若干不同点，但基本上与律师（个人）的情况是相同的。

第十六章 律师自治

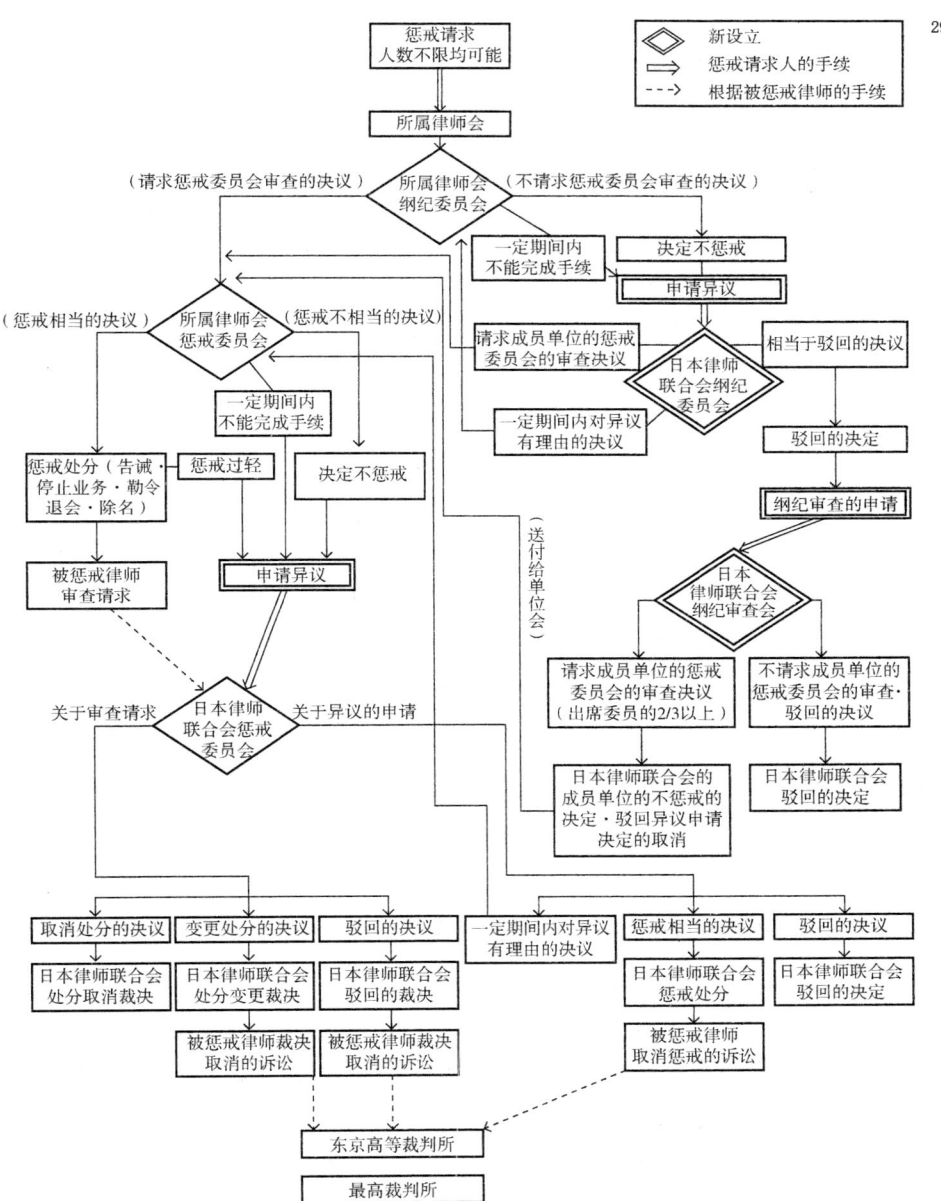

出处:《自由与正义》第54卷第8号，2003年，第29页。

1）纲纪、惩戒程序的概要

ⓐ**纲纪委员会和惩戒委员会**。 各律师协会和日本律师联合会都设有纲纪委员会和惩戒委员会，这两个委员会都是由律师委员与非律师委员共同组成的。日本律师联合会的惩戒委员会中，律师委员有8人，而非律师委员有7人（法官、检察官各2人、有法律学习经历的人士3人）（《日本律师联合会会则》第69条第2款），纲纪委员会中有律师委员24人，非律师委员6人（法官、检察官、有法律学习经历的人士各2人）（《日本律师联合会会则》第70条第3项）。

ⓑ**纲纪委员会和纲纪审查会的程序**。 当律师协会收到对某律师进行惩戒的请求[19]，或者律师协会自己认为有理由对所属某律师进行惩戒的时候，律师协会应先请求纲纪委员会进行调查（《律师法》第58条第2项）。纲纪委员会调查后若认为应该交付惩戒委员会审查，惩戒委员会就应进行审查（同条第3、5、6项）。如果纲纪委员会决定不交付惩戒委员会审查，律师协会就应作出决定，不对该律师进行惩戒（同条第4项）。因此，纲纪委员会的事前调查所承担的责任是，防止滥用惩戒的请求所产生的弊端。

若律师协会根据纲纪委员会的决议决定不对律师进行惩戒，要求惩戒的申请人如果对此不服可以向日本律师联合会提出反对申请（《律师法》第64条第1项）。这个反对申请将由日本律师联合会的纲纪委员会进行审查（同条第2款第1项）。日本律师联合会的纲纪委员会在反对申请不合法的情况下将作出应予驳回的判断，在反对申请不合理的情况下将作出应拒绝采纳的判断。此时，日本律师联合会就要按照纲纪委员会的决议驳回或者拒绝采纳反对申请。此后，对该决议仍不服的反对申请人可以进一步要求纲纪审查会进行纲纪审查（《律师法》第64条第3款第1项）。

纲纪审查会是设置在日本律师联合会中的机关，是由非律师委员构成的特殊的委员会。律师、法官、检察官或者过去曾经从事这些职业的人不能成为委员（《律师法》第71条第3款第1项）。如果纲纪审查会的出席委员以三分之二以上的多数认定，应该接受惩戒委员会的审查，那么日本律师联合会对反对申请所作出的驳回或者拒绝采纳的决定，以及原律师协会的不惩戒决定都要被取消，重新返回到原律师协会的惩戒委员会开始审查(《律师法》第64条第4款第1—3项)。反之,对律师不惩戒处分的决定就最终确定,纲纪、惩戒程序的整个过程就此结束(同条第4、5项)。

ⓒ **惩戒委员会的程序**。　　纲纪委员会或者纲纪审查会决议,应由惩戒委员会进行审查,设在律师协会中的惩戒委员会的审查就开始了。此后,惩戒委员会如果认定该律师应该受到惩戒,就会明示惩戒处分的内容,以此作出决议(《律师法》第58条第5项)。惩戒处分有警告、2年以内停止业务、退会命令、除名这4种(《律师法》第57条第1项)[20]。此决议作出后,律师协会就要按照此决议进行惩戒处分(《律师法》第58条第5项)。

另一方面,惩戒委员会决议不应惩戒的话,律师协会就应据此决定不对该律师作出惩戒(《律师法》第58条第6项)。对此不服的惩戒申请人可以向日本律师联合会提出反对申请(《律师法》第64条第1项)。认为律师协会的处分太轻不适当,或者律师协会在规定时间内不完成惩戒程序的话,也可以提出同样的反对申请(同条同项)。

日本律师联合会在接收到上述反对申请后,会要求日本律师联合会的惩戒委员会进行异议审查(《律师法》第64条第5款第1项)。也就是说,如果原律师协会的决定是基于惩戒委员会的审查作出的,那么反对申请就由日本律师联合会的惩戒委员会来审查,否则(只是基于纲纪委员会的审查),就由日本律师联合会的纲纪委员会进行审查。

若日本律师联合会的惩戒委员会在反对申请不合法的情况下作出应予驳回的判断,在反对申请不合理的情况下作出应拒绝采纳的判断,日本律师联合会就不得不按照惩戒委员会的决议,驳回或者拒绝采纳反对申请(《律师法》第64条第5款第5项)。对此决定不服的申请就不可能了。

日本律师联合会惩戒委员会认为反对申请有理的话,就会明示自认为妥当的处分的内容,决议应该作出相应惩戒(《律师法》第64条第5款第2项)或者相应地变更处分内容(同条第4项)。另外,以在规定期限内没有完成惩戒程序为由提出反对申请的,就应该作出判定反对申请有理的决议(同条第3项)。惩戒委员会在作出此决议后,日本律师联合会就会取消原律师协会的决定并且按照惩戒委员会的决议自行进行处分(同条第 2 项、第 4 项),或者命令原律师协会迅速启动惩戒程序(同条第 3 项)。

ⓓ接受处分律师的不服申请 从律师协会接受了惩戒处分的律师可以依据《行政复议法》向日本律师联合会要求审查(《律师法》第 59 条)。日本律师联合会接受了该审查申请后会要求日本律师联合会的惩戒委员会进行审查,并根据惩戒委员会的决议来裁决(同条)。在此情况下,日本律师联合会受制于其惩戒委员会的决议,必须按照这个决议进行裁决。

接受处分的律师向日本律师联合会申请审查,但被驳回或未被采纳,或者申请内容只有一部分被采纳,只是变更了处分内容的话,该律师可以向东京高等法院提起要求取消处分的诉讼(《律师法》第 61 条第 1 项)。不允许未经审查申请,直接提起诉讼要求取消律师协会的处分。

另外,日本律师联合会也可以自己惩戒律师(《律师法》第 60 条第 1 项)。如果是日本律师联合会自己惩戒的律师,可以向东京高等法院提起诉讼要求取消该处分(注意不是要求取消裁决)(《律师法》第 61 条第 1 项)。

2) 2003 年的律师法修改

2003 年所进行的律师法修改中,关于纲纪、惩戒制度的主要修正如下。

ⓐ纲纪审查会 最大的修正在于新设了纲纪审查会。纲纪审查会是以利用市民来监督日本律师联合会纲纪委员会的决定为目的而设立的。修改前,纲纪委员会的参与员制度和惩戒委员会的非律师委员制度也保证了市民能直接参与纲纪、惩戒过程。但是,参与员不拥有决议权,且惩戒委员会的过半数委员是律师[21],关于纲纪、惩戒的决定还是由律师作出的,在表面上保障了律师自治这个原则。对此条款进行修正后,法律上第一次承认,光靠非律师委员的力量也可以颠覆律师协会的决定(日本律师联合会纲纪委员会的决议)了。

即使纲纪审查会作出惩戒适当的决定,惩戒委员会最后也可以作出不惩戒的决定。从这个意义上可以说,律师自治的最后一道防线好不容易被守住了。但是在这个过程中,至少纲纪审查会成为了作为律师自治原则的唯一例外而存在的制度。而且,如果律师协会要改变纲纪审查会作出的惩戒恰当的决议就得要求享有相当的权限,这样的事情若持续下去,纲纪审查委员会的职能就有可能被架空,于是为了审查惩戒委员会的最终决定而设的惩戒审查会的构想就有可能会提上日程。事实上,为避免出现纲纪审查会的惩戒适当的决议,律师不得不预先控制自己的行为。因此,应该说纲纪审查会有与律师自治原则相抵触的一面。

ⓑ **纲纪委员会的非律师委员制度** 纲纪委员会的参与员制度,在2003年的法律修改中被废除了,纲纪委员会也和惩戒委员会一样,设置了和律师委员享有完全同等权限的非律师委员。与参与员不拥有决议权不同,非律师委员拥有决议权,从这点可以说,这个修改也和纲纪审查会的设置一样,是扩大了律师自治原则的例外制度。

ⓒ **异议申请的审查机关** 修改前,惩戒申请人在向日本律师联合会提出反对申请后,就完全由日本律师联合会的惩戒委员会进行审查。但修改后,未经过律师协会的惩戒委员会审查所作的决定要由日本律师联合会纲纪委员会审查,经过了律师协会的惩戒委员会审查的决定才会由日本律师联合会惩戒委员会来审查。这个修改的目的是减轻日本律师联合会惩戒委员会的工作量,使整个纲纪、惩戒程序的流程更容易理解。

第四节 律师自治的理念

如上所述,2003年的律师法修改设置了纲纪审查会等制度,最近,律师自治原则也出现了重要变化。这种变化是基于什么情况而产生的呢?这和对律师自治理念的理解方式等有关系吗?在展望律师自治的未来的时候,考虑这些问题就变得非常重要。在此,首先应整理一下律师自治理念的内容,在此基础上讨论它们和最近发生的变化的关系,并以此为线索来探求律师自治本来应该呈现的面貌。

1)律师自治的理念

律师自治为什么被普遍认可,这个概念到底具有什么样的内容,笔者围绕律师自治的理念介绍以下的一些见解。

　　ⓐ **独立保障说**　有见解认为,为完成律师维护基本人权和实现社会正义的使命(《律师法》第 1 条),律师必须从拥有权力的势力中独立出来,成为自律的个体,而律师自治就保障了这一点。此见解忠实反映了到目前为止现行律师法保障律师自治的立法事实,直到今天仍然占有通说的地位。

　　比如,兼子竹下做过如下叙述:"律师是以维护基本人权和实现社会正义为公共使命的,在行使这个使命完成职务活动的过程中,就会站在和检察厅、国家以及行政部门对立的当事人的立场上,而且有时还会不得不批评法院的行为。于是,律师为了很好地履行这个使命,就有必要摆脱国家机关的监督和惩戒所带来的压力。并且,为了避免只有顺从官僚意图的人才能得到律师资格等情况的出现,必须承认律师自治。此处,有要求律师自治的根据。"

　　另外,日本律师联合会在 2002 年 2 月 28 日召开的临时总会上,决议通过了《关于纲纪、惩戒制度改革的基本方针》,关于这个提案的原因有如下叙述。"律师的使命在于维护基本人权和实现社会正义,当国家机关等侵犯人权时,律师就处于和其严重对抗的关系中。律师对于市民来说必须是最后的人权保护者,有时,还不得不处于和法院的尖锐对抗关系之中。为了达成这样的律师使命,必须确保律师相对于任何国家机关的独立性。对律师活动自由的保证是必不可少的。为此,律师协会被赋予自治机能以及对律师的指导、监督和惩戒权。"[22]

　　ⓑ **团体自治说**　所谓惩戒制度就是为了维护团体的存在和实现团体的目的而处分会员的不当行为,使团体质量得到提高的制度。该学说还认为自治制度是这个团体本身就应具有的机能。这种见解在 2002 年 5 月 14 日召开的第四次法曹制度研讨会[23]上被作为日本律师联合会的见解而公开。[24]

　　但是,从这个意义上说,团体自治不限于律师,基本上是所有团体都具有的功能。比如司法书士协会、税务师协会、医生协会等都理所当然具有惩戒各自所辖会员的职能[25]。问题是,律师以外的其他职业团体都是服从于国家监督的,在基于团体自治理念上各自行使自主的惩戒处分外,还承认来自监督部门(国家机关)的惩戒[26]。而且,其他职业团体基于团体自治而行使的惩戒有的只限于限制该团体成员作为会员的一些资格（比如，停止该团体领导的选举权、被选举权等），而不能命令禁止甚至停止其业务，只有监督部门的惩戒才能够命令禁止或者停止其业务。

可是，律师一概不受国家机关等的惩戒处分和监督，基于律师自治原则的惩戒处分可以停止或禁止其作为律师的业务（除名）。这样一来，律师自治就具有了从团体自治角度所难以解释的职能。当然，在律师自治的实际功能中，有可以视为从团体自治的性质引申出的一些功能（通过处分破坏团体秩序的会员来维持和提高团体的存在质量）。但是，这只不过可以说律师自治包含了团体自治的性质，但是，不受国家机关的监督、惩戒这个律师自治最为重要的特征和本质完全不能从团体自治的性质中引申出来。

ⓒ **自律功能说** 司法制度改革审议会[27]的意见书作了如下叙述。"对律师职务质量的指导和监督被认为是律师协会所具有的自律功能（所谓律师自治），不服从于国家机关的监督。有效而严格地行使律师协会的自律性功能、进一步提高该制度的实效是律师协会对国民负有的责任[28]。"

司法制度改革审议会的意见书对于律师自治只触及了上述内容，没有提及律师自治是确保律师独立于权力之外的制度这个概念，而只是说律师自治是担保律师职务完成质量的制度。按照这样的认识，监督律师的主体并非必须是律师协会，这样一来律师就和其他的专门职业一样，是可以接受国家监督的。如果是这样的话，那就是承认律师自治制度只不过是一种政策性的判断，所谓政策性判断就是指为了维持律师职务的质量，与其由国家监督不如交由律师协会进行自律性监督更有效果的一种认识。基于此种见解的律师自治概念就需要向律师协会的自我责任论来寻求理论基础，所谓自我责任论是指，为了让每个律师在完成职务时不给国民（委托人等）带来负面影响，律师协会自己来监督律师以维持和提高律师职业的质量。

就像对此问题的公认看法那样，如果认为律师自治的本质在于从权力中独立出来的话，那么律师自治和权力监督在本质上是互不相容的。但是，从自律功能说中不能得出相同结论，按照自律功能说，所谓律师自治本来应该是由国家机关进行（对律师的监督、惩戒），但却由律师协会代而进行自律，完成自我责任。而且如果律师协会没有尽职地或者适当地行使这个权限的话,理所当然律师协会的自律性就被否定,国家机关的监督就应该复权。

这种想法,在律师行业只不过是种单纯的服务业的前提下,或许有说得通的余地。但是律师的使命在于维护基本人权和实现社会正义(《律师法》第1条),律师业不是以营利为目的的商业行为[29]。这样,既然维护人权是使命,那么对于律师来说从权力中独立出来就是职业性质的必然要求。所以,律师自治的本质应该理解为独立保障说。

2）律师自治理念和 2003 年法律修正

ⓐ从自律功能说的角度 如前所述,按照自律功能说理解的话,律师自治的目的在于防止由于律师在事务上的不当行为而造成对使用者(委托人等)的不利。于是,作为使用者的国民参与到律师自治中去就是理所当然的,市民监察律师协会的决定也是理所当然的。2003年的法律修改设置了纲纪审查会,纲纪委员会的参与员被升格成为有决议权的委员也是基本上源于这样的思考方式。

既然律师自治观念是排除权力等的干涉,让律师协会独自对律师进行监督和惩戒,那么,从律师协会对有问题的律师进行的指导处分中我们可以看到,公认说法(独立保障说)当然也不否认是从让使用者受益这个角度来考虑的。自律功能说与公认说法的不同之处在于,它把律师自治的本质只是归纳成维护使用者权益这点,而忽略了与权力对抗的要素。

但是,回顾律师自治制度从产生到确立的立法历史,可以说即使在现代社会,对抗权力的要素也是存在的。律师的使命既然在于维护基本人权,为了充分完成这个使命,不管在任何时代律师都必须是从权力中独立出来的个体。历史上的教训告诉我们,自律功能说把律师自治的功能简化为保护使用者的利益,但是如果律师从权力中独立出来的地位得不到保障的话,不光是维护基本人权的使命,就是使用者的权益也不能得到保护。因此,自律功能说对律师自治的理解,实际上是与其本来的旨趣相违背的,包含有不能充分保护使用者利益的成分。

ⓑ 市民参加的理念和律师自治 在考虑纲纪审查会这个问题时，还有一个不可回避的问题，即市民参加的问题。在依据司法制度改革审议会意见书所进行的司法改革中，如何推进市民参与司法成为一个大课题，而使市民参与重大刑事案件的审判员制度也将于2009年5月之前实施。对于这种市民参与司法以及它与律师自治的关系应该怎么来理解呢？

对于这个问题，首先我们必须要弄清楚，律师自治不是单纯以排除权力干涉为目的的制度。当然，基本人权被权力侵害的情况很多，所以律师独立于权力是很重要的。但有的时候，人权被拥有强大力量的企业和大众传媒侵害的情况也会出现。于是，律师为了充分完成他们的使命，使律师从所有的社会势力和团体中独立出来也是很必要的。特别是因为，律师被赋予了保护社会弱者或者少数人权利的重要职责，所以，律师能够不受强者、多数人的压力，从这些势力中独立出来完成工作的地位必须得到保障。

这种思维方式在考虑律师和市民的关系上也是妥当的。试想，当律师为那些犯了恶性犯罪并被逮捕和起诉的被告人进行辩护的时候，市民的普遍感情常常会造成希望立即处死这些凶恶之极的犯罪者的社会舆论。但是，作为辩护人，不管社会舆论的声音有多强，都必须要顶住各种压力，为被告人做最大限度的辩护。这种情况，作为律师也有维持独立于市民的地位的必要性。所以，即使纲纪审查会不是由市民代表构成的权力机构，律师协会的决定要受纲纪审查会的检查这件事，还是应该看作律师自治原则的重大例外。

另外还有一种看法认为，即使从公认说法（独立保障说）的立场来看，律师自治仍然还是市民托付的权力，所以，市民参加律师自治也是理所当然的。比如，前面提到的日本律师联合会临时总会上决议的《关于纲纪、惩戒制度改革的基本方针》就这样记述了该提案的理由："律师自治是为了维护市民的基本人权、实现社会正义而由市民托付的。所以，律师自治是得到市民的理解和支持才名正言顺的，不得借律师自治维护律师自身的权益，不允许律师自以为是。因此，关于与律师自治相关的律师协会的活动，就必须确立对市民的说明责任，……谋求市民代表参加纲纪、惩戒程序的理由就在于此[30]。"

因为律师自治并非是为了律师的权益而被承认的，而是因为市民的权益才被承认的。因此,在此我们用托付这个词。这个词的用法是否合适我们暂且不讨论,但是律师自治这一概念是因维护国民的基本人权而被承认的这个事实是确信无疑的。因此,也可以说上述托付论里也含有值得注意的内容。但是,此说法中被市民托付的,对律师的监督和惩戒权限,最终还是希望能由律师自身来行使。如若把对律师的监督、惩戒权限交给其他人,就有可能会引起与上述市民托付原意相违背的结果。而且上述托付论把对市民的说明责任问题和市民直接参与纲纪、惩戒程序的问题相混淆了,这不得不说是有问题的思考方式。

ⓒ **今后的课题** 贯彻对律师的监督、惩戒由律师自身来进行的律师自治原则,并期望它能够有利于基本人权的维护的想法,是律师和律师协会所负有的重大职责。在履行此职责上非常重要的一点是,律师或者律师协会不得自善独专,一旦这样,就会失去国民对律师自治的信赖,自治的基础就会瓦解。

为了使律师不自擅独专而为国民利益正确运用律师自治,律师时常保持谦虚的姿态,听取外部的声音,而且在必要时积极采纳外部意见就显得非常重要。在此意义上说,市民参与就是通过正确运用律师自治,加强国民对律师自治的信赖,来强化律师自治的基础的。经常听取外部的声音和律师在自治问题上拥有自主性这两者是绝不矛盾的。

在此意义上,2003 年法律修正中所废止的参与员制度反而恰恰是有必要扩大适用范围的。也就是说,好好听取来自他方的意见,尊重应该尊重的意见,为不至于陷入独断专行而进行自我约束。当然,与此同时,决定权还是由律师自身来自主实行。贯彻这样的原则对于律师自治的发展和国民权利的维护来说是非常重要的。

注

1. 小林[1981]第 434 页。
2. 兼子竹下[1999]第 372 页。
3. 浅香[1999]第 179 页。
4. 山本[2003]第 100 页。

5. 关于二战前的律师制度,参照大野[1970]第 1 页、上野[1976]第 14 页、日本律师联合会[1959]。
6. 关于二战前的惩戒案例等,参照高桥[1970]第 177 页、前述大野。
7. 奥平[1914]第 430 页。
8. 高桥[1970]第 207 页。
9. 奥平[1914]第 207 页。
10. 高桥[1970]第 219 页。
11. 二战刚结束后进行的现行律师法的制定过程参照上野[1976]第 42 页、福原[1986]第 53 页。这里所说的"现行律师法"是于 1949 年(昭和 24 年)全面修正旧律师法而颁布的律师法。其后,还有几回部分修改,导致现在的律师法又有若干变化。
12. 当时,日本律师协会联合会是基于旧律师法的规定而组成的。这个联合会伴随着现行律师法的制定发展成为现在的日本律师联合会。
13. 关于律师法制定中的问题点,请参照当时的众议员法制局的律师法制定工作负责人的福原[1990]第 23 页、同[1951]第 14 页。
14. 上野[1976]第 52 页。
15. 最判昭和 30・4・22 刑集第 9 卷第 5 号第 911 页。
16. 《自由与正义》1957 年 9 月号第 24 页。
17. 本节是从独立保障角度来论述的,关于律师自治的其他的理解方式参照第四节 1)。
18. 比如,爱知县律师协会为了广泛听取市民的声音,在律师协会中设置了担当公关活动的部门,实行了监视制度等方案。纲纪审查会、参与员制度等具体的方案参见第四节 2)ⓑ、ⓒ。
19. 认为某律师有被惩戒的事由的时候,谁都可以向该律师所属律师协会请求惩戒(《律师法》第 58 条第 1 项)。
20. 该律师一旦接受退会命令,就自然地从所属律师协会退出,但可以通过希望加入的律师协会再次提出登记申请,可是事实上通常被拒绝。一经除名,该律师就失去了自接受处分之日起 3 年内做律师的资格(《律师法》第 7 条第 3 项)。
21. 惩戒委员会的委员人数比例在历史上有变化,但是 2003 年法律修改前日本律师联合会和各律师协会都是律师委员只比非律师委员多 1 人的结构,这个结构在修改后也没有变化。
22. 2002 年 2 月 28 日召开的日本律师联合会临时总会的议案书第 3 页。
23. 为了具体化司法制度改革审议会(参照注 27)意见书,2001 年 12 月,内阁设置了以内阁总理大臣为长官的司法制度改革推进本部。然后,这个推进本部之下又设了 11 个讨论分会,进行对各自主题的详细研讨。法曹制度研讨会就是其中之一。
24. 法曹制度研讨会(第四次)会议记录的第 3 页。日本律师联合会在该研讨会上以律师自治为根据,援用了独立保障说和团体自治说这两个观点的看法。
25. 比如,《名古屋税务师协会会则》第 50 条第 1 项就规定:"会员如果违反了有关税务师的法令、联合会的会则和本协会的会则、规定,会长经过理事会的决议对该会员提出警告,或者可以停止其1年以内的作为本协会会员的全部或者一部分权利。"
26. 比如,司法书士接受法务省的监督,法务局或者地方法务局的长官行使惩戒处分(《司法书士法》第47条)。
27. 1999年7月,为了对整个司法制度改革进行调查审议,设置在内阁下的审议会,于2001年6月12日发表了建议报告之后解散。2003年的律师法修改是按照这个报告内容进行的。
28. 司法制度改革审议会意见书的第85页。
29. 到底应该把律师的业务视为生意行为还是保护人权的活动,关于律师规范的议论的详细内容参见森山[2004]第259页以下。
30. 2002年2月28日召开的日本律师联合会总会的决议书,第4页。

设问

1. 有一种见解认为律师自治和司法权的独立一样,是宪法所要求的制度。与此相对,另外一种见解认为,律师自治是根据律师法所创制的制度,法是由政策所承认的制度。考虑一下,哪一种见解比较妥当呢?

2. 2003年的律师法的修订,对纲纪、惩戒程序进行了大幅度的修正,中心内容是,在纲纪审查会的设置等中可以看到推进了纲纪、惩戒程序中的市民参加。关于这一点,有赞成和否定两种态度,而且双方展开了激烈的争论。一方的见解是:纲纪、惩戒程序中的市民参加有益于加深市民对律师自治的理解,强化律师自治的基础。与此相对的另一种见解是:纲纪、惩戒程序中的市民参加与律师自治的理念相矛盾,弱化了律师职务的独立性。关于这个问题,你是怎样想的?然后,考虑一下今后需要向哪个方向发展?

(森山文昭、加藤良夫)

第十七章 法官的专业职务责任

本章构成
第一节 现行制度确立之前的历史考察
第二节 实定法解释论
第三节 围绕法官伦理的具体争论
第四节 关于法官伦理

前　　言

在讨论法曹伦理问题的时候，处于中心位置的是律师的伦理问题，提及"法官伦理（法官的专业职务责任）"的并不多。这是因为，宪法规定法官只负有在宪法和法律的管制下进行判断的基本责任，并且法律明文规定了确保完成这个基本责任的身份保障制度（《宪法》第76条、《法院法》第48条），即，法官的责任范围在法律制度中可以找到确切根据。而且，为了让法官行使其职责，国民会理所当然地以比一般公务员更严格的伦理规范来要求法官。日本法官除少数以外，都能够实践这样的伦理，因此法官纲纪问题并没有成为社会问题。

但是，如果对《宪法》第76条第3项的意图没有进行讨论的话，各种情况下的法官伦理具有怎样不同的具体内容也就不会明确。而且，随着全球化进程的不断发展，对于外国法官伦理的变化也不能置之不理。日本的司法人员作为国际法律支援的一部分，为了在发展中国家开展司法制度建设和研修工作而展开了国际合作，为此就需要将一些必需的关于法官伦理道德的内容和研修方法以可以传授的形式进行总结，从这个角度看也需要明确法官伦理道德的具体内容。

如果尝试对这些法官伦理的课题从根本上进行反思的话,就必须要从法哲学的层面来考察自由民主的立法程序下司法部门的存在方式。而且,为了应用从这些反思中得来的理论,就要对日本的法律史、法律文化,特别是法律制度和法官的社会特质进行能够经得起学术批判的总结。首先,我们回顾一下对日本法官伦理的形成具有重要意义的历史;其次,考察法官的社会圈子是在怎样的制度下形成的,是否反之又支撑这个制度。因此,我们要考察清楚法官伦理的特点和今后的几个课题。

第一节 现行制度确立之前的历史考察

约束法官的"法律和正义"在日本宪法中被表述为"宪法及其法律"。为加深理解这个支撑着法官伦理理念,反过来又被法官伦理理念所支撑的法律思想的内涵,首先我们应概观一下日本的审判制度。

日本的审判(司法)制度作为近代国家的制度而形成是在立法机关元老院和大审院一起成立的1875年(明治8年)之后。同年5月,制定了大审院下的诸法庭职务章程以及司法省检查职务章程,从此各种制度不断被完备充实。但是,关于司法卿的职权有这样一段陈述:"监督各个法官、总领庶务、管摄检事、统领检务,但是不得干预审判"(司法审职制第一),在这个时候,司法权的独立还是很遥远的事。

设置大审院以后,审判制度经过上述章程的制定修改,又经过1880年(明治13年)刑法、治罪法的制定而逐渐发展起来。1886年(明治19年)公布的法院官制规定了法官、检察官的资格、任所、身份保障[1]以及司法行政等,这些规定构成了法院组织法的框架。再加上同期前后制定的法官登记规则、文官测验见习员和见习员规则,司法官僚和行政官僚最终在1887年(明治20年)被统一适用于同一制度。

1889年(明治22年)大日本帝国宪法颁布,司法权被规定为以天皇的名义,由法院根据法律来实施的权力(第57条第1项),法官适用终身制(第67

条),法官的其他身份保障规定也得以完备。在此原则下,翌年制定公布的法院组织法(以下简称"法")规定通常意义的法院指"区法院、地方法院、上诉法院、大审院"(第1条),司法大臣的司法行政监督权虽然很大,但司法权在此从行政权中独立出来。另外,1893年(昭和26年)律师法颁布,律师代替了从前的代言人律师,这使得人们对刑事程序的近代化有所期待。

再来概观大正年代。由于1913年(大正2年)的法律修改,"司法大臣在审判事务上认为有必要时,可以根据上诉法院或者大审院的总会决议调动法官到别的法院",全国有128个区法院被废除,还可以根据"有关让法官和检察官暂停工作、调动法官工作的法律"对法官、检察官进行大幅度的调整。[2] 另外,由于翌年的法律修改和1918年(大正7年)的高等考试令的颁布,法官、检察官的培养制度被并入了"高等考试——作为实习的实务学习——考试"流程。[3]

1921年(大正10年)的法律修改引进了法官、检察官的退休制度。1929年(昭和4年),司法大臣原嘉道(律师)以"让审判事务和检察事务的分界明确化,提高司法权的威信"为目标,制定了以分离法院、检察院为主要内容的法律修改方案和检察厅法案,但最后因为枢密院不支持而没有成功。

20世纪20年代,虽然是所谓"大正民主"的政党政治时期,但随着时间进入昭和年号,军队特别是陆军势力的扩大,政党政治萎缩,也就是议会被轻视、议会权力弱化、议会名不副实的情况被不断恶化,再加上左翼势力经常挑战当时的体制,反过来对左翼势力的弹压和言论压制也在发展。与国内这种政治体制的变化相对应,日本对外一方面数次出兵中国,实质上支配、统治满洲国并于1937年(昭和12年)对中国开战,一方面于1941年(昭和16年)展开了对以英美为首的同盟国的太平洋战争,最终于1945年(昭和20年)惨败。在此过程中,国内所谓治安立法的法律制定工作被强化,由于此战时法律体制的确立,司法工作也深受影响。例如,1942年(昭和17年)公布的法院组织法战时特例和翌年大幅扩张区法院管辖范围的特例修改,同时全面禁止对所有案件的控诉,还把对区法院判决的上诉权交由控诉院管辖。

虽然在制度上司法权具备了独立的地位,但是在明治宪法之下,立法、行政、司法各机关不过是总括各统治权的天皇的权力行使协助机关（大日本帝国《宪法》第5条、第55条、第57条），这种国家体制被称为天皇制或者"国体"，"法"被置于其下属地位。于是，被告人即使犯有罪过，但如果这种罪行是为了拥护"国体"而产生的刑事案件，从"法"没有对"国体"的最终解释权，甚至不得拥有最终解释权的意义上讲，司法权在发挥作用的时候就存在着制度造成的桎梏，从时代背景来看，公审的方针也可能不得不变通，以迎合时局。

关于这个时代的司法权独立和其制度界限，我们介绍两个案例。一件是在介绍日本的司法权独立时不能不提的大津案件[4]。

1891年（明治24年）5月11日，在滋贺县大津，来日本访问的俄国皇太子尼古拉斯·阿雷库桑德洛维奇被正在执行警务的巡查津田三藏用刀砍了，头部受了轻伤。内阁恐怕此事演化为影响对俄外交的重大事件，将《刑法》第116条"对皇室的罪行"的解释范围扩大，主张将该条适用于犯人津田的罪行，强烈要求大审院判决其死刑。但是，大审院没有屈服于内阁的压力，在同月27日作出判决适用（当时的）《刑法》第292条第2款规定的一般谋杀未遂罪，作出无期徒刑的判决。

当时虽然是行政权统辖司法权的时代，日本的司法权独立还是得到了维护，所以这个案件特别有名，当时的大审院长儿岛惟谦被后世称赞为"护法神"。

直接负责这个案件的不是大审院长儿岛惟谦，而是大审院堤部长等6名法官。当时的内阁因为对院长施压没有成功，就直接对主办法官施压以期达到目的。但是院长也马上对堤部长施压，结果形成了这样的判决。

这是使司法权的独立地位稳固下来，在日本法制史上具有极其重大意义的著名案件。但是，在这个案件中，法官职权的独立地位没有得到尊重，对于这点大家并没有充分的认识。正如后面要讲到的，司法独立的本质在于法官的职权独立，因为法官的职权独立可以保证不偏不倚的公正审判。既然法官的职权独立是司法独立的根本，院长自身向主办法官表明自己法律见解的做法便存在问题，可以说这是一种本末倒置的做法。但是，也可以换个角度看这个问题，内阁先采取了干预行动，而且这又是在宪法实施后不满1年的时间内

第十七章　法官的专业职务责任　275

发生的,如果主办法官按照政府的意图作出判决,之后的行政和司法的关系就可能会发生畸形,因此,虽然大审院长采取的干预行为存在一定的问题,但也是出于迫不得已。

二战以后,有围绕参议院的国政调查权的"浦和充子案",以及有关司法内部问题的所谓"吹田默祷案"、"平贺书简案"。[5]

接下来还有这个时代中不可忽略的血盟团案,这是右翼团体制造的恐怖案件[6]。

1932年(昭和7年),以井上日召为中心的血盟团成立了,该团提倡每个组织成员必须要杀一个人的暗杀主义。同年2月小沼正暗杀了民政党的总务负责人、原大藏大臣井上准之助,3月菱沼五郎暗杀了三井合名公司的理事长团琢磨。之后所有犯人都被逮捕了,井上日召、小沼正、菱沼五郎3人被处以无期徒刑(公诉要求死刑),其余的人被处以有期徒刑。

这是最早使民间右翼势力和军部相互勾结的右翼动向曝光的案件,所以很有名。但是在它的审判过程中,被告们进行了抵抗公判的活动,于是主办法官拜访了监狱中的被告人井上,劝服其在诉讼中服从指挥。但被告人并没有被劝服,所以主办法官以对公判中的纠纷负有责任和身体抱病为由提出辞呈,之后法官被全体更换,采取其他的审判形式,变更审判程序,这样公判才得以顺利进行,并于1934年(昭和9年)11月22日作出上述判决。

此案和先前的大津案不同,问题不在于司法部门受到了来自其他机关的压力,而是在于法官与被告人的关系,这是司法权自身功能内的司法权独立问题。主办法官因为公判中的纠纷而引咎辞职的时候,当时《朝日新闻》警告说这是"法律威信"的丧失。

司法独立的实质在于法官职权的独立,以及以法官职权独立为前提的法律适用过程、判决结果和保证整个过程进行的法官的诉讼指挥权的独立。因此,法官如果没有感到自己职责重大,没有足以保持独立性的精神准备,就不能显示司法的权威。主办法官向被告要求见面,谋求打开僵局的做法在这个意义上说应该受到批评。

第二节 实定法解释论

1）日本国宪法和法院法下的法官

在日本宪法中，与司法制度不同，司法独立有了实质性进展。日本《宪法》的第6章名为司法（第76—82条），在第76条第1项中规定，"所有的司法权都属于最高法院以及根据法律规定而设置的下级法院"，同条第2项还把司法权的范围扩大到行政案件。而且第81条明文规定了对违宪立法的审查权，第76条第3项保障法官职权上的独立，同时第78条保障法官的身份，第79条第6项、第80条第2项保障了薪酬。第80条第1项规定了最高法院对下级法院法官的任命权，第77条规定了规则制定权，从而确立了司法自主行政权。之后，法院法作为1947年（昭和22年）的第59号法律被制定，和宪法同时施行。而法院组织法、配套的试行条例、法官惩戒法、行政审判法都被废止。从此，司法权独立地位开始有了实质性发展，并一直延续至今。

司法独立有两个意义，一个是司法权从包含政府部门的国家机关中独立出来以保证审判的公正性；一个是指法官在进行审判时，由于相信法律的客观性，从而能够正常行使其职权这样一种法官职权行使上的独立性。司法独立的核心在于后者。《宪法》第76条第3项规定"所有法官按照良心独立行使自己的职权，只受宪法和法律的约束"，这阐明了司法独立的本质，即每个法官在进行审判时的自主独立性。法官职权的独立性体现在审判事务上就是不受其他国家机关的指挥监督和其他干涉，否则独立将名存实亡。因此，司法独立的主要内容是上述的第二个意义，它的内涵包括了第一个意义，也就是包括了从包含政府部门的所有国家机关中独立出来的意义。除了这个来自外部的干涉问题，还有可能来自司法部门内部的干涉独立问题，如来自主办法官以外的法官的干涉，以及其他司法机关拥有的对法官个人的司法行政上的监督权的影响［对此问题的详细论述见下面的ⓐ部分］。

因为法官是国家公务员法中规定的特殊职务，国家公务员"是对整个国民服务的,其职务是受到国民托付的公共事务",所以法官必须服从国家公务员法所规定的对劳动基本权的限制和其他限制,还要受到人事院规则规定的对政治性活动等很多行为的限制。而且,国家公务员伦理法和配套的伦理规则根据《国家公务员法》第 2 条第 2 项,于 2000 年(平成 12 年)根据当时社会情况的变化制定了适用于一般职务类别国家公务员,特别是与这些国家公务员有职务上的利害关系的人之间关系的规定,从"保持职员伦理"的角度施行了各种限制[1]。虽然法官属于特别职务类别,无须服从这些针对一般职务类别公务员的行为限制,但就其使命来看,对法官的纪律要求实际上更高。

以下,笔者以法院法为中心对法官的服务纪律加以概述。

ⓐ职务专注义务 这是正常情况下被雇用的公务员理所当然的义务,不管是在审判事务上还是司法行政事务上都是如此。对于审判事务,正如上文所述法官应独立地行使职务,但是就司法行政事务而言,就必须服从具有监督权的法院的指挥命令(《法院法》第 80 条)。在此要注意法官独立和司法行政监督权的关系。《法院法》第 81 条规定"司法行政上的监督权,不得影响或者限制法官的审判权",明确了具有司法行政监督权的人不得影响审判的内容。但是实际上,当监督权和审判权的调和出现问题的时候,特别是关系到正在审判中的具体案例的处理时应该如何考虑,很早以前就被认为是极其困难的事情(兼子竹下[1999])。

ⓑ保密义务 作为公务员不能泄露因职务所获知的秘密是理所当然的。对于审判合议的秘密又做了明确的特别规定(《法院法》第 75 条第 2 项)。

ⓒ保持操守义务 公务员不论在职务上或者私人行为上,都不能做出有损官职信用、名誉的行为。法官的职务特别要求廉洁、公正、透明和谨慎,不能做出让当事人怀疑或者可能让一般国民指责的事情。

---

[1] 日本的公务员制度将公务员的职务分为一般职务和特别职务两种,特别职务包括内阁总理大臣、国务大臣、大臣秘书官、政务次官、人事官、会计检察官、大使、公使、法官等,除此以外的公务员都属于一般职务。——译者

ⓓ **禁止事项(《法院法》第 52 条)**

A. 不得成为国会或者地方公共团体议会的成员,不得积极参与政治运动。

作为三权分立一极的司法权的行使者,要独立行使审判权,所以理所当然不能成为立法机关、国会等的成员,而且公职选举法也禁止法官成为候选人。以何标准定义政治运动是个问题,但是关于禁止积极参与政治运动,其对象范围大概可以用国家《公务员法》第 102 条和以此为基础制定的人事院规则(14—7)里提到的政治行为定义来判定。但是在各种选举中行使选举权,在要求罢免某公务员的申请上签名等行为是作为国民理当履行的义务,这种政治行为本就不属于禁止范围(参照后面第三节 1))。

B. 从事其他有报酬的工作。

如果得到最高法院许可则不受此限制。如果是没有报酬的工作,并且不会影响对于本职工作的专注,也可以不受此限制。

C. 商业和其他以金钱利益为目的的业务

自我经营当然属于这个范畴,作为公司及其他法人团体的管理人员的经营也在此列,即使是以配偶和其他家族人员的名义经营的,也属于自我经营。

2) 关于法官的身份保障

除了根据宪法规定的程序被罢免的情况,法官不接受违反其意愿的免职、调职、调动工作、停职或者减薪(《法院法》第 48 条)。

宪法只对罢免(《宪法》第 78 条)和减薪(《宪法》第 79 条第 6 项、第 80 条第 2 项)给予保障,法院法彻底贯彻了这个宗旨,把保护范围扩大到调职、调动工作、停职。为了确保司法独立,法官作为行使者的身份得到保障,从而间接保证了司法独立。即使是一般职务类别的公务员,对其降职、停职、免职也是有保障的,但是对于调动工作和调职则没有。另外,由于官僚体制改变、人员变动和预算减少而进行人员调整,这种情况下的免职是得到承认的。

虽然法官的任命权在内阁,但是法官的惩戒处分却不由行政机关实行(《宪法》第 78 条后半段)。这种做法源于对司法独立的尊重。而且行政机关也没有监督权。《法院法》第 49 条规定,法官违反职务义务,或者懈怠履行职务,或者作出有辱品行的行为,应通过审判来确定是否对其进行惩戒,而法官身份法则规定了惩戒的种类和程序。

在此提到的"懈怠履行职务"是指消极地不履行职务,针对审判事务而言就是指在明确而重大的法令适用甚至遵守上犯有错误,进行毫无道理的审判或者审判延迟、有保管责任的记录遗失、泄密等。另外针对司法行政事务而言,就是指不服从监督机关的指挥命令,对负有监督义务的人监督不到位等。作为法官被禁止的其他行为也包括在这一条中。所谓"有辱品行的行为",一言以蔽之,就是指作为法官作出失去国民信赖和让人怀疑审判公正性的丑行。

《法官身份法》第 2 条所规定的惩戒种类有"警告或者 1 万日元以下的罚金",因为和一般公务员不同,不能对法官进行免职、停职、减薪的惩戒。

另外,对法官因为身心不调而免去其职务是不可能的,但是在"恢复困难"的情况下可以通过"审判"来决定对其免职(《法官身份法》第 1 条)。

3) 关于职权行使的独立

"所有的法官按照良心独立行使自己的职权,只受宪法和法律的约束"(《宪法》第 76 条第 3 项)。这里所说的"良心"是什么意思呢?

大致有 3 种看法:

A. 主观良心说:认为和《宪法》第 19 条提到的"良心"是一样的。

B. 客观良心说:在近代司法中,立足于离开客观的法律规范而"依据主观的良心进行审判是不可能的"这种思维方式。

C. 不受其他干涉说:是否是按照良心来进行审判,说到底是法官内心的问题。因此,这里所言的"良心"并非是具有特别法律意义的概念,应该看作是强调不受其他干涉的意思。

此处的问题关键点——"良心"是指在法官进行审判时,法官的职业上的良心。对此有判例作出结论认为:"法官在法律范围内,应该按照自己相信是正确的方式审判,这就可以被认为是宪法所说的按照良心进行的审判"(最高法院昭和 23·12·15 刑集第 2 卷第 13 号第 1783 页)。如果按照这样的解释，"按照良心进行的审判"就是指在"法律的范围内"这个前提下，自主且具有健全人格的判断。问题是以什么标准来确定在"法律的范围内"。如果我们这样理解："遵从宪法的基本规定（前言、第 11 条、第 13 条、第 97 条）中被明文化的标准，以及对程序正确性的要求，在对实定法规定的解释所允许的范围内"，那么反对的人应该不会太多。

通常的宪法教科书在此就结束了论述。但是第 76 条第 3 款的真正问题还不仅仅是上述的"良心"的内容，还有如何约束法官在审判中的法律解释行为，也就是强调"宪法和法律"中的内容。在这一点上，德国宪法中与此相对应的条文"波恩基本法"第 20 条第 3 款规定法官只受"法律和正义（Gesetz und Recht）"约束，并没有提到良心，对此也可作一参考。另外，德国在第二次世界大战结束前通行的是法官只受法律约束的这种狭义的法律实证主义，此后在深刻反省了司法部门对纳粹政权的态度后，在"波恩基本法"中附加了"和正义"这一句，这句话在此意义上说是非常有分量的一句话。如果把日本宪法中的"宪法和"作为具有同样意义的语句来看，"和正义"就相当于上述的对"良心"的解释："遵从宪法的基本规定（前言、第 11 条、第 13 条、第 97 条）中被明文化的标准，以及对程序正确性的要求。"正如教科书所言，"法律"不光是指国会批准制定的法律，应该理解为还包含实定法的大多数。

但是，关于职权行使的独立、法律解释的根据的讨论与法官伦理具有怎样的关系呢？对此，我们先考察一下日本法官伦理是怎样成为被关注的问题的。

第三节　围绕法官伦理的具体争论

在此我们考察一下近期出现的法官身份（惩戒）案例、寺西候补法官[①]和古川法官的案例，这些案例反映了现行法制中以法院法为中心内容的法官纪律规定是如何被具体运用的。

---

① 候补法官是法官资格的一种，原则上不能单独审判，也不能当审判长。——译注

1）寺西候补法官的案例

ⓐ案件概要 1998年（平成10年）4月18日,有群众集会反对当时国会审议中的有组织犯罪对策法案,特别是通信旁听法案。寺西候补法官（当时是仙台地方法院的候补法官）作为在公众前公开辩论的参加者出席了这次"打倒！不要允许盗听法、有组织犯罪对策法！警察管理社会4·18大集会"。但是寺西候补法官后来只作为一般参加者参加了集会,并在集会中公开了自己的身份,而且作出了以下发言:"本来打算作为公开辩论者来发言,但是所长警告我说'可能会有处分'。我认为就算我发言表明反对这个法案的立场也不算是积极的政治活动,但我还是不作为公开辩论者发言了。"仙台地方法院判定这样的活动是积极的政治活动,并向仙台高等法院申请依据法官身份法进行惩戒处分。

对此,仙台高等法院认为"该候补法官的行为表现了用言外之意表明对相关法案的反对而又支持召集此集会团体的主张的目的,并且利用了法官这个职务名声具有的影响力在很多人聚集的集会上发言支持了上述主张",符合《法院法》第52条第1款中的"积极地进行政治运动",违反了该法第49条所规定的"职务上的义务",对其给予"警告"处分。

对此,寺西候补法官不服,并提出上诉（抗诉）,最高法院在同年12月1日认定原裁决恰当,拒绝抗诉要求［也有少数派的5名法官有反对意见,认为应该取消原裁决,惩戒不恰当（最大决平成10·12·1民集第52卷第9号第1761页）］。

ⓑ裁决（多数意见）的主要内容 "法官在其职责以及外观上都被严格要求自律和自制,不能侵害中立、公正的原则,不得受到任何势力的影响,特别是必须和政治势力划清界限。《法院法》第52条第1款所说的禁止'积极地进行政治运动'是指主动地进行有组织、有计划或者持续性的政治活动,有可能损害法官的独立性和中立、公正的行为。在判断具体行为是否符合这条定义时,除了要考察行为的内容、导致此行为的前因后果、行为发生地点等客观性的事项外,还要综合考虑做出该行为的法官的意图等主观事项,再来作出决定。

《宪法》第 21 条保障的发表意见的自由也适用于法官,法官作为一介国民理当享有该自由。但是,担任法官的人在宪法上有特别的地位,应该在言行上进行一定的自我约束。《法院法》第 52 条第 1 款所规定的限制条款,其禁止内容有正当的目的,目的和禁止内容之间有合理的关联性,这样的禁止内容没有带来利弊的失衡,不违反《宪法》第 21 条第 1 项。不禁止法官作为一介国民对法律制定持有反对意见,不禁止在不让人怀疑法官独立性和中立、公正的场合下发表意见。"裁决在做了上述论述的基础上,以上述案例的事实概要为前提,判定该候补法官的言行就是《法院法》第 52 条第 1 款所禁止的"积极地进行政治运动"。

ⓒ **法律界、学界的处分反对论** 关于上述的惩戒处分,大众传媒和法律专业杂志等登出了很多反对意见,论据各种各样。其中一种意见认为《法院法》第 52 条第 1 款中规定的所谓"积极地进行政治运动"是指"积极地支援特定政党的行为",本案例不在此范围内。这种观点基于下述立场:既然法官也享有作为"基本人权"的政治权利,"积极的政治活动"的定义就应该被慎重而且严格地解释。另外,既然提到"国民对司法的信赖",国民的信赖是对于作为专业技术者在正确的审判程序被保障的法庭上能正确地辨清事实和运用法律规定而言。还有观点认为个人政治色彩的有无不会左右这种信赖。据此思考的话可以得出如下结论:法官既然也是一介国民,那不可能在政治上没有任何偏向,中立、公正的法官形象只不过是理想观念,若进行实质性的考量,那么承认国民的自由不应存有疑义。另外,有人从比较法的观点来考察,列举出海外诸国特别是德国的法官活动,外国法官享有比较广泛的国民自由,据此比较可以说,这个处分是不当的,甚至是违法的。[8]

法官的国民自由,特别是法官的政治中立性成为讨论对象的案例,这并非首次。1975 年(昭和 50 年),受到所谓"司法危机论"的影响,青年法律家协会受到批判、宫本康昭法官连任被拒等案件引起很大讨论,法官的"政治中立论"作为法官伦理乃至职责要求也被提了出来,出现了赞成与批评观点对峙的局面。那些争议中使用的论据基本上和本案件中的没有什么不同。

2）古川法官的案例

这个案例中，古川法官（福冈高等法院代理法官、福冈地方法院法官，负责刑事案件）被检察官告知："得知其妻被控告打了骚扰电话和不说话的电话，处于可能被作为恐吓案件的嫌疑人逮捕的境地，手机号码也被追查到了。如果通过事实调查确认无疑的话，何不去进行和解谈判？"古川法官向他妻子确认了这件事，其妻对此予以否认。于是，古川法官就和妻子一同到检察官介绍的律师那里，以妻子的否认为事实前提好几次为妻子和律师制作了书面报告，书面论证侦查机关的证据和立论有值得怀疑的地方和问题点，以澄清妻子的嫌疑。

对此，福冈高等法院认为古川法官违反了《法院法》第49条，应该对其进行惩戒，因而向最高法院提出了惩戒申请。最高法院认为"不得不说古川法官的行为实质上就是辩护活动，其结果有损国民对法官的公正、中立的信赖，进而损害了国民对法院的信赖"，于2001年（平成13年）3月30日作出承认惩戒申请的决定。对此，有3名法官表明了不应作出付诸惩戒的决定这样的少数派意见（最大决平成13、3、30判时第1760号第68页。参考泽登[2002]）。

对于这个案例的争论点，大众传媒[10]理解为"法官作为支持妻子的丈夫，在替背负着犯罪嫌疑的妻子申辩无罪时，其活动在多大范围上是可以被允许的"，并这样总结判决理由："多数意见所重视的是古川法官所制作的书面材料。从外界看来，是在教妻子应对调查的辩解方法，告诉辩护人辩护方针。"对于3名法官的反对意见也作了如下公平的传达："制作文书等违反了高标准的道德要求，但不是应受到惩戒的行为。"在此基础上的评论只限于："可以看到，确实要求法官具有极高水平的伦理。"接下来，我们将对这个内容进行略为深入的探讨。

对于这个案件，有必要一同考虑承认了近亲拒绝作证权的《刑事诉讼法》第147条第1款、《民事诉讼法》第196条第1款这两种诉讼中共有的回避的宗旨。着重突出这一点的话，少数意见所诉的内容也并非毫无道理。但是另一方面，从使用司法程序的国民的角度看，如果对法院不抱有那不是偏袒和自己有关的人的地方这种信赖，利用其司法服务就是不合理的。为了得到这种信赖，不能做出实质上的偏袒亲属的行为，甚至不能做出看起来像偏袒的行为。只要重视这一点，就可以得出多数意见所言有理的结论。

应该同意哪方的观点，不存在一个一般性的标准。应该考虑的问题点在于，在现代日本，社会以何种程度为标准认定法官没有偏袒的行为；从这个意义上说，司法的公共权威在何种程度上依赖于法官的公平性；重视亲属的心情对于法官行使公务在多大程度上以及在何种内涵下成为障碍；还有，承认近亲证言的拒绝权这种看法，和法官执行公务上必须遵守的伦理相冲突的样态、程度，使除斥制度得以成立这样的看法，如何适用于这个案例。不管是否对这些包含了政策性考虑的事项进行了明确的考察，对这些事项进行了综合性的考察后得出的结论应该是正确的判断。对于这个案件，各种判断都可能出现。如果多数意见的判断是错的，则错在太重视审判的公平性。作为理论问题来考察就应该考虑到，"看起来公平"是在什么理由下、在多大程度上应该受到尊重这个比较法的重要论点。

第四节　关于法官伦理

至此，我们回顾了现行制度确立之前的历史经过，从实定法的解释论角度，参照具体案例考察了有关司法独立、法官伦理等各种问题。以此为前提，我们来探讨法官伦理的规范。

正如我们在上面看到的，日本的法官制度从近代法院制度建立以来，采用了职业法官制度，实际上几乎所有法官在二战前都是官吏，二战后则由作为国家公务员的职业法官占领了这个行业。因此，在本节中，我们将把焦点放在职业法官[12]的伦理教育和训练上来。

当然，一部分明文化的内容[13]是作为实定法上的规范在起作用的，但是，法官的行为规范乃至心理准备的指导原理和准则除了随着法律制度形成发展的过程本身而完善以外，其大部分内容都是通过法官集团内部的上司、前辈、同事间的非正式指导、建议、劝告、赞赏乃至批判等，还有就是法官在接受了这些指导后不断自我钻研而形成、确保下来的。

秋山贤三律师(原法官)在其著作中介绍了合议体的陪席法官时代的经验,并在此基础上论述道:"从来,对作为候补法官任命的人在任命后进行的教育、训练除了司法研修所主持的研修等活动,基本上就只有在法院合议体进行的由前辈法官对后辈法官进行的实务性训练。也就是说,所谓审判技术上的训练就是在自己写的起案文书被前辈法官删改的过程中磨炼出实务能力,在作为法官的生存之道和去留问题上也是接受着人情感化而成熟起来的过程。确实,日本的法官在传统上保有的廉洁性、勤勉性、一致性是值得称道的。但是,从研修制度和法官背负的重大职责的关系上看,在激烈变化的时代潮流中,单靠通过同一组织中的前后辈关系维系的研习制度来完成培养教育工作,已经落后于时代了。年轻法官如何能吸收现实社会及国民的营养而成长起来成为迫在眉睫的课题。"(秋山[2002])

关于秋山所说的"研修所主持的研修"的实情,我们看看松山恒昭法官的叙述[14]。这些研修主要包括新任法官的研习,还有候补法官的3年实务研究和6年中期实务研究。另外,还有主要以法官为对象的各种分主题研修,这包括各种实务研究,管理方面的研究,扩大视野提高见识的研究,作为以法官和候补法官为对象的国内特别研究项目的民间企业、报道机关中的实习等。如果这些研修项目取得了研修所的预定目标,其成功之处就在于这些研修比起固有的"法官伦理"课程能从更广阔的视角出发,在法官和他人、社会的相互联系中让法官自我深化探索并掌握"法官的规范"。如果这样的研修内容进一步得到扩充、充实,秋山律师所忧虑的那些情况会在相当程度上被消除[15]。

但是,如果保证了研修制度的理想成果,就不需要使法官伦理明文化并就此进行教育了吗? 得出上述结论前应该首先考察一下法官伦理教育训练的目的为何。如果以让法官遵守不受贿、不做有党派倾向的司法判断等法官应遵守的有关廉洁性、勤勉性、公平性的行为规范为目的的,那么,我们可以理直气壮地回答说日本的现实不需要这种教育。但是,伦理教育瞄准的是更高的目标,即法官"吸收现实社会及国民的营养而成长起来",以及由这种成熟起来的法官提供符合法律和正义的司法服务。因此就需要从伦理教育的观点对法官培养系统进行重新评价。

讨论这个问题的基本出发点是,法官应该只接受法律和正义的约束,站在公正的立场上,按照公平的程序进行审判。为此,要建立一种制度性的保障让法官不仅不受当事人的影响,也不受来自政府部门,甚至是同一司法部门内部的关于审判案件的不正当影响,有了这样的条件才能真正保证法官伦理。换句话说,能保证审判按照正义和法律进行的是价值观的建设,也就是伦理体系的建设,明确这个价值观及伦理体系的内涵是很有必要的。司法权的对外独立,关系到审判事务对内的独立,也是保障按照正义和法律进行审判的必要条件,"司法独立的精髓在于法官职权行使的独立性"即表明了这一内涵。为此,正如对于律师来说拒绝触及委托人秘密的作证既是权利也是义务,对于法官来说维持其职务的独立性是必要的特殊权限,而且要求法官要觉悟到行使此权限是其义务。而形成这种觉悟的基础正是法官伦理体系。奥尔根·艾尔利希所说的"从长远看,除了法官人格以外没有能保障正义的东西了"也应该理解为这样的意思。那么,这样的伦理体系是由什么样的原则构成的呢?

团藤重光博士任委员长的日本法律家协会法曹伦理研究委员会从1972年开始对这个问题进行为期四年的研究,其成果《关于法曹伦理的报告书》发表于机关杂志《法的支配》1977年52号上。在第二章第一节关于"法官伦理的基准原则"有如下论述:

> 第一,法官理所当然以法官的活动为其职责。对于法律纠纷来说,判决必须是由法官站在对各方纠纷当事者都中立、公平的立场上经由公正的程序,遵从法律和良心所作出的。从这样的原理中我们可以引导出法官伦理的第一原则,在审判活动中的法律忠实性、独立性、公平中立性以及保持公正的义务。为了保证法官满足上述要求,除了法官的身份保障制度以及其他各种法律制度的运用之外,最终极的保证还是来自每个法官的良心及内心的自觉和自制。法官伦理的第1条而且是最重要的一条就是坚持不断地保持这样的自觉和自制,不得不说法官是这样一种职业:从业者被严格要求保持极高的规范意识。……

第二，作为和上述原则同一体系的另一个原则，法官除了上述的自觉和自制的义务外，为了满足上述要求还有义务尽量避免在审判活动中做出可能有损于一般公众信赖的言行和态度。……进一步说，这种避免、抑制可能有损一般公众信赖的言行和态度的努力不仅在职务活动中，在广泛的非职务性活动中也是应要求其做到的。

第三，法官有保持一定品质的义务。对审判的信赖是审判权威性的基础，与对法官人格的信赖和敬意密切相关。……

第四，审判在其内容上，为了达到社会的要求和期待，要始终维持一定的质量水准，并且不断提高。因此，法官有努力吸收不断变化进步的法律、社会、政治、经济、文化等相关的知识和经验，并将其运用到审判中去的义务。

第五，审判应能迅速且有效地处理问题，法官应把审判置于优先于其他任何事情的地位，将精力倾注于审判活动中，同时还应为了审判的迅速、高效而努力，并不懈怠地思考创新的做法。

关于第五条，各地都以充实和快速化审理为目标，不断地积累实务上的创新和成果。以此为背景出现了一系列立法的新动向：新《民事诉讼法》在1998年（平成10年）1月生效，并于同年被修改。近些时候所谓审判迅速化法生效，还成立了知识产权高等法院，这些确实都可以说是理所当然的潮流。

关于程序的迅速和高效，有如下的应用方面的问题。地方某法院出现了如下案例。单身赴任的法官在星期五的傍晚，为倒闭的公司选定破产财产管理人之后，为了和家人共度周末而回到东京。财产管理人去公司了解情况的时候，很多债权人的到来引起很大混乱。财产管理人和法官联系不上，很生气地说："不干了。"（读卖新闻社会部[2002]）

对此事应该如何看待呢？

很遗憾，这个法官免不了被这样批评：对于自己职责的自觉性很欠缺。为什么呢？因为在倒闭案件中，法官理应预测到可能会出现这样的事态发展。作为法官，应该采取措施以保证时刻都能和财产管理人取得联系，如果离开就任地，就应该用电话、传真、电子邮件等保持和财产管理人之间的联系，以便出现任何事态都能迅速处理。

关于第四条的一般性解释已经在上面提到了。现在已经发展到这样的时代:具体地说就是伴随着国际化的进一步加深和发展,出现了关于认定难民制度是否妥当的争论;此外,还有围绕基本人权问题以国际条约为法律依据的法律主张正在和国内法律竞争有效性的问题。在这样的潮流中,非婚生子的继承份额差别被东京高等法院依据国际人权条约判定为违宪,外国人的国际指定律师案件中让被告人承担诉讼费用中的翻译费的做法也被东京高等法院判定为违反国际人权条约。虽然这都只是下级审判的案例,但是新出现的积极采用国际法规范的审判案例是值得关注的(日本律师联合会[1997])。

基于《司法制度改革推进法》第2条的基本理念进行的司法制度改革能否取得预期的成果,取决于怎样得到足以肩负司法制度的人才。关于法官的职责,兑宁第331页有这样的论述:"我们认为法官是处于国家和个人之间,保护个人自由不受法律所不认可的侵害的人。"如上所述,为了使法官担负这样的重大职责,对于进行只受到"宪法和法律约束"的审判所必要的素养就是不可欠缺的。在这些素养的培养中,法律解释的理论和实践锻炼是最主要的,经常以可以实践运用的方式牢固掌握上述五原则为中心内容的法官伦理的做法也包括在内。正因为法学研究院中的法曹伦理教育体系如何看待法官伦理问题关系到人格培养,而人格培养又是支撑属于大陆法系的日本司法系统的关键,因此,法官伦理教育具有和律师伦理教育同样重要的地位。为了完善法官伦理而对教育的内容和方式进行的研究至此只是刚抓住了头绪,但是,我们仍在此就一些已经明确的课题作以下概述。

首先应该强调的是,法官伦理的内涵不是永久不变的金科玉律,应该对此不断地进行探讨更新。可能上述五原则在某种程度上被当作理所当然的事实,可以毫无争议地陈述出来。但是,若考察一下制定这些报告书时的法律现状和这些原则的实际运用,就会知道事情并非那么简单。特别是,面对市场制度及民主政治现实的法官,应该在多大程度上以及怎样掌握并精通这些规范内容,而且这些规范内容随着时代的进步而发生变化。

这些要素的变动与上述五原则被总结出来的1977年相比已经更加激烈

第十七章　法官的专业职务责任　289

了。2002年国际上还诞生了引人注目的班加罗尔法官伦理原则[16],同时各国均出现了以该原则为衡量标准之一的重新审视本国法官伦理的动向。而且,在美国,美国律师协会为了开展评价司法行为示范守则的工作而组建了联合委员会(Joint Commission to Evaluate the Model Code of Judicial Conduct),从2003年开始活动,并召开了听证会来研讨五原则及其解释方式。

　　最重要的课题是为了充实提高日本的法官伦理的内容要开展规范性的分析和评价工作。重要的是应该探究,海外诸国的研讨内容和变化动向的背景,以及这个背景是不是被称为全球化的世界性变化。在此,我们只限于将日本法律家协会法曹伦理研究委员会报告书中的上述五原则,即事实上的日本法官伦理的规范,和美国现正修改的五原则做一比较研究。美国守则的第五原则规定的公开选拔法官的原则,其内容是与法官的政治性活动相关联的。像这样,这种国情和制度上的不同导致日本不可能立即现学现用这个原则。但是那些主要的原则,即法官为了在其公私活动中保持司法部门的廉洁性、公正性和独立性,应慎重行事,不能做出有损正义和品格的事情;以及看起来可能引起怀疑的行为也要避免(第一原则)、作为法官完成职务时,要不带偏向不带政党色彩并且要勤勉(第二原则)、个人事情的处理也要顾及保持司法部门的廉洁性、公正性和独立性(第三原则),是和日本的五原则的前三条内容共通的[17]。

　　二者均认为:法官有比公务员标准更高的伦理规范。其内容都被认为是对维持司法部门的廉洁性、公平性,以及具有保障前两者的作用的独立性所必不可少的。法官的伦理和法官的身份保障,均被看作是独立的司法部门以及被信赖的司法制度能够存在的条件。规范内容在实质上的共通也可以说明这一点。

　　一方面,由于各国的特点也出现了一些差异。另一方面,根据国情,亦有对照。关于美国原则之运用,就礼品的性质、金额,有具体说明。同时,同僚法官被怀疑有酒精或大麻中毒、患有精神疾患等不端情形之际,为维护社会对司法部门的信赖,规定了法官负有包括向相关部门通报在内的采取必要措施的义务,并规定采取这些行动是免责的。必须详细规定具体界限即确保实效性的措施等,以及行动在何等限度内能够不受身份的处分,据此产生了明示确保司法权威所采取的必要手段的相关内容。

这些措施不仅是对实质问题,对看起来容易引起怀疑的方面也考虑到了,充分运用了第一原则(应该避免有损司法威严的行为)。根据上述共同委员会委员长的披露,这次修改工作的一个难题是,如果将看起来可能引起怀疑的方面也归入法官的伦理责任,那么范围就太模糊了,可能会加重每个法官的负担。因此,怎样界定合理范围是个问题[18]。对这个问题的具体解决措施,也可以从上段所述的方式中得出。

同样在这次的修改中还出现了一个问题,这个问题是关于对参加有歧视性规则和倾向的团体的限制。加入有人种歧视倾向的俱乐部是被明确限制的,但是也可能出现因为常年在星期六的晚上一起玩扑克的同伴中没有女性成员而不得不退出这个活动的情形。再如,在日本,法官承认知道女性不能站在国际馆的土表上这个规定,就可能不得不停止参加相扑爱好协会。我们应该这样认为:为了避免这样的极端自我约束的情况发生,像解决上一个问题那样制定详细的规则也是必要的。在这次修改的提案中,歧视的界定内容里面也包括了种族(ethnicity)和性的倾向(sexual orientation)。

为了充实提高日本的法官伦理道德,应该在什么程度上以及怎样评价美国的这种对公民权的保护呢?并非说因为过度的自我约束在日本是个问题,就可以把该问题只作为一个未来的法律课题而留待日后去解决。更理想的解决之道是根据日本的现状,用法官伦理的规则化、实定化以外的方式来对待这个问题。

注:

1 法官如果不是受到刑事审判或惩戒审判,就不得违反其本意对其进行惩戒,使其辞职。
2 一般认为这是根据社会状况变化而进行的行政调整的一部分。
3 关于律师行业,律师法也在法律修改的同时被修改,律师的培养制度也从按照律师考试规则管理,变为统一到高等考试令所规定的司法科考试中去。
4 也称湖南案件。我妻等编[1969]。

5 从法官有维持自身独立地位的义务这个观点来分析大阪国际机场公害诉讼的资料,见于宇佐见[2003]。
6 我妻等编[1970]。
7 最大决平成10·12·1民集第52卷第9号第1761页。
8 关于法官的政治活动,根据各国的情况和历史也存在很多看法。比如,在德国如果当上地方议会的议员或者成为公认政党的一员进行活动是没有问题的。但是,《法官法》第39条规定"不得进行有损对法官独立性信赖的行动",所以不得在抗议行列、报纸意见广告中公开法官身份,从而利用作为法官的地位和权限。在法国,法官通常可以加入任何一个法官组织(法国有多个),但是禁止阻碍或停滞司法职能的行为。
9 《判例时报》第1760号第68页。
10 《朝日新闻》2001年3月1日早报。
11 美国律师协会改定的重要论点。
12 只是,从终身制官吏变为了任期制。
13 就二战后而言,是指宪法和法院法、法官身份法。
14 松山[2001]。
15 作为司法制度改革的一环,规范了候补法官和检察官的律师职务实习的法律(平成16年法律第121号)被制定了。
16 法官行为的班加罗尔原则(The Bangalore Principles of Judicial Conduct)。在联合国主导之下,由世界各国法院的法官组成的小组对当时已有的地域性、世界性的法官伦理纲领进行了网罗式调查,并总结出包括6个原则和原则适用原理在内的纲领,这六个原则被看作是对于支撑着司法部门权威性的法官诚信来说,必不可少的资质。通常指对2001年版本在第二年进行了修改后的版本。这个纲领被联合国人权委员会所承认,送到了各个参与国的司法部、联合国和其他的国际机构。其目的不仅在于给尚未持有法官伦理纲领的国家可以参照的资料,还在于提供一个重新审视、修改现存纲领的参考。联合国关于司法独立的基本原则是以国家为对象的,而这个原则给每个法官提供了伦理行动基准。
17 在总结这五个原则的时候所参考的美国纲领这次正在被修改,变得更简洁,讨论朝着总结成五个原则的方向进行。
18 2006年6月3日,在芝加哥的美国律师协会司法伦理中心全年大会会场与M.哈里森会谈过,并根据这次会谈的内容作出总结。

补充

作为司法制度改革的一环,制定了如下的最高法院规则。

1. 关于"法官的任命程序的重新评估"——下级法院法官任命咨询委员

会规则

2. 关于"法官的人事程序的重新评估"——关于法官的人事评价的规则

设问

1. 关于大津案,从司法独立的角度来看应该怎样进行评价?

2. 法官因为要面子连居酒屋也不去,这样不会知道老百姓的心情。围绕法官的生活态度,存在着这样的批判。关于这一点,应该进行怎样的考虑呢?

(上野精、森际康友)

终章　21世纪法曹的社会责任

本章构成
第一节　学习法曹专业职务责任的意义
第二节　21世纪日本社会的课题
第三节　值得信赖的司法
第四节　公共性的革新
第五节　担任司法专业职务的责任

前　　言

在新世纪,有必要培养全新意义上的公共性法曹,这些法曹应具备国际性视野,在采取行动时心念国民利益。在此意义上,法曹伦理[1]的教育目标就是让国民认为称职的法曹脱颖而出,这些法曹应扎实地理解自己所应遵守的伦理并按照其体系和运用方式来行动;并使其成为值得信赖的司法权的支柱之一。

第一节　学习法曹专业职务责任的意义

尚在法律系研究生院就读的学生去学习法律界人士的伦理,更正确地说是学习和法律界人士专业职务责任相关的法律和伦理,其意义究竟何在呢? 其意义至少在于,今后怎样行动才不至于使自己陷入麻烦,而且不给运作司法系统的人和受影响的第三者带来不恰当的麻烦,这是作为法曹最低要求的学习。达到这样的标准有保护自身的功效,同时还有保证人们对司法系统的评价不至于滑落到一定水平之下的作用。但是,仅仅如此就不得不说是志向太低了。在法律系研究生院学习,今后作为法律界人士进入社会的人,会将大部分对自我的认同感联系到能否满足国民司法需求这个职责和自尊心上去吧。对于抱有这个志向的人,就应该主动去学习那些关于法律界人士的专业职务责任的规范。不仅要立志理所当然地遵行现行的各种规范,而且应该具备不断追求、不断完善的精神。如果法律界人士有了这样的觉悟,那么他们和一般市民之间的认真对话、他们自己相互之间的实质性交流等活动就更简单容易了。这样,每天的努力就累积成了值得信赖的司法基础。由此,我们可以期待法律界人士所具备的法律知识和伦理道德能成为将日本法律界整体水平提高到值得向世界夸耀的核心动力。

第二节　21世纪日本社会的课题

从国民的眼光来看,值得"信赖的司法"具体是指什么呢?让我们把它置于广阔的视角下,作为21世纪日本社会的课题来考察吧。

读者已经从各种场合听到"从事前指导型社会进入事后救济型社会"这个口号了吧,这是日本提出的关于公、私关系的新的理想规范,并且还是关于让官、民各自的职能重新组合的提案。以往,人们认为,或者说必须认识到不管是公务人员通过事前协调而达成统一意见之后再制定实施政策的决策过程,还是确认了公共机关的意向后再决定制定企业业务方针的过程,都是官方扮演了"公"角色、重视协调性的旧的业务形态。现在,这个口号表达了一种新的理念,即用新的政策决定模式乃至经营方针、实施模式来取代这种旧的业务形态。所谓新的模式就是,以管制宽松化为背景,以最小限度的必要管制标准让事务得以自由发展,一旦产生问题,再通过事后的审判进行裁决。所谓诉讼,就是以决定和决定理由的公共化为原则的制度。也就是说,只要坚持按照"到哪里都能通用、谁都能知道"的原则作判断,就能形成有着扎实根据的透明规则的制定过程。因此,这个模式的发展方向是:立法和行政部门尽量少地制定规则,从而建立以司法创设、公示的规则为基础的社会模式。这并非只是宣告了新的商业社会的新规范,还预示着与国民人权相关的社会正义新理念的形成。

能够相信这样的社会模式将在21世纪初的日本实现,或者说相信大规模的社会变革将如波涛般汹涌而至的人还并不多。但是,由于上世纪(20世纪)以来的政治、行政、经济制度等方面的诸多改革,特别是司法改革的成功,"由相关人员的非公开协调向广泛的公共性规则制定过程转变"的社会活动原理的转变正如地壳运动般徐缓地进行。也许有的人会说,变动的速度没有想象得那么快。要实现这样的"地壳运动",就需要建立起与以往支持政府活动的"公共性"理念不同的、具有高度透明性的、不只面向有利害关系的人,同时也要面向正确意见和敏感民意的公共社会。为了实现这样的社会,需要满足多样的条件,甚至要满足我们直觉上认为不应该满足的条件。但是,这种"地壳运动"是不可阻挡的,因为它是当代社会的合理化进展。也就是说,它不但是制度的惯性造成的变化,还是由众多人的各种正当权益要求所推动的。问题在于我们应该怎样顺应这样的潮流,掌握好自己的航向。

支配公共社会的公共性原理和政策的实施,是人类所知的社会控制方式,如果把实现上述口号中所描述的前景形容成航海的话,那么这种社会控制方式就是一种良好的航海术。其原理是什么呢?为了实现它应该颁行怎样的政策呢?21世纪"地球号"航船上的成员们有共同的责任去阐明它的原理和决定实施的政策。这个责任对于既有的官僚世界、非营利性组织所承担责任的人,也就是以某种方式掌握公权力的人来说,显得特别沉重。负责司法系统的人们在行使公权力过程中,担负着解释国家法律中所体现的公共性原理这个从某种意义说是最重要的工作。正因为这种解释是对于既定法律的理解,就会受到比社会舆论、公共讨论更大的制约,但同时也具有相应分量的权威性。可见,司法是21世纪日本重要的关键公共部门,在这个意义上说,值得信赖的司法是让航海成功的必需条件。

对于承担一部分职责的每个法律人士来说,应有什么样的公共责任?为完成责任又应该明确什么样的伦理品质和制度要求呢?法律界人士伦理科目的目标就是要阐明这种责任、体会到这种责任。于是,法学院研究生部的教育,特别是法曹伦理教育应该被看作是应对21世纪日本社会课题的基础步骤。

第三节 值得信赖的司法

对国民来说值得信赖的司法[2]是什么?那是指至少具备以下3个条件的、能够解决司法问题的社会系统。它能够:第一"公正地",第二"容易理解地",第三"快速地"解决问题。

第一个条件,公正是指排除下述情况发生:案件的裁定因为不能公开的理由而对特定的当事人有利。为此,要求司法独立有两重意义。首先,是相对当事人的独立性。法官如从单方的当事人那里收取贿赂,做出对该当事人有利的判决的话,最终是不能得到司法的信赖的。幸好在日本这种担忧没有变成现实。其次是相对于权力的独立。这里面有好理解的一面也有容易忽视的隐蔽的一面。好理解的一面是指司法相对于外部的独立性。法官不得歪曲法律而屈从当届政府和有权势的人的意思。对于这个问题,日本的司法部门有着坚决的立场,这个坚决的立场和儿岛惟谦的名字一起广泛为国民所知。容易忽视的隐蔽的一面是关于司法权相对内部的独立性以及法官的职权独立性问题。国民普遍相信这个方面也贯彻了独立原则,只有平贺书简案件等为数很少的事情发展成社会问题。然而,该问题反而证明了这一点。另一方面,事实上一些司法的社会科学工作者和律师对职业法官的人事系统与判决倾向之间的关联性作了研究报告。虽然法院法许可,法官有过两三年就可调动工作的人事惯例,法官还可拒绝调动工作,但在现实情况中这种权利没有得到保障。有批评认为,现在已经形成了与法官主观理想化的个人判断不同步的、对间接压力的抵抗力很弱的体制。要确保国民对司法公正的信赖,不能光靠儿岛惟谦以来的光辉传统,而是要赶快讨论如何确保法官个人的职务独立性。最高法院也根据现实需要明确了这一点。

此处,我们发现,在美国的法官行为守则的修改过程中让相关人员感到苦恼的问题,现在也出现在日本司法制度的实际运用过程中了。这个问题是关于法官不仅要公平无私,还要注意让行为看起来不被怀疑其公正性这个规范的。然而,对"看起来"要在多大程度上注意才足够,要划个界限其实很难,容易引起过度反应。即使在日本,法官对当事人独立性的过度的考虑,同样会产生像石部金吉这样不谙世事的法官的意见。同样,在司法行政上,运营的安定性、高效性要求与公正的要求发生冲突时,要制定能公开说明的方针绝不容易。设想,若会导致冲突,那么是否还应优先考虑安全性、高效性呢?一旦冲突发生,司法部门即会对每个法官的主权独立性施加影响,似乎司法行政机构很在意当时权势的想法。然而不优先注重效率性难道就意味着不受外部的政治影响么?如果是这样的话,优先注重效率的做法是否可以看作是即使牺牲对外的独立性也要保护对内的独立性呢?我们不得不回答这些问题。

一方面,在如何对待政治权力的问题上,为了保护司法的独立性,(法曹的)正义感极其重要,这不仅仅是对法官而言,对包括律师在内的所有非公职身份的法务工作者也一样。当法院受到行政和立法势力打压的时候,这些人是否能和法官团结一致为保护司法独立而战斗,就成为左右司法独立命运的重要因素了。假如律师的所谓民间精神让律师对法院抱有不合作的态度、类似于在野党对执政党的态度的话,那只能说这种心态对于日本国民来说是不幸的。为了确保司法独立,广义的司法系统就必须团结起来显示保护独立的气概。这需要什么样的意识进行改革呢?这是在21世纪担任广义司法系统工作的各种组织的重要课题。

第二方面,对于国民来说,我们应该怎样确保易于理解性呢。很多人提到医疗上的被告知情权(informed consent)概念,认为对国民作认真的说明,就能保证司法的易懂性、透明度。不妨对这个观点进行一下考察吧。

确实,按照这样的程序行事的话,比起完全不说明,确实透明性和易懂性都会提高。但更详细地思考的话,就会发现,由谁、在什么时候以及怎样进行说明等具体的程序方面,缺乏明确的依据。比如,在诉讼现场,律师一边向委托人逐一说明意义一边进行诉讼是不现实的。那么法官在现场进行说明就有可能么?当然也不是。那么究竟由谁、在何时进行说明呢?既然说到被告知情权,就含有在进入程序之前预先知道的意思,那么谁对诉讼中可能出现的各种情况进行说明呢？承担这个工作的除了对委托人负有忠实义务的律师之外再也难以想到别人了。现实中，在律师和委托人之间常见的只有"拜托您了"、"知道了，我会努力的"这些对话，而这些对话离完成告知差得远了。

那么，律师对委托人说明到什么程度，才算完成了告知呢？关于这点，可以说还没有既定的明确规则。这样的状况同样也出现在医疗领域。本来很难做到的就是，对没有专业知识的普通人的说明到底要详细到什么程度，人们才能够正确预期可能出现的风险以及主要的对应方式，从而来做出合理选择。通过法学研究生院3年的努力学习才能得到的知识，不管具有什么程度的正确性和详细性，也不可能用3小时左右时间的说明来代替。另外，假设被告知情权所提到的资讯（inform）是指律师作为代理人或者辩护人可以提出某种程度的建议，如果把这种建议视为某种水平的说明的话，那么就可以说"委托人作为非专业人士能够理解到某种程度，他的判断就是被告知后做出来的"，也可以说我们找到了标准。然而，事实是，对于律师说明义务的标准应该是什么内容的探究，日本的司法实践才刚刚开始。这也是21世纪日本的又一个课题。

这个标准是依存于接受者的知识水平的，因此，为了让标准固定，普通国民对司法制度和程序具有的知识程度就显得十分重要。也许，改善初等教育中几乎没有司法教育的现状也应被包含在这个课题之中吧。

第三方面是关于快速性。近来，朝着诉讼的迅速化，广义的司法体系在努力协同进行多种改革和完善。但是有相关人员评价，诉讼的便宜性还没有好到可以消除对非讼纠纷解决机制需求的地步。另外，也有评价说在德国，由于地方法院（Amtsgericht）很好地发挥了作用，因此，以对非讼纠纷解决机制的需求没有增加。[3] 诉讼的延迟对于可以因延迟得到好处的当事人一方来说是受欢迎的，对于决定时间的拖延意味着大量机会成本和财产价值流失的当事人一方来说，这种诉讼事先就没有正义性，是对对方有利的坏制度。同样情形下站在国民的角度来看，诉讼就好像是障碍竞走中让人想快却快不起来的障碍物一样。如果每个人都在公平的竞赛中都以同样的几率遭遇到障碍的话，国民会判断说觉察到不公正的那方当事人有问题。但是假如不能肯定条件公平的话，就又另当别论了。因此，为了确定是否有这样的公平条件，就需要对制度和程序进行精细的审查。

　　法官、律师等法律专业人士对这样的情况完全清楚，但如果强调是因为体制如此，所以多少有些延迟和不公平也是不得已的话，就会招致国民对法曹的不信任。现实中，很少有法曹会斩钉截铁地说"本来就是这样的"而拒绝反省。但是不少法律专家多少都会找"为了避免误判就要慎重审理"这样的理由而怠于对这种现状进行充分必要的批判。如果是这样，法律界人士就已经偏离了国民的立场。如果不采取诚实的态度、不承认这种偏离，国民因为对法曹个人产生了程度不同的不信任感，最终将导致对整个司法产生不信任。于是，审判的快速性这个课题就不单是制度的安定性、效率性和国民的方便性等服务质量方面的问题了。如果承认法曹的意识偏离了国民的立场的话，就出现了以国民为具有对等地位的当事人的公共决策过程上的课题：对制度的评价工作应该到哪一步结束才算正确。这个问题让专业人士面临如何处理与国民之间的关系的课题，它关系到法曹的正义感以及被他们的正义感所担保的司法的可信度。这正是衡量专业人士存在价值大小的问题。

第四节　公共性的革新

　　这样的论述并不意味着到目前为止的日本司法中有可怀疑之处，或者法曹的努力和奉献不够充分。应该说，法官和律师的数量太少，导致尽管他们很努力，但还是不能带给国民充分的社会正义。普遍认为法律界人士数量太少，而将增加人数作为主要目标之一的司法改革可以说是正确把握了现状。但是，这个改革不止于此，还应致力于尽量提高法律界人士的素质。它要求每个法官在伦理和技术上进行钻研，同时也试图建立一种奖勤罚懒的制度。

　　这样的司法现状从公共性的观点来看意味着什么呢？它一方面说明，日本国民在二战后拼命地努力不让战前的过失重复发生，确保和平和繁荣；另一方面说明，在这种反省的基础上建立起来的公共空间在公共服务这一点上还留有很多课题以待解决。现在，不能否认在日本，地位已经获得保障的公共性事务的质量问题,仍有待进一步改善。所谓改善是针对以下这种对现实的认识而言的:一般认为,日本官僚垄断了公共事务,导致担任官僚职务的人负担过重,也造成了民众对公共事务的无知和无权参与的状态。最近,从官方垄断公共领域的这种近代政治原理中脱离出去的动向正加速前进,比如为了改变这样的倾向而纷纷成立并开展活动的一些 NGO 和 NPO,同时还制定了让 NPO 的独立法人化成为可能的法律制度。上述这些提高公共性实现的可能性的举措是非常重要的。这就是公共性的革新。

那么,公共性革新的目的是什么？我们来列举几项。正如已经看到的,公共领域由官方独占的状态作为事实也好,作为规范也好,均被认为是难以改变的。也就是说,自由和正义,要在拥有实力和强权的国家的保证之下才能够实现。而且,中央集权国家才最适合确保市民的自由和正义。这是近代政治原理的基本想法。但是,政治理论的研究在进步,社会现实也发生了很大的变化了,现在这种理论能在多大程度上说是妥当的呢？只要不坚持觉得 NGO、NPO 完全是邪道,不应该担负任何公共性职责的这种极端论点,就没有执著于必须由官方垄断公共领域的这种理论的意义了。时代在变迁,公众在认真讨论由不是官方的公共性角色来发挥作用有多大可能性。仅从现实情况来看,NGO、NPO 的活跃姿态不管是在国内还是国际都很醒目。面对这样的现实,就有必要重新考察本来存在缺陷的、正统性的、说服力也在降低的这种理论。时代呼唤着超越近代政治原理的 21 世纪的政治原理。[4] 在此,最重要的一点是,不应固执于主角是谁,而应追求实现公共利益的可能性,最大限度地确保社会共同生活所带来的方便和互相关联性。

第二点和公共性的内涵有关。让我们来想象一下理想状态。人类都是兄弟,有着可以互相牵手、拥抱的亲密关系,这是我们在公共空间里所能找到的理想状态么？恐怕不是。如果人类都是兄弟,兄弟打架也是必定会有的;那么必然包含着骨肉之争的社会共同生活是我们寻找到的公共空间的理想吗？恐怕也不是这样。我们追求的不单是和关系好的人,也包括和关系差的人能够共存共荣的社会秩序。因此,重要的是能够尊重冷淡的关系和平和的交往,冷静地对待共同生活所带来的不可避免的权力问题。这是种怎样的精神呢？

我想说法律家的精神气质和理性与此相符。法律家所讨论的内容应该作为公论的基本形态之一而被公众所了解。这种讨论方式非常适合于拥有冷静头脑和热情心肠的人，基于互相都承认的规则和由公正的第三人根据事实做出的判断，来向审判者谋求对委托人有益的讨论。法律家的讨论是多种多样的，这是法庭讨论的基本形态。从这个观点来看，社会一直在要求法曹伦理的进步以及诉讼和执行规则的改善。利益相悖的禁止和保守秘密的义务是法曹伦理的两个核心原理，是在法庭内外孕育出这种讨论方式的必要条件。换言之，没有关于保守秘密的义务和利益相悖的充分讨论，以及惩戒案例、判例的累积的法律系统，具有公共性的讨论场所就是不成熟的。

公共性的革新，确实需要新的政治哲学，但这不是由光鲜的革命装饰出来的，其内涵在于踏实的实践活动。

第五节　担任司法专业职务的责任

市民社会的司法权不光是由三种法曹（法官、检察官、律师）组成的，还是由各种部门的人和机关来担任的。为了让广义的司法充分发挥作用，大家各自承担起符合自己职责和立场的责任，承担起固有专业职务的责任是非常重要的。

首先，有被称作法曹的三个社会集团，由负责狭义司法的法官、检察官及民间的律师构成。其次有法律的相关职业，如司法书士、行政书士[①]等和地域有着密切关系的法律家。再者，在现实生活中还有接受法律咨询活动的税务师等，支持着边缘的法务需求。由于他们的存在，日本的司法在正常运作。对于司法部门的运作而言，法院的书记官等以及法务相关的其他官职也很重要；对于法务服务的充分提供来说，企业法务的相关人员也很重要。但是，在此我们主要考察具有固有的伦理要求的法律专业职务。

---

① 以接受他人的委托，向政府提出文件，制作与其他权利义务和事实证明有关的文件为职业的人。——译者

1）以比较法的方法考察

ⓐ**美国法**　为了比较容易地理解日本的法曹特点，我们将把日本和那些实行法曹统一制度的普通法国家，特别是美国的法曹构成进行比较。所谓法曹统一是指所有的法曹都要接受作为律师的训练，得到应有的经验之后才转移到其他部门。在这种情况下人们普遍认为，法曹伦理的核心理所当然就被律师伦理所占据，法官等其他法曹伦理是在这个基础上根据各自法律职务固有的社会功能和制度特点而形成的。

重要的是，由于法曹的统一源自律师，恰似一母同生，这就自然形成了对法官信赖和尊敬的基础。正因为如此，在美国的很多州，州最高法院对律师拥有包括惩戒权在内的监督权限的现状并没有受到异议。不仅如此，律师还普遍认为，州最高法院是保护相对于立法、行政权或者联邦政府介入的司法独立性的基石。

在美国，法曹伦理通常被称作"法曹的专业职务责任"，其内涵是由所谓职业伦理规则和对法曹的判例法具体化形成的。之所以称其为"法曹的法律"，是因为，对于律师而言，应该遵守的规范是由各州作为最高法院规则或者自治的职业规范来采用的。并且，是作为具有约束力的规范而被用于法庭或者惩戒中的，其判例和惩戒案例也有充分的累积，相关的学术研究也很兴盛。一言以蔽之，是因为具有高度且广泛的法律实定化。处于这样的法曹统一的国家，成为法曹的人当然会被要求将这些规范牢记于心，并具备将这些规范活用于自己的实务的能力。在很多州，不仅要求法曹伦理成为司法考试的一部分，还要求有志者必须同时通过另外的全国法曹伦理统一考试才能获得律师资格。这样，美国确立了以州最高法院为最高权威的自治秩序，并正在不断得到发展。

关于日本的律师伦理的现状，能够作为具体解释的指南性判例现在还积累得不够。惩戒案例业已登载在《自由与正义》上，但是相当于案例记录的内容并没有定期而系统地公开。而且，使判例分析成为可能的资料累积还很不充分的主要原因就是，律师过失案件太少。另外，律师伦理的主要规范被刚刚修订为《律师职业基本规则》，而且现行的律师法也刚经过修改不久，这都减损了已有判例和相关资料的价值。再加上,这个领域的学术性研究还只是刚有头绪,不得不说,在日本,对律师而言,还需要制定很多实定化、明确化的规范。

关于约束日美两国律师的规范,有一个很难做出评价的对照。在美国不要说规范律师的权限和义务的联邦律师法,就连州议会的立法也被作为立法部门对司法权的介入而不被认可。普遍观念认为:以约束律师为目的的法律会导致立法部门威胁法曹独立甚至司法独立,因此不应被承认。

这一点,和日本的现状形成鲜明对照,日本的律师协会和其联合体经常谈论律师没有监督部门,或者在谈到律师自治的时候会援引律师法作为法律根据。是应看重立法部门没有限制律师的职权这种权力分立的思想,还是应看重由法律规定律师的独立这种法律的实定性呢?在此我们看到了民主制度和法律在哲学上的不同态度。

ⓑ 大陆法 在所谓大陆法系的国家,法官、检察官都是公务员性质的,通常在法曹培养过程的一开始就和律师处在不同的系统中。于是,就很难期望他们因为同出一源而相互具有作为法曹的归属感。应该说,法曹意识的中心内容是对相互功能的同一性的认同,即都是为了共同给社会提供优秀的服务。因此,在德国和法国,虽然有着相互差异非常大的法律制度,但却都对律师实行了以律师固有的明文化规范为中心的实定秩序,以及维持这种秩序的惩戒等制度。与此相对,法官和检察官没有这种规范体系,不单普遍认为实行不同内容的规范是妥当的,同时也没有设置对制度有所构建的成文性规范,对于制裁也只由宪法来规定。这种对法官、检察官适用独特体系的做法是很普遍的。归结到一点,一般认为法官和检察官虽然是公务员,但除了特别的情况,要受到比一般公务员更严格的法律和伦理的约束。

和以上情况比较,日本的三种法曹之间的相互关系是怎样的呢?首先法官、检察官有自己的职业系统,和律师分处不同的系统,这一点类同于其他的大陆法系国家。但是,由于律师协会等的努力,到司法研修为止三者都是在同一过程中被培养的。现在,日本的三种法曹是以什么关系联系在一起,又在彼此之间确立了怎样的作为法曹的认同感呢?对此,很多人都有在司法研修所"吃过同一锅饭"的意识。在法学研究生院时期,这种意识被更加强化了。

那么,互相协作共同提供更好的法务服务的这种功能同一性又如何呢?如果法曹界相对于社会的功能体系成立的话,那么这个体系就包含了该功能的内容。但是,在讨论日本的司法特征的时候,很难否认尚存在着法官、检察官对律师的对立体系。我们没有过分强调这一点,但是具体情况我们在第十六章中已经讨论过了,日本复杂的历史和现状使得这个弊病很难被轻易克服。考察了这样的来龙去脉之后,我们再来解决21世纪的司法应该如何发展这个法曹公共责任的问题。也就是,律师和法官、检察官,法官和检察官、律师以及检察官和法官、律师是在什么伦理之下互相联系,并以此来构造在整体上以公正性、易懂性、迅速性为特点的值得信赖的司法。日本司法是以独特的方式包含了大陆法和普通法二者的特点而成立的,我们要在此前提下相应的研究这个课题。这是评价日本法曹职业伦理的重要指标。

为了实现这样的共同责任,三种法曹以及法律相关职务的成员在自己组织内部应该遵守何种伦理去完成职务呢?我们不要只在三种法曹之间,而是应以对谁都能通用的方式,采用本来意义上的公论这种讨论方式来进行实定性的现实探讨和规范评价。这是支撑着21世纪法律实践的伦理问题中的一个主要领域。

2) 法曹伦理和保障

如果把法曹伦理当作是这三种法曹的公共责任的核心的话,那么为了很好地完成此任务,必须要具有何种稳定的经济基础和财政措施呢?法曹的专业职务责任在于完成提供法务服务这个公共责任,从这种制度上的观点来考察的话,对此问题的解决也应该作为专业职务责任论的一部分而加以讨论。

历来,法官的身份和报酬保障,都是在论及对保障司法独立不可欠缺的法官独立问题时被提出的。其目的在于,为了防止法官在伦理上的堕落,必须要在有可能妨害公正审判的多种压力之中保护各个法官。在日本,法官的报酬及其金额被公开讨论的情况很少。但是在所谓发展中国家,法官的身份保障制度不健全,同时现实中法官报酬很低已经成为引起贪污的社会原因。而在法国和德国,还出现了在法官界成立工会和团体来有组织地保障法官的主张和利益的运动。这很容易导致对审判的公正性产生怀疑。众所周知,法官的工会在日本是禁止成立的,而且法官虽不至于要标榜自己政治的中立立场,但一般也不会鲜明地亮出自己的旗帜。

还有另一个解决问题的方式。我们看看这样的现实,在被作为模范标准的法国、德国,预先将自己的旗帜鲜明地亮出来成为了担保法官独立性的前提。但法官不得把自己的政治主张和利益问题带进法庭,这个原则是法官系统的生命保障线。在考察法官伦理的时候,在像上述这样广阔的背景下进行研究是很重要的。检察官也同样。

对于律师,因为不是公务员,而是所谓自由业者,单独或者共同地参与事务所经营,必须要让经营成功。如果经营不成功,人权保护、实现自由和正义等就都成为画饼充饥了。因此律师为了尽其社会责任,就必须要成为优秀的经营者,并安定自己的经营基础,这也是从伦理角度提出的要求。

在律师报酬被市场化的今天,对今后会出现怎样的现实经济情况不可掉以轻心。日本的律师现在也面临着需要有企业家的帮助才能确保完成其职务理念所必需的经济基础的状况。这种需求越被重视,律师面临的金钱诱惑就变得越强。有什么样的诱惑、为什么应该拒绝这样的诱惑等也成为律师伦理上被拷问的问题。现实中如何试图让律师的经营基础稳定呢?这会成为律师团体关心的大问题。在这样的状况下,律师怎样保护司法的独立,而且这个独立不光是指一直以来相对于国家、委托人的独立,还包括与其他律师、第三人关系的独立,对于在企业中工作的律师来说还包括相对于企业的独立。在这些关系中怎样保持自己的独立?这是 21 世纪律师伦理的重大课题之一。详细内容已经在第十四、十五章中提到了。和律师的公共职责相同,关系到律师作为企业家责任的律师自治问题的重要性也不可忽视。

在考虑日本的法曹伦理时,有一个重要课题就是法务服务的普遍化。作为理想状况,所谓律师的稀缺地域也应该有数名律师,让该地域居民能轻松地接受法务服务。但在现实中,正如"零·一"这个词所反映的,很多地域没有或者只有一名律师。是不是在这些地域就得不到法务服务呢?不是,这和无医村不同,在很多"零·一"地域,当地的司法书士等法律相关职业以及税务师等都在债务清理、成人监护、遗产继承、设立公司等对当地居民来说非常重要的法律服务支援。担任这样的紧贴当地形势的法务服务的人应该在何种伦理原则下行动，是法律家伦理问题的重要一部分。司法书士团体正在进行着相关工作，他们整理了过去的职业规范并制定了新的司法书士的伦理规范。特别是得到了行使简易诉讼代理权的司法书士，由于在不动产登记业务中存在着当然不能被承认的双方代理的代理人伦理，这样的伦理即使可以理解但是在感觉上还是比较难以接受，因此需要积极地进行伦理研修。像这样在整理内部伦理规范的同时，还有必要面对怎样处理和其他法律家、团体的关系这个微妙的问题。如果要讨论现实的职业伦理问题，那么对这些问题也必须进行相应的讨论。

在本书中，笔者尽可能完整地概述了21世纪新出现的公共性的内涵以及实现该内涵的司法工作人员的作用、责任，以及支撑它们的各种现实条件。这一方法如果不论是在实践上还是在理论上，都能够提示一种通用的法曹伦理方法的话，那就是笔者的荣幸了。

注

---

1 "法曹伦理"这个名称稍微有点容易引起以下误解：只有关于法曹的"伦理"才是问题，关于法曹的"法律"不是问题。因为这样的误解，在美国的法律学校里，这个必修课目一般被称为"职业责任（professional responsibility）"或者法曹的"法律和伦理（law and ethics）"。
2 本章所说的"司法"包含广义和狭义两个含义。通常，司法部门是指掌管最高法院以下的司法事务的公共机关，这是狭义的司法概念。讨论"司法独立"的时候考虑的是狭义的司法。而广义的"司法"是指司法系统，这个司法系统不光包括对于司法部门正常运转必不可少的法院职员，也包括非公务员的律师、司法书士等法律相关职务的人们，他们运转着为国民提供司法服务的所有公私机关。"值得信赖的司法"采用的是广义的"司法"概念。
3 2004年9月，伊策霍（Itzehoe）的访问调查（村田学术振兴财团资助）。这种做法的结果意味着法院的经手案件数不会减少。另一方面，德国司法部的合理化调整又在推进中，导致以法官为核心的法院工作人员的劳动强度增大，似乎又产生了其他问题。
4 参照，日本法哲学会编[2001]，长谷部、金编[2004]。

（森际康友）

参考文献

秋田真志「2002」「検察官による警察官調書の引写し問題」『季刊刑事弁護』第 29 号。
秋山賢三「2002」『裁判官はなぜ誤るのか』岩波書店。
浅香吉幹「1999」『現代アメリカの司法』東京大学出版社。
朝日純一他編「1986」『弁護士倫理の比較法的研究』法政大学現代法研究所。
　　「2002」「アメリカのロー・フアームの変遷に関する個人的見解」『NBL』第 747 号。
飯島澄雄・飯島純子「2005」『弁護士倫理——642の懲戒事例から学ふ10か条』レクッス レクッス・ヅヤパン。
五十嵐二葉「1997」『テキスト国際刑事人権法各論(上)』信山社。
石井吉一「2002」「弁護人の責任」『ヅユリスト増刊 刑事訴訟法の争点(第三版)』。
石川寛俊「2003」「広告解禁と弁護人の課題」『自由と正義』第 54 巻第 10 号。
石畔重次「2003」「各国の弁護士倫理の現状」『自由と正義』第 54 巻第 1 号。
出射義夫「1962」「検察に対する考え方」『法曹時報』第 14 巻第 7 号。
伊藤栄樹「1978」「被害者とともに泣く」『罪と罰』第 15 巻第 2 号。
伊藤栄樹「1986」『(新版)検察庁法逐条解説』良書普及会。
伊藤栄樹「1988」『秋霜烈日』朝日新聞社。
伊藤真「1984」「弁護士と当事者」上田徹一郎・福永有利編『講座 民事訴訟 3 当事者』弘文堂。
伊藤真「2005」『民事訴訟法(第三版補訂版)』有斐閣。
井戸田侃「1978」『公訴権濫用論』学陽書房。
上野登子「1976」「弁護士自治の歴史」第二東京律師聯合会編『弁護士自治の研究』日本評論社。
魚住昭「1997」『特捜検察』岩波新書。
宇佐見誠「2003」「裁判官倫理としての司法権の独立」『法律時報』第 75 巻第 8 号。
内田貴「1997」『民法Ⅱ(債権各論)』東京大学出版社。
浦川道太郎「1999」「ドイツにおける弁護士職務規則(紹介と翻訳)」『自由と正義』第 50 巻第 7 号。
遠藤直哉「1993」「中立型調整弁護士モデルの展望」宮川光治他『変革の中の弁護士(下)』有斐閣。

大木雅夫「1992」『異文化の法律家』有信堂高文社。
大塚仁編「2000」『大コンメンタ刑法 第 7 巻(第 2 版)』青林書院。
大野正男「1970」「職業史としての弁護士および弁護士団体の歴史」大野正男編『講座現代の弁護士 2』日本評论社。
大野正男「1972」「弁護士の職業の苦悩——非弁護士活動に関する二つの判決にふれて」『判例タイムズ』No.260。
岡崎克彦「2000」『外国司法制度研究報告(ドイツ)』最高法院事務総局。
岡部泰昌「1996—70」「刑事手続における検察官の客観義務」((1)〜(6))『金沢法学』第 11 巻第 2 号—第 15 巻 1・2 号。
荻野富士夫「2000」『思想検事』岩波新書。
奥平昌洪「1914」『日本弁護士史』巌南堂書店。
小田中聡樹「1997」『現代刑事訴訟法論』勁草書房。
小田中聡樹「1984」「弁護活動の限界」『別冊ジュリスト 刑法判例百選(1)総論「第 2 版」』。
小原望「2000」「法律業務の国際的競争と弁護士の法律業務独占」『自由と正義』第 51 巻第 8 号。
垣内秀介他「2002」「フランス弁護士職の業務と収入に関する現状」日本律師联合会法务。
研究財団編『法と実務 2』商事法務。
加藤新太郎「2000」『弁護士役割論(新版)』弘文堂。
加藤新太郎「2003」「実務科目としての『法曹倫理』」「ヅュリスト」第 1245 号。
兼子一=竹下守夫「1999」『裁判法(第 4 版)』有斐閣。
金子要人「1934」『改正弁護士法精義』。
加太邦憲「2000」『自歴譜』岩波書店。
上柳敏郎・片山達・外山太士「2004」「外弁法改正——新たな提携関係へ向けての課題」『自由と正義』第 55 巻第 3 号。
亀山継夫「1983」「検察の機能」石原一彦・木村栄作・松尾浩也編『現代刑罰法大系 5』日本評論社。
川崎英明「1997」『現代検察官論』日本評論社。
川端和治「2005」「ゲートキーパー規制と弁護士職の理念」『自由と正義』第 56 巻第 7 号。
川村明「2005」「ヨーロッパにおける消費者指向司法改革と弁護士自治」『自由と正義』第 56 巻第 6 号。
小島武司・田中成明・伊藤真・加藤新太郎「2004」『法曹倫理』有斐閣。
後藤昭「2002」「弁護人依頼権と自己決定」『刑法雑誌』第 41 巻第 3 号。
小西聖子「1996」『犯罪被害者の心の傷』白水社。
小林直樹「1981」『憲法講義(下)〈新版〉』東京大学出版社。

小林秀之「1994」「弁護士の専門家責任」専門家責任研究会編『別冊 NBL 専門家の民事責任』。
最高裁判所「2000」「21 世紀の司法制度を考える」『判例時報』第 1695 号。
最高法院事务总局「1990」『裁判所百年史』大藏省印刷局。
佐々木史郎「1963」「刑事裁判の当面する課題——検察官よ法廷にかえれ」『判例タイムズ』第 150 号。
佐藤博史「1991」「弁護人の真実義務」『ヅユリスト増刊 刑事訴訟法の争点(新版)』。
澤登文治「2002」「親族間の情義と裁判官の懲戒処分」『ヅユリスト〈臨時増刊〉平成 13 年度重要判例解説』第 1224 号。
司法研修所編「2000」「イギリス、ドイツ及びフランスにおける司法制度の現状」法曹会。
司法研修所編「2002」『刑事弁護実務〈平成 14 年版〉』日本律師联合会。
司法研修所検察教官室編「2004」『検察講義案〈平成 15 年版〉』法曹会。
霜島甲一「1986」「アメリカにおける弁護士倫理の『立法過程』」朝日純一他編『弁護士倫理の比較法的研究』法政大学現代法研究所。
下條正浩「2003」「日本の外国弁護士受入制度の変遷」『自由と正義』第 54 巻第 12 号。
新堂幸司「2004」『新民事訴訟法〈第 3 版〉』弘文堂。
新中智子「2002」「アメリカ・パラリーガル事情」第 11 次律師業務研討会運營委員会編『パラ・リーガル——ここまでできる! 弁護士秘書』。
須綱隆夫「2001」「企業内(社内)弁護士と弁護士倫理」『現代刑事法』第 23 巻第 3 号, 現代法律出版社。
鈴木健太「2000」「英国における裁判官任用制度及び弁護士養成制度等について(下)」『判例時報』第 1695 号。
鈴木重勝「1989」「弁護士の民事責任」篠原弘志他編『判例研究 取引と損害賠償』商事法務研究会。
住吉博「2000」「潜在する利害対立がある複数依頼者の『信認代理』(一)・(二)」『民商法雑誌』第 122 巻第 1 号、第 2 号。
住吉博「2001」「弁護士倫理再考」『民商法雑誌』第 124 巻第 1 号。
千田實「1992」「小都市の弁護士業務に関する体験的一考察」『変革の中の弁護士——その理念と実践(上)』有斐閣。
第 11 次律師業務研討会運營委員会編『パラ・リーガル——ここまででまる! 弁護士秘書』。
高中正彦「2003」『弁護士法概説(第 2 版)』三省堂。
高中正彦「2005」『法曹倫理講義』民事法研究会。
高野利雄「1991」「捜査における検察と警察の関係」『ヅユリスト増刊 刑事訴訟法の争点(新版)』。
高橋利明・塚原英治編「1996」『ドギュメント現代訴訟』日本評論社。

高柳一男「2002」「エンロン事件とアメリカ企業法務」『国際商事法務』第 30 巻第 5—7 号。
田中紘三「2004」『弁護士の役割と倫理』商事法務研究会。
棚瀬孝雄「2002」『権利の言説——共同体に生きる自由の法』勁草書房。
棚瀬孝雄・広田尚久・山浦善樹・山本和彦・加藤新太郎「2002」『弁護士倫理の新たな展開』『判例タイムズ』第 1080 号。
谷口安平・福川有利編「1995」『注釈民事訴訟法(6)』有斐閣。
塚原英治・宮川光治・宮沢節生編「2004」年『プロブレムブック 法曹の倫理と責任(上)』現代人文社。
塚原英治・宮川光治・宮沢節生編「2004」年『プロブレムブック 法曹の倫理と責任(下)』現代人文社。
东京律师会編「1997」『弁護士業務マニュアル』ぎようせい。
东京律师会关于两性平等委员会編「2001」『相談対応マニュアル ドメステイック・バイオレンス セクシユアル・ヘラスメント』商事法務研究会。
日本律师联合会外国律师及国际法律业务委员会編「2001」『弁護士制度に関する海外調査報告書——MDPを中心として』日本律师联合会。
日本律师联合会关于律师伦理委员会編「1996」『注釈弁護士倫理(補訂版)』有斐閣。
日本律师联合会「1959」『日本弁護士沿革史』。
日本律师联合会「1997」『あにらしい世紀への弁護士像』有斐閣。
日本律师联合会編「2000」『21 世紀弁護士論』有斐閣。
日本律师联合会編「1997」『国際人権規約と日本の司法・市民の役割——法廷に生かそう国際人権規約』こうち書房。
日本律师联合会編「2004」『弁護士白書』。
日本律师联合会調査室「1997」「同一事務所の他弁護士の顧問先を相手方とする事件の受任」『自由と正義』第 48 巻第 9 号。
日本律师联合会調査室「2003」『条解弁護士法(第三版)』弘文堂。
日本法哲学会編「2001」『法哲学年報 2000〈公私〉の再構成』有斐閣。
庭山英雄・西島勝彦・寺井一弘編「1997」『世界に問われる日本の刑事司法』現代人文社。
野村吉太郎「1998」『弁護士の調査義務—不当保全処分と弁護士の責任』『自由と正義』49 巻 12 号。
長谷部恭男・金泰昌編「2004」『法律かえ考える公共性』東京大学出版会。
林屋礼二・藤田耕三・小野寺則夫編(2003)『法曹の在り方 法曹倫理』信山社。
早野貴文(1999)「アメリカ弁護士業の今日的動向—ヴアージニア州弁護士会専務理事に聞く」『自由と正義』50 巻 10 号。
原田國男(2003)『量刑判断の実際』現代法律出版社。
福原忠男(1951)「裁判所規則か弁護士法か(改正弁護士法制定をめぐる一問題)」『自由

と正義』1951年9月号。

福原忠男(1986)「弁護士法制定当事の思い出」『自由と正義』1986年8月号。

福原忠男(1990)『(増補)弁護士法』第一法規。

藤永幸治・河上和雄・中山義房編(1994)『大コンメンタール刑事訴訟法 第2巻』青林書院。

藤野亮司(2001)「弁護士の公益活動」『自由と正義』52巻11号。

弁護士責任研究会(1996a)「即決和解事件を受任する場合の留意点」『自由と正義』47巻5号。

弁護士責任研究会(1996b)「遺産分割の複数当事者から調整役を依頼ちれたとき」『自由と正義』47巻9号。

法学セミナー増刊総合特集シリーズ(1981)『現代の検察』日本評論社。

松尾浩也(1967)「西ドイツ刑事司法における検察官の地位」『法学協會雑誌』84巻10号。

松岡義正(1925)『民事証拠諭』严南堂書店。

松村龍彦(1999)「弁護士である監査役の任務 怠と第三者に対する責任」『自由と正義』50巻8号。

松山恒昭(2001)「司法研修所における裁判官の研修について―新しい新任裁判官事補の研三さん制度を中心に」『法の支配』122号。

水谷規男(1987)「フランス刑事訴訟法における公訴権と私訴権の史的展開」『一橋研究』12巻1号、3号。

宮川光治(2000)「弁護士とその業務のあり方」『ジュリスト』1170号。

宮川光治・那須弘平・小山稔・久保利英明編(1992)『変革の中の弁護士(上)』有斐閣。

宮川光治・那須弘平・小山稔・久保利英明編(1993)『変革の中の弁護士(下)』有斐閣。

村岡啓一(1997)「刑事弁護人の誠実義務と真実義務」日本弁護士連合会編『現代法律実務の諸問題(平成8年版)』第一法規。

村岡啓一(2000)「被疑者・被告人と弁護士の関係①」季刊『刑事弁護』No.22。

村重重一(1996)「国家賠償研究ノート」判例タイムズ社。

森際康友・斎藤隆生・加藤新太郎(2003)「新訴代理人としての司法書士の倫理」『市民と法』23号。

森山文昭(2004)「弁護士制度改革と弁護士像―新しい人権モデルの提唱」日弁連弁護士業務改革委員会21世紀の弁護士像研究プロジェクトチーム編『いま弁護士に、そして明日は?』エデイックス。

門口正人・福田剛久・金井康雄・難波孝一編(2003)「民事証拠法体系 第3巻」青林書院。

矢澤昌司(2003)「弁護士の営業・公務兼任の自由化―弁護士法条の改正」『自由と正義』54巻7号。

八代英輝(2003)「米国企業改革新法に基づく弁護士の情報開示義務」『國際商事法務』31

巻4号。

山岸和彦(2005)「諸外国の状況について」『自由と正義』56巻7号。

山室恵編(2000)『刑事尋問技術』ぎょうせい。

山本和彦(1995)『フランスの司法』有斐閣。

山本和彦(2003)「フランスの法曹製度」広渡清吾編『法曹の比較法社会学』东京大学出版会。

山本正樹(1998)「被告人の利害相反と同一弁護人による弁護」『ジユリスト(臨時増刊)平成9年度重要判例解説』1135号。

横川敏雄(1993)『ジヤステイス』日本评论社。

古川精一(2000)「改革とプロフエシヨナリズム」『自由と正義』51巻9号。

読売新聞社会部(2002)「ドキユメント裁判官」中央公论社。

我妻栄他編(1969)『日本政治裁判史録明治・後』第一法規出版。

我妻栄他編(1969)『日本政治裁判史録大正』第一法規出版。

我妻栄他編(1970)『日本政治裁判史録昭和・前』第一法規出版。

我妻栄他編(1070)『野本政治裁判史録昭和・後』第一法規出版。

若松芳也・柳沼八郎編著(2001)『新接見交通権の現代的課題』日本評論社。

和田英夫他編(1976)『現代の裁判と裁判官』ペリカン社。

Love, margaret c[2001] "Screening lawyers from Conflicts, Ethics Code Rework," *ABA Journal*, May 2001.

Althoff, Barrie[2000] "The Sad Story of an In-House Lawyer," *Washington State Bar News*, May 2000.

资料（一）：
律师职业基本规则（旧）

2004 年 11 月 10 日
会　规　　第 70 号

目录

第一章　基本伦理（第 1 条—第 8 条）

第二章　一般规则（第 9 条—第 19 条）

第三章　与委托人之间关系的规则

第一节　通则（第 20 条—第 26 条）

第二节　不得代理案件的规则（第 27 条—第 28 条）

第三节　案件受理时的规则（第 29 条—第 34 条）

第四节　案件处理时的规则（第 35 条—第 43 条）

第五节　案件终结时的规则（第 44 条—第 45 条）

第四章　刑事辩护的规则（第 46 条—第 49 条）

第五章　组织内律师的规则（第 50 条—第 51 条）

第六章　与案件对方当事人之间关系的规则（第 52 条—第 54 条）

第七章　共同事务所的规则（第 55 条—第 60 条）

第八章　律师法人的规则（第 61 条—第 69 条）

第九章　与其他律师之间关系的规则（第 70 条—第 73 条）

第十章　审判关系上的规则（第 74 条—第 77 条）

第十一章　与律师协会之间关系的规则（第 78 条—第 79 条）

第十二章　与官公署之间关系的规则（第 80 条—第 81 条）

第十三章　解释适用指南（第 82 条）

附则

律师以维护基本人权和实现社会正义为使命。

为实现此使命,律师要有职业的自由和独立,要保持高度的自治。

律师负有认识这一使命、规范自己行为的社会责任。因此,在此为了明确有关律师职业的伦理以及行为规范,制定律师职业基本规则。

第一章 基本伦理

(使命的认识)

第1条 律师要认识到维护基本人权和实现社会正义的使命,要致力于这一使命的完成。

(自由和独立)

第2条 律师要重视职业的自由和独立。

(律师自治)

第3条 律师要认识到律师自治的含义,同时要维护和发展律师自治。

(司法独立的拥护)

第4条 律师要维护司法独立,为司法制度的健康发展作出努力。

(诚实信义)

第5条 律师要尊重事实,遵守信义,公正诚实地履行自己的职责。

(名誉与信用)

第6条 律师在重名誉讲信用的同时,要保持廉洁,努力提高自身素质。

(钻研)

第7条 律师为了提高学识、精通法令和事务,要致力于钻研学习。

(公益活动的参与)

第8条 律师要努力参加和实践与自身使命相吻合的公益活动。

第二章　一般规则

（广告及宣传）

第 9 条　律师在作广告和宣传时，不得提供虚假和误导的信息内容。

律师不得作有损律师职业形象的广告和宣传。

（委托的劝诱等）

第 10 条　律师不得为了不正当的目的而用有损律师职业形象的方法劝诱当事人委托案件以及诱发案件诉讼。

（与非律师的合作）

第 11 条　违反《律师法》第 72 条至第 74 条规定的人以及有足够理由相信存在违反这些规定情况的人介绍委托人的，律师不得接受。同时不得利用这些人，也不得让这些人利用自己的名义。

（报酬分配的限制）

第 12 条　律师不得将与职务有关的收益在非律师和非律师法人间分配。但根据法令和本会及所属律师协会的规则有特别规定的，以及有其他正当理由的，不在此限。

（委托人介绍的对价）

第 13 条　介绍委托人的，律师不得向其支付谢礼等对价。

向其他人介绍委托人的，律师不得接受谢礼等对价。

（违法行为的助长）

第 14 条　律师不得助长欺诈交易、暴力等违法行为或者不正当行为，同时不得利用这些行为。

（有损律师职业形象事务的参加）

第 15 条　律师不得经营违反公序良俗的业务以及其他有损律师职业形象的业务。同时不得参与这些业务活动，也不得让其利用自己的名义。

（从事营利事业的律师职业形象的保持）

第 16 条　律师本人经营以营利为目的的事业时，以及担任以营利为目的的事业的董事、执行官和其他职员或雇员时,不得因追求营利而做出有损律师职业形象的行为。

(争讼标的物的受让)

第17条 律师不得接受争讼标的物。

(案件记录的保管等)

第18条 律师在保管和废弃案件记录之时,必须要注意不得泄露与秘密及个人隐私相关的信息资料。

(对事务职员等的指导监督)

第19条 对事务职员、司法实习生以及其他与自己职务相关的人员,律师必须指导和监督他们不得从事与其职务相关的违法或不正当的行为,不得泄露或利用因其处理法律事务所的业务而获得的秘密。

第三章 与委托人之间关系的规则

第一节 通则

(与委托人关系方面的自由和独立)

第20条 律师在受理和处理案件时,要竭力保持自由和独立的立场。

(正当利益的实现)

第21条 律师要遵从良心,努力实现委托人的权利和正当的利益。

(对委托人意思的尊重)

第22条 律师应尊重委托人关于委托事项的意思来从事业务。
律师在委托人因疾病或其他原因不能清楚表达自己的意思时,应努力通过适当的方法确认委托者的意思。

(秘密的保守)

第23条 律师没有正当的理由,不得泄露和利用因自身职务而获得的关于委托人的秘密。

(律师报酬)

第 24 条　律师应根据经济利益、案件的难易、耗费的时间以及劳动强度等,要求适当稳妥的报酬。

(与委托人的金钱借贷等)

第 25 条　律师没有特殊情况不得与委托人发生金钱借贷关系,不得委托委托人为自己的债务提供担保或自己为委托人的债务提供担保。

(与委托人的纠纷)

第 26 条　律师应尽量与委托人保持良好的信赖关系,尽量不发生纠纷,一旦发生纠纷,应尽量通过所属的律师协会调解解决。

第二节　关于不得代理案件情形的规则

(不得代理的案件)

第 27 条　律师不得代理以下各项案件。但第 3 项所述案件在获得了正在代理案件的委托人同意时,不受此限。

一、接受诉讼相对方的协议赞助,又承诺代理了的案件;

二、接受诉讼相对方协议的案件中,基于前协议的程度和方法委托关系已经被承认的;

三、正在代理案件的诉讼相对方委托的其他案件;

四、作为公务员在职务上曾处理过的案件;

五、作为仲裁、调停、和解斡旋及其他审判外纠纷解决机关的工作人员曾处理过的案件。

(同前)

第 28 条　律师除前条规定之外,符合以下各项的案件也不得代理。但第 1 项和第 4 项所述案件中委托人同意的、第 2 项所述案件中委托人和对方当事人都同意的、第 3 项所述案件中委托人和其他委托人都同意的,不在此限。

一、对方当事人是自己的配偶、直系血亲、兄弟姐妹和共同居住的亲戚的案件;

二、正在代理的其他案件的委托人和约定了提供持续法律事务的人是诉讼相对方的案件；

三、委托人的利益与其他委托人的利益相冲突的案件；

四、委托人的利益与自己的利益相冲突的案件。

第三节　案件受理时的规则

（接受委托时的说明等）

第29条　律师在代理案件之初，须基于委托人所提供的案件材料，通观案件，对处理的方法以及律师报酬和相关费用作适当的说明。

律师就案件不得对委托人做能取得有利结果的承诺。

律师对于委托人所期望的结果并不能预见时，不得佯装能够预见而代理案件。

（委托合同书的制作）

第30条　律师在受理案件之时必须制作包含律师报酬等相关事项的委托合同书。

但制作委托合同书有困难的，在困难事由消失后要制作完成。

在受理的案件是基于法律协议、简单书面文件和顾问合同等存续性的契约之时以及有其他合理理由时，可以不适用前款规定，不制作委托合同书。

（不正当案件的受理）

第31条　律师不得受理委托目的和案件处理方法明显不正当的案件。

（不利事项的说明）

第32条　律师在同一案件中有多个委托人且他们有产生利益冲突可能性的，受理案件时，必须向各个委托人说明有辞去委托的可能及产生其他不利情形的可能。

（法律扶助制度等的说明）

第33条　律师根据案件，就法律扶助制度、诉讼救助制度等基于保障资金贫乏者的权利保护的制度要对委托人作出说明,努力保障其行使诉讼的权利。

(是否承诺接受委托的通知)

第34条 律师在被委托案件之时,必须及时通知委托人是否接受委托。

第四节 案件处理时的规则

(案件的处理)

第35条 律师接受委托案件之后,必须及时着手处理。

(案件处理的报告及协商)

第36条 律师必要时须向委托人报告案件的进度以及影响案件发展的事项,同时须与委托人协商处理案件。

(法令等的调查)

第37条 律师处理案件时不得怠于调查必要的法令。

律师处理案件时要致力于调查必要且可能的事实关系。

(寄存钱财的保管)

第38条 律师基于案件保管委托人、诉讼相对方和其他利害关系人寄存的钱财时,要与自己的钱财区分,并用明确的方法保管,且必须记录保管的状况。

(寄存物品的保管)

第39条 律师基于案件保管委托人、诉讼相对方和其他利害关系人寄存的书籍等物品时,必须尽善意管理者的注意义务妥善保管。

(其他律师的参加)

第40条 律师在委托人对于委托的案件欲再委托其他律师和律师法人时,没有正当理由,不得阻止。

(接受委托律师间意见不一致)

第41条 律师在与代理同一案件的其他律师及律师法人关于案件的处理意见不一致,因此可能对委托人不利的,必须对委托人说明情况。

（接受委托后的利害冲突）

第 42 条　律师受理有多个委托人且其相互间可能产生利害冲突的案件后，委托人相互间确实产生利害冲突时，必须及时将情况通知各委托人，并基于案件采取辞去委托等适当措施。

（信赖关系的丧失）

第 43 条　律师受理的案件与委托人之间丧失信赖关系，并且难以恢复的，必须对此做出说明，采取辞去委托等与案件相适应的妥当措施。

第五节　案件终结时的规则

（处理结果的说明）

第 44 条　律师在委任终了时，必须将案件处理状况、结果及必要的法律意见向委托人说明。

（寄存钱财等的返还）

第 45 条　律师在委任终了时，根据委托合同，费用结清后，必须及时返还寄存保管的财物。

第四章　刑事辩护的规则

（刑事辩护的精神）

第 46 条　鉴于保障嫌疑人和被告人的防御权，律师要为了维护他们的权利和利益全力从事辩护活动。

（会见的确保和自由限制的解除）

第 47 条　律师对于身体自由受到限制的嫌疑人和被告人，须努力确保必要的会见机会，为其争取解除人身自由的限制。

（防御权的说明等）

第 48 条　律师须向嫌疑人和被告人适当说明沉默权及其他防御权，并提出建议。对防御权及辩护权的违法和不当的限制须努力采取必要的对抗措施。

（指定辩护时的对价受领等）

第49条 律师被选任为国选辩护人,不论以何名目,均不得从被告人、其他关系人处接受报酬或其他对价。

律师对于上述案件不得劝诱被告人及其他相关者选任自己为该案件的私选辩护人。但是本会及所属律师协会有特别会则规定的,不在此限。

第五章 组织内律师的规则

（自由和独立）

第50条 在官公署和公私团体（律师法人除外。以下合称为"组织"。）担任职员、雇工、董事理事或其他职位的律师（以下称"组织内律师"）,须认识到作为律师使命及本质的自由与独立,须遵从自己的良心执行职务。

（对违法行为的处理）

第51条 组织内律师事关所担任职务的,在知道组织内人员业务上有违反法令的行为和欲违反法令的行为时,必须采取向自己及该人员所属部门和组织的领导、董事会或理事会及其他的上级部门说明劝告及其他组织内的适当措施。

第六章 与案件对方当事人之间关系的规则

（与对方当事人本人的直接交涉）

第52条 律师在对方当事人已选任出有法律资格的代理人时,没有正当的理由,不得在没有得到对方代理人同意的情况下与对方当事人直接交涉。

（对方当事人利益的提供）

第53条 律师对其接受委托的案件,不得接受对方当事人提供的利益或招待,也不得要求或与对方当事人约定提供利益或招待。

（向对方当事人提供利益）

第54条 律师对其接受委托的案件，不得给予或提出给予对方当事人利益或招待。

第七章 共同事务所的规则

（遵守的措施）

第55条 多个律师共同组成法律事务所（律师法人的法律事务所除外）时（下称这一法律事务所为"共同事务所"），对属于共同事务所的律师（下称"所属律师"。）有监督权的律师，须致力于采取必要的措施使所属律师遵守这一规则。

（秘密的保守）

第56条 所属律师无正当理由不得泄露和利用因执务而获得的其他所属律师的委托人的秘密。离开此共同事务所之后亦同。

（不得代理的案件）

第57条 所属律师对于其他所属律师（包括曾经是所属律师的）据第27条和第28条的规定不得代理的案件也不得代理。但有能保证公正行事的事由的，不在此限。

（不得代理的案件代理后）

第58条 所属律师代理案件后，知道有前条不应代理的事由时，必须及时向委托人说明此情况，并根据案件采取辞去委托等措施。

（案件情况的记录等）

第59条 所属律师为了防止接受不得代理的案件，应与其他所属律师一起共同采取记录所受理案件的委托人、相对方及案件名等的措施。

（准用）

第60条 本章规定准用于律师与外国法事务律师共同组成事务所的情形。适用这一情形时，第55条中的"多个律师"用"律师及外国法事务律师"、"共同事务所的律师（下称'所属律师'）"用"共同事务所的外国法事务律师（下称'所属外国法事务律师'")、"所属律师"用"所属外国法事务律师"、第 56 条至第 59 条规定中的"其他所属律师"用"所属外国法事务律师"、第 57 条中"第 27 条和第 28 条"用"外国特别会员基本规则第 30 条第 2 款准用第 27 条和第 28 条"替换即可。

第八章 律师法人的规则

（遵守的措施）

第 61 条 作为律师法人成员的律师，为使作为律师法人的成员和雇员的律师（下称"成员等"）及作为雇员的外国法事务律师遵守本规则，须采取必要措施。

（秘密的保守）

第 62 条 成员等无正当理由不得泄露和利用因职务而获得的律师法人、其他成员及作为雇员的外国法事务律师的委托人的秘密。离开该律师法人后亦同。

（不得代理的案件）

第 63 条 成员等（第 1 项及第 2 项包括曾是律师法人的成员等的律师）不得代理有下述事项的案件。但第 4 项律师法人所接受委托案件的委托人同意的，不受此限。

一、在作为成员等期间，律师法人接受诉讼对方当事人的协议赞助，且承诺了代理的案件，并曾亲自参加的；

二、在作为成员等期间，律师法人在接受诉讼对方当事人的协议的案件中，基于信赖关系获知了协议的程度和方法，并曾亲自参加的；

三、律师法人正接受委托诉讼对方当事人的案件；

四、律师法人正接受委托的案件（限于成员等正亲自参加的案件）的诉讼对方当事人委托的其他案件。

（因与其他成员的关系而不能代理的案件）

第 64 条 成员等对于其他成员因第 27 条、第 28 条及第 63 条第 1 项和第 2 项中的任一规定不能代理的案件,自己也不得代理。但有能确保职务公正的事由的,不受此限。

成员等对于作为雇员的外国法事务律师根据外国特别会员基本规则第 30 条第 2 款而准用第 27 条、第 28 条及第 63 条第 1 项和第 2 项中的任一规定不能代理的案件,自己也不得代理。但有能确保职务公正的事由的,不受此限。

(不得行代理业务的案件)

第 65 条　在下列情况下律师法人不得行代理业务。但对于第 3 项规定的案件若委托人同意的,第 5 项规定的案件不能代理的成员占律师法人成员的半数不到且律师法人有能够保证事务公正的事由的,不在此限。

一、接受诉讼对方当事人的协议赞助,并承诺了代理的案件;

二、在接受对方当事人的协议的案件中,基于信赖关系而获知协议的程度和方法的;

三、正接受委托的案件的对方当事人委托的其他案件;

四、成员等及作为雇员的外国法事务律师正接受委托的诉讼对方当事人的案件;

五、成员根据第 27 条、第 28 条及第 63 条第 1 项或第 2 项的任一规定不能代理的案件。

(同前)

第 66 条　律师法人,除前条规定之外,对符合以下任一规定的案件,不得行使代理业务。但是,对于第 1 项所述案件的委托人及对方当事人同意的、第 2 项所述案件的委托人及其他委托人都同意的、第 3 项所述案件的委托人同意的,不在此限。

一、正在接受委托的其他案件的委托人和约定持续性法律服务的当事人,是该案对方当事人的案件;

二、其他委托人的利益与委托人的利益相冲突的案件;

三、律师法人的经济利益与委托人的利益相冲突的案件。

(不得行使代理业务的案件代理后)

第67条 成员等在受任案件后知晓了有符合第63条第3项规定的事由时,必须及时告知委托人,并采取辞去委托等与案件相适应的妥当措施。

律师法人在受任案件后知晓了有符合第65条第4项和第5项规定的事由时,必须及时告知委托人,并采取辞去委托等与案件相适应的妥当措施。

(案件情况的记录等)

第68条 律师法人为了防止接受被限制的案件和成员等,或防止作为雇员的外国法事务律师代理不得代理的案件,就必须努力采取记录律师法人、成员等及作为雇员的外国法事务律师所处理案件的委托人、对方当事人及案件名等措施。

(准用)

第69条 第一章至第三章(第16条、第19条、第23条及第三章第二节除外)、第六章及第九章至第十二章的规定,对律师法人准用。

第九章 与其他律师之间关系的规则

(名誉的尊重)

第70条 在与其他律师、律师法人及外国法事务律师(下称"律师等")的关系方面,律师要重视互相尊重名誉和信义。

(对律师的不利行为)

第71条 律师不得违背信义使其他律师等陷于不利。

(对其他案件的不当介入)

第72条 律师不得不当介入其他律师等正在代理的案件。

(律师间的纠纷)

第73条 律师对于与其他律师等之间的纠纷,应尽力通过协议及律师协会的纠纷调解取得圆满解决。

第十章 审判关系上的规则

（审判公正和合法程序）

第 74 条 律师须致力于审判公正和合法程序的实现。

（伪证的唆使）

第 75 条 律师不得唆使作伪证及虚假陈述，不得明知是虚假证据仍然提出。

（审判程序的延迟）

第 76 条 律师不得因为怠慢及其他目的使审判程序延迟。

（与审判人员等私人关系的不当利用）

第 77 条 律师在代理案件时，不得不当利用与审判人员、检察人员等在审判程序中担当公职人员的亲属等私人关系。

第十一章 与律师协会之间关系的规则

（律师法等的遵守）

第 78 条 律师必须遵守律师法及本会和所属律师协会的会则。

（委托事项的不当拒绝）

第 79 条 根据会则，律师无正当理由不得拒绝本会、所属律师协会及所属律师协会依据《律师法》第 44 条设立的律师会联合会委托的事项。

第十二章 与官公署之间关系的规则

（委托事项的不当拒绝）

第 80 条 律师，无正当理由不得拒绝官公署根据法令委托的事项。

（受托的限制）

第 81 条 律师对于官公署根据法令所委托的事项，在有无法保证职务公正的事由时,不得接受该委托事项。

第十三章　解释适用指南

(解释适用指南)

第82条　鉴于律师职业的多样性与个别性,为了避免对律师自由和独立的不当侵犯,本规则必须在实践中予以解释适用。解释第5条时,在刑事辩护上要注意不要侵害嫌疑人、被告人的防御权以及辩护律师的辩护权。

第一章第20条至第22条、第26条、第33条、第37条第2项、第46条至第48条、第50条、第55条、第59条、第61条、第68条、第70条、第73条及第74条的规定,必须作为律师职业的行动指南和既定的努力目标来解释适用。

附则

本规则从2005年4月1日开始施行。

资料（二）：律师伦理

1990年3月2日临时总会决议
1994年11月22日修改

目录

第一章　伦理纲领（第1条—第9条）
第二章　一般规则（第10条—第17条）
第三章　与委托人之间关系的规则（第18条—第42条）
第四章　与其他律师之间关系的规则（第43条—第50条）
第五章　与案件诉讼相对方之间关系的规则（第51—第52条）
第六章　审判关系方面的规则（第53条—第57条）
第七章　与律师协会之间关系的规则（第58条—第59条）
第八章　与官公署之间关系的规则（第60条—第61条）

律师以维护基本人权和实现社会正义为使命。为实现此使命，律师要有职业的自由和独立，要保持高度的自治。

律师要自知与这一使命相符的伦理，肩负起规范自己行为的社会责任。

因此，这里宣明与律师职业相关的伦理。

第一章　伦理纲领

（使命的认识）

第1条　律师要认识到维护基本人权和实现社会正义的使命，要致力于这一使命的完成。

(自由和独立)

第2条 律师要重视职业的自由和独立。

(司法独立的拥护)

第3条 律师要维护司法独立,为司法制度的健康发展作出努力。

(诚实信义)

第4条 律师要遵守信义,公正诚实地履行自己的职责。

(信用的维持)

第5条 律师在重名誉讲信用的同时,要保持廉洁,致力于提高自身素质和教养。

(法令等的精通)

第6条 律师必须精通法令及法律事务。

(真相的发现)

第7条 律师不得因虑及诉讼的成败而影响对案件客观事实的探求。

(廉洁的保持)

第8条 律师须致力于保持廉洁。

(刑事辩护的精神)

第9条 律师为了维护嫌疑人和被告人的正当利益和权利,要全力从事辩护活动。

第二章 一般规律

(广告宣传)

第10条 律师不得作有损律师职业形象的广告和宣传。

(委托的劝诱)

第11条 律师不得为了不正当的目的而用有损律师职业形象和信用的方法劝诱当事人委托案件以及诱发案件诉讼。

(与非律师的合作)

第12条 律师不得接受违反律师法进行法律事务交易及以介绍案件为

业者介绍的案件,不得利用这些人,也不得允许这些人利用自己的名义。

(委托人介绍的对价)

第13条 介绍委托人的,律师不得向其支付谢礼等对价。

(违法行为的助长)

第14条 律师不得助长欺诈交易、暴力等违法行为或者不正当行为,同时不得利用这些行为。

(有损律师职业形象事务的参加)

第15条 律师不得经营违反公序良俗的业务以及其他有损律师职业形象的业务。同时律师不得参与这些事业,也不得让其利用自己的名义。

(争讼标的物的受让)

第16条 律师不得接受争讼标的物。

(事务从事者的指导监督)

第17条 律师必须指导监督相关业务人员不得从事与法律事务所业务相关的违法及不当的行为。

第三章 与委托人之间关系的规则

(与委托人之间关系的自由和独立)

第18条 律师在受理案件时,要竭力保持自由和独立的立场。

(正当利益的实现)

第19条 律师须遵从良心,努力实现委托人的正当利益。

(秘密的保守)

第20条 律师没有正当的理由,不得泄露和利用因自身职务而获得的关于委托人的秘密。对于因职务获得的同一法律事务所工作的其他律师及同一场所工作的外国法事务律师的委托人的秘密亦同。

(是否承诺受任的通知)

第21条 律师对于被委托的案件应及时通知是否受理。

（无实现可能案件的受任）

第22条 律师不得在委托人的期望明显没有实现的可能性时仍佯装有可能性而接受案件委托。

（有利结果的承诺）

第23条 律师关于案件不得向委托人承诺和保证能取得有利的结果。

（不当案件的接受委托）

第24条 律师不得接受委托的目的、手段及方法不正当的案件。

（特别关系的告知）

第25条 律师在与对方当事人有特别关系，有可能损害与委托人的信赖关系时，必须将此情况告知委托人。

（不得代理的案件）

第26条 律师不得代理以下列举的案件。但是，第3项及第4项正在代理的案件的委托人同意的，不受此限。

一、接受案件的协议、协议程度和方法是基于信赖关系时，协议者是对方当事人的案件；

二、与正在受理的案件有利害冲突的案件；

三、正在受理的案件的委托人是其他案件的对方当事人的情况；

四、正在受理案件的对方当事人所委托的其他案件；

五、作为公务员或根据法令从事公务时或作为仲裁员时曾在职务上处理过的案件。

（因其他律师及其委托人的关系不能代理的案件）

第27条 律师因与同一法律事务所工作的其他律师或者同一场所工作的外国法事务律师及他们的委托人的关系，而不能保证履行职务的公正性的案件，不得代理。

（受理后知道的情形）

第28条 律师在受理开始后方知道有前条规定的不能代理的事由时，须及时告知委托人这一情况，且根据案件采取适当的措施。

（接受委托宗旨的明确化）

第29条　律师必须尽力明确案件的宗旨、内容和范围，以便受理案件。

（案件的处理）

第30条　律师接受委托案件之后，必须及时着手处理。

（案件处理的报告）

第31条　律师必须向委托人报告案件的经过以及影响案件发展的事项，必须及时报告案件的结果。

（有利害冲突可能时）

第32条　律师在同一案件的两个以上的委托人之间可能发生利害冲突时，必须及时向各个委托人报告此情况。

（代理律师间意见不一致时）

第33条　律师在与同一案件的其他代理律师间对案件的处理意见不一致，因而可能对委托人产生不利时，必须向委托人说明情况。

（与委托人之间丧失信赖关系时）

第34条　当律师在案件中与委托人之间的信赖关系丧失并且难以恢复时，无须继续坚持信赖关系。

（法律扶助制度等的说明）

第35条　律师必须就案件说明法律扶助、诉讼救助制度等，应致力于保护委托人接受审判的权利。

（报酬的明示）

第36条　律师必须在接受委托之时，向委托人明示报酬的金额及计算方法。

（报酬的妥当性）

第37条　律师必须根据案件的具体情况设定适当稳妥的报酬。

（国选辩护案件的报酬）

第38条　律师在国选辩护案件中，不得不分明目地收受被告及其他相关者的报酬及其他对价。

（向私选辩护的转变）

第39条　律师在被指定为国选辩护人时不得再努力成为该案件的私选

辩护人。

(财物的清算)

第40条 律师必须及时清算、交付与案件相关的财物,必须及时返还寄存物品。

(与委托人的金钱借贷)

第41条 律师无特别情况,不得与委托人发生借贷关系,不得成为委托人债务的保证人。

(与委托人的纠纷)

第42条 律师应尽力保持与委托人间的信赖关系,防止纠纷的发生,一旦发生纠纷,必须尽量通过所属律师协会的纠纷调解机制加以解决。

第四章 与其他律师之间关系的规则

(名誉的尊重)

第43条 律师要相互尊重名誉信义,不得恶意诽谤中伤其他律师。

(对律师的不利行为)

第44条 律师不得违反正当职务的履行、违背信义而使其他律师陷入不利境地。

(委托人关系的尊重)

第45条 律师在协助别的律师处理案件时,在被别的律师要求受理案件时,必须尊重该案委托人与该律师之间的信赖关系。

(受理律师间的协调)

第46条 在同一案件中还有其他代理律师时,律师就案件的处理应相互间努力协调合作。

(其他律师的加入)

第47条 律师在委托人对于委托的案件欲再委托其他律师时,没有正当理由,不得反对。

（对其他案件的介入）

第48条　律师不得欲介入其他律师正在受理的案件。

（与对方当事人的直接交涉）

第49条　律师在诉讼对方当事人已有律师作为代理人时，无特别情况不得在未得到对方代理人的同意时直接与对方当事人本人交涉。

（律师间的纠纷）

第50条　对于律师间的纠纷，必须尽力通过协议和律师协会的纠纷调停取得圆满解决。

第五章　与诉讼案件对方当事人之间关系的规则

（对方当事人利益的提供）

第51条　律师事关所接受委托的案件，不得接受对方当事人提供的利益或招待，也不得要求或与对方当事人约定提供利益或招待。

（对对方当事人代理人利益的提供）

第52条　律师事关案件，不得向对方当事人的代理人提供利益或招待，也不得对此作约定。

第六章　审判关系方面的规则

（审判公正和合法程序）

第53条　律师须致力于审判公正和合法程序的实现。

（伪证的唆使）

第54条　律师不得唆使作伪证及虚假陈述，不得明知是虚假证据仍然提出。

（审判程序的延迟）

第55条　律师不得因为怠慢及其他不正当目的使审判程序延迟。

（与审判人员等的私人交涉）

第56条　律师事关案件不得利用私人关系与审判人员、检察人员等交涉。

(私人关系的宣传)

第57条　律师事关职务不得宣传与审判人员、检察人员等有亲属等私人关系。

第七章　与律师协会之间关系的规则

(律师法等的遵守)

第58条　律师必须遵守律师法、日本律师联合会及所属律师协会的会则、会规及规则。

(委托事项的处理)

第59条　律师必须忠实地处理日本律师联合会、所属律师协会及所属律师协会所属的律师会的委托事项。

第八章　与官公署之间关系的规则

(官公署的委托)

第60条　律师无正当理由不得拒绝官公署根据法令所委托的事项。

(委托受托的限制)

第61条　律师对于官公署所委托的事项,在有无法保证职务公正的事由时,不得接受该委托事项。

附则

　　(1994年11月22日修改)

　　第20条及第27条的改正规定于1995年1月1日起施行。

事 项 索 引

("事项索引"中的页码是原书页码,即本书边码。)

A

安然(事件) 44,252,255,257
案件(定义) 6
案件的猎取 70—71
案件记录 28,96—97,99,348
案件屋(帮人摆平案件的人)64,122,127
ABA(美国律师协会)
ABA《职业行为示范规则》33,150,254(→也需要看一下法令等索引)
ABA《职业责任示范守则》33(→也需要看一下法令等索引)
ABA《职业道德守则》33
ADR(→非讼纠纷解决机制)

B

不得履行职务的事件 5,41,70,113,176
被害人支援 171—172,206
被害人等的通知制度 206
保持品格义务 70—71,320,330
不当诉讼 55,59,90,142—143
辩护过当 85,95,138—139,348
报酬(律师的) 61,64,68,72,76—80,96,102,105,110,117—118,134—137,169,183,230,244,249,256—258,260,268,275,277—278,282—286,351

C

非讼纠纷解决机制(ADR) 18,34,234,343

出庭律师 243
裁判快捷化法 92,330
辞去委托 6,18—19,21,39,42—43,58,77,85,105—107,109—116,118—119,167—169,177—178,183,248—249,255—256
承诺(委托人的)37,40,42—43,59,226(→也需要看一下[同意(委托人的)])
诚实义务 30,38,51—54,56—59,92,139,143,163—169
惩戒 9,34,37,39,56,60,74,85,122,126,132,138—139,144—145,152,206,227,232—233,244—245,283,285—287,289—294,296,298,300—306,309,321,323—326,346—349
惩戒委员会 244—245,290,300—303
惩戒事由 60,74,140,144,300
沉默权 160,163,186,188,205
CCBE(欧洲律师会评议会)31
Clementi卿报告 245—246

D

渎职行为 134
多米诺骨牌效应 19
代言人 290—292,315
调查义务 86—87,142—144
当事人主义 39,56,58,155,172,181,185,193,197,199—200,202—203
独立性的保持/独立性的维持(律师的)

244,251,257—258
代办人 152,224—225,256—257,260,269
代替犯 38—39,168
第二种意见 149,151

E

二次被害 87,172—173,175,206

F

法官的独立 319,324,350—351（→也需要看一下［职权（行使）的独立］）
非政府组织/非营利组织（NGO/NPO）237,239,286,339,345
法官身份法 321,324
犯罪被害人 160,172—176,179,206
犯罪被害人保护二法 172—173
犯人窝藏（罪）38—39,168
否认事件 163,168,174,177,183
非律师行为/非律师活动 64,122,127,252,273
诽谤・中伤 151
复数当事人 17—18,136（→也需要看一下［委托人（复数的）］）
法的支配 253
法律事务所 28,64,98,156,234—235,244—250,257,265—273,276—277,281—287
法律事务的垄断 107—108,222—225
法律咨询（以免费为主进行的）4,34,43,68—69,231—234,252
法律咨询中心 234—235
法律扶助 80,117,231—234,282
法务临床讲义 28
法科大学学生 28
和解 12,17,19—20,68,93,95,104,110—112,115,132,136—138,150—151,172
FATF（金融活动作业部会议）47
法务部门研修 28,64

G

共同事务所 5—6,27,35,40—43,73,113,244—250,282—283
共同接受委托 95,154,260,268
看门人（Gate keeper）24,46—47
公益 71,160,188,191—193,196,219,239,282
（→也需要看一下［公共的利益］）
公益活动（→pro bono 活动）
纲纪委员会 244—245,300—303,307
纲纪审查会 244—245,300—304,307—309
公共性 52—53,62,339,344—346,352
公共的使命 54,57,278,281,297（→也需要看一下［社会的责任］,［公共的责任］）
公共的利益 24,38,44（→也需要看一下［公益］）
广告 59,68,71,228—229,244,265,277—281
公立事务所 228,231,234—235
公诉权滥用论 201
公判专从论 195,200
国际人权规约 208—209,331
国际人权（法）208—209
国选律师 39,160,168—169,175—176,182—183,231—232,235,282—283,331
检举义务 46（→也需要看一下［通报义务］）
个人信息保护法 28,34
国家公务员法 206,208,319
顾问律师 7,35,45,69
雇用律师 43,268（→也需要看一下［经营律师］）
工作上所知道的秘密 27—28,30（→也需要看一下［在职务上可以知道的秘密］）
股票选择权 45—46

H

会则 2,60,108,169,231—232,244,260,279

会务 30,34,102,231

J

寄存物 91,98,117,122,286
解释适用方针
解聘 85,93,105,115,118,128,183
经营律师 246,271,273,282,285（→也需要看一下［雇用律师］）
检察官同一体的原则 196—198,208
检察审查会 172,174,193—194,199,201,204
集团诉讼 19
拒绝接受委托 107,109
接受委托的范围 79,103（→也需要看一下［委任事务的范围］）
介绍的案件 67—69
介绍费/介绍的对价 62,68—69
拒绝作证权 26,31—33,37,47,260,326,329
接见 37,160,163—164,169,185,209—211,233

K

扣押拒绝权 26,37,40
会计师 68,224,244,256—260
客观义务论（检察官的）202—203

L

利用职务之便知道的秘密 8,26—30,36,261（→也需要看一下［利用执行职务之便知道的秘密］）
零·一地区 226—228,235,352（→也需要看一下［律师过少地区］）
律师助理 265,268,271—276
律师会 2,34,71,108,118—119,160—161,169,220,226—237,239—240,244—245,251,257—258,260,266,272,281,286,289—290,294—298,300—303,305—307,309,349,351
律师过少地区 14,73—74,227—228,235,267（→也需要看一下［零·一地区］）
律师自治 52,150,221,245,260,289—291,296—298,303—310,348,351
律师照会 88,133,142
律师业务广告规程 2,279（→也需要看一下法令等索引）
律师法人 5—6,27,35,40—42,61,73,114,244—246,249—250,266—267,286,298
律师伦理［一般意思上的］2—3,25,51,54,196,265,269,271,284,286,313,332,347—348,351
利益相悖 3,5—6,8—10,12,18—21,24,40,42—43,69—70,72—73,75,114,125—126,134,136,176—178,186,220,244,246—251,256,258—261,274—275,346（→也需要看一下［双方代理］）
利害对立 6,17—18,21,77,113,176—178

M

美国律师协会（ABA）2,44—46,219,230,254,258,272,274,332
秘密（定义）28—29
秘密（第三人的）30—31,33—34
秘密的公开 25—26,36—38,40,43—46,75
秘密的主体 27,30—31
秘密保持义务 8—9,16,35—36,99,164—166,168—169,320（→也需要看一下［守密义务］）
秘密泄露罪 38（→也需要看一下［秘密显露罪］）
秘密显露罪 26,31（→也需要看一下［秘密泄露罪］）
民事法律扶助法 234
名誉毁损 56,116,139—140,174,178—179,188

事项索引　339

MDP(→异业种共同事业)

N

内部告发 45,255

P

品格 10—13,15—17,59—60,62—63,68,70—71,140,151,169,182,228,261—262,278—279,321,333
保持品格义务 70—71,320,330
Pro Bono 活动(公益活动) 221—222 228—236,266

Q

企业内律师 10,45—46,251—255,266,269,282(→也需要看一下[组织内律师])
强制执行免脱罪 39
勤务律师 28,43,245—46,266,270,282
其他事件 14,16—17
启动费 91,96,116

R

忍受接受调查的义务 162,185
热薯条 249

S

审判员 163,308
私选律师 160,168—169,175,183
司法(权)独立 193,220,296,314—319,321,327,329,340—342,347,350—351
司法实习生 28,64
司法书士 68,107,124—125,152,224—225,256—257,260,269,277,305,347,352
事务职员 6,27—28,40,64—65,98,133,245,248—249,267,271—273,285
事务领取转移权 197—198
社会的使命 278(→也需要看一下[公共的使命],[社会的责任])
社会的责任 220—221,229,236,350—351(→也需要看一下[公共的责任],[社会的责任])
守密义务 3,8,10,24—42,44—47,51,58—59,69,72—73,75,91,93,96—97,99,132
收集证据 30,88,103,133,142,144,165,184—185,192,211
讼务检事 196
税理士 68,125,224,256—257,260,269,305,352
说明义务 92,97,247,343
善意注意义务 52—53,60,86,90,96,145
搜查妨害 185
双方代理 11,15,125,129,135,352(→也需要看一下[利益相反])
诉讼代理(权) 106—107,125,152,269,352
诉讼延迟/裁判延迟 54,156,184
诉讼的拖延 56,92
事务律师 243,252,254
SEC(→联邦证券交易委员会)
审查筛选 4,42,73
《萨班斯-奥克期利法》 255

T

调停屋(所谓的专门帮助谈判来收取佣金的人员)
调整(由律师所做的) 17—18,21,136
通报义务 45—47(→也需要看一下[告发义务])
同意(委托人的) 7—10,14—16,19,21,31,43,107,113,130,135,179,188,247—249(→也需要看一下[承诺(委托人的)])
同一事件 6,11,13,15,18—19,171,176
特别关系(律师和对方当事人的) 4,7—8,10
套牢 14,73—74(→也需要看一下[先下手为强])

W

委托合同书 106
委托(事务)的范围 53,97(→也需要看一下[接受委托的范围])
违法收集证据排除的法则 38
委托人(定义) 34
委托人(过去的) 4,7—9,11,15—16,72—73
委托人(复数的) 6,18—19,21,76,113,117,136(→也需要看一下[复数当事人])
外国法事务律师 27,250,262—263
伪证 54,57,133—134,155,157,167,178
伪造证据/已伪造证据 110—111
文书送付嘱托 40
文书提出义务 59
文书提出命令 40

X

相对方(定义) 12
协议(定义) 13
行政书士 224,347
虚伪的供述/虚伪的自白 39,111,167,177,185
虚伪的陈述 57,155,157
刑事补偿制度 211
现代型诉讼 237—238
协助(定义) 13
消极的真实义务 166—168(→也需要看一下[真实义务])
信赖关系(律师和委托人的) 7,10,13—15,29—30,32,34—35,47,67,74—75,85,87—88,90,104,107,110—111,114—115,118—119,127,130,153,164,183,247,249,251
宣传(→广告)

先下手为强 14,73—74(→也需要看一下[套牢])
洗黑钱 46—47,259
相应报酬 118
相邻专业 224,256
相邻法律职业 152,350,352
廉洁(性) 59,137,320,328,333
联邦证券贸易委员会(SEC) 45,255

Y

预付金 53,96,98,117,122,286
异业种共同事业(MDP) 256—259
营利业务 59,251,260—262
应召义务(医生的) 107—108
隐匿证据(罪) 39,88,163—164
与非律师的联合(非律师联合) 61,68,276—277
隐私 25,27—28,31—33,36,97,133,140—142
一站式服务 256—259
110号活动 70—71

Z

知情人 45—46
争诉标的物/争诉权利 63—64,261
自决权 78,112,127
准司法官论 202—203,274
职务(定义) 6
职务(执行)的公正 5,9,15,114,246—250
职务专念义务 206,208,223—226,319—320
职权(行使)的独立 317—319,322—323,329,341(→也需要看一下[法官的独立])
职权主义 38,185,192,197,199—200
人权拥护委员会 236
真实(定义) 57—58
真实义务 3,38,51,57—59,95,126,130,150,155,157,165—167,169(→也需要看

一下［消极的真实义务］)
真实发现义务/真实解明义务 56,182,202
政治运动（法官的）320,323—325
整理屋 64
专业责任 2—3,337—338,347,350
综合性法律经济关系事务所(→一站式服务)
组织内部律师 44,221,250—252,254(→也

需要看一下［企业内部律师］)
中国墙 43,248
忠实义务 145,157,255,342
值班律师 160,231—233,235
争议 18,79,85,105—106,117—119
争议调停 39,118—119
债权回收 269

法令等索引

（本部分的页码指原书页码，即本书边码。）

规程等

◆ 《律师职业基本规则》

序 52,253
第 1 条 52,54,57,253
第 4 条 80
第 5 条 54,56—57,163,165,167
第 6 条 59
第 7 条 60
第 9 条 71
第 9 条第 1 项 240
第 9 条第 2 项 71
第 10 条 70—71,80,122
第 11 条 61,68,122,260
第 12 条 61,80,260
第 13 条 68
第 13 条第 1 项 62
第 13 条第 2 项 62
第 14 条 62,75
第 15 条 62,261
第 16 条 59,261
第 17 条 63
第 18 条 28,97,99
第 19 条 24,40,64,273
第 20 条 76,83,85,87,94,163,166—167
第 21 条 10,53,55,69,75,83,85,122,163,165,247,253

第 22 条第 1 项 78,89
第 22 条第 2 项 91
第 23 条 16,27—30,33—36,58,69,93,96—97,99,119,164,255
第 24 条 79
第 25 条 5,100
第 26 条 119
第 27 条 5,11,13—17,42,74,113—114,120,176,247,249
第 28 条 5,8—10,14—15,22,42,113—114,176
第 28 条但书 135
第 29 条第 1 项 77
第 29 条第 2 项 76
第 29 条第 3 项 76
第 30 条 79
第 31 条 54—55,75,116
第 32 条 6,18—19,77,113,177
第 33 条 80
第 34 条 77
第 35 条 53,76,91,102,122
第 36 条 53,69,89,92
第 37 条 53,60,86,89
第 38 条 96
第 39 条 96
第 40 条 114
第 41 条 96,115

第 42 条　6,18,20

第 43 条　88,107

第 44 条　53,69,97,118

第 45 条　53,98,117—118

第 46 条　163,165,181

第 47 条　163

第 48 条　163

第 49 条第 1 项　169,183

第 49 条第 2 项　169,183

第 50 条　251

第 51 条　45—46,253,255

第 52 条　54,127

第 53 条　54,134

第 54 条　54,137

第 55 条　28,41,248

第 56 条　27—28,30,35—36,41

第 57 条　5,42,113,246—247,249

第 57 条但书　113,247

第 58 条　6,114,248

第 59 条　22,41,73,248

第 62 条　27—28,30,35—36

第 63 条　5,249

第 64 条　5,250

第 65 条　5,250

第 65 条但书　250

第 66 条　5

第 67 条　6

第 68 条　22,41,73

第 69 条　22

第 70 条　95,151

第 71 条　54,96,152

第 72 条　54,152

第 74 条　54,155,181

第 75 条　54,57,155,157,167,178

第 76 条　91—92,155—156,184

第 77 条　54,154,184

第 82 条第 2 项　165

◆《关于律师业务广告规则》

第 3 条　80,279

第 4 条　80,279

第 5 条　81,279

第 6 条　71,81,279

第 6 条但书　71

◆《关于律师报酬的规程》

第 3 条　81

第 5 条第 1 项　81

第 6 条　81

◆《日本律师联合会会则》

第 29 条第 2 款　241,278—279

第 69 条第 2 款　300

第 70 条第 3 项　300

旧规程

◆ 1990 年旧《律师伦理》

第 7 条　56,165

第 10 条　228

第 17 条　28

第 19 条　165

第 20 条　27,29,33,228

第 25 条　7—8,22,247

第 27 条　22

第 30 条　100

第 40 条　118

第 43 条　150

第 44 条　150

第 45 条　150,153

第 46 条　150,154

第 47 条　150

第 48 条　150

第 49 条　150

第 50 条　150

◆ 1955年旧《律师伦理》
第8条　278
第26条　33

◆ 旧《律师联合会收费等基准规程》
第44条第1项　118
第44条第3项　118
第45条第1项　116
第45条第2项　116

法令　规则

◆《律师法》
第1条　52,54,143,166,224,239,253,304,307
第1条第1项　80,181
第1条第2项　30,52,163,181
第2条　59—60
第3条　6,29
第7条　311
第8条　289
第9条　289
第12条　289
第20条第1项　245
第20条第3项　245
第21条　245
第22条　232
第23条　16,26—28,30—33,35—37,47,119,164,255
第23条但书　36
第23条第2款　88,133,142
第24条　108,232
第25条　5,11—17,20,74,176,249
第26条　134
第27条　61,68,252,260,273
第28条　63
第30条　6,59
第30条第1项　251
第30条第2项　251
第30条第17款第5项　250

第31条　290
第55条　245
第56条　10,15,60,290
第57条第1项　301,311
第58条第2项　300
第58条第3项　300
第58条第4项　300
第58条第5项　300—301
第58条第6项　300—301
第59条　302
第60条第1项　302
第61条第1项　302
第61条第2项　302
第64条第1项　300—301
第64条第2款第1项　300
第64条第2款第2项　300
第64条第2款第3项　300
第64条第2款第5项　300
第64条第3款第1项　300
第64条第4款第1项　301
第64条第4款第2项　301
第64条第4款第3项　301
第64条第5款第1项　301
第64条第5款第2项　302
第64条第5款第3项　302
第64条第5款第4项　302
第64条第5款第5项　301
第71条第3款第1项　300
第72条　61,65,127,223—224,252,259—260,273
第73条　61
第74条　61
第76条　134
第77条　127

◆《检察厅法》
第4条　2,193—196,202
第6条　194—195
第7条　197

第 8 条　197
第 9 条　197
第 10 条　197
第 12 条　197
第 14 条　198
第 23 条　205
第 25 条　2,197
◆《法官身份法》
第 1 条　322
第 2 条　321
◆《法院法》
第 48 条　2,213,313,324
第 49 条　3,321,324,326
第 52 条　320,324—325
第 75 条第 2 项　320
第 80 条　319
第 80 条　319
◆《医师法》
第 19 条第 1 项　120
◆《关于外国律师如何处理法律事务特别措施法》(外国律师法)
第 3 条　262
第 4 条　262
第 49 条第 1 项　262—263
第 49 条第 2 项　262
第 49 条第 3 项　263
第 49 条第 2 款　263
◆《关于议会中证人的宣誓及证言的法律》(议会证言法)
第 4 条第 2 项　26
◆《刑法》
第 103 条　168
第 134 条第 1 项　26,36,48
第 154 条　57
第 169 条　57,167
第 194 条　205
第 195 条　205
第 196 条　205

◆《刑事诉讼法》
第 1 条　165,181
第 30 条　168
第 30 条第 1 项　183
第 30 条第 2 项　179
第 36 条　183
第 37 条第 2 款　183
第 39 条第 3 项　209—210
第 40 条　187
第 47 条　188
第 105 条　26,40
第 105 条但书　36
第 147 条　326
第 149 条　26,260
第 149 条但书　36
第 157 条第 2 款　174
第 157 条第 3 款　174
第 157 条第 4 款　174
第 189 条　195
第 191 条　195
第 193 条　208
第 196 条　165,174,178,185
第 197 条　187
第 198 条第 1 项　185
第 198 条第 2 项　186
第 247 条　2
第 248 条　175
第 256 条第 6 项　182
第 257 条　213
第 281 条第 3 款　188
第 281 条第 4 款　188
第 281 条第 4 款第 1 项　188
第 281 条第 4 款第 2 项　188
第 281 条第 6 款　184
第 295 条第 2 项　175
第 299 条第 1 项　187
第 299 条第 2 款　176
第 316 条第 14 款　189

第 320 条　184
第 326 条　188
第 338 条　201
第 472 条　194
◆《刑事诉讼规则》
第 29 条第 2 项　176
第 178 条第 4 款　184
第 191 条第 3 款　178
第 199 条第 13 款第 2 项　174
◆《宪法》

序　322—323

第 11 条　322—323
第 13 条　322—323
第 19 条　322
第 21 条　324
第 21 条第 1 项　324
第 31 条　160,202
第 32 条　112,225
第 34 条　160
第 37 条　184,225
第 37 条第 2 项　184
第 37 条第 3 项　160
第 38 条第 1 项　186
第 40 条　211
第 41 条　295
第 59 条第 2 项　295
第 76 条　313
第 76 条第 1 项　318
第 76 条第 2 项　318
第 76 条第 3 项　2,313,318—319,322
第 77 条　295,318
第 77 条第 1 项　295
第 78 条　2,318,321
第 79 条第 6 项　318,321
第 80 条第 1 项　318
第 80 条第 2 项　318,321

第 81 条　318
第 97 条　322—323
◆《国家公务员法》
第 2 条第 2 项　319
第 2 条第 3 项　206
第 82 条　206
第 100 条　206
第 101 条　206
第 102 条　206,320
◆《国家赔偿法》
第 1 条第 1 项　209
◆《司法书士法》
第 3 条第 1 项　240
第 3 条第 2 项　240
第 3 条第 3 项　240
第 3 条第 4 项　340
第 47 条　311
◆《司法制度改革推进法》
第 1 条　311
◆《代办人法》
第 6 条第 2 款　240
◆《民法》
第 108 条　11,20,125
第 643 条　52,104
第 644 条　52—53
第 645 条　53,92,96—97,119
第 646 条　53,98
第 648 条第 3 项　118
第 651 条　109
第 651 条第 1 项　106
第 651 条第 2 项　106
第 651 条第 2 项但书　106
第 653 条　105
第 654 条　119
第 656 条　52,104
第 675 条　246
第 826 条第 2 项　21

法令等索引　347

◆《民事诉讼法》
第2条　92
第47条　12
第49条　12
第55条第2项　26
第196条　326
第197条第1项　26
第197条第2项　36
第209条　57
第220条　26,40,59
第223条　40
第226条　40
第230条　57

旧法令

◆2003年修订前的《律师法》
第30条第3项　251
◆1949年旧《律师法》
第21条　30,32—33,48
◆1933年旧《律师法》
第19条　291
第31条　291
第32条　291
第34条　291
◆2003年修订前《司法书士法》
第21条　107
◆《大日本帝国宪法》
第2条　316
第55条　316
第57条　316
第57条第1项　315
第67条　315

国际规约·外国法令等

◆《关于公民权利及政治性权利的国际规约》
（自由权规约·国际人权B规约）
第14条第3项　214

◆联合国《执法人员行为守则》(Code of Conduct for Law Enforcement Officials)
第2条　208
第3条　208
第4条　208
第5条　208
第6条　208
第7条　208
◆联合国《关于检察官作用的准则》(Guidelines on the role of prosecutors)
第8条　209
第13条　(b)209
第13条　(d)209
第16条　209
◆ABA《职业行为示范规则》(Model Rules of Professional Conduct)
第1.6条　31,44—46,49,255
第1.7条　10,18
第1.13条　44,255
第1.16条　120,256
第2.2条　18
第2.4条　18
第4.3条　131
第6.1条　230
第7.1条　229
第7.2条　229
第7.3条　229
◆ABA《职业责任示范守则》(Model Code of Professional Responsibility)
DR4—101　35,48
◆CCBE《欧盟律师业务规范》(Code of Conduct for Lawyers in the European Union)
2.3.2　31
◆《事务律师业务纲要》
第4.08条　254
◆《事务律师实务规则》
第4条　252

◆ 德国联邦律师协会《律师职务规则》(Be-rufs-ordnung)
第 2 条 （2） 31
◆《德国联邦共和国基本法》

第 20 条　第三款 322
◆ 法国律师协会 2004 年《统一内部规则》
2.2　31

判 例 索 引

大判大正 2・6・4 民录第 19 辑第 401 页 63
大判昭和 5・2・7 刑集第 9 卷第 51 页 38
大判昭和 5・3・4 新闻第 3126 号第 10 页 65,107
大判昭和 7・6・18 民集第 11 卷第 1176 页 22
大判昭和 13・7・15 新闻第 4348 号第 7 页 63
大判昭和 17・11・19 评论第 32 卷诸法第 152 页 63
最大判昭和 23・12・15 刑集第 2 卷宗第 13 号第 1783 页 322
东京地判昭和 28・8・22 下民集第 4 卷第 8 号第 1188 页 63—64
东京试同判昭和 29・1・12 下民第 5 卷第 1 号第 49 页 22
名古屋高判昭和 30・7・19 下民集第 6 卷第 7 号第 1526 页 20,22
大阪地判昭和 30・9・2 判时 70 号第 22 页 12
京都地判昭和 31・10・24 下民集第 7 卷第 10 号第 2992 页 22
福高判昭和 32・7・18 高民集第 10 卷第 5 号第 299 页 22
东京高判昭和 32・8・24 东民时报第 8 卷第 9 号第 197 页 64
东京高判昭和 33・12・24 东高民时报第 9 卷第 13 号第 255 页 14
最判昭和 35・3・22 民集第 14 卷第 4 号第 541 页 64
大阪高判昭和 36・1・28 下民集第 12 卷第 1 号第 128 页 20
大阪高决昭和 36・9・4 下民集第 12 卷第 9 号 2192 页 12
东京高判昭和 37・3・8 讼务月报第 8 卷第 4 号第 589 页 212
最判昭和 37・4・20 民集第 16 卷第 4 号第 913 页 22
最大判昭和 38・10・30 民集第 17 卷第 9 号第 1266 页 11,13
最判昭和 40・4・2 民集第 19 卷第 3 号第 539 页 22
东京地判昭和 40・4・17 判时 178 号第 150 页 93
青森地判昭和 40・10・9 判时 187 号第 185 页 22
东京高判昭和 41・7・12 东高民时报第 17 卷第 5 号第 147 页 14
东京高判昭和 45・8・1 下民集第 21 卷第 7—8 号第 1099 页 212
仙台高判昭和 46・2・4 判时第 630 号第 69 页 36
东京地判昭和 46・6・29 判时第 645 号第 89 页 98

350　司法伦理

最大判昭和 46・7・14 刑集 25 卷第 5 号第 690 页 224
札幌高判昭和 46・11・30 判时第 271 号 115 页 224
津地四日市支判昭和 47・7・24 判时第 672 号第 30 页 238
东京高判昭和 47・10・23 判时第 688 号第 54 页 169
最判昭和 48・4・24 判时第 704 号第 50 页 21
最决昭和 48・10・8 判时第 715 号第 32 页 189
东京地判昭和 49・3・13 判时第 747 号第 75 页 87
最判昭和 49・7・22 判时第 750 号第 51 页 21
东京地判昭和 49・8・28 判时第 760 号第 76 页 93
最决昭和 51・3・23 刑集第 30 卷第 2 号第 229 页 179
最判昭和 51・4・9 民集第 30 卷第 3 号第 208 页 120
东京地判昭和 52・9・28 判时第 886 号第 71 页 99
最判昭和 53・7・10 民集第 32 卷第 5 号第 820 页 210
最判昭和 53・10・20 民集第 32 卷第 7 号第 1367 页 212
东京地判昭和 54・5・30 判时第 394 号第 93 页 86,91,100
东京高判昭和 54・7・16 判时第 945 号第 51 页 55,143
最判昭和 54・7・24 刑集第 33 卷第 5 号第 416 页 183
最决昭和判昭和 55・12・17 刑集第 35 卷第 7 号第 672 页 201
大阪地判昭和 58・9・26 判时第 1138 号第 106 页 100
大阪地判昭和 58・10・31 判时第 519 号第 184 页 141
横滨地判昭和 60・1・23 判时第 552 号第 187 页
东京地判昭和 62・6・18 判时第 1285 号第 78 页
东京地判昭和 62・10・15 判时第 658 号第 149 页
最判昭和 63・1・26 民集第 42 卷第 1 号第 1 页 55,81,143
长野地饭田支判平成元・2・8 判时第 704 号第 240 页 29
福地判平成 2・11・9 判时第 751 号第 143 页 79,94
京都地判平成 3・4・23 判时第 760 号第 284 页 55
仙台地判平成 3・7・31 判时第 1393 号第 19 页 212
大阪地判平成 4・3・12 判时第 802 号第 233 页 37
东京地判平成 4・11・27 判时第 1466 号第 146 页 145
东京地判平成 5・11・18 判时第 840 号第 143 页 145
东京地判平成 7・10・9 判时第 1575 号第 81 页 87,114
东京地判平成 8・2・23 判时第 1578 号第 90 页 55—56
东京地判平成 8・4・15 判时第 1583 号第 75 页 93
千地判平成 8・6・17 判时第 1620 号第 111 页 93
名古层判平成 9・9・29 判时第 1619 号第 41 页 177

判例索引 351

最大决平成 10・12・1 民集第 52 卷第 9 号第 1761 页 324,334
大阪地判平成 11・2・15 判时第 1688 号第 148 页 324,334
最大判平成 11・3・24 民集第 53 卷第 3 号第 514 页 210
东京高判平成 11・9・22 判时第 1037 号第 195 页 141
最判平成 12・6・13 民集第 54 号第 1635 页 210
最大决平成 13・3・30 判时第 1760 号第 68 页 326
东京高判平成 14・10・31 判时第 1823 号第 109 页 65,92

执笔人及执笔分担

蜂须贺太郎（はちすか・たろう）
　　律师（爱知县律师会），名古屋大学大学院法学研究科教授。第一章，第四章（共同执笔）
松本笃周（まつもと・あつひろ）
　　律师（爱知县律师会），爱知学院大学大学院法务研究科临时讲师（法曹伦理）。第二章（共同执笔），第四章（共同执笔）。
尾关荣作（おせぎ・えいさく）
　　律师（爱知县律师会），名城大学大学院法务研究科临时讲师（法曹伦理）。第二章（共同执笔）。
北川弘美（きたがわ・ひろみ）
　　律师（爱知县律师会），南山大学大学院法务研究科兼任讲师（法曹伦理）。第三章，第五章。
村桥泰志（むらはし・ひろし）
　　律师（爱知县律师会），中京大学大学院法务研究科教授。短评栏1、2、3，第十三章设问。
榎本修（えのもと・おさむ）
　　律师（爱知县律师会），爱知大学大学院法务研究科教授。第六章。
井上利之（いのうえ・としゆき）
　　律师（爱知县律师会）。第七章，第十五章1・2・4节
森际康友（もりぎわ・やすとも）
　　名古屋大学大学院法学研究科教授
前田义博（まえだ・よしひろ）
　　律师（爱知县律师会），爱知大学大学院法务研究科教授。第九章，第十章，第十一章。
水谷规男（みずたに・のりお）
　　大阪大学大学院高等司法研究科教授。第2部序言，第十二章。
泽登文治（さわのぼり・ぶんじ）
　　南山大学法学部教授。第1部序言，第十三章
石畔重次（いしぐろ・しげじ）

律师（爱知县律师会），日本律师联合会伦理委员会委员。第十四章，第十五章设问。
铃木诚（すずき・まこと）
　　　律师（爱知县律师会）。第十五章第 3 节
森山文昭（もりやま・ふみあき）
　　　律师（爱知县律师会），爱知大学大学院法务研究科教授。第十六章 1・3・4 节
加藤良夫（かとう・よしお）
　　　律师（爱知县律师会），南山大学大学院法务研究科教授。第十六章第 2 节
上野精（うえの・つとむ）
　　　律师（爱知县律师会），原名古屋地方法院审判长。第十七章（共同执笔）

后　　记

　　2004年,郭道晖教授在日本参加完第五次东亚法哲学年会回国后,得知我在苏州大学已开设了数年司法伦理课程,便希望我能主持翻译森际康友先生主编的这部日本《司法伦理》教科书,以填补国内相关领域的空白,希望本书能为国内的司法伦理规范和职业道德建设提供有益的借鉴。自接受任务至译稿完成,我和我的同事沈军博士始终都怀着一颗惴惴之心,唯恐我们的辛劳不能将日本同仁追求司法的伦理性、追求法律真善美的理想和实践,忠实地传递到我国读者的面前。

　　需要说明的是,本书原日文书名为"法曹伦理","法曹"一词在日文中特指法官、检察官和律师。为行文方便,我在译文中保留了"法曹"一词,并在正文中首次出现处以脚注形式对该词进行了注解。但是"法曹"一词对于中文读者来说较为陌生,而"法曹伦理"在含义上类似于中国的"司法伦理",因此,为了便于中文读者在阅读之初明了本书的主旨,我将中译本书名改译为了更好理解的"司法伦理",在此特向读者说明。

　　在本书即将出版之际,首先我要衷心感谢郭道晖教授,没有他的信任和鼓励,我和我的同事沈军博士恐难有勇气接受和完成这一工作。还要感谢苏州警校的戴钧涛先生,他渊博的知识和精湛的日文,始终在我的法律伦理理论和沈军博士的日语语言之间架起沟通的桥梁。同时,我也要感谢我的日语专业的法律硕士学生陈禅、秦俐和马超芬,她们为我解决了很多法律日语方面的问题。当然,最应该感谢的,还是家人对我们的理解和支持,没有他们的陪伴,很难想象我们能完成如此艰苦的一项工作。最后,我还要向商务印书馆译作室的陈小文主任和王曦编辑致以衷心的谢意,正是他们的辛劳,才最终使这本书呈现在读者面前。

于晓琪

2008年11月于苏州大学法学院

图书在版编目(CIP)数据

司法伦理／(日)森际康友编；于晓琪，沈军译．—北京：商务印书馆，2010
（法学译丛）
ISBN 978－7－100－06581－8

I.司… II.①森…②于…③沈… III.司法－伦理学－研究－日本 IV.D931.361

中国版本图书馆CIP数据核字(2008)第024835号

所有权利保留。
未经许可，不得以任何方式使用。

法 学 译 丛
司 法 伦 理
〔日〕森际康友 编
于晓琪 沈军 译

商 务 印 书 馆 出 版
(北京王府井大街36号 邮政编码100710)
商 务 印 书 馆 发 行
北京民族印务有限责任公司印刷
ISBN 978－7－100－06581－8

2010年1月第1版　　开本 787×960 1/16
2010年1月北京第1次印刷　　印张 23 3/4

定价：40.00元